2·60

Wirksame Kirche

Gerhard Wegner

Wirksame Kirche

Sozio-theologische Studien

Herausgegeben vom Sozialwissenschaftlichen
Institut der EKD

EVANGELISCHE VERLAGSANSTALT
Leipzig

Gerhard Wegner, Dr. theol., Jahrgang 1953, studierte Evangelische Theologie in Göttingen und Nairobi. Er ist Direktor des Sozialwissenschaftlichen Instituts der EKD in Hannover und apl. Professor für Praktische Theologie an der Universität Marburg.

Bibliographische Information der Deutschen Nationalbibliothek:
Die Deutsche Nationalbibliothek verzeichnet diese Publikation in der Deutschen Nationalbibliographie; detaillierte bibliographische Daten sind im Internet über http://dnb.dnb.de abrufbar.

© 2019 by Evangelische Verlagsanstalt GmbH · Leipzig
Printed in Germany

Das Buch wurde auf alterungsbeständigem Papier gedruckt.

Cover: makena plangrafik, Leipzig
Coverbild: © jacf5244 / Adobe Stock
Layout und Satz: Steffi Glauche, Leipzig
Druck und Binden: Hubert & Co., Göttingen

ISBN 978-3-374-05630-9
www.eva-leipzig.de

Vorwort

Es klingt sicherlich für viele Zeitgenossen seltsam, aber dass die Kirche mit ihren vielfältigen Tätigkeiten etwas in der Gesellschaft *bewirken soll*, ist ganz und gar nicht selbstverständlich. Selbst die Annahme, dass sie überhaupt etwas *bewirken könnte*, wurde in ihrer Geschichte durchaus nicht selten bestritten. Nicht um Zielerreichung, Gewinn, Erfolg – gar quantifizierbaren – ginge es ihr, sondern darum, das Handeln Gottes in und mit der Welt zu bezeugen. Mithin »den Weg, die Wahrheit und das Leben« zu verkünden, um eine treffende Formel zu verwenden – und zwar ganz gleich, ob das nun wirkungsvoll ist oder nicht, ob es auf Zustimmung stößt oder nicht, ob die Kirche dadurch wächst oder schrumpft. Nicht eine Kalkulation auf irgendwelche Wirkungen zeichnet ihr Handeln und Kommunizieren aus; sie tut nichts, was sie tut, *um – zu*. Sie tut vielmehr alles, *weil* – weil sich damals Gott in Jesus Christus offenbart hat und seitdem mitten unter uns lebt. Sie befriedigt keine Bedürfnisse – sondern weckt die Sehnsucht nach Erlösung von allen Bedürfnissen. Sie ist mithin ein Geschöpf aus produktiver Erinnerung – und nicht eine Agentur der Weltveränderung. Diese Aufgabe liegt in der Hand eines anderen.

Heute nun hört man solche Selbstbeschreibungen der Kirche eher selten, wenn überhaupt. Wenn zu Weihnachten oder Ostern über Inhalte von Predigten berichtet wird, sind es politische Inhalte, die Bedeutung zu haben scheinen. Ist die Zeit dieses betont religiösen Selbstverständnisses also endgültig vorbei? Wohin man auch blickt und was man auch hört: Egal, was in der Kirche auch unternommen wird, es soll heute etwas bewirken. Zumindest müssen überall Ziele erreicht werden: individuelle, die in Jahresgesprächen festgelegt werden; Projektziele; soundso viele Vorträge im Jahr, mit denen man soundso viele Menschen erreicht usw. Dazu braucht man beständige Kontrolle über das, was geschieht. Und in der Tat: Nichts boomt so sehr wie professionelle Evaluationen kirchlicher Praxis. Man kann heute immer besser wissen, was mittels Kirche erreicht und was liegengelassen wird – und wie dafür Ressourcen aufgewendet werden. Das ist natürlich einerseits gut, denn es erhöht die Klarheit über das, wofür die Kirche ihr Geld ausgibt. Aber es lässt dann eben auch sehr genau kalkulieren, wofür sich das denn (noch) lohnt und wofür nicht. Der Mentalitätswandel ist deutlich.

Treibt also unsere Kirche auf eine neue Gestalt zu: die einer in der Gesellschaft »wirksamen« Kirche? Natürlich wird man sofort einwenden können, dass ein so großer Apparat immer in der einen oder anderen Form »Wirkungen« gehabt hat. Sonst gäbe es ihn längst nicht mehr. Und natürlich hat die evangelische Volkskirche ihre Aufgabe, christliche Werthaltungen in der Gesellschaft zu verbreiten, durch unendlich viele einzelne Aktivitäten von der frühkindlichen Sozialisation bis hin zur christlichen Bestattung lange Zeit lebensbegleitend erfüllt und sich so als Organisation reproduziert. Das geschah quasi ›nebenbei‹, denn ihre Rolle in der Gesellschaft war nicht bestritten. Nun allerdings sind diese Wirkungen erkennbar schwächer geworden – Kirche steckt in einer Reproduktionskrise. Es geht nicht mehr einfach so weiter wie bisher. Und deswegen werden nun Wirkungen problematisiert und über »Aufstellungen« der Kirche diskutiert, die wirkungsvoller als die bisherigen sein könnten.

Es ist also nicht eigentlich etwas völlig Neues, worum es hier geht. Aber denn doch eine neue Art, Kirche praktisch in der Gesellschaft zu denken und entsprechend zu leiten. Im Prinzip geht sie mit einer größeren Bewusstheit von der Art der Einbettung der Kirche in die Gesellschaft einher, da sie nicht nur auf ihren Auftrag, sondern sehr viel deutlicher auf die Bedingungen seiner Realisierung schaut. Insofern boomen neben Evaluationen auch sozialwissenschaftliche Studien anderer Art samt der Rezeption entsprechender Großtheorien. Nicht selten werden ihre Ergebnisse schnell für bare Münze genommen – obwohl sie doch eigentlich erst einmal theologisch verarbeitet werden müssten.

Genau an dieser Stelle setzen die Studien dieses Buches an. Sie sind von dem Interesse motiviert, sozialwissenschaftliche und theologische Haltungen und Verfahren, Ergebnisse und Erkenntnisse miteinander zu verbinden. Es geht also ausdrücklich um »soziotheologische« Studien, aus denen vielleicht Impulse zu einer regelrechten »Soziotheologie« erwachsen könnten. Das impliziert, beide Wissenschaften – oder auch beide »Weltsichten« und Haltungen – in ihrer jeweiligen Eigenständigkeit wertzuschätzen und zum Tragen kommen zu lassen, aber dann eben immer auch aufeinander kritisch zu beziehen. Die Soziologen arbeiten dazu immer intensiver an einer Logik der Religion, insbesondere natürlich des christlichen Kernmythos, und tragen so zu ihrer Plausibilisierung – wenn auch möglicherweise durch kreative Zerstörung – bei. Die Theologen wiederum ›spielen‹

mit den soziologischen Deutungen und lassen sich von ihnen (meistens) enttäuschen. Eine wichtige Brücke sind Studien über die Organisation der Religion in allen ihren Facetten: von religiöser Erfahrung über religiöse Haltungen samt entsprechenden sozialen Vergemeinschaftungen und formalen Verfahren bis hin zum religiösen Feld in der Gesellschaft. In all dem steckt stets »geronnene Theologie«, sind implizite sakrale Formen und Inhalte zu finden, die durchaus kirchlich zu verantworten sind. Die Soziologie behaftet Kirche und Theologie folglich bei Wirkungen, die sie selbst nicht nur nicht gesehen haben, sondern möglicherweise nicht sehen konnten. Und die Theologie konfrontiert die Soziologen mit einer schlichtweg gewaltigen Narration, in der sie ihren Platz finden können. Wenn man so will, engagieren sich Theologie und Soziologie mithin in »courageous conversations«, in denen man nicht so bleibt, wie man ist.

Die Studien für dieses Buch stellen in der Addition eine Art Bilanz meines fast 15-jährigen religions- und kirchensoziologischen – aber eben im Kern immer: soziotheologischen – Wirkens am Sozialwissenschaftlichen Institut der EKD in Hannover dar. Während zu Beginn noch relativ schlichte Abbildungen kirchlicher und religiöser Aktivität im Zentrum der Forschungen standen, drängte sich mit der Zeit immer mehr der Eindruck einer in ihren Kernaktivitäten reichlich unbekümmerten Kirche auf. So hat sich in den letzten Jahren – um nur ein, wenn auch zentrales, Beispiel zu nennen – das Bemühen der Leitungen merklich verstärkt, Pastorinnen und Pastoren wirkungsvoller als bisher einzusetzen. Sicherlich auch deswegen ist die empirische Forschung über das pastorale Potenzial erheblich verstärkt worden. Sie zeigt nun aber deutlich, dass diese Berufsgruppe – um es freundlich zu sagen – nur ein sehr begrenztes Interesse daran hat, überhaupt Wirkungen zu erzielen. Entscheidend ist das Erreichen von Selbstzufriedenheit. Es ist bisher nicht klar entscheidbar, ob dieser Befund dem alten Organisationsmuster der Kirche geschuldet ist – oder den Bedingungen, unter denen heute eine religiöse Rolle in der Gesellschaft überhaupt noch möglich ist. Auf jeden Fall gilt, dass sich das Muster einer Wirksamen Kirche am eigenen Personal bricht. Ist das ein Signal einer singularisierten Gesellschaft? Oder gerade umgekehrt Bedingung religiöser Kommunikation in ihr? Was bedeutet das für die Zukunft? Diese Frage bleibt auch am Ende des Buches offen.

Meine Texte sollen Vorschläge zur Lösung von Problemen sein. Die Frage ist deswegen immer: Sind diese Vorschläge nützlich? Und weiter: Stimmt die Analyse des Problems überhaupt? Es sind meine Sichtweisen, die hier zum Tragen kommen. Sie werden hier veröffentlicht, um andere zur Diskussion einzuladen und Rückfragen und Kritik zu provozieren. Die »Wahrheit«, zu der sie vielleicht etwas beitragen können, liegt nicht in diesen Texten, sondern in dem Gespräch, das sich hoffentlich mit ihnen und um sie herum entfaltet.

Gerhard Wegner

Inhalt

Anstalt, Akteur, Vision

Wirksamkeit, Organisation, Religion

»Das Wesen des Wortes Gottes erweist sich
als Wirkung am Menschen.«[1]

Wirksame Kirche? Über die Organisation des Nicht-Organisierbaren

Die Rede davon, dass die evangelische Kirche in der Gesellschaft ›wirksam‹ sein soll, markiert – so natürlich das heute für viele Zeitgenossen klingt – durchaus etwas Neues in ihrem Selbstverständnis. Zwar wollte sie ohne Zweifel immer Einfluss haben, aber war in diesem Bestreben dadurch gebremst, dass es ihr nicht primär um sich selbst, sondern um Räume zur Verkündigung des Evangeliums ging; also darum, dass in irgendeiner Weise Religion – oder genauer: christlicher Glaube – kommuniziert werden konnte, dessen Eigenart es nun einmal ist, unverrechenbar und nicht beherrschbar zu sein. So jedenfalls das klassische Selbstverständnis der evangelischen Kirche, insbesondere in Deutschland. Und dies schloss lange konsequent Fragen danach, was sie denn durch ihre Aktivitäten tatsächlich bewirkte, aus. Natürlich zählte man Gottesdienst- und Veranstaltungsbesucher. Aber wenig Besucher waren kein Anlass, den Erfolg einer Aktivität zu bezweifeln. Nun aber soll das anders sein – auf breitem Feld: wie sonst überall auch wird das Verhältnis von Aufwand und Ertrag erfasst und liegt zu-

---

1 Dietrich Korsch in: Martin Luther: Von der Freiheit eines Christenmenschen, hg. und kommentiert von Dietrich Korsch, Leipzig 2016, 99.

künftigen Planungen von Aktivitäten zugrunde. In einem Umfang wie noch nie wird nun alles und jedes evaluiert, d. h. auf Zielerreichung und damit auf Wirkung überprüft.

Wie ist dieser Perspektivenwechsel in der kirchlichen Praxis samt der damit verbundenen mentalen Veränderungen zu bewerten? Jedenfalls sind es weit mehr als nur vorübergehende Phänomene. Mit dem Leitbild eigener Wirksamkeit verabschiedet sich die Kirche vom prägenden Selbstverständnis einer langen Geschichte. So scheint es zu sein. Oder sind die Veränderungen nur rein äußerlicher Art? Mit Antworten auf diese Fragen befasst sich der folgende Text. Er spannt dazu einen weiten Bogen von theologischen Überlegungen im engeren Sinn, einem Rückblick auf das klassische ekklesiologische Muster der Kirche als einer passiven Organisation, bis hin zu grundsätzlichen Fragen des Verhältnisses von Organisation und Religion, um so Antworten näherzukommen. Es zeigt sich, dass auch im neuen Muster nicht alles anders werden kann, sofern die Kirche weiterhin qualifiziert Religion und christlichen Glauben kommunizieren will. Denn dann setzt sie sich auch weiterhin Gottes Handeln aus. Und dessen Wirksamkeit bleibt ein Geheimnis.

Wirkung als ungeistliche Kategorie

Nicht wenige – nicht nur – Christenmenschen werden die Leitfrage dieses Buches als völlig unangemessen zurückweisen. Insbesondere dann, wenn man sie so versteht, dass die Kirche sich selbst als eine wirksame Organisation in der Gesellschaft – so wie Unternehmen in der Wirtschaft – komplett neu erfinden sollte. Nämlich so, dass sie aus der Erreichung ihrer Ziele ihre Existenzberechtigung ableiten würde. Nein: die Wirksamkeit der Kirche läge ganz und gar nicht in menschlichen Händen. So Gott es will, wird er seine Kirche wirksam werden lassen. Und das kann jederzeit geschehen – und geschieht vielleicht sogar jederzeit, ohne dass die verbeamteten »Funktionäre in der Religionsbürokratie« das überhaupt bemerken würden. Das hat niemand in der Hand. Christen bleiben in der Tat – und zwar gerade was kirchliches Leben anbetrifft – auf Gottes Handeln Angewiesene. Und das sei auch gut so: denn diese Überzeugung bewahrt vor der sonst überall anzutreffenden Überschätzung organisatorischer Möglichkeiten. Natürlich kann man Menschen auf alle möglichen Weisen »organisieren«, um sie zu effizientem Handeln zu bewegen. Man kann sie konditionieren, manipulieren, schubsen (›nudging‹) und vieles mehr. Die Welt der Organisationen hält dazu alle nur erdenklichen »Tools« bereit. Aber befreien – zu ihrem wirklichen Menschsein befreien –, das kann keine Organisation der Welt. Das kann nur der »Geist«, der von Kreuz und Auferstehung herüberweht. Um ihn kann man beten; auf ihn kann man warten – durchaus aktiv, nämlich aufmerksam – und ihn bezeugen. Ein Bestehen auf Wirkungen aber würde im klassischen geistlichen Diskurs schnell als Hybris, weil als Selbstsucht, kategorisiert werden.

Und überhaupt: Was ist denn die Kirche, die da wirksam sein soll? Ein Verein, eine Anstalt, eine Bewegung – etwas von allem vermutlich. Im Kern aber ist sie ein Geschehen, eine sich immer wieder erneuernde Praxis. Kirche ist bekanntlich nur dort zu finden, so sagen es die Bekenntnisse, wo das Evangelium verkündigt wird und die Sakramente gefeiert werden. Da kann dann noch so viel beeindruckende Organisation sein: wo dieses Kerngeschehen nicht mehr frequentiert wird, ist nicht Kirche. Aber vor allem: Wo das geschieht, da ist Kirche. Mehr braucht es nicht. Von den Wirkungen dieses Tuns und Lassens ist nichts gesagt. Kirche gibt es, *weil* es dieses Tun gibt und es sicherlich Folgen hat. Aber es gibt sie nicht darum, irgendwelche Folgen zu bewirken. Alles Tun und Lassen drum herum ist sicherlich nicht egal, aber deutlich zweitrangig. Allein das ist wahrhaftig eine Kirche der Freiheit – transzendierend alles, was diesen Geist einzufangen droht. Deswegen im Kern immer passiv: auf ihn wartend. Die souveräne Freiheit Gottes wirkt in ihrer Substanz.

Ausdrücklich will ich deswegen gleich zu Beginn meiner Überlegungen bekenntnishaft sagen, dass ich diese geistliche Perspektive auf das Handeln Gottes nicht nur nicht ignorieren – sondern im Gegenteil: ausdrücklich auf sie setzen will. Eine Erneuerung der Kirche kann nur als ein emergentes Geschehen gedacht werden: ein Geschehen, an dem wir – hoffentlich – teilhaben können und das uns ergreift. Unsere Rolle ist die derjenigen, die in diesem Kontext als »passiv Kreative« dabei sind; als die; die sich mit allen ihren Kräften und in voller Selbstwirksamkeit von Gottes Handeln bestimmen lassen. Und die genau darin, in diesem Bestimmt-Werden, ihre Freiheit erfahren.

Genau diese Sichtweise schließt nun aber nicht nur nicht aus, sondern ausdrücklich ein, so radikal wie nur irgendmöglich nach den weltlich – vorhandenen Bedingungen und Möglichkeiten zu fragen, die die Praxis kirchlichen Lebens zwar letztlich nicht bestimmen können (der »Vollzug von Kirche« bleibt verborgen) – aber ihn andererseits ja nun auch überhaupt erst erfahrbar machen. Wirksamkeit ist theologisch natürlich nicht alles – an ihr hat kirchliches Leben keinen Maßstab –, aber ohne sie wird Kirche auch nicht leben können. Zu ihr gehört natürlich die ganze leiblich-materielle Welt in, mit und unter der sich Gottes Geist ereignet, schon als solche. Kirchengebäude z.B. bewirken bei Menschen in der Regel ein besonderes Verhalten. Es würde hier nun allerdings zu weit führen, dermaßen grundsätzlich anzusetzen. Hier soll es »pragmatischer« um die sozialgesellschaftlichen, insbesondere institutionellen und organisatorischen Strukturen gehen, die für Kirche eine Rolle spielen. Wobei »spielen« hier ganz wörtlich zu verstehen ist: sie spielen im Feld all dessen, was Kirche ausmacht – wie Kinder im Sandkasten, oftmals auch so selbstvergessen. Ganz ernst zu nehmen sind sie in der Perspektive Gottes jedoch nicht. Die Kreativität eines souveränen Handelns aus Ergriffenheit ist unvergleichlich größer.

Damit lässt sich eine Grundbedingung dieses Strukturspiels schon ableiten: es muss als ein solches erkennbar bleiben. Radikal gesagt: Nur eine Messie-Church setzt überhaupt Kräfte der Erneuerung frei – die bürokratische Anstalt mag ihr Recht gehabt haben; heute verzehrt sie weitaus mehr Kräfte für ihren bloßen Selbsterhalt, als sie zu den Menschen abstrahlt. Ja, verhält sie sich tatsächlich nicht parasitär zu religiösen Ressourcen der Menschen? Wobei man nun unter religiösen Ressourcen nichts weiter als die Verfügung über religiöses Wissen, religiöses Verhalten und die Funktionsweise religiöser Deutungsmuster verstehen sollte.

Um christlichen Glauben geht es dabei zunächst mal noch gar nicht! Der ist ohne Zweifel keine Ressource und über ihn kann man natürlich nicht verfügen. Und es ist gerade die lebenspraktische Aufrechterhaltung dieser Differenz, das Zögern vor einem wirksamen Zugriff, die das Spiel ein Spiel bleiben lässt.

Und mehr noch: Diese Differenz ist keine abstrakte, etwa zwischen Geist und Welt, zwischen Ideal und Wirklichkeit oder ähnlichen interessanten Spannungen. Es ist die Differenz, die im Glauben an Christus – oder neutraler gesagt: im Christus-Mythos – gelebt werden kann. Zum einen in gewisser Hinsicht formal, aber mit großer inhaltlicher Durchschlagskraft, schlicht dadurch, dass sich der in der Kirche vertretene Glaube immer wieder auf die Überlieferungen dieses konkreten Menschen Jesus vor 2000 Jahren in Palästina bezieht, sich von ihm inspirieren lässt, ja ihn als »Offenbarung« Gottes feiert. Nimmt man diesen Bezug ernst, so »lebt« dieser Christus ständig unter uns und unterbricht das Tun und Machen der Welt beständig, hält es aber vielleicht ja auch gegen all die Zerstörungen der Menschen überhaupt noch am Leben. Er ermutigt, kritisiert, wird zornig, entzieht sich, nähert sich, schafft Neues, zerstört Altes: man muss es nur sehen wollen. Der lebendige Christus ist sozusagen das uns ergreifende Übersteigen des Alltags mit all seinen Strukturen, Zwängen, Entmündigungen, die immer wieder die Illusion bestätigen, wir wären unfrei und könnten gar nichts tun. Man kann dies religiöse Erfahrung und religiöse Kommunikation nennen – und fast immer wird es sich als solche äußern. Aber es ist weit mehr: es ist konkretes Leben.

Zum anderen aber – und das ist wahrscheinlich noch wesentlicher – besteht der Kern des Christus-Mythos nicht einfach aus der Summe seines Lebens, was ja gar nicht so lang war, sondern konzentriert sich im Geschehen von Kreuz und Auferstehung. Nur von diesem »Ereignis« her erschließt sich letztlich auch sein Leben und wird bedeutsam. Im Verhältnis zu unserem Erfahren und Handeln ist dies sozusagen die Erschließung einer Transzendierung der Transzendenz: unser Bezug zu(m) Jesus Christus wird noch einmal überstiegen und in Gottes Handeln neu verankert. Entscheidend ist die Erfahrung und Handeln nicht nur erschließende, sondern erzeugende »generative Struktur« dieses Geschehens. Konzentriert zusammengefasst: Der aus der zivilisierten Welt der »guten Menschen« ausgestoßene Gottlose, der »zu Recht« und deswegen unter Applaus fürchterlich Gefolterte wird von Gott wieder zum Leben erweckt und an Sohnes Statt eingesetzt. Gott »adoptiert« ausdrücklich den, den die Menschen ausstoßen und hinter ihre Mauern verbannen. Dafür steht das Kreuz in jeder Kirche. Eigentlich ein wahrhaft fürchterliches Symbol. Sinn ergibt es nur, wenn man es als Zeichen einer permanenten Anklage unserer Schuld begreift, die in jedem Gottesdienst wieder zum Thema werden muss. Unser Blick bleibt auf dem Kreuz haften. Gott aber hat es längst in einen blühenden Apfelbaum verwandelt.

Das Leiden an der Wirkungslosigkeit

Mit all dem ist erkennbar ein »Geist« beschrieben. Ist es der, der uns begeistert? Ist es das, was uns antreibt, wenn wir trotz aller möglichen gegenteiligen Erfahrungen unsere Kirche nicht aufgeben? Ja, sie für erneuerbar halten? »Man kann doch gar nichts machen. Die Säkularisierung geht unaufhörlich weiter. Was wir auch tun, gerade unsere Bestrebungen, uns besser zu organisieren, beschleunigt sie nur.« Wie oft habe ich solche Sätze in letzter Zeit gerade auch von Bischöfen zu hören bekommen! Ist das der typisch deutsche Fatalismus? Beschreibt so etwas wirkliche Erfahrungen – oder ist das nur ein Stereotyp? Wo liegt der Unterschied? Jedenfalls beziehen sich solche Einschätzungen auf repräsentative empirische Untersuchungen, folglich auf sozialwissenschaftlich betriebene, entsprechend legitimierte, aber auch entsprechend konstruierte Deutungen der Wirklichkeit, die von vornherein eigentlich auf nichts anderes als auf »evidenzbasierte« Wirkungserfassung hinaus wollen.[2] Warum spielen sie eigentlich in der Kirche heute eine so große Rolle?

Bei allem, was für die Geltung solcher Diagnosen spricht – und das ist sicherlich nicht nur der Zeitgeist, der Religion nicht liebt: es gibt zumindest eine Rückfrage, die man stellen

---

2 Vgl. zur Einschätzung empirischer Sozialforschung Gerhard Wegner: Wirklichkeitsgewinn oder Säkularisierungseffekt? Zum Spannungsfeld von Theologie und Soziologie. In: Ders. (Hg.): Gott oder die Gesellschaft? Zum Spannungsfeld von Theologie und Soziologie. Würzburg 2012, 7–23, besonders 9 ff.

kann, und das ist die nach dem Anteil der Organisiertheit der Christen selber, also der sozialen Gestalt der Kirche, am Voranschreiten der Säkularisierung. Die Berechtigung dieser Frage wird schnell deutlich, wenn man sich klar macht, dass die landeskirchlichen Behörden- und Amtsstrukturen auf alles ausgerichtet sind, aber nicht auf eine offensive Förderung religiöser Kommunikation (bisweilen auch als Mission bezeichnet). Sie verwalten Religion, wenn es gut kommt, und setzen sie so voraus. Und genau das klappt nicht mehr. Allerdings wissen die betreffenden Kirchenleitenden dies in der Regel auch und lassen deswegen immer häufiger kirchliche Strukturen, Vollzüge und Projekte aller Art auf ihre Wirkung hin untersuchen: Evaluation ist mittlerweile überall angesagt. Oft kann man zwar fragen, ob das auf wirklichem Interesse beruht und die Ergebnisse dann auch tatsächlich in weitere Aktivitäten einfließen – nicht selten dient eine Evaluation schon als solche der Legitimation. Deswegen entsteht bisweilen auch der Eindruck, dass die Kirche an dieser Stelle, wie auch in anderen organisationspezifischen Hinsichten, isomorph funktioniert. Sie übernimmt organisatorische Stereotype, weil das in der Gesellschaft so sein muss bzw. weil das alle so machen – die Einführung der Doppik z. B. –, reflektiert aber weniger, was dies für ihren Auftrag bedeutet. Aber wie dem auch sei: Will man evaluieren, muss man sich die Ziele klar machen, die man mit einer Struktur oder einem Projekt verfolgt. Und allein bereits diese Reflexion auf Ziele verändert kirchliche Praxis von Grund auf.

Kirche auf dem »Tag der Niedersachsen«

Um diese Prozesse möglichst anschaulich zu illustrieren, sei hier ein Beispiel für eine solche Evaluation eingefügt: der Auftritt der niedersächsischen Kirchen auf dem »Tag der Niedersachsen« 2017 in Wolfsburg.[3] Untersucht wurden die Wirkungen der kirchlichen Angebote mittels einer groß angelegten Besucherbefragung. Zentral war dabei, das Interesse herauszufinden, in welchem Umfang Menschen, die sonst kaum Angebote der Kirchen wahrnehmen, durch diese kirchliche Beteiligung erreicht werden können. Die Umfrage fokussierte die zwei Bereiche des kirchlichen Engagements: einmal die sogenannte Kirchenmeile, einen eigenen kirchlich gestalteten Bereich im Rahmen des Gesamtangebots des Tages, sodann die kirchlichen Beiträge auf der Bühne von Radio Antenne Niedersachsen, die mitten unter den anderen (»säkularen«) Ständen lag. Um das Befragungsziel zu erreichen, wurde zwischen kirchennahen Besuchern (= Menschen, die sich regelmäßig an Kirche beteiligen) und kirchenfernen (= solchen, die Kirche selten nutzen) differenziert. Interessant war dann allerdings, dass die Besucher des Tags der Niedersachsen insgesamt jünger als die Niedersachsen im Durchschnitt waren – was ein Indikator für stärkere Kirchenferne ist –, gleichzeitig aber eher weiblich, häufiger Mitglied einer Religionsgemeinschaft und intensivere Kirchgänger – was natürlich stärkere Nähe zur Kirche

---

3 Die Untersuchung wurde durch das Sozialwissenschaftliche Institut der EKD im Auftrag der Konföderation ev. Kirchen in Niedersachsen durchgeführt. Ergebnisse unveröffentlicht.

indiziert. Das gesamte Setting dieses Tages überlappte sich folglich mit kirchlich näheren Milieus.

Die Ergebnisse waren ausgesprochen positiv: 85 % der Befragten empfanden die generelle Tatsache, dass sich die Kirchen am Tag der Niedersachsen beteiligen, als gut und sehr gut. Kritik gab es so gut wie nicht (nur 2 %). Auch die Kirchenfernen stimmten dem zu (81 % sehr gut und gut). Dabei gefielen beide Arten von Auftritten gut – lediglich die Kirchennahen fanden die Kirchenmeile etwas besser (77 % bzw. 71 %) als die Kirchenfernen (65 % bzw. 67 %) für die Bühne. Bei der Rangfolge der Angebote gab es kaum Unterschiede: an der Spitze lagen Angebote für Kinder, gefolgt von allgemeinen kirchlichen Angeboten und denen für Erwachsene und Familien. Themen wie Reformation, Bildung und kirchliche Berufe liefen schlechter.

Allerdings haben 46 % die Angebote der Kirche nicht wahrgenommen: 37 % der Kirchennahen und 53 % der Kirchenfernen, wobei die Kirchenmeile deutlich prägnanter abschnitt: Befragte Besucher an der Showbühne nahmen die Präsenz von Kirche weniger deutlich wahr, und dies gilt auch, was die Intensität der Beteiligung ausmacht. So nahmen in der Kirchenmeile »an Aktionen teil, haben Gespräche geführt und intensiv zugehört« insgesamt 28 % der Befragten, 40 % der Kirchennahen und 19 % der Kirchenfernen. Bei der Bühne griff nur die Kategorie des »intensiven Zuhörens« mit insgesamt 11 %. Deutlich mehr Kirchenferne (11 %) als Kirchennahe (4 %) haben das Angebot jedoch »flüchtig beachtet«.

Was eine Gesamtbewertung der Wirkung des kirchlichen Auftritts durch die Besucher anbetrifft, so ergibt sich folgendes Bild:

- 13 % der Befragten insgesamt stimmten der Aussage zu: »Die Aktionen der Kirchen haben mir die Kirche nähergebracht.« 19 % sagten teils-teils. 23 % stimmten nicht zu. Kirchennahe: 21 % / 25 % / 17 %. Kirchenferne: 6 % / 14 % / 27 %.
- 32 % der Befragten insgesamt stimmten der Aussage zu: »Die Veranstaltung hat mir gezeigt, dass die Kirche für die Menschen zuständig ist.« 15 % sagten teils-teils. 8 % stimmten nicht zu. Kirchennahe: 46 % / 17 % / 11 %. Kirchenferne: 20 % / 17 % / 11 %.
- 31 % der Befragten insgesamt stimmten der Aussage zu: »Ich habe heute gesehen, dass die Kirche viele Angebote hat, die das Leben der Menschen verbessern oder bereichern.« 17 % sagten teils-teils. 6 % stimmten nicht zu. Kirchennahe: 47 % / 13 % / 4 %. Kirchenferne: 18 % / 21 % / 8 %.

Rechnet man all diese Ergebnisse auf die Besucherzahlen des Tages der Niedersachsen hoch (= ca. 140.000), so haben 76.000 die Präsenz der Kirchen wahrgenommen (davon 37.000 Kirchenferne). 65.000 Besucher haben erfahren, dass die Kirche für die Menschen da ist und ihr Leben bereichert (darunter 28.000 Kirchenferne) und 33.000 Besucher haben sich auf der Kirchenmeile intensiver mit den Angeboten befasst (darunter 11.000 Kirchenferne). Diese Zahlen wurden von den Betreibern der kirchlichen Beteiligung insgesamt als sehr positiv und ermutigend für weitere entsprechende Engagements gewürdigt.

Was fällt auf? Zunächst ist deutlich zu sehen, dass in dieser Untersuchung nicht nach spezifisch christlichen oder gar religiösen Wirkungen, sondern lediglich nach dem

Image der Kirche gefragt wird. Pointiert geht es hier also tatsächlich um einen Test auf ihre Wirksamkeit. Was diese wiederum für den Glauben der Menschen bedeutet, wird folglich offengelassen. Man kann vermuten, dass dies durchaus aus geistlichen Gründen geschieht: mit den Mitteln einer quantitativen Befragung könne man in dieser Hinsicht ohnehin nichts Sinnvolles herausbekommen, da die Stiftung des Glaubens exklusiv Gottes Geschenk sei. Auch wolle man den befragten Menschen nicht zu nahekommen. Auf der anderen Seite ließen sich durchaus Items denken, die Prozesse erfragen, die sozusagen ›tiefer‹ im Menschen liegen – z. B. aus dem Bereich der Konversionsforschung. Aber wie dem auch sei: Jedenfalls ist das Ausblenden der Dimension des Glaubens und die Reduktion auf Kirche bemerkenswert, denn dies lässt im Umkehrschluss vermuten, dass es insgesamt mit der Veranstaltung eben hierum auch nicht – primär – ging. Und sollte dies auch im konkreten Fall anders sein, so wird eine entsprechende ›säkulare‹ Evaluationspraxis auf die Dauer säkularisierende Effekte haben, denn ihre Ergebnisse legitimieren weitere Aktionen. Man gewöhnt sich folglich daran, mit entsprechenden Effekten zufrieden zu sein.

Zudem ist dann die deutliche Differenz der Wirkungen auf kirchennahe und kirchenferne Menschen (= 15–20 %) zu erkennen. Die Erfahrungen durch den entsprechenden Kontakt zur Kirche prägen also deutlich die Wahrnehmung von Kirche auch über bekannte Gefilde hinaus und sorgen dafür, dass sie auch am fremden Ort wertschätzend erkannt werden kann. Dabei scheint es von Vorteil zu sein, wenn sich dieser Ort markant als kirchlicher Ort ausweist (Bedeutung der Kirchenmeile als quasi »ausdifferenziertes« Feld). Schwieriger ist es in einem medial allgemein bespielten Kontext. Aber immerhin gibt es hier das Phänomen einer gewissen »flüchtigen Beachtung« durch Kirchenferne, was im Medienkontext bedeutsam ist. Das bedeutet zunächst, dass die Wirkung der Kirche auf die ihr Verbundenen größer ist als auf andere, sie aber auch darüber hinaus Wirkungen zeitigt (wie stark genau, ließe sich nur durch Vergleichsstudien erfassen). Während der Auftritt der Kirchen so die einen in ihrer positiven Haltung eher bestätigt hat, weckte er möglicherweise bei anderen neues Interesse. Auf jeden Fall hat die Kirche als Kirche mit ihren Aktivitäten messbare Wirkungen.[4]

Das klassische Paradigma:
Kirche als passive Organisation

Das Beispiel illustriert das organisatorische Vorgehen und vor allem die Legitimationspraxis der Kirche als moderner Organisation unter anderen. Um in – vielfacher – Weise mithalten zu können, muss sie die Wirkungen ihres Ressourcengebrauchs ausweisen – also letztlich auch in Geld/Wirkung berechnen können. Entsprechendes könnte sich an

[4] Messbare Dimensionen von Wirkung können sein: quantifizierbarer Input und Output; gesellschaftliche Wirkungen und Nutzen für eigene Mitglieder; direkter Nutzen für spezielle Zielgruppen; Änderungen subjektiver Einstellungen. Vgl. Friedrich Vogelbusch: Bedeutung der Wirkungen für diakonische und caritative Sozialunternehmen. In: KVI ID 11 (2017) 4, 10–15, hier 11.

die Evaluation des Auftritts auf dem Tag der Niedersachsen anschließen. In der Folge ließen sich dann verschiedene kirchliche Aktivitäten hinsichtlich ihrer Wirkung auf rein zahlenmäßiger Basis vergleichen. Für die einen wäre dies ein vollkommen normaler Verwaltungsvorgang – für die anderen Fremdbestimmung, da nun die reine Zahl oder letztlich das Geld alles Tun und Lassen dominieren würde und geistliche Aspekte an den Rand gerieten. Klagen über den ›Druck‹, der aus dem nun immer deutlicher werdenden Wettbewerb verschiedener Aktivitäten, die nun auf einmal vergleichbar wären, resultierten, würden ansteigen.

So selbstverständlich solche Praxis für viele heute wirkt: Kirche funktionierte in Deutschland nicht immer so (und tut es auch heute nur in bestimmten Fällen[5]). Die klassische »amtskirchliche« Institutionalisierung von Religion hat demgegenüber einen ganz großen Vorteil: Sie entlastet die christlich-kirchliche Praxis davon, unmittelbar wirksam sein zu müssen. Strukturell – materiell gesehen gilt: Weil sie fest institutionalisiert und in Deutschland sogar ultrastabil finanziert ist, kann sie es sich leisten, die Wirkungen dessen, was sie tut, nicht allzu genau in den Blick nehmen zu müssen. Das geht bekanntlich so weit, dass auch andauernd hohe Kirchenaustritte so lange kaum etwas in der Organisation bewirken, als der Finanzfluss nicht merklich absinkt, was

---

5   Die enorm aufwendigen Aktivitäten der ev. Kirchen zum Reformationsjubiläum 2017 wurden bewusst nicht evaluiert, Kirchentage nur sehr begrenzt – vgl. aber Petra-Angela Ahrens: Der Deutsche Evangelische Kirchentag in Hannover 2005. Über den Erfolg des kirchlichen Großevents. SI Texte Hannover 2005.

bisher nur selten der Fall war. Die Organisation ist von der Außenwelt abgeschirmt – weit mehr, als dies sonst in der Gesellschaft, insbesondere in der Wirtschaft, der Fall ist. Es fehlen Rückkopplungen zwischen externen und internen Prozessen und damit organisatorische Anreize zur laufenden Anpassung der Kirche an Veränderungen unter ihren Mitgliedern – oder sonst in der Gesellschaft. Damit – sieht man diese Struktur positiv – repräsentiert die Kirche einen umfriedeten Freiraum, in dem relativ folgenlos gehandelt werden kann. Sofern solche Bedingungen zum Entstehungsgrund von Kreativität gehören, könnte Kirche folglich hoch schöpferisch sein. Auf jeden Fall hat sie schon von dieser Struktur her gewisse Gründe, sich selbst als eine Art eher »passiver Organisation« zu verstehen.

Die Gründe für das klassische Selbstverständnis der Kirche als »passive« oder »defensive Organisation/Institution« liegen allerdings tiefer.[6] Sie haben vor allem mit lutherischem Kirchenverständnis zu tun, das Kirche als eine soziale Gestalt sui generis begreift. So wird sie heute gerne in den sogenannten »Nonprofit-Bereich« eingeordnet. Gemeinsam mit Gewerkschaften und karitativen Verbänden zählt sie dann zu Organisationen in der Gesellschaft, die nicht dem Erwerb, sondern der sozialen Kohäsion dienen. Wolfgang Huber hat in eben dieser Hinsicht Kirche als »intermediäre

---

6   Vgl. zum Folgenden Gerhard Wegner: Selbstorganisation als Kirche? Probleme geistlicher Leitung im Protestantismus. In: Jan Hermelink und Gerhard Wegner (Hg.): Paradoxien kirchlicher Organisation. Niklas Luhmanns frühe Kirchensoziologie und die aktuelle Reform der evangelischen Kirche. Würzburg, 2008, 277–332.

Institution in der Zivilgesellschaft« beschrieben. Für diejenigen jedoch, die selbst Leitende in der Kirche sind oder professionell als Theologen mit der Ausarbeitung des Selbstverständnisses von Kirche zu tun haben, stellt die Einordnung von Kirche in den Nonprofit-Bereich zwar eine irgendwie mögliche, aber in keiner Weise zureichende Sichtweise dar. Selbst der Begriff »Organisation«, der auf den ersten Blick natürlich auch für Kirche zu passen scheint, gerät bei der genaueren Beschäftigung mit dem Gegenstand in eine seltsam irritierende Beleuchtung. Die evangelische Kirche begreift sich selbst sozusagen höchstens hilfsweise, aber im Grunde nicht als Organisation, weder als Nonprofit noch als Profit-Organisation, sondern als eine »gestiftete« Einrichtung.

Moderne Organisationen kommen – so stellt man sich das jedenfalls vor – durch den Willen und die Aktivitäten der Beteiligten zustande und müssen sich deswegen auch über kurz oder lang am Verhalten und an den Interessen der Beteiligten ausrichten (obwohl sie sich gerne zur Stabilisierung und Identifizierung allerlei Mythen bedienen). Auch in die Kirche kommt man natürlich durch eigene Entscheidung hinein – wenn auch in unserer Tradition oft durch eine nachgeholte. Aber – zumindest aus theologischer Sicht – nicht allein durch diese Entscheidung, sondern durch sie nur auf Grund einer vorgängigen anderen Entscheidung, die nicht durch sie fällt, sondern sie (nur) betrifft: nämlich auf Grund der vorgängigen Entscheidung Gottes, überhaupt das Evangelium in der Welt laut werden und dessen Wahrheit Menschen aufleuchten zu lassen. Aus der Sicht der Kirche ist folglich die Entscheidung für die Taufe kein autonomer Akt, sondern bezieht sich auf eine im Grunde schon längst geltende Entscheidung, die nicht in der Macht oder im Verhalten der Menschen liegt. Insofern tritt bereits an dieser Stelle eine entscheidende Differenz zum herkömmlichen Selbstverständnis von Organisation auf.

Niklas Luhmann hat Organisation bestimmt als die nichtkontingente Verknüpfung zweier kontingenter Vorgänge, nämlich der Entscheidung über Mitgliedschaft, also über Ein- und Austritt, und der Festlegung der Strukturmerkmale, die im Falle einer Mitgliedschaft akzeptiert werden. Im Fall der Kirche ist das grundlegende Programm – nämlich religiöse Kommunikation – nicht einfach an die Erwartungen der Mitglieder zu binden. Das Spezifikum kirchlicher Organisation und kirchlicher Leitung besteht gerade darin, dass Organisation und Leitung lediglich über »äußere« Merkmale entscheiden können, um die »innere geistliche Kommunikation« möglich zu machen, die sich jedoch als solche jeder Festlegung und Steuerung entzieht.

Hier werden mithin Unterscheidungen vorgenommen, die heute durchaus ungewöhnlich und sicherlich auch für viele nicht unbedingt plausibel sind. Wer sich mit evangelischer Kirche oder überhaupt mit religiösen Organisationen einlässt, kommt aber nicht darum herum, solche Unterscheidungen vorzunehmen. Es wäre ja auch seltsam, wenn die Funktion von Religion in der Gesellschaft – nennen wir sie mit Luhmann: Chiffrierung von Kontingenz[7] – nicht auch auf das Organisationsverständnis durchschlagen würde.

---

7 Niklas Luhmann: Die Religion der Gesellschaft. Frankfurt a. M. 2000.

Unmittelbarkeit zu Christus

Besonders pointiert hat Schleiermacher in seiner Glaubenslehre von 1821 das protestantische Kirchenverständnis im Unterschied zum Katholizismus zusammengefasst: »Vorläufig möge man den Gegensatz so fassen, dass der Protestantismus das Verhältnis des Einzelnen zur Kirche abhängig macht von seinem Verhältnis zu Christus, der Katholizismus aber umgekehrt das Verhältnis des Einzelnen zu Christus abhängig macht von seinem Verhältnis zur Kirche.«[8] In dieser pointierten Gegenüberstellung wird von vornherein jedes selbstgenügsame Leitungsverständnis oder auch jeder Wert einer Organisiertheit an sich zu Gunsten des personalen Verhältnisses des Einzelnen zu Christus und damit zu Gott gesprengt. Die Unmittelbarkeit zu Christus ist schlicht nicht organisierbar. Nicht eine wie auch immer geartete Organisation noch eine spezifische Gruppe oder ein Milieu konstituiert das Christliche, sondern es ist die Identifikation mit einer konkreten Person, die dies leistet. Der Vorwurf von katholischer Seite, dass der Protestantismus auf diese Weise jede Form von Gemeinschaft und Institution überhaupt bedrohen würde, trifft nur dann, wenn man solche Formen als vorgegeben annimmt. Soziale und kulturelle Gestaltungen erwachsen jedoch als Folge des Glaubens, der existentiellen Bestimmtheit – sie sind, so jedenfalls die protestantische Annahme, nicht ihre Voraussetzung.

---

8   Friedrich Daniel Ernst Schleiermacher: Der christliche Glaube. 1821/22 hg. von Hermann Peiter, Berlin/New York 1984, 99.

Die eigene Form, auch die eigene Leitungstätigkeit in der Organisation, ist für Protestanten deswegen im Prinzip etwas Fremdes, Uneigentliches, das insofern beständig auf Reflexivität angewiesen ist. Protestanten kann ihre eigene Kirche durchaus fremd sein, weil sie streng genommen für den eigenen Glauben nicht konstitutiv ist. Sie bleibt eine äußerliche Form nötig, um die Tradierung des Christlichen sicherzustellen und seine Kommunikation zu gewährleisten, und deswegen für manche Intellektuelle immer auch etwas langweilig – aber mehr ist sie nicht.

Was Schleiermacher derart prägnant formuliert hat, beruht auf Grundentscheidungen der Reformation, vor allem der berühmten funktionalen Kirchendefinition der Confessio Augustana: Kirche ist die Versammlung aller Gläubigen, bei welchen das Evangelium rein gepredigt und die heiligen Sakramente ordnungsgemäß gereicht werden.[9] Das heißt: Kirche wird im Blick auf und durch das Geschehen des Gottesdienstes definiert. Hier wird keine weitere Konkretion der sozialen Gestalt angegeben: Leitung und Organisiertheit müssen lediglich dieses Geschehen ermöglichen. Man kann dann auch entsprechend formulieren: Kirche ist durch das Wort Gottes begründete Gemeinschaft der Glaubenden – ein minimalistisches und aktualistisches Kirchenverständnis, das auf die Ermöglichung eines prinzipiell kontingenten Geschehens abhebt und »von außen« nur an wenigen Kennzeichen abzulesen ist.

---

9   Die Confessio Augustana findet sich in Irene Dingel (Hg.): Die Bekenntnisschriften der Evangelisch-lutherischen Kirche. Vollständige Neuedition. Göttingen 2014.

Die Einheit der evangelischen Kirche besteht demgemäß darin, dass sie die Freiheit für dieses Geschehen organisiert, sich selbst als Organisation also im Hinblick auf ihr Kerngeschehen vorwiegend passiv begreift. Mehr ist nicht nur nicht nötig, sondern sogar im Hinblick auf die Einheit hinderlich. Sakrosankte Formen von Kirche gibt es nicht. Rainer Preul hat deswegen im Verband mit anderen darauf hingewiesen, dass protestantische Kirche in dieser Hinsicht als das Musterbeispiel einer zur flexiblen Selbststeuerung fähigen Institution bezeichnet werden kann.[10]

Die Aufgabe von Kirche lässt sich als Seelsorge im weitesten Sinne des Wortes bestimmen. »Alles kirchliche Handeln wird nichts anderes sein als eine Hilfeleistung, damit der Mensch seine ihm von Gott zugedachte und in Christus offenbarte Bestimmung erreicht.«[11] Moderner und anschlussfähiger formuliert: Diese Seelsorge geschieht dadurch, dass das christliche Wirklichkeitsverständnis kommuniziert wird. Deswegen kann man dann auch sagen: »Alle kirchlichen Handlungen müssen als Formen der Kommunikation des christlichen Wirklichkeitsverständnisses erkennbar sein.«[12]

In gewisser Hinsicht bedeutet dies, dass kirchliches Leitungshandeln so etwas wie ein »passives Organisationshandeln« darstellt. Wenn sich Kirchenleitung lediglich als funktional im Hinblick auf die Förderung religiöser Kom-

---

10 Reiner Preul: Kirchentheorie. Wesen, Gestalt und Funktionen der Evangelischen Kirche, Berlin / New York 1997.
11 A. a. O., 12
12 A. a. O, 152

munikation begreift – meist vor Ort, d. h. in den Kirchengemeinden, die aber als solche prinzipiell nicht zu fixieren ist,
muss sie sich mit Programmen und Zielsetzungen, die die
gesamte Kirche binden würden, zurückhalten. Sie handelt
nur dann, wenn die Flüssigkeit der Funktionserfüllung
selbst infrage gestellt ist und es zu Störungen kommt. Entsprechend ist auch die Wahrnehmung der Leitung ausgerichtet: was in den Blick gerät, sind die Störungen und die
Störer; nicht jedoch die positiven Gestalter. Das führt dann
zu der immer wieder kolportierten Redewendung: »Das
muss ein guter Mann sein! Ich habe noch gar nichts von
ihm gehört!« Nicht darum kann es gehen, durch die Organisation das Gute und Positive zu fördern, irgendwelche
Strategien zu verfolgen, sondern lediglich darum, das Böse
zu begrenzen und es notfalls zu ertragen. Hier schlägt natürlich auch eine spezifisch lutherische Anthropologie
durch: Gerade guter Wille und Engagement z. B. unter den
Pastoren kann verdächtig sein, da in ihm lediglich Selbstsucht und falscher Ehrgeiz zum Ausdruck kommt. »Frösche
brauchen Störche« kann dann eine Maxime der Kirchenleitung sein, um ihr Verhältnis zu den Pastoren zu beschreiben.
Modernes Personalmanagement, das auf die bewusste Förderung von Personen und die Anerkennung ihrer Stärken
setzt, ist hier nicht im Blick.

Im Übrigen aber hängt in dieser Konzeption alles von
Kommunikation, oder anders gesagt: Alles hängt von Evi-
denz ab. Es gibt auf keiner Ebene der Kirche so etwas wie
Leitungs»gewalt«, die nicht auf den stillschweigenden oder
ausdrücklichen Konsens der Geleiteten angewiesen wäre.
»Bindend ist diejenige Lehre, die nach reiflicher Prüfung

mittels eines im Glauben begründeten Kommunikationsprozesses der Glaubenden als bindend erfahren wird. Umgekehrt: Was nicht als bindend erfahren oder gewusst wird, kann auch nicht bindend sein.«[13] Was für alle gilt, muss sich ergeben, sich einstellen, emergieren, um es zeitgemäß zu formulieren – Emergenz ist das Medium des Heiligen Geistes. Kommt es also in bestimmten Fragen nicht zur Erfahrung des alle Bindenden, so bleibt nichts weiter übrig, als beieinander zu bleiben und es miteinander auszuhalten. Die Folge kann ein prinzipielles »Zögern«[14] in der Urteilsbildung sein – was nach außen leicht als Schwäche ausgelegt werden kann. Sieht man aber näher hin, ist dies eine Stärke, denn Kirche gewinnt, in dem sie sich Zeit nimmt, Autonomie.

Im Unterschied zu solchen geistlichen Entscheidungsprozessen sind die Organisations(Rechts)ordnungen der Kirche nicht mehr als Muster, Vorlagen o. ä. Sie nützen die Mittel, die rechtlich und organisatorisch zeitgemäß sind, und die Leitung kann, solange sie nicht Gottes Geboten und der schieren Vernunft widersprechen, ihre Respektierung erwarten. Hier kann und muss auch immer mal etwas regelrecht durchgesetzt werden – gerade weil diese Ordnungen

13 Günther Linnenbrink: Zur Frage der Verbindlichkeit kirchlicher Beschlüsse und Verlautbarungen. Überlegungen aus lutherischer Sicht. In: Gerhard Rau / Hans-Richard Reuter / Klaus Schlaich (Hg.): Das Recht der Kirche, Band III, Zur Praxis des Kirchenrechts, Gütersloh 1994, 370–404, hier 386.

14 Vgl. zum Zögern Gregory Bateson und Mary Catherine Bateson: Wo Engel zögern. Unterwegs zu einer Epistemologie des Heiligen. Frankfurt a. M. 2005, und Joseph Vogl: Über das Zaudern. Zürich und Berlin 2008.

nicht wesentlich sind, kann ihre Anwendung bisweilen hart sein. Kontrolle kann sich nur auf sie beziehen und nicht auf das eigentlich wesentliche Geschehen. Was unbedingt vermieden werden muss, ist eine Vermischung von beidem: die absolute Setzung von politischen Meinungen oder Aktionsprogrammen. Mit beidem kann und muss umgegangen werden: die Flexibilität und innere Gestaltungsfreiheit ist in der Kirche groß. Aber dies nur deswegen, weil daran nicht wirklich etwas hängt.

Nutzt man moderne Organisationstheorie zur Beschreibung dieser wahrscheinlich eigentümlich anmutenden Situation, so könnte man sagen, dass sich hier eine Struktur findet, in der die lose und die feste Kopplung von Einheiten spezifisch miteinander verbunden auftreten. Das wesentliche Zentralgeschehen der Kirche (= die Verkündigung bzw., offener gesagt, die religiöse Kommunikation) ist lediglich lose miteinander verbunden, während demgegenüber äußerliche Formen (z. B. das Kirchenrecht) strikt miteinander verkoppelt sind. Wenn ich es recht sehe, stellt solch eine Verbindung eine äußerst robuste Organisationsstruktur dar, weil sie große Flexibilität ermöglicht, ohne die Identität zu bedrohen: das, was man in der Organisation sozusagen sehen und anfassen kann, kann jederzeit anders aufgestellt werden. Die religiöse Kommunikation berührt das nicht. Zugleich aber produziert sie gerade so in sich selbst einen beständigen Widerspruch, der – sieht man es konstruktiv – sie immer wieder über sich selbst hinaustreibt und Impulse der Umwelt wahrnehmen lässt. Die Organisation Kirche dient mit dieser Struktur der Handlungsfähigkeit der einzelnen Subjekte, indem sie ihnen Hilfen zu selbstverantwortlichem Handeln im Horizont des Glaubens bereitstellt, aber nicht dieses Handeln selbst programmiert.

Wirkungsvolle Passivität

Wie steht es nun vor diesem Hintergrund mit dem Bestehen auf einer wirkungsvollen Kirche? Der Durchgang durch das klassische Denkmuster von Kirche hat deutlich gemacht, dass die Differenz denn doch wohl kleiner ist als zunächst gedacht. Auch im lutherischen Kirchenverständnis kann ein Ressourceneinsatz durchaus auf Wirkungen hin kalkuliert werden; ja er wird es unter bestimmten Bedingungen ausdrücklich sogar müssen. Und natürlich kann auch hier Freude über Gelingendes aufkommen. Wenn die Kirche zu klein wird, muss eine größere gebaut werden. Und natürlich auch umgekehrt. Kirche muss sich zudem nicht als »Amtskirche« oder gar als »Religionsbürokratie« aufstellen – auch wenn sie sich derzeit darin bestens eingerichtet hat. Und ob sich überhaupt Menschen mit der kirchlich-religiösen Kommunikation identifizieren oder auch nur auseinandersetzen, ob dies dann Wirkung auf ihr manifestes Alltagsverhalten hat und sich insofern schlussfolgern lässt, dass sie sich Maximen des Glaubens angeeignet haben und sie leben: all das wird jede Kirche fragen.

Allerdings bleibt eine deutliche Distanz zu einer generellen »Feier« der eigenen Wirkungen entscheidend – und damit große organisatorische Flexibilität erhalten. Letztlich liegt es nicht in der Hand der Kirche, ob viele Menschen kommen oder nicht. Und eine Verfügungsmacht darüber sollte auch nicht angestrebt werden, da dies den Kern dessen, worum es geht: die persönliche Beziehung zu Christus, fremdbestimmen würde. Sie kann nur ein Ort der Freiheit sein – letztlich (virtuell) quasi außerhalb dieser Welt. Und dafür gilt es Zeit und Räume frei zu halten, alles zu begrenzen, was nach menschlichem Ermessen solche Begegnung erschweren könnte (wozu auch alte Riten und Traditionen gehören können). Die »Wirkungskontrolle« würde sich folglich weniger auf das positive Erreichen von »Bekehrung« oder »Erweckung« richten, da hier nichts zu bewirken ist, sondern z. B. darauf, in wieweit kirchlich-religiöse Kommunikation an Inhalten und Formen modern-alltäglichen Austausches Anteil hat. Können Menschen nach menschlichem Ermessen heute verstehen, worum es im Christusmythos geht? Nimmt die Kirche z. B. die aktuelle Popularkultur überhaupt wahr und arbeitet mit ihren Mustern – oder wird diese gar nicht der Aufmerksamkeit für wert befunden?

Entsprechende Fragestellungen treffen durchaus auf zentrale Problemlagen, die auch mit den mentalen Wirkungen des klassischen Modells bei den kirchlichen Protagonisten zu tun haben. So weisen empirische Untersuchungen von Pastorinnen und Pastoren[15] aber auch von Diakonen[16] sehr deutlich deren Abständigkeit zu Fragen organisatorischer

---

15 Vgl. u. a. Gerhard Wegner: Religiöse Kreativität oder pastorale Pathologie? Zur Entkopplung von Religion und Gesellschaft. In: Ders.: Religiöse Kommunikation und Kirchenbindung. Ende des liberalen Paradigmas? Leipzig 2014, 123–150. Ders.: Ohne sie geht es nicht – aber geht es mit ihnen? Pastorinnen und Pastoren als professionelle kirchliche Akteure. In: Gunther Schendel (Hg.): Zufrieden, ge-

Wirksamkeit überhaupt auf. Sie lehnen z. B. deutlich und in Mehrheit das Erreichen von Zielen als Erfolgskriterium ihrer Tätigkeiten ab – und mehr noch: auch das Erfüllen von Erwartungen jenseits ihrer eigenen an sich selbst findet keine großen Resonanzen. Hinzu kommt dann noch, dass negative Indikatoren ihres Arbeitsumfeldes (sinkende Teilnehmerzahlen, ansteigendes Alter der Teilnehmer) ihnen nur wenig Sorgen bereiten. Dieses Verhalten, wie es bisweilen erfolgt, als Anzeichen für eine betont intrinsische Arbeitsmotivation zu begreifen, greift zu kurz, denn eine solche würde nicht notwendigerweise im Widerspruch zum Erreichen von Zielen stehen müssen. Was hier vielmehr deutlich wird, ist ein gesteigerter Selbstbezug der Betreffenden: sie nehmen ihr Umfeld besonders stark zentriert auf sich selbst – und besonders wenig in Bezug auf andere – wahr. Sie sind mit sich selbst – und eben nicht mit den Wirkungen ihrer selbst – beschäftigt. Zugespitzt: Pastoren und Pastorinnen interessieren sich nicht für die Menschen um sie herum, sondern lediglich für die Botschaft (oder eben nur für sich selbst). In der klassischen kirchlichen Verfasstheit – und auch noch in der deutschen kirchlichen Saturiertheit – wäre solch ein Verhalten als Widerspiegelung ihrer strukturellen Arbeitsumgebung gut zu erklären. Grundsätzlich stünde es allerdings durchaus in Spannung zum luthe-

stresst, herausgefordert. Pfarrerinnen und Pfarrer unter Veränderungsdruck. Leipzig 2017, 23–50.

16   Gunther Schendel: Wie geht's den Diakoninnen? Ergebnisse der SI-Studie in der Landeskirche Hannovers. SI-Kompakt Hannover 3 – 2018.

rischen Kirchenbild, in dem intrinsisches Leitungsverhalten gefordert wird, aber ein betont selbstbezogenes kritisiert werden müsste.

Aber wie dem auch sei: Dass Kirche Wirkungen haben soll, ist folglich so neu nicht. Neu ist nur der Stellenwert, der diesem Aspekt von Kirche heute oft zukommt. Es scheint denn doch so zu sein, dass die Aufmerksamkeit – die eigene und wohl noch stärker die von anderen – besonders stark in diese Richtung geht. Der Grund liegt sicherlich darin, dass herkömmliche Muster und Gestalten kirchlicher Präsenz auf breiter Front dysfunktional geworden sind. Vieles passt einfach nicht mehr – das ist landauf, landab der Eindruck. Zudem kann Kirche nicht mehr länger in einer doch letztlich christlichen Umgebung mitschwimmen. Diese Umwelt existiert nicht mehr. Und die Beschäftigung mit diesen Verlusten und Defiziten resultiert in einer gewissen Schwere und übertriebenen Ernsthaftigkeit, mit der nach Wirkungen gefragt wird: »Welche Wirkungen haben wir denn überhaupt noch?« Dass dies alles ein Spiel mit Möglichkeiten ist und es eigentlich um die Feier der Freiheit in Christus geht, kommt nicht wirklich rüber. Dann werden Kirchengemeinden und das kirchliche Personal unter Leistungsdruck gesetzt – wohingegen sie eigentlich als Selbstzwecke existieren und sich bzw. Christus deswegen beständig feiern könnten.

Folglich verblasst die Differenz von wirkungsvoller und passiver Organisation – aber nicht, weil Wirkungen unwichtig seien, sondern weil ihre Bedeutung überschätzt wird. Sie sind etwas Äußerliches und dürfen nicht mit dem Kern der Organisation Kirche gleichgesetzt werden. Das ist entscheidend! Und genau dieser Gedanke wird nun noch einmal sogar noch sehr viel deutlicher, wenn man moderne Organisationstheorie nach Ideen zur Organisation von religiöser Kommunikation befragt. Es zeigt sich auch dann: Natürlich geht es um Wirkungen – und zwar schon auf einer ganz elementaren Ebene von Gefühlen –, aber dieser Prozess ist schon säkular-organisatorisch ganz und gar nicht als einseitig bewirkte Prägung zu verstehen, sondern als ein kreativer Prozess, dessen Offenheit religiös noch gesteigert wird.

Was ist Organisieren?

Funktioniert folglich Kirche völlig anders als andere Organisationen? Eine wirklich herausfordernde Frage! Bereits bei einer ersten Beschäftigung mit den grundlegenden Begriffen und analytischen Mustern moderner Organisationstheorie kann deutlich werden, wie stark sich Fragen nach den Strukturen religiöser Kommunikation und elementarer Organisierung verbinden lassen. Die Organisationstheorie selbst nimmt das Thema jedoch selten auf.[17] In ihrer klassischen Form als Theorie rationalen Handelns (Max Weber[18]) vermag sie das auch kaum zu leisten, da dann der Gegensatz

17 Interessant allerdings die Nutzung religiösen Materials wie z. B. die Kain-und-Abel-Geschichte oder auch der Bezug auf Hiob bei Günther Ortmann: Regel und Ausnahme. Paradoxien sozialer Ordnung. Frankfurt a. M. 2003. Vgl. auch Ders.: Organisation und Welterschließung. Dekonstruktionen. Wiesbaden 2003.
18 Max Weber: Wirtschaft und Gesellschaft. Grundriss der verstehenden Soziologie. Tübingen 1980, 5. rev. Auflage. Insbesondere Kapitel IX: Soziologie der Herrschaft.

zur Religion von vornherein in die Grundbestimmungen eingebaut ist.

Sowohl Karl E. Weick[19] als auch Niklas Luhmann[20], die im Folgenden diskutiert werden, grenzen sich nun aber deutlich gegen klassische Auffassungen von Organisation und Organisieren ab, die allein auf das Kriterium der Rationalität abheben: Organisation sei im Kern die Einfügung der Menschen als Leistungsfunktionen in eine klar auf einen Zweck hin durchstrukturierte Einheit. Ihre eigenen Zwecke könnten sie so nicht mehr verfolgen und müssten sich aus Pflicht und Einsicht dem »Ganzen«, das durch die Leitung verkörpert wird, unterordnen. Diese Sicht der klassischen Ansätze sei überholt: »Die begrenzten Fähigkeiten des Menschen zu rationalem Verhalten, von seiner begrenzten Lust dazu ganz zu schweigen, erscheinen ihr deshalb als unsinniger externer Widerstand, den sie weder verstehen noch erforschen kann.«[21] Organisation muss folglich grundsätzlicher begriffen werden – beginnend mit elementarem Organisieren.

19 Karl E. Weick: Sensemaking in Organizations. Thousand Oaks, London, New Delhi 1995. Ders.: Making Sense of the Organization. Oxford und Malden 2001.
20 Niklas Luhmann: Funktionen und Folgen formaler Organisation. Ursprünglich Berlin 1964. Ders.: Organisation und Entscheidung. Opladen/Wiesbaden 2000.
21 Luhmann: Funktionen und Folgen (s. Anm. 20), 33.

Elementares Organisieren

Elementares Organisieren – auf dem alle großen und formalen Organisationen letztlich aufbauen – ist im Kern die »Organisation von Erfahrung«[22] bzw. die Organisation von Erlebnissen zu Erfahrung. Sehr anregend sind in dieser Hinsicht die Arbeiten von Karl E. Weick. Der Prozess des Organisierens beruht bei ihm auf dem »Überstülpen« von Begriffen über den ständig ablaufenden Erlebensstrom, z. B. dadurch, dass ein Teil des Erlebensstroms »eingeklammert« wird und Versuche unternommen werden, den Strom in Information zu verwandeln, um dann irgendetwas mit der so gewonnenen Information anzufangen.[23] Das eigentliche Organisieren besteht darin, dass über die Umwandlung von

22 Die Formulierung: »Organisation der Erfahrung« wird zum ersten Mal ausgearbeitet von Oskar Negt und Alexander Kluge: Öffentlichkeit und Erfahrung. Zur Organisationsanalyse von bürgerlicher und proletarischer Öffentlichkeit. Frankfurt a. M. 1972. Der Begriff bezieht sich dabei auf die Kompetenz in der Herstellung von Erfahrung: »Diese sich organisierende gesellschaftliche Erfahrung sieht der Warenproduktion ihre Beschränktheit an; sie macht den Lebenszusammenhang selber zum Gegenstand der Produktion. Diese Produktion tendiert zu einer öffentlichen Ausdrucksweise, die die Dialektik der Subjekt-Objekt-Beziehung nicht auf dem ohnmächtigen Gegensatz von denkendem Individuum und gesellschaftlichem Ganzen, sondern auf der Subjekteigenschaft der organisierten gesellschaftlichen Erfahrung aufbaut. Es ist deutlich, dass Organisation sich hier nicht mehr technisch, sondern dialektisch – als die Produktion der Form der Erfahrungsinhalte selber – versteht.« (27f.).

23 Karl E. Weick: Der Prozeß des Organisierens. Frankfurt a. M. 1995, 25. English: The Social Psychology of Organizing. McGraw Hill Inc. 1979.

ablaufenden Eindrücken in Informationen bzw. Daten »verhandelt« und schließlich auf irgendeine Weise entschieden wird. »Die Leute wenden Zeit auf, um ihre Weltsichten einander ähnlicher zu machen. Das bedeutet praktisch, dass die Leute darüber verhandeln, welche Substantive und Verben dem Strom übergelegt und wie diese Substantive und Verben miteinander verbunden werden sollen.«[24] Organisieren besteht folglich ganz grundsätzlich im gemeinsamen »Verständigen« darüber, wie die Erfahrungswelt aussehen soll, in der wir uns bewegen wollen. Organisierung so begriffen lenkt den Blick auf Basisprozesse des »Zusammenlebens«, und zwar so, dass ihre Konstruktivität deutlich werden kann: viele Selbstverständlichkeiten des Alltags beruhen auf Prozessen einer Welterrichtung, die von den Menschen immer wieder reproduziert werden. Organisation ist folglich nicht erst zu identifizieren, wenn sich irgendwelche Großstrukturen herausbilden, sondern bereits immer dann, wenn Bedeutungen festgestellt und Handlungsweisen angesichts von Vieldeutigkeit und Veränderlichkeit fixiert werden.

Weick definiert Organisieren dementsprechend: »als durch Konsens gültig gemachte Grammatik für die Reduktion von Mehrdeutigkeit mittels bewusst ineinander greifender Handlungen.«[25] Und weiter: »Organisieren heißt, fortlaufende unabhängige Handlungen zu vernünftigen Folgen zusammenzufügen, so dass vernünftige Ergebnisse erzielt werden.«[26] Das bedeutet, dass Organisieren mit einer Eini-

24 A. a. O., 214.
25 A. a. O., 11.
26 A. a. O., 11. Mit »vernünftig« ist hier allerdings lediglich pragmatisch

gung über das einhergeht, was in einer Gruppe als Wirklichkeit/Normalität begriffen wird. Damit sind Regeln für den Aufbau sozialer Prozesse gesetzt, ist eine Grammatik für zukünftige Handlungen und Erfahrungen geschaffen. Die Substanz des Organisierens besteht in ineinandergreifenden Verhaltensweisen, die sich aufeinander beziehen. »Was die Organisationen verarbeiten müssen, ist die Reichhaltigkeit und Vielfältigkeit der Bedeutungen, die einer Situation auferlegt werden können.«[27] Entscheiden bedeutet in dieser Hinsicht Selektieren: »Es ist jedoch wesentlich, sich zu vergegenwärtigen, dass Entscheiden in dem Modell des Organisierens heißt, irgendeine Interpretation der Welt und irgendeine Reihe von Schlüssen aus dieser Interpretation auszuwählen und dann diese Zusammenfassung für nachfolgendes Handeln verbindlich zu machen.«[28] Die Betonung liegt dabei auf »irgendeine« – die eine objektiv richtige Selektion kann es nicht geben. Entscheidend ist lediglich, dass überhaupt eine Auswahl erfolgt und sie für weitere Anschlusshandlungen festgelegt wird.

Mit dieser Definition ist zugleich eine Differenz zwischen den in den Organisationsprozess einbegriffenen Handlungen und Kommunikationen und der davon nun abgegrenzten – und so erst konstituierten – Umwelt gesetzt. Die Umwelt ist das, was so nicht organisiert ist, aber ebenso nicht nur aus dem organisierten Bereich heraus wahrgenommen,

---

sinnvoll gemeint (englisch: sensible) – Weick bezieht sich nicht auf einen emphatischen Vernunftbegriff.

27 A. a. O., 249.
28 A. a. O., 250.

sondern in spezifischer Weise durch die getroffene und gelebte Unterscheidung erst geschaffen wird. Jeder simple gruppendynamische Prozess bestätigt diese Erfahrung: die Identität der Gruppe braucht die Abgrenzung gegen die »anderen«, die als »andere« so erst geschaffen werden.

Das bedeutet: die Umwelt ist das Produkt der Organisation. Wenn diese folglich auf die Umwelt Einfluss nehmen will, muss sie zunächst bei sich selbst ansetzen. »Wenn die Leute ihre Umgebung verändern wollen, müssen sie sich selbst und ihr Handeln ändern – nicht jemand anderen. Wiederholtes Scheitern von Organisationen beim Lösen ihrer Probleme erklärt sich teilweise aus der Unfähigkeit, ihre eigene Bedeutung innerhalb ihrer eigenen Umwelt zu verstehen. Probleme, die nie gelöst werden, werden deshalb nie gelöst, weil die Manager fortwährend mit allem herumexperimentieren, außer mit dem, was sie selbst tun.«[29] »Die Umwelt, über die sich die Organisation Sorgen macht, ist durch die Organisation aufgebaut worden.«[30]

Organisieren als Sinnstiftung

Was eine Organisation zusammenhält, ist folglich nicht nur all das, was äußerliches Verhalten beeinflusst und reguliert, sondern sind ebenso alle Formen, die innere Bilder, Gedanken und Gefühle aufeinander abstimmen. Weick formuliert das pointiert: »What ties an organization together is what ties

29 A. a. O., 219
30 A. a. O., 220

thought together:«[31] Elementar an einer Organisation sind folglich nicht die Stellen- und Abteilungspläne, sondern die in mehr oder minder ausgeprägter Form geteilte mentale Welt der in ihr tätigen Menschen. Die formalen Strukturen wären dann lediglich so etwas wie Geländer, an denen sich die Einstellungen und Haltungen der Menschen entlanghangeln.

Der Prozess des Organisierens hat in dieser Hinsicht viel Ähnlichkeit mit der Einhaltung von Spielregeln. Sie sind einem Spiel nicht äußerlich, sondern erzeugen es geradezu, aber nur, wenn sie selbstverständlich eingehalten werden und in den mentalen Besitz der Spieler eingehen. So schafft ein Spiel eine eigene Welt, in der die Spieler, wenn es ein gutes Spiel ist, völlig aufgehen und zuhause sind. Wie beim Spiel dient Organisieren dazu, die Spannweite der Möglichkeiten zu verkleinern, die Zahl der Ergebnisse, die auftreten können, zu verringern. »Eine Organisation versucht, mehrdeutige Information umzuformen bis zu einem Grad an Eindeutigkeit, mit dem sie arbeiten kann und an den sie gewöhnt ist.«[32] Durch diesen Vorgang der Stiftung von »Fakten« schaffen sich Organisationen die Probleme, die sie dann bewältigen müssen, selbst. »Organisationen haben einen wesentlichen Anteil an der Schaffung der Realitäten, die sie dann als »Fakten« sehen, denen sie sich anpassen müssen.«[33] Der Prozess des Organisierens verläuft – wenn er einmal in Gang gekommen ist – folglich zirkulär: er ist auf die Organi-

---

31 Weick: Making Sense of the Organization (s. Anm. 19), 308 (über kognitive Landkarten).
32 Weick: Der Prozeß des Organisierens (s. Anm. 23), 15.
33 A. a. O., 26.

sation selbst bezogen. Man tut etwas, weil man etwas getan hat. »Leute in Organisationen erzwingen häufig das, wovon sie später sagen, es zwinge sich ihnen auf.«[34] Es wird Normalität gestiftet – ein Ausschnitt der Wirklichkeit geordnet und so beherrschbar gemacht.

Deutlich ist bereits an dieser Stelle, dass Organisieren immer mit Sinngebung zu tun hat. Der schlichte und immer wieder reproduzierte Prozess der Trennung der Normalität von der Illusion ist nichts anderes als ein Prozess der Sinnstiftung, da nun eine zweite Ebene eingezogen worden ist, von der her Handlungen und Erfahrungen bewertet werden: es gibt dann sinnvolle Aktivitäten, die sich in der Organisation abspielen und andere. Damit verbunden ist i. d. R. eine gewisse Abwehr, zumindest aber eine erkennbare Ambivalenz, was die Offenheit für andere Normalitätskonstruktionen anbetrifft. Das größte Problem von Organisationen ist es, die Grenzen zwischen Offenheit und Geschlossenheit sowie zwischen Misstrauen und Vertrauen zu ziehen. Die Einstellungen der Menschen, die an diesen Grenzen tätig sind, sind entscheidend für die Weiterentwicklung von Organisationen.

Organisationsprozesse lassen sich von diesem grundlegenden Organisationsverständnis her zumindest immer in einer dreifachen Hinsicht verstehen:

– im Hinblick auf ihre kognitiven Strukturen, d. h. die Regulierung der Wahrnehmung und Konstruktion von Wirklichkeit;

34 A. a. O., 220.

- im Hinblick auf normative Strukturen, d. h. im Hinblick auf Beobachtung, Kontrolle, Regelsetzung und Sanktionierung der Beteiligten;
- im Hinblick auf narrative Strukturen, d. h. im Hinblick auf alles Vorschreibende, Bewertende, Verpflichtende, was in Organisationen gilt.[35]

Weick bezieht sich bei seinen Überlegungen zum Organisationsbegriff auf Überlegungen von William James. Dessen Grundannahme ist, dass Erfahrung nicht das ist, was mit einem Menschen geschieht, sondern das, was ein Mensch aus dem macht, was mit ihm geschieht. Organisieren setzt folglich dann ein und kommt voll zur Geltung, wenn das reine Erleben in eigener Aktivität eingefangen wird und es so in der einen oder anderen Weise zur Erzeugung von Bedeutung kommt. Erfahrung ist in dieser Sicht der Dinge die Folge von organisierter Aktivität. Weick zitiert William James:[36] »Die Inhalte der Welt sind uns in einer Ordnung *gegeben*, die unseren subjektiven Interessen so fremd ist, daß wir uns durch Anstrengung unserer Vorstellungskraft kaum ein Bild davon machen können, wie sie aussieht. Wir müssen diese Ordnung völlig zerbrechen, dann sind wir fähig, durch Herausgreifen der Dinge, die uns angehen, und durch Verbinden dieser Dinge mit anderen, weit entfernten,

---

35 So die Übersicht bei Peter Walgenbach: Institutionalistische Ansätze in der Organisationstheorie. In: Alfred Kieser (Hg.): Organisationstheorien. 4. Aufl., Stuttgart/Berlin/Köln 2001, 319, hier 349 ff.
36 Weick: Der Prozeß des Organisierens (s. Anm. 23), 213. Das Zitat stammt aus: William James: The Principles of Psychology.

von denen wir sagen, sie gehörten zu ihnen, Fäden von eindeutigen Sequenzen und Tendenzen auszumachen, verschiedene Verbindlichkeiten vorherzusehen und uns auf sie vorzubereiten, Einfachheit und Harmonie an der Stelle zu genießen, wo vorher Chaos war.« Die reale Ordnung der Welt ist zu komplex, als dass sie uns zugänglich wäre, und sie muss mithin von den Menschen in herausgebrochenen Bereichen neu geordnet werden, damit sie sie beherrschen können. Genau dies ist in der Sicht Weicks der Prozess des Organisierens. Ebenso kommt auch Sinngebung zustande.[37]

Eine entscheidende Folge dieser Sicht der Dinge ist die Einsicht in die eigene, rekursive Konstruktivität des Organisierens. Ein ideologischer Streit über die objektive Wahrheit oder Falschheit der Angemessenheit von Prozessen führt in die Irre. »Eine Organisation, die sich der Tatsache bewusst ist, dass sie gestaltete Umwelten produziert, wird sich weniger für Probleme von Wahrheit und Falschheit interessieren und mehr für Probleme der Angemessenheit. Statt über wahr und falsch sollte man sich auf Fragen konzentrieren wie: Was haben wir getan? Welchen Sinn können wir diesen Handlungen beilegen? Was haben wir nicht getan? Welcher nächste Schritt wird unsere Wahlmöglichkeiten am besten sichern und unserem Repertoire am wenigsten Schaden zu-

---

37 An dieser Stelle könnte eine religiöse Frage ansetzen: Wie wird im Organisieren der Bezug auf die »reale Welt« von W. James prozediert? Geht diese Welt verloren, gerät sie völlig aus dem Blick? Oder kehrt sie immer wieder – zumindest an den Rändern? Bei William James zumindest bleibt sie als besonderer Erfahrungsbereich ständig präsent.

fügen? Was bedeuten diese blauen Flecken? Wie haben wir diese Ausstattung ruiniert?«[38]

Die Organisation

Nun gibt es aber offensichtlich einen Unterschied zwischen dem elementaren Organisieren, d. h. der Generierung von Informationen aus dem Erlebnisstrom, und dem, was man herkömmlich als Organisation, d. h. Zuteilung von Aufgaben, Entscheidungen, Stellen usw. versteht. Die Differenz zwischen diesen beiden Verständnissen von Organisieren und Organisation hat Niklas Luhmann sehr prägnant in seinem Buch »Funktionen und Folgen formaler Organisation« als Unterschied zwischen **emotionaler** und **funktionaler** Stabilisierung beschrieben. Beiden Formen der Stabilisierung ist gemein, dass unter Organisation die Stabilisierung von Verhaltenserwartungen verstanden wird, die das gemeinsame Handeln verbinden und auf diese Weise Erwartungssicherheiten schaffen.

– Unter **emotionaler Stabilisierung** versteht Luhmann die Verbindung von Gefühlen bis hin zu ihrer Programmierung. Gefühle, so sagt er, sind Erlebnisqualitäten, die die Orientierung erleichtern. Gefühle sind dann befriedigend, wenn sie sich ausdrücken und darin Bestätigung finden können. Weil dies so ist, sind sie auch kontrollierbar und ist die Schaffung von Gefühlsharmonie untereinander

38 A. a. O., 243.

möglich.[39] Gefühle sind hochgradig plastisch und in dieser Hinsicht ein ideales Feld für Organisationen. Emotionale Stabilisierung ist aber nur in kleineren Gruppen möglich und hat den Preis einer sehr strikten Abgrenzung dieser Gruppen nach außen, was ihr Überleben und ihre Weiterentwicklung behindert.

– Demgegenüber findet sich **funktionale Stabilisierung** in großen Organisationen. Sie beruht auf einer Formalisierung von Erwartungen an alle, die Mitglieder in solchen Organisationen sind. Diese Erwartung beinhaltet eine affektiv neutrale Einstellung zu den eigenen Gefühlen, die wiederum auf die prinzipielle Substitutionsmöglichkeit der Einzelnen in den Organisationen und vor allem ihren Kommunikationen und Handlungen zurückzuführen ist. Wenn ich es nicht tue, tut es ein anderer. In solchen Organisationen darf man bestimmte Erwartungen nicht verweigern, sonst folgt die Versetzung. Der Einzelne ist in dieser Hinsicht austauschbar, und deswegen spielt seine Gefühlswelt keine herausragende Rolle. Bedingung für die Mitgliedschaft ist ein Umgehenkönnen mit den eigenen Gefühlen. »Funktional stabilisierte Systeme haben keinen Platz für Gefühle. So gern sie Gefühle als zusätzliche Motivationsfaktoren in ihren Dienst nähmen, da die Leistungsmotivation immer prekär bleibt, so wenig sind sie bereit, die Vorbedingungen des Erlebens dafür zu schaffen, und so wenig fügen sich Gefühle den rational abstrahierten Leistungsnormen.«[40]

---

39 Niklas Luhmann: Funktionen und Folgen formaler Organisation. Mit einem Epilog 4. Aufl., Berlin 1995, 372 ff.

Der Übergang von der emotionalen zur funktionalen Stabilisierung ist für das Funktionieren der modernen Organisationswelt fundamental. Organisieren im funktionalen Sinne ist die Einrichtung von Kommunikationswegen, die Entscheidung mit Entscheidung verknüpfen und dadurch die fortlaufende Reproduktion der Organisation unter Bezug auf sich selbst erst ermöglichen.[41] Die wichtigsten Entscheidungen sind jene über die Kommunikationswege, die die Entscheidungen verknüpfen. Es sind die Muster der Kommunikationen, die im Zentrum der Aufmerksamkeiten in Organisationen stehen, die deswegen dauernd beobachtet, bewacht und verändert werden.

Gegenüber elementaren Formen der Vergemeinschaftung verändert sich das »Zusammenleben« fundamental. »Die alte, diffuse Interessengemeinschaft wird von seiten des sozialen Systems einseitig aufgekündigt. Das soziale System erreicht dadurch eine Autonomie planvoller Selbststeuerung, wie sie bisher unbekannt war. [...] Der Einzelmensch muß die Folgeprobleme in sich kompensieren und eine entsprechende Autonomie zu erreichen suchen.«[42] Die Folge für den Einzelnen ist, dass er mit seiner Gefühlswelt aus dem System bzw. der Organisation herauswandert und sich selbst im Hinblick auf sein Innenleben weitaus mehr »organisieren« muss, als dies bisher der Fall war. Er muss nun reflexiver werden und entscheiden, wann und wo er seine Gefühle leben bzw.

40   A. a. O., 379.
41   Luhmann: Organisation und Entscheidung (s. Anm. 20), 316.
42   Luhmann: Funktionen und Folgen formaler Organisation (s. Anm. 39), 380.

überhaupt etwas erleben will. Wem dies nicht gelingt, d. h. wer die nötige Form von Selbstbeherrschung bzw. Selbstformatierung nicht erreicht, der fällt aus der Organisationswelt heraus. Jede neue Welle des Organisierens ist mit einer neuen Aufstellung der »Selbste« verbunden.

Außerhalb moderner Organisationen lebt man in geregelten sozialen Beziehungen, ohne sich dessen immer voll bewusst zu sein. Man lebt »in Erwartungen verstrebt«.[43] Sie bilden den Horizont des eigenen Lebens, sind aber selten das Thema. Durch die Schaffung formaler Organisationen ändert sich das. Indem man in ein solches System eintritt, sieht man von der Grenze her das Ganze und entwickelt eine Bewusstheit für die Vor- und Nachteile der eigenen Mitgliedschaft. »Nur durch Konzeption von Alternativen außerhalb seiner Grenzen kann ein System als ganzes Erlebnisthema werden; sonst bleibt es Erlebnishorizont.«[44] Durch die Einrichtung formaler sozialer Organisationen werden folglich die Möglichkeiten zu »leben« erheblich gesteigert. Man kann dann die eigenen geregelten sozialen Beziehungen sozusagen im Rückblick als eine Möglichkeit unter anderen verstehen und so die eigenen Lebenswelten multiplizieren. Dies geschieht allerdings um den Preis der Entkopplung von Lebenswelten und Organisationen: letztere werden aus den »natürlichen« Zusammenhängen gelöst.

Organisation wird so von Niklas Luhmann von ihrer Funktion der »Erwartungsstabilisierung« her begriffen. Sie führt zu einer bestimmten Ordnung von Erwartungen: zu

43   A. a. O., 40.
44   A. a. O., 41.

»Erwartungserwartungen«. Man kann nun erwarten, was man zu erwarten hat. Jede Handlung, die jemand in einer Organisation tut, prägt einen Ablauf für die Zukunft und sorgt dementsprechend für eine Erwartung.[45] Organisationen stellen so Strukturen verlässlicher wechselseitiger Erwartungen dar, die auf diese Weise Möglichkeiten und Zukunft binden, aber so auch andere Möglichkeiten diskutierbar machen. »Die Prämisse von Organisation ist das Unbekanntsein der Zukunft und der Erfolg von Organisationen liegt in der Behandlung dieser Ungewissheit: ihrer Steigerung, ihrer Spezifikation und der Reduktion ihrer Kosten.«[46] In dieser Hinsicht leisten sie Absorption von Unsicherheit – und zwar vor allem der Unsicherheiten, die durch selbst erzeugte Möglichkeitsüberschüsse entstehen.[47]

Während in den Fällen emotionaler Organisierung bzw. Stabilisierung das Verhältnis zwischen Individuum und Organisation noch relativ unproblematisch ist, wird dies in formalen Organisationen zu einem der Kernprobleme. »Funktionen und Folgeprobleme der formalen Organisation sind nicht zugleich solche der Selbstverwirklichung des Menschen.«[48] Organisiertes Handeln ist in diesem Sinne

---

45 In dieser Hinsicht könnte man auch davon sprechen, dass Organisationen mit Versprechen zu tun haben bzw. sich darauf beziehen, dass Versprechen eingehalten und auf diese Weise Sicherheiten produziert werden. Erwartungserwartungen wären kaum etwas anderes als eben Versprechen. Organisationen würden dann in gegenseitig gegebenen Versprechungen bestehen.

46 Luhmann: Organisation und Entscheidung (s. Anm. 20), 10.

47 A. a. O., 220 u. ö.

48 Luhmann, Funktionen und Folgen 1964 (s. Anm. 20), 26.

nicht gleich authentisches individuelles oder Gruppenhandeln. Soziale Integration in Organisationen ist etwas anderes als persönliche Integration in Gruppen. »Der Mensch muß auf die Rationalisierung des sozialen Systems mit eigenen Formen der Selbstrationalisierung und Selbstabstraktion, mit Vertagung von Gefühlen und Ausdrucksbedürfnissen parieren«.[49] Und noch pointierter: »Als Mitglied muss man es vermeiden, sich durch sich selbst stören zu lassen.«[50] Die Folge dieses Settings ist dann eine eminente Legitimation der Organisation: »Handlungen, die von einem Stelleninhaber in einer Organisation ausgeführt werden, werden als außerhalb der Person begründet liegend und als objektiv erforderlich betrachtet.«[51]

Gleichwohl bleibt das Bedürfnis nach emotionaler Stabilisierung in Gruppen auch in formellen Organisationen erhalten. Eine der entscheidenden Entdeckungen in der Organisationstheorie in dieser Hinsicht war das Nebeneinander von formeller und informeller Organisation, das in seiner Widersprüchlichkeit zum Funktionieren von Organisationen unabdingbar dazugehört. Neben den offiziellen Kanälen einer Organisation existiert die informelle Organisation. »Sie ist vor allem gefühlsmäßig fundiert und auf die Persönlichkeitsbedürfnisse in der Arbeitswelt zugeschnitten. Sie verwandelt die Arbeit, die von der formalen Organisation als sachliche Leistung geplant ist, in ein geselliges Geschehen,

49 A. a. O., 26.
50 Luhmann: Organisation und Entscheidung (s. Anm. 20), 85.
51 Walgenbach: Institutionalistische Ansätze. In: Alfred Kieser (Hg.): Organisationstheorien (s. Anm. 35), 343.

das gemeinschaftlich bewertet wird, und greift dadurch modifizierend in die Planung ein.«[52]

Die Existenz der informellen Organisationen widerlegt die Grundannahme klassischer Organisationstheorien, dass man eine Organisation schlüssig rational durchkonstruieren und alles, was dem widerspricht, ausmerzen könne. Informelles und formelles Verhalten laufen nebeneinander her, weil die Situationen faktisch nie gegeneinander komplett abgedichtet sind. Eine Rollenharmonisierung wird durch geregelte Trennung beider Bereiche und durch ein komplexes, aber sehr feinfühliges Abstimmen erreicht. »Das Abdecken latenter Beziehungen ist der Preis, der für die Konsistenz der formalen Rolle bezahlt wird, die Bedingung ihrer Eignung als Interpretationshilfe und als selektives Erlebnisschema.«[53] Nur durch diese Integration emotionaler Stabilisierung funktionieren formelle Organisationen. Sie kommen folglich ohne elementares Organisieren nicht aus.

Organisation religiöser Kommunikation

Wenn man nun nach der Organisierung religiöser Kommunikation fragt, so wiederholt sich das, was bereits im Hinblick auf Organisieren/Organisation gesagt worden ist. Zunächst einmal ist religiöse Kommunikation (im weitesten Sinn) in einem elementaren Sinne in der praktischen Alltagsbewäl-

---

52 Luhmann: Funktionen und Folgen formaler Organisation 1964 (s. Anm. 20), 30.
53 A. a. O., 52.

tigung immer schon dadurch präsent, dass alles, was geschieht, einer bestimmten Rahmung unterliegt, die andere Möglichkeiten ausschließt. Soziologische Religionstheorien setzen die Begründung und Entstehung von Religion bereits an dieser Stelle an. Alltagshandeln könnte gar nicht funktionieren, wenn es nicht in dieser Hinsicht grundlegende »Glaubens« annahmen einschließen würde, wie z. B. die, dass es morgen in etwa so weiter geht wie heute, oder auch die ganz grundlegende, dass es sich überhaupt lohnt zu leben. Dieser alltagspraktische »Glaube« ist in Philosophie und Soziologie immer wieder zum Gegenstand gemacht worden, sei es als naiver Weltglaube oder auch in seinem Bezug auf die elementare Haltung von Menschen, ihre Körperlichkeit. »Glaube« ist in diesem Sinne elementar.[54] Genauso wie seine Geltung immer dem Verdacht der Illusion unterliegt, kommt faktische Sozialität ohne ihn nicht aus. Das Organisieren von Erfahrungen, das Herausschneiden von Aspekten aus dem Erlebnisstrom, hat seinen religiösen Akzent gerade in diesem Aspekt des Herausschneidens selbst. Das Herausschneiden zerstört die vorhandene Ordnung der Wirklichkeit und verweist aus der Rückschau heraus auf deren Ganzheit und Integrität. Genau in diesem Sinne hat Luhmann Religion als Form des Sinnes bestimmt.[55]

Fragt man nun jedoch nach religiöser Kommunikation im expliziten Sinne, so sehen die Dinge anders aus. Zwar

---

54 Wobei für diese Ebene natürlich gilt, dass das, was hier wissenschaftlich als »Religion« beschrieben wird, von den betreffenden Akteuren in der Regel nicht so genannt wird.
55 Luhmann: Die Religion der Gesellschaft (s. Anm. 7), 7 ff.

gibt es durchaus einen Zusammenhang mit alltagsprakti-
schen Glaubenseinstellungen, denn die explizite religiöse
Kommunikation kann auch das Alltagsverhalten prägen,
und Grunderfahrungen aus dem Alltagsbereich finden sich
in religiöser Kommunikation verarbeitet – aber beides ist
nicht identisch, zumindest nicht in modernen Gesellschaften, in denen organisierte religiöse Kommunikation ein aus-
differenzierter Bereich ist, der sich – wie andere Bereiche
auch – unter Bezug auf sich selbst weiterentwickelt.

Für ausdrückliche religiöse Kommunikation ist zunächst
kennzeichnend, dass sie sich auf eine Art von »Rahmen-
wirklichkeit«, auf etwas Transzendentes richtet und dieses
als die wahre/wirkliche Wirklichkeit erlebt bzw. anerkennt.
Damit ist nicht notwendig eine Abkehr von der alltagsprak-
tischen Realität gegeben – sie kann im Gegenteil durch ihre
Überschreitung in ihrer eigenen Wertigkeit bestätigt werden:
erst durch die Anerkennung einer Überwelt kommt Welt
zustande. Aber religiöse Kommunikation geht darüber hinaus und bezieht sich auf eine Wirklichkeit, die nicht einfach
vor Augen oder auf der Hand liegt und ganz und gar nicht
selbstverständlich ist. Prägende religiöse Begriffe wie Schöpfung, Sünde, Erlösung u.ä. greifen nicht unbedingt direkt
im Alltag, bezeichnen aber gleichwohl existenzielle kos-
mologische Grundkategorien, die für die Wirklichkeitskonstruktion erhebliche Relevanz gewinnen können. Religiöse Kommunikation spricht anders als ökonomische oder
rechtliche Kommunikation. »Bestimmte unverwechselbare
lebensweltliche Bestände oder Konstellationen [werden] bedeutsam, [...] durchsichtig, epiphan – als Symbole, Hinweise und Interpreten für den überpositionalen Horizont

von Welt überhaupt.«[56] In religiöser Kommunikation geht es nicht primär um einzelne Gefühlszustände, sondern um einen affektiven Grundakkord, der das Leben begleitet und spezifisch ‚tönt'!

Solche Kommunikation thematisiert transzendente Instanzen. Sie kommuniziert einen Sinn, der von außen an die Welt herangetreten ist und gerade dadurch der Welt einen Sinn zu verleihen imstande ist, der sich aus der Immanenz der Welt nicht gewinnen lässt. Diese Kommunikation entfaltet die materiell-körperlichen weltübersteigenden Bedeutungszusammenhänge und organisiert mittels einer entsprechenden Symbolik, durch Zeichen, Hinweise, Stile usw., Erfahrung und Handlung der Menschen. Genau in dieser Hinsicht sorgt sie für Normalität, indem sie sie spektakulär übersteigt. Das Dasein wird noch einmal anders in seiner Gleichnishaftigkeit und Gleichnisbedürftigkeit erfahrbar. Damit erfolgt religiöse Kommunikation in einer Doppelbewegung von Entwirklichung und Wiederverwirklichung. Die Bewegung aus der Immanenz in die Transzendenz und zurück impliziert die Unvollständig der Immanenz – komplett ist sie nur mit Transzendenz, und deswegen ist die Realität nur über den Umweg über ein Jenseits der erfahrbaren Wirklichkeit wirklich und wahrhaftig erfahrbar.

Religiöse Kommunikation transferiert Bedeutung entsprechend der zur Verfügung stehenden Möglichkeiten des

---

56 Eilert Herms: Das Kreuz im Alltag. In: Joachim Matthes (Hg.): Fremde Heimat Kirche. Erkundungsgänge. Gütersloh 2000, 38–59, hier 52 f.

menschlichen Bewusstseins, d. h. sie arbeitet vor allem mit Szenen und deren Erinnerung bzw. deren Applikation:

– Ein Erlebnis vollzieht sich mit einem spezifischen Wahrnehmungskern, z. B. Freude oder Schmerz.
– Auf dieses Erlebnis und seinen Wahrnehmungskern werden Bilder vorangegangener Erlebnisse projiziert.
– Auf diese Weise werden damit verbundene Gefühle bewusst.
– Ein einfühlendes Nachsinnen über Zusammenhänge zwischen damals und heute ergibt sich. Vergangenheit und Gegenwart werden in ein »musikalisches Verhältnis« gebracht. Auf diese Weise erhält das Erlebnis eine Bedeutung.
– Dies alles führt möglicherweise zu einem »Ausdruck« – zu einer Objektivation.

Folglich gilt: Religiöse Kommunikation schafft in spezifischer Weise die Welt noch einmal in einer besonderen Tonart. Der Vergleich mit der Musik ist durchaus treffend, denn der religiöse Mensch ist einer, der auf eine bestimmte, nur ihm eigene Art lebt, d. h. eine bestimmte Tonart, ein Maßverhältnis, einen Stil, eine Stimmung an den Tag legt. Die Frage an religiöse Kommunikation ist dann, mit welchen Erfahrungen, mehr noch, mit welchen Erfahrungs- bzw. Lebensqualitäten sie sich verbindet. Präferiert werden i. d. R. bestimmte Situationen, die sich aus der schon vorhandenen Kommunikation ergeben, im christlichen Kontext z. B. besonders Situationen von Hilfe, Solidarität, Leid, aber auch Gerechtigkeit und Frieden. Andere Situationen, die bisher in diese Kommunikation wenig einbezogen waren, haben es sehr viel schwieriger, innerhalb der religiösen Kommunikation Anerkennung zu finden. Religiöse Innovationen beziehen sich i. d. R. auf Neuverknüpfungen und neue Deutungsmuster von Erlebnissen mit religiöser Tradition.

Von ihrem Selbstverständnis her stützt sich solche Kommunikation auf etwas, was außerhalb ihrer existiert, und dieser Bezug ist für sie schlichtweg fundamental. Gleichwohl vollzieht sie sich gerade durch diesen Bezug hindurch als eine autonome Kommunikation, die sich auf nichts in der Welt außerhalb ihrer selbst stützen muss. Dies entspricht auch einer modernen Sicht auf Religion, die Religion als ausdifferenziertes System betrachtet. Es gibt immer weniger außerreligiöse Gründe, religiös zu sein. Die religiöse Organisation kann Gründe dafür, an ihr teilzunehmen, nur durch Bezug auf sich selbst erzeugen, und sie kann entsprechende Belohnungen, wie z. B. Befreiung oder Erlösung, auch nur durch Bezug auf ihre eigenen Kommunikationsprämissen beschreiben. Man ist religiös »for the sake of it«. Darüber hinaus Plausibilität zu erwarten, ist illusionär und erzeugt nur Frustration.

Dieser Selbstbezug von Religion gilt insbesondere für religiöse Kernhandlungen wie religiöse Rituale. Zwar lassen sich Rituale natürlich im Hinblick auf ihre stabilisierende Wirkung in Machtverhältnissen und die durch sie vermittelte emotionale Energie analysieren. Als religiöse Kommunikationsakte haben sie jedoch »etwas Emphatisch-Unverständliches an sich; ein Mehr an Sinn, ohne dass das Ritual unbegreiflich bleibt«.[57] »Rituale beginnen dort, wo die reine

Verhaltenstechnik, die gradlinige Zurechnungsfähigkeit endet; wo nicht nur etwas erreicht, sondern zugleich und vor allem etwas ausgedrückt werden soll.«[58]

Man muss sich folglich in religiöser Kommunikation bewegen, um sie wirklich wertschätzen zu können, wie dies auch für andere Kommunikationssysteme gilt. Sie wecken mithin erst die Bedürfnisse, die sie dann befriedigen wollen.

Kennzeichnend für religiöse Kommunikation ist, dass sie das Verhältnis zwischen Eigenaktivität und Wirklichkeitskonstruktion in eine spezifische Ordnung bringt: Wenn die erfahrene immanente Welt ohne das Transzendente nicht komplett ist, dann hat das Sich-Ausliefern an das Transzendente prinzipiell Vorrang. Religion ist insofern eine Beziehung zu unbedingter Andersheit, die jeder Erfahrungsaktivität und schon erst recht jeder Handlung vorausgeht. Sie bezeichnet eine grundsätzliche Passivität, denn nur in ihr kann ich mich durch das unbedingt Andere bestimmen lassen. Es geht um eine Entscheidung des Anderen in mir, die über mich in mir erfolgt. Insofern kann man sagen, dass die symbolische Ordnung durch mich spricht. Ich werde von ihr gesprochen. Es geht um die Epiphanie des Göttlichen in der Welt, in der sich religiöse Kommunikation als offen erweisen muss, wenn sie ihrem Grundanliegen gerecht werden will. Dies ist eine paradoxe Erfahrung, denn es geht gerade um Kommunikation über das, was sich nicht zeigt und geheimnisvoll bleibt. Es wird über etwas kommuniziert, was

---

57 Werner Jetter: Symbol und Ritual. Anthropologische Elemente im Gottesdienst. Göttingen 1978, 117.

58 A. a. O., 116.

sich nicht selten in dem Augenblick, da man es benennt, auch schon wieder entzieht.

Befreiende Organisation

So seltsam es klingen mag: Nicht nur, dass sich Organisation ganz und gar nicht auf Berechnung und Kalkulation reduzieren lässt (wer das tut, nimmt lediglich die Oberfläche in den Blick), man kann in gewisser Hinsicht sogar behaupten, dass im Kern jedes Organisierens etwas Religiöses steckt. Es funktioniert dann gut, es befreit unsere Kräfte und lässt unsere Körpersäfte frei fließen, wenn wir uns als »Ergriffene«, d. h. als passiv Angesprochene, aber zugleich als höchst wirksame Menschen erfahren können. Dann empfinden wir uns als Freie und dennoch Verpflichtete.[59]

Die nicht auflösbare Paradoxie lautet: Wir wollen dann nichts – und tun doch alles. Oder auch andersrum: Wir tun alles – aber wollen eigentlich nichts. Ideale Haltungen sind das, um anderen zu helfen, ohne ihnen etwas anzutun. Es gibt nichts Gutes, außer man lässt es! Was immer im Weg ist: das Ziel! Gruppen und Organisationen, so hat es Weick schön gesehen, bilden sich um Mittel herum – nicht um Ziele.[60] Sie sind im Grunde genommen ganz und gar keine Mittel für etwas, sondern lebendige Wesen. Kirche, so gesehen, ist dann der Prototyp einer befreienden Organisation, die in sich selbst immer wieder Rituale der Befreiung in-

---

59   Hans Joas: Die Entstehung der Werte. Frankfurt a. M. 1999, 286 ff.
60   Weick: Der Prozeß des Organisierens (s. Anm. 23), 132 ff.

szeniert und sich als in der großen Befreiungserzählung Gottes lebend begreift. Sie hat von ihrem Kern her – dem Christusmythos – eine höchst experimentelle Einstellung zu sich selbst – wie von Niklas Luhmann immer wieder gefordert.[61]

In dieser Sichtweise wird erkennbar, dass sich Kirche nur dann als Instrument der Befreiung bewähren kann, wenn in ihr Authentizität ermöglicht wird. Zwar organisiert sie das christliche Programm, aber dieses funktioniert nur, wenn Menschen sich als sie selbst und als eben darin neu Gewordene erfahren können. Erfahrungen von Organisationswillkür, Angst, nicht man selbst sein zu können, die häufig schwer zu ertragenden Rollenspiele in Ökonomie und Politik behindern solche Prozesse und stiften Entfremdung. Aber es kann auch ganz simpel die kirchliche Verwaltung sein, die sich in ihrem unpersönlich-formalen Operieren als störend erweist. Oder gibt es so etwas wie eine verkündigende Verwaltung?[62]

Und sie dürfen nicht mit Prozessen der Transformation, ja der Konversion, verwechselt werden, die allerdings mit

---

61 Luhmann: Organisation und Entscheidung (s. Anm. 20), 430.
62 Was freilich ein weites Feld ist – in jeder Beziehung. Vgl. z. B. Wolfgang Seibel: Verwaltung verstehen. Berlin 2016 (mit einem wunderbaren Eingangsbeispiel: 9 ff.). Oder auch andersrum: Dirk van Laak und Dirk Rose (Hg.): Schreibtischtäter. Begriff – Geschichte – Typologie. Göttingen 2018. Oder auch theologisch schwergewichtig Jan Hermelink: Kirchliche Organisation und das Jenseits des Glaubens. Eine praktisch-theologische Theorie der evangelischen Kirche. Gütersloh 2011 (206 ff zur Finanzverwaltung und 236 ff zur Verwaltung der Kirche allgemein).

einer durchaus fundamentalen Veränderung eigener Gefühlslagen einhergehen können. Wer ich wirklich bin, entscheidet sich nicht selten in meiner Tätigkeit in Organisationen. Anders gesagt: Kirche befriedigt keine Bedürfnisse, sondern verwandelt meine falschen in wahre. Nicht um die Vermittlung von positiven Lebenszielen als solchen geht es, sondern darum, das Positive überhaupt erst ins Leben zu rufen: Enthusiasmus, Zuversicht, Optimismus, Vertrauen, Respekt, Dienst, Liebe. Christus zu begegnen, bedeutet genau dies: sich seiner charismatischen Führung anzuvertrauen. Zufriedenheit kann sich bisweilen einstellen: sie ist kein Ziel der Kirche! Schon gar nicht Kundenzufriedenheit.

Es ist sofort deutlich, dass eine solche Begegnung mit Religion impliziert, sich der eigenen Logik dieser Welt auszusetzen. Vieles, was sonst Bedeutung hat, hat dann keine mehr, und anderes wächst auf. Sofern sich diese Bewegung als »Glauben« beschreiben lässt, löst Glaube folglich keine Probleme, sondern schafft eigentlich erst solche. Das eigene Leben, »die Welt« wird zum Problem, weil ich zu ihr dann auf Distanz gegangen bin. Genau diesen Prozess gilt es in der Kirche zu inszenieren: virtuelle Räume solcher Transformation bereit zu halten. Man kann sie auch Segensräume nennen, sofern damit nicht nur Bestätigung und Affirmation gemeint ist.

Im Unterschied zu anderen Organisationen ist Effizienz und Tempo für die Kirche kein wesentliches Charakteristikum. Allerdings gilt dies auch für alle Organisationen: »Evolution setzt die Fähigkeit zum Warten auf Gelegenheiten voraus.«[63] Trägheit, Zögern, Langeweile können evolutionäre

63 Luhmann: Organisation und Entscheidung (s. Anm. 20), 353.

Vorteile sein[64]. Innovation und Kreativität sind längst nicht immer nur gut.[65]

Gibt es Chancen auf solch eine Kirche? Oder sind das nur spinnerte Ideen als Zeichen der Trauer um sie in Zeiten des Niedergangs? Auf jeden Fall sind es Entfaltungen ihres Selbst – und nicht Kopien von Erwartungen der Gesellschaft an sie. Sieht man es so, dann verweisen diese Ideen auf Chancen der Kirche im ausdifferenzierten Feld der Religion unter anderen ausdifferenzierten Systemen in der Gesellschaft. Sie ist dann nicht mehr die Kirche der Gesellschaft, sondern eine religiöse Organisation unter und in Konkurrenz mit anderen. Sie ist nicht länger komfortabel rumdum eingebettet, sondern als Kirche entbettet: auf sich selbst gestellt. Nachfrage nach ihr entsteht nicht mehr nebenbei, sondern muss erzeugt werden – so würde man es sozioökonomisch ausdrücken. Und um das ausdifferenzierte Feld von Religion und Kirche herum bildet sich Indifferenz aus: paradoxerweise schützt sie das Feld und schottet es zugleich ab. Das bleibt eine große Vision: freie und souveräne Kirche in der säkularen Welt – als ihr Gegenüber!

Ein geistliches Fazit: Erneuerung

Die Kirche wird niemals optimal organisiert sein. Denn sie ist auch ein Spiegel ihrer »Bewohner«, und solange deren Beziehungen lebendig sind, wird sie dauernd in der einen

64 A. a. O., 358.
65 A. a. O., 360.

oder anderen Weise verändert. Das sind nicht nur die großen Kirchenreformprogramme, die in gewissen Zeitabständen anstehen – es sind auch die vielen kleinen Veränderungen, die z. B. mit der Einstellung neuer Kolleginnen und Kollegen verbunden sind. Die Kirche korrespondiert dem, was in ihr geschieht. Sie hat mindestens zwei Körper[66], wenn nicht mehr. Ja sie ist selbst ein Akteur, mit dem die Bewohner und Nutzer sich arrangieren, mit dem sie sozusagen verhandeln müssen. Sie stellt ihre Forderungen und lässt nicht alles mit sich machen. Deswegen, so seltsam es klingen mag: wir fühlen uns wohl, wenn die Kirche uns mag. Sie lebt. Wenn sie nicht mehr umgebaut wird, stirbt sie.

Und deswegen sehnt sich auch die Kirche so wie Menschen nach guter Behandlung und Erneuerung. Und worum geht es Kirchenleitung denn sonst? Wobei es mir jetzt vor allem auf das Letztere ankommt: Sie braucht Erneuerung – sonst stirbt sie eines Tages, und man ist dann erstaunt, gar nicht bemerkt zu haben, dass sie längst vor sich hin siechte. Die Gründe sind ganz ähnlich wie bei Menschen: es ist vor allem mangelnde Aufmerksamkeit und Anerkennung, die zum Rückzug, zu mangelnder Bewegung und zur Trägheit führt. Nicht umsonst operieren viele gute Kirchenlieder mit dem Ruf:»Wachet auf!« – Erneuerung beginnt damit, vom Schlaf aufgeweckt zu werden, aufzustehen und sich auf den Weg zu machen. Das ist manchmal mühsam, aber nur so kommt das Leben zurück. Mit unserer Kirche ist es nicht anders.

66 In Anspielung auf Ernst H. Kantorowicz: Die zwei Körper des Königs. Eine Studie zur politischen Theologie des Mittelalters. München 1990 u. ö.

Erneuerung ist zudem ein Attribut des Handelns Gottes. Der christliche Gott ist eine schöpferische, verwandelnde, Neues schaffende Kraft, die die Welt niemals so sein lässt, wie sie ist, die aus Liebe heraus diese Welt immer wieder provoziert und ihr das Bild ihrer eigenen Vollendung entgegenhält – die aus Liebe heraus diese Welt richtet und befreit. Das gilt für seine gesamte Schöpfung: er ist der Akteur mit allen und verknüpft alle immer wieder zu großen Netzwerken des Lebens. Leitmotive dieses Handelns sind: Befreiung, Erlösung, Wiedergeburt, der Weg vom Tod zum Leben, Auferstehung, Neuwerden, ein neuer Mensch werden, einen neuen Anfang machen, Vergebung, Versöhnung. Es gibt keine christliche Geschichte, die sich nicht um diese Wirklichkeiten herum ranken würde. Diese Texte »zaubern« – verzaubern unsere Erfahrung, wenn man sich ihnen aussetzt. Man bleibt dann nicht, der oder die man ist – auch wenn sich in der Umwelt vielleicht gar nichts ändert. Erneuerung kommt von innen.

Solche Erfahrungen der Erneuerung – und dass spürt man sofort, wenn man von ihnen spricht – haben eine spezifische Struktur: Sie sind nicht einfach so zu machen. Es sind in einem präzisen Sinne Erfahrungen des Empfangens, des Verwandeltwerdens durch Gottes Liebe, durch sein Handeln mit uns. In diesem Prozess erlebt sich der Glaubende als von Gott schlechthin abhängig. Und unser Glaube ist die Antwort auf solch eine Erfahrung, darauf, dass mir etwas von ihm offenbar wird, er sich mir mitteilt. Die neue Gestaltung der Kirche kann so geistlich auf Jesus Christus hin transparent sein. Die Sammlung für ein neues Antependium folgt in seinen Spuren und gewinnt daraus Dynamik und

erneuernde Kraft. All dies erwächst aus etwas, das ich emp-
fangen habe und das mich ganz und heil macht. Eberhard
Jüngel hat die Struktur dieses Geschehens in die wunderbare Formel von der »Kreativen Passivität«[67] gepackt. Letztlich bin nicht ich es, der das alles tut, sondern Gott in mir.
Denn das ist genau das, worum es geht: Die Erneuerung der
Kirche kann sich als Antwort auf Gottes Anruf, auf seine
Veränderung von uns, verstehen und dadurch ihre Bedeutung gewinnen.

Das Evangelium beschämt niemanden, es richtet nicht,
es rettet und so zieht es von sich aus die Menschen an, wie
in den Gleichnissen der gedeckte Tisch oder der Vater den
verlorenen Sohn. Es ist aber eine im weltlichen Sinne schwa-
che Macht: Sie kann nicht den Kaiser in die Knie zwingen,
es bleibt stets nur die Liebe zu ihm, zum Feind übrig. Die
Kraft des Wortes ist es – mehr nicht. Und dieses Wort rettet
durch das, was es *selbst tut* – nicht durch das, was es dem
Menschen zu tun gibt. Nicht um die letztendliche Verwirklichung der Potentiale des Menschen in seiner Grandiosität
geht es, sondern um den Menschen jetzt, der neu wird und
leben kann. Und mit ihm seine Häuser und Kirchen.

Der Prozess der Neuwerdung lässt sich in jedem Gottesdienst in unseren Kirchen immer wieder erleben.

---

67 Der Begriff kommt ursprünglich vor bei Eberhard Jüngel: Die Kirche
    als Sakrament? In: ZThK 80 (1983), 445 ff. Übernommen dann in
    Gerhard Wegner: Kreative Passivität. Spiritualität und moderne Ar-
    beit. In: Ders.: »Outsourcen Sie nicht Ihre Seele!« Spiritualität, Wirt-
    schaft und Arbeit. Berlin 2006, 5–106.

- Zu Beginn jedes Gottesdienstes bekennen Menschen ihre Schuld und werden sich selbst ihrer Erneuerungsbedürftigkeit gewiss. Es sind die eher depressiven Teile am Anfang eines Gottesdienstes. Hier geht es darum, dass Menschen als von ihrer Vergangenheit und von sich selbst Belastete in den Gottesdienst kommen, in der Hoffnung, Erneuerung zu erfahren.
- Dann sind da jene Teile im Gottesdienst, in denen Gott direkt angesprochen wird, in denen dies durch Gebet oder Lieder geschieht und schließlich auch die Entfaltung der christlichen Heilswahrheit in Korrespondenz zu unseren Erfahrungen in der Verkündigung des Evangeliums oder dann auch im Austeilen der Sakramente. Der Prozess der Erneuerung.
- Und schließlich jene Teile des Gottesdienstes, in denen der Dank für die Überwindung der Trägheit und des Todes ausgesprochen wird. Der Mensch wird seiner Situation ansichtig und geht mit dem Segen erneuert hinaus in die Welt.

Der Gottesdienst ist so verstanden in sich ein Prozess der Veränderung und Verwandlung, der allerdings völlig auf die schwachen Kräfte der Inszenierung und insbesondere des Wortes setzt und niemanden zu etwas zwingen kann. Genau dies ist aber ein Prozess der Erneuerung, nur dass der Gottesdienst darin seine Grenze hat, es aus sich selbst heraus wirkmächtig vollziehen zu können, vielmehr immer nur darauf verweisen kann. Deswegen ist Erneuerung die Kern-Kompetenz der Kirche. Gerade von ihr her kann sie sich selbst als eine höchst schöpferische Ordnung verstehen.

Es liegt auf der Hand, wie sehr in diesen Vorgängen die Gebäude der Kirche stets aktiv beteiligt sind. Wie soll die Erneuerung der Menschen und der Welt durch Gott gefeiert werden, wenn dies nicht in den schönsten Räumen geschieht? Wobei es natürlich sein kann, dass die Räume erst schön durch diese Feier werden. Aber auf jeden Fall werden auch sie verwandelt. Erneuerung ist deswegen auch das Programm jedweder Kirchenleitung – Erneuerung und nicht nur Verwaltung, so wichtig sie ist. Es geht darum, den »Bestand« beständig sozusagen »nach vorne« zu entwickeln – in die Zukunft hinein, aus der uns Gott entgegenkommt. Das bedeutet vor allem positive Gestaltung mit den Mitteln unserer Zeit – und auch Neubau oder zumindest komplette Neugestaltung, wo irgend möglich. Viel zu häufig ist vieles nach wie vor banal, spießig und lieblos gestaltet. Sich länger darin aufzuhalten als absolut nötig, fällt niemandem ein. Aber es gibt auch wunderbare neue Lösungen.

Aber Erneuerung heißt auch – und das ist in unseren Zeiten wahrscheinlich besonders wichtig – Abschied zu nehmen: Gebäude aufzugeben, sie anderen Nutzungen zuzuführen oder sie auch abzureißen. Das muss man nüchtern sehen. Aber so nüchtern ist das gar nicht, denn es ist die notwendige Kehrseite von Erneuerung: Nur wer loslassen kann, kann neue Wege gehen. Das Alte kann auch eine Last sein, unter der wir erdrückt werden. Die Kirche ist nicht dazu da, ein Verein zur Erhaltung traditionsreicher, aber mittlerweile höchstens noch musealer Gebäude zu werden. Dann stirbt sie selbst. Manchmal ist es auch gut, die ehrwürdige Tradition zu vergessen – weil man die Erinnerung bewahren will: die Erinnerung an die Taten des lebendigen Gottes.

So wird die Kirche niemals fertig sein, so sind Menschen niemals mit Gott am Ende, und er nicht mit ihnen. Aus dieser dynamischen Beziehung erwächst unser Leben, und als Haltepunkte in ihr bauen wir unsere Häuser und Kirchen. Manchmal sind sie sehr alt geworden: aber sie sprechen nach wie vor zu uns, weil die Kraft dieses Erlebens noch immer in ihnen steckt.

Vielfalt oder Verfall?
Anerkennungskämpfe in der Kirche[1]

Die seit 1972 alle 10 Jahre erscheinenden Kirchenmitglied-schaftsuntersuchungen der EKD[2] lösten immer viele wichtige Debatten aus. Erstaunlich bleibt aber, mit welcher Heftigkeit um Deutungshoheiten über die 2015 erschienene 5. Kirchenmitgliedschaftsuntersuchung der EKD[3] (KMU 5) wahrhaftig »gekämpft« wurde – denn von rein wissenschaftlichen Auseinandersetzungen lässt sich längst nicht immer reden. Da distanzieren sich z. B. kaum nach dem Erscheinen der Broschüre mit KMU-5-Erstergebnissen (EI)[4] umgehend einige ihrer Autoren[5] von Kernergebnissen – und ein Ober-

---

1   Überarbeiteter Text. Ursprünglich Gerhard Wegner: Wen nimmt die Kirche wahr? Anerkennungskämpfe im Kontext der 5. Kirchenmitgliedschaftsuntersuchung der EKD. In: VuF 61 (2016) 2, 141–151.

2   Vgl. zur Übersicht: Gerhard Wegner: Die Kirchenmitgliedschaftsuntersuchungen der EKD. In: Klöcker/Tworuschka (Hg.): Handbuch der Religionen. 49. Ergänzungslieferung 2016, II 2.1.4.2.2., 1–24.

3   Der Vf. war Mitglied des Wissenschaftlichen Beirats der KMU 4 und 5.

4   Evangelische Kirche in Deutschland (EKD) (Hg.): Engagement und Indifferenz. Kirchenmitgliedschaft als soziale Praxis. V. EKD-Erhebung über Kirchenmitgliedschaft, Hannover 2014 (»EI«).

5   Jan Hermelink, Birgit Weyel und Eberhard Hauschildt: Keine Herde von Gleichgültigen. Einige Ergebnisse der 5. Kirchenmitgliedschaftsuntersuchung wurden missverstanden, In: Zeitzeichen 15 (2014) 6, 12–15.

kirchenrat aus dem Kirchenamt der EKD bzw. der VELKD erklärt 3 Beiratsmitglieder der KMU 5 wahrhaftig zu personae non gratae, da sie nicht auf seiner Wellenlinie liegen.[6] Andere reden von Manipulationen der Ergebnisse;[7] wieder andere sehen durch sie ganze Paradigmen gekippt,[8] wovon sich noch wieder andere ganz grundsätzlich angegriffen fühlen. Das Ganze schlägt auch zurück in den Beirat der KMU 5 – wie man sehr schön an der Endveröffentlichung (VV)[9] erkennen kann, in der auf die zwischenzeitlichen Debatten eingegangen wird.[10]

Worum wird hier »gekämpft«? Natürlich zunächst einmal um das persönliche Renommee der beteiligten Akteure und ihren Anteil an den Deutungen der Daten der KMU 5 (und darüber hinaus). Aber das allein kann es nicht sein. Mehrere Hinweise aus VV, in denen immer wieder auf die Notwendigkeit der Vielfalt in der Kirche als strategisch-normativer Kernvariante hingewiesen wird, liefern hier eine Erklärung: Es ist die Angst vor Exklusion, die das Feld regiert; vor einer

---

6 Georg Raatz: Zwischen Entdifferenzierung und Selbstimmunisierung, in: Deutsches Pfarrerblatt 114 (2014) 10, 552–557.

7 Herbert Diekmann: Von der Schwierigkeit, ein liebgewordenes Tabu aufzugeben. Die neue Kirchenmitgliederbefragung als Lernchance für unsere Kirche. In: Deutsches Pfarrerblatt 114 (2014) 12, 682–687.

8 So der Vf.: Religiöse Kommunikation und Kirchenbindung. Ende des liberalen Paradigmas? Leipzig 2014.

9 Heinrich Bedford-Strohm und Volker Jung (Hg.): Vernetzte Vielfalt. Kirche angesichts von Individualisierung und Säkularisierung. Die fünfte EKD-Erhebung über Kirchenmitgliedschaft. Gütersloh 2015 (»VV«).

10 Hierfür war insbesondere eine zwischenzeitliche Konferenz mit vielen Kritikern von Bedeutung.

Verengung der Kommunikationsfelder, die letztlich als Kirche anerkannt werden. Es wird folglich um Anerkennung der in der eigenen Deutung reklamierten Bezugnahme auf Teile der Kirchenmitgliedschaft, ja um die Geltung des eigenen Kirchenbildes gekämpft.[11] Offensichtlich ist die Anerkennung der eigenen Position – immer untrennbar verbunden mit der eigenen Person – durch »die Kirche« nach wie vor ein ausgesprochen hohes Gut, um das zu kämpfen sich ein leidenschaftlicher Einsatz lohnt. Das lässt doch für die Kirche hoffen!

Die Frage ist allerdings, ob diese Aufstellung der »Rezeptionsordnung« hilfreich zur Erfassung der (empirischen) Realität der Kirche ist – um die es den KMUs ja geht –, oder ob nicht vielmehr durch das oft schnelle Durchschlagen normativer bzw. ekklesiologisch-dogmatischer Orientierungen der nüchterne Realitätsbezug zugunsten von programmatischen Unterstellungen in den Hintergrund gerät. Dass dies von Seiten der soziologischen Wissenschaft so gesehen zu werden scheint, mag die mangelnde Rezeption der KMU in diesem Bereich indizieren.

Einigkeit scheint darüber zu bestehen,[12] dass sich zumindest zwei »Lager« gegenüberstehen: die Vertreter einer Sä-

11 Man könnte diese Angst durchaus als Urangst der KMUs verstehen. Sie beginnen mit der Entdeckung der eigenständigen Logik einer distanzierten Beteiligung an der Kirche und verteidigen ihr Recht dazuzugehören gegen die Machtsprüche der damaligen Amtskirche und ihrer Kopien in den Kirchengemeinden.

12 VV (s. Anm. 9), 14 u. ö. Allerdings finden sich auch komplexere Sortierungen, z. B. in dem gemeinsamen Papier des Beirates, in dem in Aufnahme von Thesen Stefan Hubers zwischen säkularisierungs-, individualisierungs- und markttheoretischen Ansätzen un-

kularisierungstheorie, die vor allem den unaufhaltbaren *Verfall* kirchlich-religiöser Praxis konstatieren, und die einer Individualisierungstheorie des Religiösen, die einen Zuwachs an *Vielfalt* konstatieren zu können meinen. Die Folgerungen für die Gestaltung der kirchlich-religiösen Praxis sind unterschiedlich bis gegensätzlich. Grob gesagt: Während die erste Position nach der intergenerationellen Weitergabe des Glaubens fragt und eher auf eine Verstärkung klassischer kirchlicher Handlungsformen (Gottesdienst, Gemeinden, religiöse Sozialisation) setzt, um sozusagen noch zu retten, was zu retten ist (und sich damit von der KMU-Tradition der Zuwendung zu den kirchlich Distanzierten abwendet), sucht die zweite Richtung nach einer Vervielfältigung und Verbreiterung religiösen Interesses gerade unter kirchlich Distanzierten und auch Konfessionslosen, an deren Interessen die Kirche durch die Bereitstellung offener religiöser Räume breit anknüpfen sollte (womit man das »KMU-Paradigma« weiterschreibt, dass die pointierte Suche nach »offenen« Formen als solchen im Vordergrund sieht). Diese Linie kritisiert an der ersten Position einen letztlich geradezu reaktionären Rückgang auf gesellschaftlich marginalisierte Sozialformen von Kirche und Religion und damit erst die Herbeiführung jener Säkularisierung, die man ja gerade konstatiert hatte. Umgekehrt wäre der Vorwurf: In der Relati-

terschieden wird (VV, 449). Auch ordnen sich nicht alle Autoren diesen Positionierungen zu. So zeigen Claudia Schulz, Tabea Spieß und Eberhard Hauschildt, dass es in der Volkskirche unterschiedliche konträre Eigenlogiken gibt, die in manchen Fällen säkularisierungsaffin, in anderen aber auch transformativ funktionieren (VV, 235).

vierung des Feldes der kirchlich und religiös Verbundenen und Engagierten im Modus der Vielfalt werde eine gefährliche Gleichgültigkeit gegenüber Grunderfordernissen der Reproduktion von Kirche und Religion an den Tag gelegt, die gegen die eigenen Intentionen faktisch zu ihrer Unsichtbarmachung beitrage. In der breiten Unterstellung religiösen Interesses würden Illusionen über die Reichweite kirchlicher Möglichkeiten geschaffen.

Die Fragen sollen im Folgenden sein: Wie haben sich die Diskurse am Beispiel der KMU 5 entwickelt? Welche Argumentations- und Positionslinien lassen sich erkennen? Wie beziehen sie sich jeweils auf das Datenmaterial der KMU 5? Aber auch: Welche Deutungsansprüche werden jeweils erkennbar, und welche Effekte haben sie? In der Nachzeichnung ihres Rezeptionsprozesses lässt sich die KMU 5 als eine »Inszenierung« in drei Akten darstellen: der Erstveröffentlichung, dem darauffolgenden Diskurs, schließlich der Endveröffentlichung.

1. Akt: Engagement und Indifferenz

Die Debatte um die KMU 5 beginnt mit der Veröffentlichung ihrer wesentlichen Ergebnisse in Form einer Broschüre seitens des Kirchenamtes der EKD im März 2014 unter dem Titel »Engagement und Indifferenz. Kirchenmitgliedschaft als soziale Praxis.« Der Titel war als fokussierte Wiedergabe der wichtigsten Erkenntnisse der Studie gemeint: Auf der einen Seite ließe sich eine Verstärkung und Vertiefung des Engagementfeldes im Bereich der Kirchenmitgliedschaft und auf der anderen Seite ein Wachstum der nun zum ersten Mal in der KMU-Tradition als »indifferent« titulierten, distanzierten Kirchenmitglieder erkennen. Pointiert lautet es im Vorwort: »Der Titel ›Engagement und Indifferenz‹ nimmt ein zentrales Ergebnis der V. KMU auf: die Tendenz zur Polarisierung der Menschen im Blick auf ihre Kirchenverbundenheit. Diese Polarisierung zeigt sich durchgehend in den verschiedenen Einzelergebnissen. Während die Gruppe mittlerer kirchlicher Verbundenheit eher abnimmt, wachsen die Gruppe der engagierten Hochverbundenen in bescheidenem Maße und deutlicher die Gruppe der religiös Indifferenten.«[13] Damit stand die These vom Schwinden der volkskirchlichen Mitte im Raum: In Zukunft müsste man sich mehr denn je entscheiden, ob man engagiert und hochverbunden oder eben gleichgültig sei. Dazwischen bliebe nicht mehr viel. Die Volkskirche als Ort einer Heimat gerade der »mittleren Verbundenen« löse sich auf.

Zwar unterstützten nicht alle Texte diese Deutungslinie – aber es war nicht zuletzt das kirchenpolitische Fazit von Thies Gundlach, das sich in dieser Richtung lesen ließ. Differenziertere Argumentationen kamen nicht so stark zum Tragen. Deutlich wurde hier der Abschied von der – vor allem mit der Person von Joachim Matthes verbundenen – These der Wertigkeit (und Stabilität) der kirchlich distanzierten Mitgliedschaft vollzogen:[14] »Die V. KMU zeigt, dass

---

13 EI (s. Anm. 4), 2.
14 Vgl. zutreffend Heinzpeter Hempelmann: Kirchendistanz oder Indifferenz? Wie die Kirche von der Lebensweltforschung profitieren kann. Ein kritischer Abgleich der Sinus-Studie für Baden-Württem-

das *Phänomen religiöser Indifferenz* zunimmt und dieses auf den Inhalt des Glaubens bezogene faktische Nicht-Verhältnis eine völlig neue Grundsituation für die Kommunikation des Evangeliums eröffnet.«[15] Distanziertheit oder gar Indifferenz noch als vollwertige eigene Optionen im pluralen Feld des Protestantismus zu werten, schien nun problematisch.[16] Ein Paradigmenwechsel kündigte sich an, der sogar Tabuthemen neu beleuchtete. »Schlägt dieser beständige quantitative Verlust in eine neue Qualität um? Was bedeutet dies für das Ideal einer flächendeckenden Präsenz der Kirche?«[17]

Allein der Begriff der Indifferenz signalisierte damit bereits eine gewisse Dramatik und sorgte so für Interesse. Das unterschied die KMU 5 zumindest an dieser Stelle von ihren Vorgängerstudien, die sich – auf jeden Fall im Titel – einer

berg mit der 5. Kirchenmitgliedschaftsuntersuchung (als MS unter **www**. zu finden): »Die KMU V verzichtet – endlich – auf eine theologische Überhöhung ihrer Mitgliedschaftstypologie.« »Kirchendistanz und Kirchenkritik stellen nicht als solche eine ggf. sogar besonders zu schätzende, höherwertige – Form von Christentum dar.« (6)

15 EI (s. Anm. 4), 132.

16 Trotz aller Differenz zwischen EI und VV an dieser Stelle, wird im gemeinsamen Text des Beirates (in dem der Begriff der Indifferenz vermieden wird) in VV an der Sache selbst deutlich festgehalten: »Ein Vergleich der Alterskohorten zeigt, dass mittlere Verbundenheit kombiniert mit fehlender religiöser Praxis zu einer Verflüchtigung des Glaubens und der Verbundenheit mit der Kirche führt.« (VV, 454) Die Stabilität dieser Einstellung ist also dahin. Die Aufgabe liegt nun bei der Kirche: Sie müsse Wege finden diese Menschen »in ihrer Form der Verbundenheit zu würdigen und sie zu ermutigen, in diese Hinsicht treu zum Glauben und zur Kirche zu stehen.« (VV, 455).

17 EI (s. Anm. 4), 128.

klaren Botschaft enthielten: die »Kirche in der Vielfalt der Lebensbezüge« als Titel der KMU 4 brachte diese Leere besonders prägnant auf den Punkt.[18] Die Dramatik wurde insbesondere von den Printmedien aufgegriffen, die fast durchgängig in dieser Richtung aus den Daten und Deutungen eine Verfallsprognose der Kirchenmitgliedschaft in Deutschland herauslasen. Da war eine Schlagzeile, die von »Erosion auf fast allen Ebenen« (Reinhard Bingener in der FAZ vom 10.3. 2014) redete, fast noch harmlos. Andere titulierten gar: »Deutsche verlieren ihren Glauben an Gott« (Die Welt) oder auch: »Eine Herde aus Gleichgültigen« (SZ). Gerade die These vom Verlust der mittleren Option unter den Kirchenmitgliedern fand viel Resonanz.

Und in der Tat liefen viele der von den Mitgliedern des wissenschaftlichen Beirats namentlich gekennzeichneten Artikel in der Broschüre darauf hinaus, vor allem die Abbruchtendenzen im kirchlichen Bereich zum Teil auch dramatisch zusammenzufassen. So wurde im säkularen Vergleich nicht nur der Rückgang der Kirchenmitgliederzahlen, sondern auch der Bereitschaft zu religiöser Sozialisation (als der Kernvariante einer intergenerationellen Weitergabe der Kirchenmitgliedschaft) wie überhaupt ein nachlassendes Interesse an religiöser Kommunikation und deren Reduktion auf das Feld der kirchlich hochverbundenen Mitglieder kon-

18 Obwohl die Studie die damit verbundene These, dass sich Kirche tatsächlich in einer betonten *Vielfalt* der Lebensbezüge – und nicht nur in einigen Ausschnitten – finden würde, nicht wirklich belegen konnte. Einige ihrer Ergebnisse – z. B. im Kontext der Milieu- oder der Weltsichtentheorie – sprachen für eine eher begrenzte Präsenz der Kirche in nur einigen Lebensbezügen.

statiert. Die Analysen selbst schwankten in der genauen Deutung dieser Phänomene, aber die Zahlen im Vergleich mit den Vorgängerstudien waren eindeutig.

2. Akt: Vielfalt oder Verfall?

Diese klare Postulierung der Ergebnisse und ihre entsprechende Rezeption sorgte sofort für Diskussionen, die auch aus dem wissenschaftlichen Beirat der KMU selbst stammten und prompt zu einer distanzierenden Positionierung von Jan Hermelink, Birgit Weyel und Eberhard Hauschildt zu der These der Indifferenz führte. Unter dem Titel »Keine Herde von Gleichgültigen. Einige Ergebnisse der 5. Kirchenmitgliedschaftsuntersuchung wurden missverstanden«[19] wurde das Deutungsmuster Indifferenz als solches als sehr problematisch in den Blick genommen und seine vermeintlich uferlose Ausweitung als Charakterisierung von Kirchenmitgliedern kritisiert. Die KMU 5 würde bei genauer Lektüre keine entgegengesetzten Pole der kirchlichen Bindung beschreiben, sondern im Gegenteil eine Vielfalt von religiösen und kirchlichen Einstellungen offenlegen.

Diese Situation wurde weiter zugespitzt, als eines der Beiratsmitglieder, Gerhard Wegner, seine Analyse der KMU mit der These vom »Ende des liberalen Paradigmas«,[20] das er den KMUs grundsätzlich zuschrieb,[21] auf den Punkt brachte.

19 Zeitzeichen 15 (2014) 6, 12.
20 Gerhard Wegner: Religiöse Kommunikation und Kirchenbindung. Ende des liberalen Paradigmas? Leipzig 2014.

Seiner Meinung nach zeigte die KMU 5, dass es außerhalb der Kirche kaum wirklich vitale religiöse Kommunikation gebe. Die säkulare Hoffnung vieler liberaler praktischer Theologen, so z.B. Volkhard Drehsens oder Wilhelm Gräbs, die ein vitales Interesse an Religion gerade außerhalb von Kirche identifiziert hatten und die Kirche immer wieder darauf hinwiesen, wie wichtig es sei, von ihrer eigenen Dogmatik wegzukommen und sich auf neue religiöse Suchbewegungen einzulassen, sei durch die Daten der KMU 5 endgültig widerlegt. Religion i. S. der Deutungen der Menschen werde generell als christliche Religion verstanden – und sei in dieser Form immer weniger gefragt. (Hinzufügen ließe sich heute: Dass es natürlich Religion in einem wissenschaftlich breiten Verständnis eines Transzendenzbezugs der Menschen überall gibt, bleibt damit unbestritten. Die Möglichkeit, eine Brücke zwischen beiden »Religionen« zu schlagen, wird aber immer schwieriger, weil die Menschen sich selbst auch in einem allgemeinen Sinn kaum noch als religiös begreifen.)

Typologisiert man die Rezeptionslinien, so legt es sich nach dem oben Gesagten nahe, anhand der jeweiligen spezifischen Fokussierung von Teilen der Kirchenmitgliedschaft Cluster zu bilden: auf welche Gruppe richtet sich der Blick besonders? Am Anfang stehen naturgemäß Positionierungen, in denen der Bezug auf die Engagierten akzentuiert

21 Gerhard Wegner: 50 Jahre dasselbe gesagt? Die Kirchenmitgliedschaftsuntersuchungen der EKD im religiös-kirchlichen Feld. Ion: Ders. (Hg.): Gott oder die Gesellschaft? Das Spannungsfeld von Theologie und Soziologie. Würzburg 2012, 295–342.

wird, am Ende dann solche, in denen der Fokus auf den Indifferenten liegt.

Daraus ergibt sich eine Liste von mindestens fünf idealtypischen Fokussierungen:

- die intensiven Mitglieder;
- die interessierten Mitglieder;
- die distanzierten Mitglieder;
- die individualisierte religiöse Vielfalt;
- Die autonomen Akteure.

Die intensiven Mitglieder

Wie keine KMU zuvor hat die KMU 5 die Praxis der kirchlich stark Engagierten beleuchtet. Sie entpuppen sich als wichtige Protagonisten religiöser Kommunikation und intensiver Kirchlichkeit, denen gegenüber distanzierte Mitglieder in der Tendenz eher passagere Gestalten sind. Sucht man nach intensiver religiöser Kommunikation, so findet man sie hier.

Diese Thesen führen auch in der Rezeption zur betonten Wertschätzung dieser Kreise. Die in der KMU-Tradition vorhandene Geringschätzung weicht einem neuen Interesse: »Nun muss an der Interessenlage der intensiven Mitglieder angeknüpft werden.«[22] In diesem Sinne diskutiert z. B. Albrecht Nollau das Verhältnis von Engagierten und Indifferenten.[23] Sein Ergebnis ist eher nüchtern: Die Kirche wird

---

22 Gerhard Wegner: Religiöse Kommunikation und Kirchenbindung. Ende des liberalen Paradigmas? Leipzig 2014, 11.
23 Albrecht Nollau: Engagierte und Indifferente – für wen sind wir

immer stärker eine Beteiligungskirche der Engagierten werden und so dem Bild vom Salz der Erde entsprechen. Wege in die Mitte der Gemeinde für Indifferente seien schwer zu bahnen.

Diese Fokussierung reagiert auf den Rückgang kirchlicher und religiöser Beteiligung und Kommunikation, tatsächlich auf fast allen Ebenen. Die einzige Sphäre, in der das nicht direkt der Fall ist, ist der Bereich der »Jungen Alten«, die sich deutlich stärker an der Kirche beteiligen als andere Altersgruppen – aber sich von ihrem eigenen religiösen Selbstverständnis her auch abgeschwächter präsentieren, als dies noch die Generation vor ihnen tat. Die Reichweite kirchlicher und religiöser Kommunikation unter den Deutschen verringert sich weiter, und dieser Prozess scheint auch nur schwer umkehrbar zu sein. Thies Gundlach hat dem in der Broschüre dadurch Rechnung getragen, dass er die Parole vom »Wachsen gegen den Trend«, mit dem der Kirchenreformprozess antrat, als überholt erklärte. Relativierbar wäre diese These nur dadurch, dass sich außerhalb der Kirche ein größeres religiöses Feld und Interesse herausbildet, das den Verfall von Kirche kompensieren könnte. Aber so etwas ist in den Daten der KMU 5 nicht zu erkennen.

Der Verfallsthese zur Seite springt die Säkularisierungstheorie, die in der KMU durch eine Reihe von Soziologen (Detlev Pollack[24], Gert Pickel, Tabea Spiess, Anja Schädel)

wichtig? In: Burkowski/Charbonnier (Hg.): Mehr Fragen als Antworten? (s. Anm. 20), 59–65.
24 Vgl. konzentriert Detlev Pollack: Zur Differenz und zum Zusammenhang von Kirchlichkeit und Religiosität. In: EvTh 75 (2015) 3, 215–226: »Die Kirche ist nach wie vor der wichtigste Repräsentant

pointiert vertreten worden ist und ihren Niederschlag in der Broschüre, aber auch in der Endpublikation findet. Keine soziologische Großtheorie ist so stark in der KMU 5 repräsentiert wie die Säkularisierungsthese. Ihre Voraussage einer sich beständig verringernden Frequenz religiöser Kommunikation in der Gesellschaft lässt sich durch eine ganze Reihe von Daten bestätigen und auch durch die großen Probleme bei der religiösen Sozialisation in die Zukunft verlängern. Kein religions- und kirchensoziologischer Zusammenhang ist so evident, wie der zwischen religiöser Praxis und religiöser Sozialisation. In die Richtung dieser These weist zudem dann auch die enge Kopplung, die zwischen religiöser und kirchlicher Kommunikation in der KMU 5 hergestellt wird. Der Korrelationskoeffizient zwischen Religiosität und Kirchlichkeit beträgt in der KMU 5 0,81 und zeigt damit fast eine Identität zwischen Kirchlichkeit und Religiosität auf, wie dies bisher wohl noch nie in diesem Ausmaß gemessen worden ist.

Die interessierten Mitglieder

Das Interesse an intensiver kirchlicher Praxis aufnehmend, aber den Blick auf die gesamte Kirche weitend, verfährt eine KMU-Deutung, die nach der Reproduktion von Kirchenmitgliedschaft fragt.[25] Die Fragestellung ist folglich, wie Kir-

auf dem religiösen Feld. Vor allem von ihrer Integrationsfähigkeit, von ihren Angeboten und der Attraktivität ihrer Arbeit hängt es ab, ob Menschen in ihrem Leben religiöse Bezüge entwickeln.« (224)
25 Gerhard Wegner: Wie reproduziert sich Kirchenmitgliedschaft? Zu einigen Ergebnissen der V. Kirchenmitgliedschaftsuntersuchung der

chenbindung und Religiosität weitergegeben wird und welche Faktoren hierbei eine Rolle spielen. Auch hier wird der Blick auf die nachlassende Frequenz religiöser Kommunikation und die Abschwächung religiöser Sozialisation gelenkt. Derzeit verbleibt eine Zahl von etwa 44% der Kirchenmitglieder, die sich der Kirche – und zugleich den Kirchengemeinden – verbunden fühlen und damit als interessierte Mitglieder gelten können. Sie bezeichnen sozusagen den unmittelbaren »Resonanzraum« der Kirche (und faktisch auch des Religiösen). Eine realistische Kirchenstrategie würde an der Stabilisierung dieses Feldes ansetzen.

Das Fazit ist im Kern die empirische Bestätigung einer durchaus relativ konventionellen und traditionellen volkskirchlichen Praxis: »Man kann gut begründet sagen, dass das gesamte kirchliche System in Deutschland diejenigen religiösen Bedürfnisse befriedigt, die vorhanden sind.« (57) – aber da es in dieser Hinsicht immer weniger gibt, schrumpft die Kirche.[26] Familien und Formen naher religiöser Kommunikation (oft Kirchengemeinden) stehen hier im Mittelpunkt des Interesses. Die Bedeutung beider wird von Kommentatoren aller Lager in VV auch an vielen Stellen bestätigt (z. B. für eher traditionelle Familien von Michael Domsgen,[27] für

EKD. In: Burkowski / Lars Charbonnier (Hg.): Mehr Fragen als Antworten? (s. Anm. 20), 19–57.

26 Hier setzt die Frage nach der Zukunft des »liberalen Paradigmas« an. Es behauptet die Existenz eines breiten religiösen Feldes außerhalb der Kirche, dem sich die Kirche öffnen müsse. Davon sei aber in den Daten der KMU 5 nichts zu erkennen. Vgl. dazu Gerhard Wegner: Wie reproduziert sich Kirchenmitgliedschaft? (s. Anm. 22), 45 ff.

27 VV (s. Anm. 9), 172. Vgl. Michael Domsgen: Haltungen und Prä-

Kirchengemeinden von Isolde Karle[28] und Kristian Fechtner,[29] der auf Öffnung der gemeindlichen Potenziale beharrt). Hier wird auch auf Exklusionstendenzen durch den kirchlichen Habitus hingewiesen (Domsgen)[30] – aber auch auf das größere Innovationspotential der enger Verbundenen (im Vergleich zu den distanzierteren Mitgliedern) (Karle).[31]

Dieses Deutungsmuster kann mit Säkularisierungskonzepten verbunden sein, muss es allerdings nicht notwendig, denn es betont die zu verstärkende Eigenständigkeit der kirchlichen Praxis. In Zukunft muss stärker als bisher die eigene Verantwortung für die Weitergabe des Glaubens bzw. die Bindung an die Kirche wahrgenommen werden. Die selbstverständliche Einbettung von Kirche und Religion in der Gesellschaft werde immer schwächer.

Unter diesen Bedingungen seien zwei Cluster von kirchlichen Aktivitäten relativ chancenreich:

– eine lokale kirchlich-religiöse Praxis, die sich um Gruppen, Pfarrerinnen und Pfarrern, Familien und Soziales herum aufbaut.
– eine öffentliche kirchliche Praxis, die die Aspekte Soziales, Bildung und Zivilreligion artikuliert.

gungen im Verhältnis zu Kirche und Religion. Zu Chancen und Grenzen hergebrachter Begrifflichkeiten und Kategorien vor dem Hintergrund der V. Kirchenmitgliedschaftsumfrage. In: EvTh 75 (2015) 3, 195–201.

28 VV (s. Anm. 9), 121 f.
29 A. a. O., 114.
30 A. a. O., 173.
31 A. a. O., 122.

Während die Reproduktionssicht auf die Kirche sehr nüchtern nach den Perspektiven ihrer Weiterexistenz als Volkskirche fragt und entsprechende Faktoren benennt, greifen kirchenreformerische Interessenlagen weiter und suchen nach Potenzialen für Veränderungen. In dieser Richtung wird zunächst der Relevanzverlust der Kirche[32] bestätigt – dann aber eine ebenso wahrgenommene Transformation des Religiösen als Chance begriffen: »Die Privatisierung und Existentialisierung religiöser Themen ist eine Chance der öffentlichen Theologie, nicht ihre Gefährdung.«[33] Kirche repräsentiere durchaus diese Themen, sei aber kein Partner ihrer Kommunikation.[34]

Entscheidend sei in allem, dass die übergroße Mehrheit der Kirchenmitglieder der Kirche nach wie vor in mittlerer Verbundenheit zugeneigt bleibe und dies durch keine Form der Verkirchlichung zu ändern möglich sei.[35] Das Christentum außerhalb der Kirche werde dadurch sprachloser. Der Ausweg wird sodann – und da geht diese Position über die KMU hinaus – in einer Stärkung christlicher Lebensformen – wohl durchaus außerhalb der Hochverbundenen – gesucht. Martin Laube hat diesen Begriff von Rahel Jaeggi in die Dis-

---

32 Vgl. Thies Gundlach: Erste Folgerungen aus der V. Kirchenmitgliedschaftsuntersuchung. In: Burkowski/Charbonnier (Hg.): Mehr Fragen als Antworten (s. Anm. 20), 97–118, hier 100.

33 A. a. O., 102.

34 A. a. O., 103.

35 Was man nicht als ein zu Ende gehendes »liberales Paradigma« desavouieren solle (a. a. O., 105).

kussion gebracht, um sterile Gegensätzlichkeiten aufzubrechen. Gundlach fragt: »Ist es ein strategisch sinnvoller Ansatz, christliche Lebensformen in ihrer Krisenhaftigkeit und ihrem Transformationspotenzial genauer zu beschreiben und – soweit es möglich ist – durch geeignete Maßnahmen der Kirche zu stabilisieren bzw. zu befördern?«[36] Dabei bleibe allerdings die »Vor-Ort-Kirche« die Grundform der Präsenz in der Fläche.[37]

Eine im Kern kirchenreformerische Perspektive vertritt auch Heinzpeter Hempelmann – allerdings in einer fundamentalen Kritik der KMU 5. Er vermisst die Weiterführung von milieuspezifischen Analysen (wie es sie noch in der KMU 4 gab), die den Blick auf eine genauere Typologie der Kirchenmitglieder jenseits von Kirchendistanz, Indifferenz, Engagement und Zurückhaltung schärfen könnte. Demgegenüber werde die KMU 5 benutzt, um ohnehin aussichtslose Konzepte einer milieuverengten Kirche wiederzubeleben (gegen Gundlach und Wegner). Gerade ein entschlossener Fokus auf die Kirchengemeinde wäre faktisch nichts weiter als Restauration.

Die Lösung: Die Kirche kann sich nicht mehr an alle wenden. »Sie muß die Lebenswelten zu differenzieren suchen und das Evangelium milieusensibel ausrichten.«[38]. Dafür

36 A. a. O., 112.
37 Ralph Charbonnier: Wider eine theologische Enthaltsamkeit gegenüber pluralen Lebensformen. In: Burkowski/Charbonnier (Hg.): Mehr Fragen als Antworten? (s. Anm. 20), 119–144, radikalisiert dieses Konzept noch durch die Forderung nach einer theologischen Kritik der Lebensformen (140 ff).
38 Hempelmann: Kirchendistanz (s. Anm. 13), 51.

brauche es vor allem ergänzende, lebensweltorientierende Gemeindeformen. »Unterschiedliche Menschen wollen unterschiedlich gewonnen werden.«[39] Entsprechende Typologien für kirchliche Aktivitäten wurden bereitgestellt.

Die individualisierte religiöse Vielfalt

Einige der Beiratsmitglieder, insbesondere Kretzschmar, Hermelink und einige andere, kritisieren die Deutungskategorie der Indifferenz, die in der KMU 5 zur Beschreibung einer Gruppe von Kirchenmitgliedern, besonders aber auch von Konfessionslosen, verwendet wird, die sozusagen den polaren Gegensatz gegen die Hochverbundenen bezeichnen. Hier wird das Interesse an einer Transformationsperspektive des Religiösen deutlich, die durch das Postulat eines Indifferenzphänomens gerade überdeckt und nicht mehr sichtbar gemacht werden könne.

Kretzschmar verteidigt mehrfach das distanzierte Christentum gegen die Thesen der Broschüre. Das volkskirchliche Leben basiere auf distanten Kirchenbindungsformen, die »mehrheitlich stabil und positiv auf die Kirche bezogen sind«.[40] Eine Deutung auf Indifferenz sei viel zu grob und als Leitkategorie abzulehnen. Als Alternative wird die in der Einleitung zur KMU-Broschüre entwickelte Kategorie des Kirchenmitgliedes als eines autonomen Akteurs seiner Pra-

---

39 A. a. O., 54.
40 Gerald Kretzschmar: Im Schatten des Indifferenztheorems. Die Wahrnehmung distanzierter Kirchlichkeit durch die fünfte EKD-Erhebung über Kirchenmitgliedschaft. In: EvTh 75 (2015) 3, 179–194, hier 193. Auch in VV.

xis empfohlen. Offensichtlich ist damit gemeint, jedwedes Verhalten von Kirchenmitgliedern – ggf. auch Ablehnung – als eine autonome Praxis anzuerkennen.[41]

Andere Kommentatoren schließen sich hier an und kritisieren die zu groben religionsbezogenen und unhistorisch verwendeten Items der KMU. Thomas Schlag bemerkt z. B.: »Was einstmals als Begriff eher selbstverständlich gewesen sein mag, hat möglicherweise nicht zuletzt aufgrund der aktuellen Religionskonflikte eine eher fundamentalistische, rigoristische oder eher sektiererische Bedeutung bekommen.«[42] So auch mit einer gewissen Dramatik, was die kirchenpolitischen Folgen einer einseitigen Orientierung am Säkularisierungsparadigma anbeträfe, Stefan Huber. Die Semantik der Indikatoren der KMU sei zu stark kirchlich geprägt. Gott »lebt außerhalb kirchlicher Praktiken und Semantiken munter weiter, was individualisierungstheoretisch auf die fortwährende Präsenz von Transzendenzerfahrungen, die aus anthropologischen Gründen fast zwangsläufig auftreten, zurückgeführt werden kann.«[43]

Besonders scharf kritisiert Georg Raatz das KMU-5-Unterfangen.[44] Er identifiziert in den Analysen zur Religiosität

---

41 Auf diese Kritik reagierend, schreiben Tabea Spieß und Gert Pickel als Vertreter des Indifferenzphänomens in VV, 264: »Mit einem solchen Zustand ist noch keineswegs Religionslosigkeit gemeint oder auch ein Dauerzustand von Religionsferne festgeschrieben. So kann [...] die derzeit häufiger beobachtbare Gleichgültigkeit Religion gegenüber auch als Chance gedeutet werden für eine *potentielle Offenheit* religiösen Angeboten gegenüber.«

42 A. a. O., 179.

43 A. a. O., 276.

44 Georg Raatz: Selbst- und Fremdzuschreibung – religiöse und religi-

und Indifferenz ein neues Paradigma gegenüber den bisherigen KMUs, das auf eine explizite Abkehr von der Religionstheorie Luckmanns hinauslaufe, auf die man sich noch in der KMU 4 positiv bezogen hätte. Sie erlaubte nach religiösen Potentialen unterhalb ihrer empirisch quantitativen Erfassbarkeit zu fragen. Die entsprechenden Fragestellungen in der KMU 5 würden so etwas nicht mehr zulassen: Wenn sich hier jemand selbst als unreligiös einstufe, müsste dies als Faktizität hingenommen werden. Tatsächlich aber ließe sich gerade in solchen Fällen jede Menge Religiosität finden.

Dem naheliegenden Einwand, dass damit Religion auch gegen die explizite Aussage eines Befragten unterstellt werden könnte, begegnet er mit dem wissenschaftlichen Recht, Fremdzuschreibungen auch gegen eine negative Selbstzuschreibung zu vollziehen. Er plädiert dafür, näher hinzuschauen: Statt von Indifferenz wäre eher von »Spannungen zwischen und Ambiguitäten von Selbst- und Fremdbeobachtungen« zu sprechen.[45] Generell sei die Rede von einer Ab- oder Zunahme von Religion wenig sinnvoll. »Denn selbst der, der durchs Raster der religiösen Indifferenzthese der 5. KMU recht leicht durchgefallen ist, erlebt und deutet sich selbst und seine Welt im Horizont von Unbedingtheit, von letzten Fragen und Gedanken, von Hoffnungen auf Ganzheit und Ewigkeit.«[46] An solche Deutungen könne Kirche anknüpfen. Und diese Möglichkeit dürfe nicht verspielt werden.

onssoziologische Ambiguitäten der 5. Kirchenmitgliedschaftsuntersuchung der EKD. In: EvTh 75 (2015), 3, 202–214.
45 A. a. O., 214.
46 Ebd.

Auf Defizite der KMU 5 weist auch Traugott Jähnichen im Interesse einer Öffentlichen Theologie hin.[47] Gegenüber dem privaten und kirchlichen Christentum vernachlässige sie die Existenz eines öffentlichen Christentums, das die Resonanzbasis kirchlicher Aktivitäten bilde und in seiner Bedeutung nicht unterschätzt werden dürfte. Es sei gerade nicht die Kirche, die das Christliche repräsentiere, sondern es seien grundlegende Aspekte der christlich durchformten Kultur, die es trügen. Entsprechend sei ein Rückzug auf existentielle Themen falsch; die Kirche müsse weiterhin politisch agieren. »Die Tendenz einer Selbst-Ghettoisierung würde den weltgestaltenden Impulsen des christlichen Glaubens nicht gerecht.«[48]

Die autonomen Akteure

Eine letzte Deutungslinie, die durchaus quer zur Kontroverse Verfall oder Vielfalt liegt, ist die Einordnung der KMU-5-Daten als Affirmation protestantischer Subjektivität. Kaum ein Topos aus der KMU 5 findet so breite Rezeption wie dieser. Anregend für diese Interpretationslinie ist wohl die Behauptung der KMU 5, sie würde Kirchenmitgliedschaft als soziale Praxis untersuchen, womit in den Worten von Isolde Karle gemeint ist: »Die Befragten werden nicht primär als Adressaten und Konsumenten kirchlicher Praxis, sondern als Akteure religiöser Kommunikation und ihrer Vollzüge

---

47 Traugott Jähnichen: »Öffentliches Christentum«. Eine unterschätzte Dimension christlicher Präsenz im Kontext der Kirchenmitgliedschaftsuntersuchungen. In: EvTh 75 (2015) 3, 166–178.

48 A. a. O., 178.

betrachtet.«[49] Entsprechend dieser Logik kann dann jede Äußerung der Befragten als authentischer Vollzug protestantischer Identität verstanden werden. Die weitgehend privatisierte religiöse Kommunikation unter den Kirchenmitgliedern entspreche »ganz und gar protestantischem Selbstverständnis«,[50] demgemäß jeder Christ in Glaubensfragen autonom sei. Die KMU würde folglich nachweisen, dass sich das Kirchenmitglied als autonomen Akteur seiner eigenen Praxis verstehe.[51] Immer wieder kommt dieses Deutungsmuster vor.

Auf den Punkt gebracht hat diese Perspektive David Plüss in VV. Wir müssten akzeptieren, »dass sich die Mehrzahl der Mitglieder protestantischer Kirchen dafür entschieden hat, die Gründe und Konturen ihres Glaubens anderen gerade *nicht* mitzuteilen, sondern sie für sich zu behalten«.[52] Deswegen seien religiöse Kommunikation und religiöses Verhalten im Alltag eher unwahrscheinlich. Auch das aber wäre als Konsequenz autonomer protestantischer Subjektivität, ja des Priestertums aller Getauften anzuerkennen. Ja es sei eine zwingende Konsequenz dieses Denkmusters![53]

---

49 Isolde Karle: Der Pfarrer / die Pfarrerin als Schlüsselfigur: Kontinuitäten und Diskontinuitäten. In: EvTh 75 (2015) 3, 227–238, hier 227.

50 A. a. O., 228.

51 Die Ubiquität dieses Topos (bei Theologen) ist faszinierend. Denn ob sich die Kirchenmitglieder wirklich so verstehen, ist in der KMU gar nicht untersucht worden.

52 VV (s. Anm. 9), 441.

53 Wenn das stimmt, dann läuft die These von den autonomen Akteuren im Kern auf nichts anderes als die Säkularisierungsthese hinaus: »Zuerst würde die religiöse Ideologie sich ins Innere der reli-

Hempelmann sieht diese, unter Theologen sehr populäre, Deutungslinie kritisch. Das Bild vom Kirchenmitglied, das hier entworfen werde, entspräche zwar dem Idealbild eines modernen, aufgeklärten Protestanten, sei aber eher Ideal als Wirklichkeit. Es sei die Frage, »ob ›die befragten Kirchenmitglieder‹ ihre Mitgliedschaftspraxis als eigenverantwortliches Tun ›rekonstruieren‹, oder ob die Subjekte dieser Praxis nicht vielmehr die Theoretiker sind, die hinter der KMUV stehen.«[54] Fraglich sei, inwieweit dieses Bild vom Kirchenmitglied »Wirklichkeit abbildet« und inwieweit es »die sehr differenzierte Welt von Mitgliedschaftsmentalitäten verzeichnet«.[55]

3. Akt: Vernetzte Vielfalt?

Es ist nun für die Qualität der KMU 5 von besonderer Bedeutung, dass diese Diskussionslage und Kritik vom wissenschaftlichen Beirat der KMU im Hauptbericht, der im Dezember 2015 veröffentlicht wurde, produktiv aufgearbei-

---

giösen Gemeinschaften zurückziehen, dann ins Innere der Familie, zuletzt in die Innerlichkeit der Individuen. Sie würde zu einer rein persönlichen, intimen Entscheidung werden.« (So das moderne Paradigma nach Jean-Claude Milner: Rechtsstaat und Kalifat. Religiöse Ideologien und Mengen oder die Tragödie der Muslime Europas. In: Lettre International 111 [2015], 19–24, hier 19.) Nur würde sie die Prozesse quasi von »innen« und die Säkularisierung von »außen« betrachten. Es sind eben die autonomen Akteure, die sich von Religion und Kirche souverän verabschieden.

54 Hempelmann: Kirchendistanz (s. Anm. 13), 9.
55 A. a. O., 15.

tet worden ist. Jedenfalls merkt man ja schon dem Titel »Vernetzte Vielfalt« an, dass hier ein anderer Ton angeschlagen wird, als es in der Vorabveröffentlichung der Fall war. Diese Begrifflichkeit kann geradezu als das Gegenteil dessen verstanden werden, was mit »Engagement und Indifferenz« gemeint war. Während Letzteres einen deutlichen Gegensatz in der Kirche bezeichnet, können Engagement und Indifferenz nun als Elemente einer übergreifenden Einheit begriffen werden. Die Anerkennungskämpfe wären pazifiziert. Der Begriff hat (ebenso wie der des autonomen Akteurs), obwohl empirisch in der KMU in keiner Weise eingelöst (es wird nirgends belegt, dass in der Kirche so etwas wie vernetzte Vielfalt existiert), große identifikatorische Kraft.[56] Und in der Tat: er klingt ja auch gut!

Spannend ist dann allerdings zu sehen, wie dieser Deutungsschwenk auf die KMU-Ergebnisse in der Einleitung zum Berichtsband interpretiert wird, nämlich im Wesentlichen als eine Forderung an die *Gestaltung* der Kirche der Zukunft, d. h. als eine Norm, die gesetzt wird, und sehr viel weniger als eine Beschreibung der realen Situation, die sich aus den Ergebnissen der KMU ergeben würde. Mit vernetzter Vielfalt ist mithin nicht gemeint, dass es heute in der Kirche mehr Vielfalt und mehr Vernetzung geben würde, als dies früher der Fall ist, und wir damit vor einer neuen Situation

---

56 Vgl. eine Bemerkung in einem Beitrag von Birgit Weyel in VV über den positiven Einfluss von Religion und Kirche auf die Lebenszufriedenheit: »Hier zeigt sich, dass das Konzept von Kirche als ›vernetzter Vielfalt‹ von den Kirchenmitgliedern nicht nur mitgetragen wird, sondern sich auch positiv auf ihre Lebenszufriedenheit auswirkt.« (309)

stehen würden. Es geht vielmehr um die Forderung, die Kirche der Zukunft nicht mehr als gleichförmiges Gebilde, sondern eben als eine Gestaltungsaufgabe von Vielfalt zu begreifen.»In der Praxis kirchenleitenden Entscheidens und Handelns wird es zukünftig mehr denn je um eine konstruktive Vernetzung von Profilierung und Diversifizierungsmaßnahmen gehen.«[57] Die Gesamtkirche solle nicht von einem bestimmten Profil dominiert werden, um zu vermeiden, dass große Gruppen ihrer Mitglieder nicht integrierbar wären. Auch hier kann man sich allerdings fragen, wie diese These mit den Ergebnissen der KMU korreliert, die in dieser Hinsicht eine auseinanderdriftende Vielfalt von Beteiligungsprofilen nicht wirklich aufzeigt (danach ist allerdings auch nicht gefragt worden!).

Der Auswertungsband postuliert dann, dass es in der Deutung der Daten Kontroversen und Differenzen zwischen zwei Auswertungspolen gegeben hätte:»Während der eine Pol die Veränderung vor allem als Prozess des Rückgangs von Kirchlichkeit und Religiosität deutet, interpretiert der andere Pol die Veränderung vorwiegend als Transformation der religiösen Praxis, durch die neue Formen gelebter Religion entstehen.«[58] Im Auswertungsband soll diese Differenz in den verschiedenen Beiträgen eingeordnet werden können. Schon ein schneller Blick zeigt allerdings, dass die Position des Rückgangs material sehr viel deutlicher und expliziter vertreten ist als die andere Position. Kritik an der forschungspraktischen Umsetzung des Religionsbegriffs fin-

57 VV (s. Anm. 9), 14.
58 Ebd.

det sich häufig. Aber kein Beitrag, abgesehen von dem einsamen Hochhalten der These wachsender Religiosität außerhalb der Kirchen durch Stefan Huber, belegt ernsthaft die These einer heute hegemonialen Transformation religiöser Praxis in neue Formen von Religiosität. Im Gegenteil: Wie noch keine KMU zuvor nimmt VV erstaunlicherweise das klassische Feld der Kirche – die Kirchengemeinden – in den Blick und baut hier Vorurteile ab. Wirklich neue Formen religiöser Praxis sind demgegenüber aber nicht zu erkennen.

Fazit

Überblickt man die Debatte, dann lässt sich sagen: Geradezu begierig werden in den dargestellten Positionierungen Erkenntnisse, die der eigenen Position zu entsprechen scheinen, affirmiert und entsprechend Fehlendes in Kritik gewendet. Ob zu Recht oder Unrecht kann hier nicht entschieden werden – das wäre auch schon deswegen schwierig, weil sich alle Positionierungen, wie gesagt, bereits in die Durchführung der KMU 5 selbst eingebracht haben. Die KMUs sind folglich weit mehr als nur wissenschaftliche Analysen: sie stellen Arenen zur Selbstpositionierung im kirchlich-religiösen Feld dar – und sollten deswegen auch so wahrgenommen werden. Ob dabei aber ihre Ergebnisse selbst noch zum Tragen kommen können?

Versucht man die Deutungen in eine Reihe zu bringen, so ließe sich etwa das Folgende feststellen:

- Es gibt durchaus eine eigentlich allen Positionierungen gemeinsame, offensichtlich nicht zu leugnende Referenz: die des Rückgangs der Reichweite und Resonanz des *Kirchlichen*.
- Umstritten ist aber sofort, ob es sich hierbei auch um einen Rückgang des *Christlichen* in der Gesellschaft handelt.
- Und vor allem ist strittig, ob damit auch ein Rückgang des *Religiösen* überhaupt in Zusammenhang steht.

Der von allen in der ein oder anderen Weise diagnostizierte Rückgang von Kirche wird folglich nicht nur unterschiedlich, sondern sogar so gegensätzlich interpretiert, dass er in einigen Positionierungen richtiggehend verschwinden kann. Am eindrücklichsten geschieht dies im Topos vom *autonomen protestantischen Akteur*, der selbst dann, wenn er der Kirche den Rücken kehrt, kirchliche Anerkennung finden sollte. Hier stürzen die Konstruktionen aber doch wohl ins Bodenlose.

Damit bleibt am Ende die Relevanz der KMU-Ergebnisse für die Kirche offen. Den Rückgang auf eine normative Integration aller Positionierungen in VV durch die leitenden Bischöfe kann man folglich als in sich durchaus konsequent – aber auch als relativ belanglos betrachten. War's das?

Auffallend ist, dass eine Thematik, die durch Gert Pickel sowohl in EI als auch in VV prägnant unter dem Stichwort Sozialkapital herausgearbeitet worden ist, wenig Resonanz findet: die des sozialen Engagements der Kirchenmitglieder bzw., allgemeiner gesagt, der zivilgesellschaftlichen Rolle der Kirche. Dies ist deswegen auffallend, weil sich hier, im Unterschied zu den religiösen Dimensionen, erstaunlich Positives berichten lässt: sowohl steigende Zahlen von Ehrenamtlichen in der Kirche selbst als auch die wichtige Bedeutung, die konfessionelle Bindung für zivilgesellschaftliches Engagement überhaupt hat. Im Sozialen ist ganz und gar kein Rückgang erkennbar – im Gegenteil! Dass dies nicht so in den Vordergrund tritt, wird mit der Aufmerksamkeitsfixierung in Richtung Religion zu tun haben, deren Kommunikationsstrukturen die KMU 5 analysiert. Religion macht aber nur einen (wahrscheinlich eher kleineren) Teil des kirchlichen Kommunikationsverhaltens der Mitglieder aus: Soziales hat eine größere Bedeutung![59] So mag es umstritten bleiben, ob die KMU 5 ein Ende des liberalen Paradigmas im Blick auf Religion einleitet. Im Sozialen hat es jedenfalls eine Zukunft![60] Befriedigend ist das allerdings kaum.

59 Vgl. z. B. Hilke Rebenstorf / Petra-Angela Ahrens / Gerhard Wegner: Potenziale vor Ort. Erstes Kirchengemeindebarometer. Leipzig 2015.
60 Vgl. Gerhard Wegner: Religiöse Kommunikation und soziales Engagement. Die Zukunft des liberalen Paradigmas. Leipzig 2016.

Ergriffenheiten – Anmerkungen zu Religion und Kultur

Bei denjenigen, die heute – zumindest in Europa – über kulturelle Definitionsmacht verfügen, steht Religion in keinem hohen Ansehen, was angesichts gewalttätiger und destruktiver Formen von Religion, insbesondere seit dem 11. September und vielen weiteren Anschlägen, auch kein Wunder ist. Zwar geistern religiöse Versatzstücke durch alle Ebenen und Arten der kulturellen Produktion unseres Landes – dass sich aber ein Autor explizit religiös und schon gar christlich artikulieren und dafür auch kulturelle Anerkennung erhalten würde, selbst also in seinem Werk Religion zum Leben erweckte und sie nicht nur zum Gegenstand hätte, ist äußerst selten.

Eine dieser seltenen Ausnahmen ist Patrick Roth – ein Deutscher, der in Los Angeles lebt und sich mit einer Reihe von Texten in den letzten Jahren einen Namen gemacht hat, darunter – durchaus spektakulär – seiner Trilogie »Resurrection«[1], in der biblische, neutestamentliche Motive und Texte höchst eindrucksvoll zum Leuchten gebracht werden, und zwar so, dass der Leser im *Vollzug des Lesens* in einen *Vollzug von Religion* hineingezogen wird. Seine Texte haben einen ganz eigenartigen, höchst suggestiven Reiz und wei-

---

[1] Patrick Roth: Riverside (zuerst 1991); Johnny Shines oder die Wiedererweckung der Toten (zuerst 1993); Corpus Christi (zuerst 1996).

sen eine enorme Spannung auf. Sie inszenieren eine besondere Erfahrungswelt, in der sich das Wesentliche immer wieder zu entziehen scheint und dann doch plötzlich ganz präsent ist.[2]

In einem seiner Texte erreicht Roth in dieser Hinsicht wahre Meisterschaft. Es handelt sich um die Kurzgeschichte »Magdalena am Grab« – ursprünglich noch mit dem Obertitel »Mulholland Drive«.[3] Das erinnert an den berühmten Film von David Lynch, mit dem die Geschichte auch zumindest atmosphärische Ähnlichkeiten aufweist – ansonsten aber nach mündlicher Auskunft des Autors nichts zu tun hat.

Die Geschichte spielt an eben dieser Straße in Hollywood in einem leerstehenden Haus. Dorthin hat der Erzähler seine Mitstudenten der Schauspielkunst eingeladen, um mit ihnen Johannes 20,11–18, die Begegnung von Maria Magdalena mit Christus, dem Auferstandenen am Grabe, nachzustellen – wobei fast eine Art Bibliodrama herauskommt. Geheimnisvollerweise erscheint zu dieser Probe nur eine Person, eine irgendwie faszinierende italienische Kollegin, mit der der Erzähler erste Aufstellungen übt. Sie ist seltsam befangen, und es wird auch deutlich, warum: Die beiden werden, man weiß nicht genau von wem, bei diesen Proben in dem leerstehenden Haus beobachtet. Die Atmosphäre

---

2 Vgl. für eine theologische Interpretation Frank Hiddemann: Patrick Roths Novelle Riverside. Ein literarisches Experiment mit der religiösen Erfahrung. In: Hofgeismarer Protokolle Bd. 311, 1997, 39.

3 Ursprünglich abgedruckt in: Patrick Roth: Ins Tal der Schatten. Frankfurter Poetikvorlesungen. Frankfurt a. M. 2002, 77–111. Dann auch: Patrick Roth, Magdalena am Grab. Frankfurt a. M. 2003.

wird dadurch immer dichter und gespannter. Der Unsicht-
bare hat »etwas Numinoses, [...] Göttlich-Gefährlich-Unbe-
rechenbares«[4], wie Roth das am Ende resümiert.

Was nun geschieht, ist Folgendes: Die Szene am Grab
besteht vor allem in einer Reihe von Wendungen, Kehrun-
gen, die sich gut in der Aufstellung reproduzieren lassen.
Mit den Worten Roths: »Magdalena: sie kommt ans Grab, es
ist leer. Sie wendet sich, geht zurück zu den Jüngern. Wendet sich wieder, geht zurück zum Grab. Die Engel sprechen
zu ihr: Was weinst du? Sie wendet sich um. Das ist die dritte
Wendung: Sie sieht jemanden, den sie nicht erkennt, obwohl
er sie anspricht. Jesus.«[5] Dann spricht Jesus ihren Namen,
und sie erkennt ihn. Entscheidend ist nun eine Kleinigkeit,
die erst im Nachstellen der Szene dem Beteiligten bewusst
wird: Als Jesus ihren Namen sagt, so heißt es bei Johannes,
wendet sich Maria wiederum – sie muss also, so schlussfol-
gert Roth und so wird es im Nachspielen der Szene deutlich
erfahrbar, an Jesus vorbeigelaufen sein. »Abgewandt vonei-
nander standen sie. Und was bedeutet das? [...] Gott und
Mensch – *das* ist der Moment – sehen einander nicht mehr.
Stehen auseinander-gestellt.«[6]

Aber nun eben die Wendung, die Kehre: Jesus wendet
sich zu ihr, kehrt sich zu ihr um – sie wendet sich zu ihm.
Roth: »Es ist das vierte und entscheidende Mal, daß sie sich
wendet und in diesem Sich-Wenden: verwandelt wird (als
›Sich-Gewandt-Habende‹ ...). Das heißt sie wird von einer,

4   Roth, Magdalena (s. Anm. 3), 45.
5   A. a. O., 47.
6   Ebda.

die ihn nicht mehr kannte, nur lebend den Toten suchte, ihm ›tot‹ war, verwandelt in eine, die ihn erkennt – ihn zum zweiten Male ›gebiert‹: denn hier erst, in den Augen dieser leibhaftig sehenden Frau, kommt er zur Welt, als Auferstandener jetzt. Und damit wird Magdalena selbst zu einer Auferstandenen – in diesem ihrem Moment der Bewußtwerdung.«[7]

Beide, Jesus und Maria, haben sich gewendet und erkennen sich in dieser Wendung. Maria und Christus erkennen, so Roth, gleichwie sie erkannt worden sind (1. Kor. 13,12), und eben so vollzieht sich Inkarnation. Gott und Mensch werden eins: Gott hat sich gewendet, weil auch er erkannt werden will. »Der eine erkannt im Einen enthalten. Eine völlige Wandlung.«[8]

Die ganze Geschichte selbst ist natürlich unendlich viel schöner, als ich es hier abstrakt und gedrängt wiedergeben kann. Aber es wird deutlich, was bei Roth das religiöse Erlebnis ist: die Wendung – ja genauer noch: das Gewendet-Werden. Im Begriff Be*kehr*ung hat sich diese Erfahrung in der religiösen Sprachwelt gut erhalten. Religiös-sein kommt von einer Kehre her: Ich werde umgedreht, ich lasse mich ergreifen und drehen – das »Ergriffensein« gibt davon sprachlich noch etwas wieder. Ich erlebe mich in einer solchen Kehre als von einer Macht bewegt – die sich auf diese Weise selbst von einer mir fremden in eine Macht kehrt, die mich hält und zum Leben erweckt. »Nun lebe nicht mehr

---

7   A. a. O., 48.
8   A. a. O., 50 (der letzte Satz des Textes).

ich, sondern Christus lebt in mir« (Gal. 2,20), kann Paulus jubeln; einer von denen, die solch eine Drehung, solch eine Bekehrung, erlebt haben.

Roths Fixierung auf das Wenden und Gewendet-Werden ist nicht zufällig, denn man kann mit Fug und Recht behaupten, dass sich in diesem Topos eine religiöse Erschließungssituation ersten Ranges, auf jeden Fall im Hinblick auf die jüdische und die christliche Religion, verdichtet. Der Topos finden sich auch in anderen Kulturbereichen, z. B. in Platons Höhlengleichnis, in dem die Menschen zum Licht gezogen, zu ihm hingedreht werden müssen und sich nicht aus ihren Fesseln lösen lassen wollen[9]. Die Menschen sind in religiöser Wahrnehmung in einem Feld aus Kräften und Gegenkräften eingespannt. Sie werden gezogen und geschubst, und sie leben, wenn sie es riskieren, sozusagen »In Between«, im Dazwischen der Spannung zwischen ihrem Menschsein im Hier und Heute und dem göttlichen Grund. Rettend ist die göttliche Anziehungskraft. Von ihr bin ich schlechthin angezogen und abhängig. Und die Geschichte von Maria Magdalena, die Roth wieder aufrichtet, ist in dieser Hinsicht eine rettende Geschichte.

Aber nun breche ich diese einleitende Erzählung ab. Denn um sie geht es hier nicht eigentlich: Sie dient zur Illustration dessen, was Religion ist bzw. wie sie in höchst sublimer Form dargestellt sein kann: eine das Leben wendende Begegnung mit einer Macht außerhalb meiner selbst; ein umfassendes Neu-Werden; ein Erwachen. Was Roth beschreibt, entspricht einer klassischen Operationalisierung

9   Platon: Der Staat 515c, 4 ff.

von Religion, nämlich der Frage: »Have you ever been aware of or influenced by a presence or power, whether you call it God or not, which is different from your everyday self?«[10] Genau in diesem allgemein anerkannten Sinn – jeder würde zustimmen, dass dies auf jeden Fall Religion ist – vollzieht sich hier Religion.

Kultur

Nun zunächst zu der einen Seite: der Kultur. Wir machen eine erste Drehung. Ebensowenig wie Religion ist Kultur ein auch nur in Ansätzen eindeutiger Begriff. In manchen Gesellschaftstheorien – wie z. B. der Luhmannschen Systemtheorie – spielt sie gegenüber den ausdifferenzierten Funktionssystemen kaum noch eine Rolle – schon gar keine begründende.

Fragen wir aber zunächst: Braucht Kultur solche Religion, wie eben geschildert? Oder hält man sich, gerade um einer humanen Kultur willen, nicht besser davon fern? Wir sind gewohnt, die Ambivalenz solchen Geschehens zu betonen: Ergriffensein – nun gut, das geht auch kulturell bei einem Symphoniekonzert noch durch – etwas altmodisch bleibt es allerdings. Aber »Bekehrung«? Besser nicht. Das riecht nach Brainwashing und Scientology, vielleicht sogar nach Selbstmordattentätern. Wenn Religion, dann eine genießbare,

10 Alister Hardy, zitiert bei Hubert Knoblauch: Qualitative Religionsforschung. Religionsethnographie in der eigenen Gesellschaft. Paderborn, München u. a. 2003, 47.

ästhetische, eine kulturell entschärfte, die angesichts der destruktiven Nebenfolgen vor allem unseres Wirtschaftsystems, die Menschen mit Sinn und Werten versorgt – aber selbst mit wenig wirklichen Ansprüchen daherkommt.

Oder aber – und damit wird es nun immer unbestimmter – ist das alles nicht gerade Kultur – in besonderer Verdichtung? Wenn man die religiöse Erfahrung zudem aus literarischen Texten erhebt, wird man ja zumindest sagen müssen, dass auf jeden Fall die Form eine kulturelle ist. Auch Religion kann Transzendentes natürlich nur immanent kommunizieren – und die Formen werden in der Regel kulturelle Formen sein.

Ein wunderbares Beispiel für die hier angesprochene Problematik ist die berühmte Religionsdefinition von Clifford Geertz. Ich paraphrasiere: Religion ist ein Symbolsystem, das stark und dauerhaft Motivationen in den Menschen erzeugt, indem es Vorstellungen von einer allgemeinen Seinsordnung mit einer solchen Aura von Faktizität umgibt, dass die Stimmungen völlig der Wirklichkeit zu entsprechen scheinen[11] – ein imaginatives Universum. Religion ist in dieser Sicht ein kulturelles System: eine besondere Art von Kultur. Es wundert nicht, dass unter diesem Aspekt viele Autoren die Cliffordsche Religionsbestimmung immer wieder als Bestimmung von Kultur allgemein verstanden haben. Denn was leistet denn Kultur, verstanden als symbolische Praxis,

---

11 Clifford Geertz: Religion als kulturelles System. In: Ders.: Dichte Beschreibung. Beiträge zum Verstehen kultureller Systeme. Frankfurt a. M. 1991, 44 ff., hier 48.

anderes als eben solche imaginativen Universen zu stiften, die über Jahrtausende eine Aura der Faktizität und Geltung bewahren? Die Trennschärfe der Begriffe verschwimmt– sie verschwimmt im Übrigen völlig im interkulturellen bzw. interreligiösen Vergleich: Was sind Weltkulturen – wenn es sie in der Mehrzahl denn überhaupt noch gibt – anderes als Weltreligionen? Die scharfe Differenz von Religion und Kultur ist eine europäische Erfindung, die natürlich mit dem Religionsbegriff zusammenhängt.

Nun könnte man auch umgekehrt fragen: Wenn man diese Definition von Religion ernst nimmt: warum geht es dann nicht auch umgekehrt? Warum sollte man nicht Kultur als religiöses System, als Teil von Religion verstehen? Es ist noch gar nicht lange her, dass diese Sichtweise breit vertreten wurde. Paul Tillich hat das noch so gesehen: Der tragende Gehalt der Kultur ist die Religion, und die notwendige Form von Religion ist die Kultur.

Wenn wir von Kultur reden, dann sprechen wir von wahrnehmbaren, beschreibbaren Phänomenen: Gesten, Ritualen, Lifestyle, Gesprächsformen, Essen und Trinkensformen, moralischen Verpflichtungen, Bindungen, inneren Bildern, vom »Geiz ist geil« bis zu den Berliner Philharmonikern, die die Filmmusik für »Deep Blue« spielen – alles in irgendeiner Weise symbolische Praktiken. Kultur ist ein symbolisches Universum mit Innen- und Außenstrukturen, mit Grenzen und inneren Linien, wo vieles dauernd in der Entwicklung ist und wo um Aufmerksamkeit, Anerkennung und Deutungsmacht gerungen wird. Man könnte sie nach Codierungen und Schemata gliedern. Wir fänden dann Codes der Kommunikation, des Denkens, des Empfindens und des Verhaltens. Heiß zu debattieren wäre die Frage, ob es eine Einheit der Kultur gibt und was sie konstituiert. Ihre kleinste Einheit wäre heute wohl die individuelle Kultur – die größte die Weltkultur, an deren Kanon ja immer wieder gearbeitet wird.

Man kann insofern gut sagen: Religion ist Kultur. Beides ist im aktuellen Vollzug schlicht kaum zu trennen. Warum essen wir Schweinefleisch? Warum halten wir es für unzulässig und irgendwie gefährlich, auf den morgigen Geburtstag des Jubilars vor Mitternacht anzustoßen? Warum folgen alle guten Filme dem Schema: Paradies – Sünde / Krise – Versöhnung? Franz Xaver Kaufmann[12] hat sechs Funktionen identifiziert, die von Religion wahrgenommen werden: 1) Identitätsstiftung, 2) Handlungsführung, 3) Kontingenzbewältigung, 4) Sozialintegration, 5) Kosmisierung, 6) Weltdistanzierung; wenn davon mehrere erfüllt werden, so handelt es sich in seiner Sicht um Religion – oder, so fragen wir, um Kultur? Die Dinge fließen deutlich ineinander.

Alles wird nun allerdings anders, wenn man von spezifischen Kulturstilen ausgeht, z. B. von einer betont säkularen oder laizistischen Kultur oder heutzutage auch etwa von der Alltagskultur in den neuen Bundesländern. Sie war ja lange weltweit in der gelebten Distanz zu Religion fast einmalig. Dann kommt Religion tatsächlich als ein aparter Bereich in den Blick, der in Differenz zur Kultur existiert.

Noch einmal anders wird es, wenn man vom Selbstverständnis der Religion aus auf die Kultur blickt, d. h. in unse-

---

12 Franz-Xaver Kaufmann: Religion und Modernität. Sozialwissenschaftliche Perspektiven. Tübingen 1989, 84 ff.

rem Fall: von der Theologie aus. Was man dann sieht, ist das Problem des Verhältnisses von universaler Religion und partikularer Kultur – das sich als solches aber auch nur in dieser Perspektive erschließt. Das Paradigma hierfür ist der Streit um die Geltung der Beschneidung im NT. Durch die Bedeutungsrelativierung des religiösen Symbols der Beschneidung im frühen Christentum – man kann nun auch Christ sein, ohne Jude werden zu müssen – wird die Beschneidung zu einem nur noch kulturellen Zeichen. D. h. der Universalismus des Glaubens »bedient« sich bestimmter kultureller Formen – aber in eben diesem Prozess entleert er sie ihrer ultimativen Bedeutung. So spaltet die sich universal verstehende Religion Kultur als etwas Partikulares von sich ab, was dadurch die starke Aura der Geltung, eben das Religiöse als solches, verliert und genau so gut integrierbar wird. Christlich kann man dann essen und trinken, was man will – das ist nur eine kulturelle Frage und hat nichts mit dem Heil zu tun. In gewisser Hinsicht kann Religion dann mit Kultur »spielen«. Der Glaube bedient sich kultureller Formen, um Gestalt zu gewinnen. Je virtuoser Religionen auf dieser Tastatur spielen können, umso universaler werden sie. Ein »islamisches Christentum« wäre in dieser Hinsicht der Höhepunkt. Das klingt absurd – aber: war das mit dem »germanischen Christentum« nicht einstmals genauso?

Die Differenz Religion/Kultur entstammt also spezifischen Erfahrungen und Interessenlagen. Das hat Niklas Luhmann sehr schön auf den Punkt gebracht: »Wenn von der Religion aus gesehen die Gesellschaft als säkularisiert beschrieben wird, so von der Gesellschaft aus gesehen die Religion als Kultur«[13] – es kommt also alles darauf an, von welcher Seite aus man die Dinge sehen will. Die Differenz von Religion und Kultur macht es möglich, so wiederum Luhmann, »in der Gesellschaft *über* Religion zu kommunizieren«, und schließt es trotzdem nicht aus, in ihr »*als* Religion zu kommunizieren.«[14] Das setzt aber eine Autonomie des Religiösen voraus. Die Reduktion von Religion auf Kultur hingegen stiftet Illusionen des »Umgehen-Könnens« mit Religion und lebt aus der Hoffnung, dass religiöse Kommunikation keine wirklichen Folgen für andere Systeme zeitigt.

Insofern kann es auch für Glaubende schön sein, wenn Religion aus der Kultur heraus Anerkennung findet – eine Notwendigkeit von Religion folgt aber nicht daraus. Worauf ich anspiele, sind die Äußerungen von Habermas zur Religionsproblematik. Er hat seine Hochschätzung von Religion u. a. in einem Gespräch mit Kardinal Ratzinger erneuert. Ihm liegt an dem Erhalt von Religion, weil Religion ganz bestimmte Erfahrungen in einmaliger Weise codiert und so der »schleichenden Entropie der knappen Ressource Sinn entgegenwirken kann«[15], wie er sich ausdrückt. Seine Sicht ist eine dezidiert kulturelle und sicherlich auch politische: für ihn ist Religion etwas, das man braucht, um Wichtiges im kulturellen Bereich erhalten zu können: »Sensibilitäten für verfehltes Leben, für gesellschaftliche Pathologien, für

---

13 Niklas Luhmann: Religion als Kultur. In: Otto Kallscheuer (Hg.): Das Europa der Religionen. Ein Kontinent zwischen Säkularisierung und Fundamentalismus. Frankfurt a. M. 1996, 313.

14 A. a. O., 314.

15 Alexander Kissler: Die Entgleisungen der Moderne. Wie Habermas und Ratzinger den Glauben rechtfertigen. In: SZ vom 21. 1. 2004.

das Misslingen individueller Lebensentwürfe und die Deformation entstellter Lebenszusammenhänge« – übrigens alles Kompetenzen für das (sozusagen) Defizitäre. Eine Zuständigkeit für das Lebendige, Fröhliche, Begeisternde sucht man vergebens. Einen wirklichen Anspruch auf Wahrheit, Geltung und Bedeutung kann Religion so aber kaum erheben. Ihre Hochschätzung resultiert aus ihrer Nützlichkeit für andere Zwecke. Im Grunde ist Religion dann eben Kultur im Sinne einer profanen Spielwiese.

Religion – kulturell notwendig?

Bevor ich nun aber der Frage nach dem Religiösen weiter nachgehe – und so die andere Seite unseres Themas beleuchte –, werfe ich einen Blick auf einen hochinteressanten Versuch, Religion und Kultur miteinander zu verschränken, so dass beides notwendig auf einander bezogen ist: die Religionstheorie von Ulrich Oevermann.[16] Sozusagen eine halbe weitere Drehung. Kultur könne nicht ohne Religion und Religion nicht ohne Kultur sein. Gerade die säkularisierte Kultur kultiviere Religion.

Religion ist für Oevermann notwendig, um den individuellen Lebenslauf vor dem Hintergrund der eigenen Endlichkeit in einen sinnvollen und konsistenten Zusammenhang zu bringen. Nur durch den bewussten Vollzug dieses Vorgangs wer-

16 Ulrich Oevermann, Strukturmodell von Religiosität, in: Karl Gabriel (Hg.), Religiöse Individualisierung oder Säkularisierung, Gütersloh 1996, 29–40.

den Menschen zu autonomen und verantwortungsvollen Subjekten. Seine Argumentation ist etwa die folgende:

Jeder Lebenslauf ist wesentlich durch Entscheidungen strukturiert, die sich bewähren müssen. Wirkliche lebensweltliche Entscheidungen resultieren nicht nur aus, sondern konstituieren selbst Krisensituationen, weil sie ohne Rückversicherung in eine prinzipiell offene Zukunft hinein erfolgen müssen. Sie können der Natur der Sache nach keine Prüfungen von Hypothesen sein, sondern sind gleichsam Sprünge, weil sie die bis dahin gültigen Entscheidungsprämissen überschreiten und mithin infrage stellen. »Nur Unentscheidbares ist entscheidbar, alles andere können wir Maschinen überlassen.«[17] Niemand kann wissen, ob es sich lohnt zu leben, zu heiraten, ob das gut geht usw. Jede wirkliche Entscheidung beruht auf der Paradoxie von Zukunft und Vergangenheit: sie legt auf Zukunft hin fest, tut dies aber aufgrund der Vergangenheit – kann es also eigentlich gar nicht. Es werden Möglichkeitsräume geschlossen, ohne dass dies im Sinne von richtig oder falsch abschließend begründet werden könnte – obwohl natürlich jede Entscheidung sich bewähren muss. Auf diese Weise entsteht eine neue Ebene der Normalität. Nicht um Sicherheit kann es mit solchen Entscheidungen gehen – sondern um so etwas wie Gewissheit. Argumentativ ist an dieser Stelle letztlich wenig zu machen – weswegen die Argumentationen, die natürlich nötig sind, irgendwann gleichsam »einschlafen«. Oevermann greift deswegen für solche Entscheidungssitua-

---

17 Dirk Baecker: Die Form des Unternehmens. Frankfurt a. M. 1999, 201, unter Verweis auf von Foerster und Derrida.

tionen zur Erklärungsfigur einer charismatischen Struktur, der Emergenz des Neuen.

Es ist diese Struktur der Bewährung von »gewagten« Entscheidungen, die den entscheidenden Anschlusspunkt von Religion darstellt. Man kommt sozusagen ohne einen Haltepunkt in der Transzendenz lebensweltlich nicht zurecht. Ich bin angesichts der Endlichkeit, die sich als Entscheidungsnotwendigkeit in meinem Leben immer wieder geltend macht, strukturell nicht der Lage, mein Leben »in den Griff« zu bekommen und muss mich doch bewähren. Genau diese Dramatik artikuliert sich in der Religion – und zwar besonders deutlich in der jüdisch–christlichen. Hier nun hat sich diese Struktur radikalisiert bis hin zur Säkularität, wenn die entlastenden Glaubensinhalte abgestreift und verinnerlicht sind. Der Bewährungsmythos hat sich damit aber noch gesteigert.

Oevermanns Religionsbegriff ist gut gegründet. Er plausibilisiert ihn zudem an einer wunderbaren Auslegung der Schöpfungsgeschichte und anderer biblischer Texte. Und es liegt ja in der Tat auf der Hand, dass nichts so sehr mit Kontingenzbewältigung zu tun hat wie die Entscheidungen, die wir alle in den Sequenzen unserer Lebenspraxis immer wieder treffen, ohne uns dabei auf rationale Kalküle verlassen zu können. Oevermann erreicht damit eine Tiefenschärfe des Religionsverständnisses, wie sie sich bei den Gründergestalten der Soziologie Max Weber und Emile Durkheim gefunden hat. Gerade in dieser Hinsicht ist aber Religion und Kultur nicht zu trennen und auch nicht einseitig auf den jeweils anderen abzubilden. Gerade wenn Oevermann Religion auch dann noch konstatieren kann, wenn sich die Menschen in der reinen Säkularität bewegen, läuft beides vollends ineinander.

Oevermanns Religions- und Kulturverständnis lässt sich sehr schön an einer Situation illustrieren, in der Menschen so etwas wie eine Entscheidungsevaluation ihres Lebens vornehmen. Da trifft sich eine Gruppe, die einmal zusammen war und die jedenfalls irgendetwas aus langer Vergangenheit verbindet, nach dreißig, vierzig Jahren wieder. Eine immer wieder gern gesuchte, aber auch durchaus potentiell krisenhafte Erfahrung. Man erzählt sich gegenseitig gern und ausführlich, was man so gemacht hat und was aus einem geworden ist. Und irgendwann kommt bei solchen Treffen der Punkt, wo man, je älter man wird, sich darüber verständigt, dass doch eigentlich alles, so wie es ist, ganz gut ist. Kaum jemand hat die Ziele erreicht, die man sich damals vorgenommen hatte, aber dennoch ist es in einem emphatischen Sinne »gut«.

Was vollzieht sich auf solchen Treffen, ist es Kultur, oder ist es Religion? Sie werden vielleicht zustimmen, dass sich das nicht trennen lässt – jedenfalls nicht in dieser Sichtweise. Offensichtlich wird hier die gelungene oder nicht gelungene Bewährung von Entscheidungen ins Transzendente, irgendwie »Gute«, aufgehoben und so Gewissheit und vielleicht Sinn gestiftet. Ganz im Sinne übrigens der Religions-Anweisung von Niklas Luhmann: »[S]telle jeder positiven und jeder negativen Erfahrung einen positiven Sinn gegenüber!« – dann kommunizierst du religiös![18] Religion gibt es dann auch noch jenseits jeder gemeinhin als religiös identifizierbaren Form oder gar eines solchen Inhaltes. Kann aber

18 Niklas Luhmann: Gesellschaftsstruktur und Semantik. Band 3, Frankfurt a. M. 1989, 351.

in dieser Sichtweise Religion noch etwas Widerständiges, Dysfunktionales, Herausforderndes sein?

Religion

Darum nun zur anderen Seite: der der Religion. Wir wechseln die Blickrichtung; das Terrain, die Gegenstände bleiben dieselben. Was eben noch Kultur war, ist nun Religion. Eine weitere Drehung.

Wir bleiben bei Luhmann und nehmen als Ausgangspunkt den systemtheoretischen Religionsbegriff von Armin Nassehi: »Religiöse Kommunikation tritt als immanente Thematisierung transzendenter Instanzen auf. Sie beruft sich auf einen Sinn, der von außen – was immer als dieses Außen thematisiert wird – an die Welt herantritt und gerade dadurch der Immanenz einen Sinn zu verleihen sich zumutet, der sich aus der Immanenz der Welt selbst nicht gewinnen läßt.«[19] Da »tritt Religion auf«, »bezieht sich auf«, »mutet sich zu«, etwas zu verleihen – die Sprache macht die Abwehr des eigentlich Religiösen bereits deutlich. Was bei Roth passiert, ist etwas ganz anderes: da »tritt nichts auf« und »bezieht sich auf«, sondern da emergiert eine neue Wirklichkeit, der ich mich schlicht nicht entziehen kann. Es ist gerade diese Haltung der Distanz zu dem, was geschieht – die na-

19 Armin Nassehi: Religion und Biographie. Zum Bezugsproblem religiöser Kommunikation in der Moderne. In: Monika Wohlrab-Sahr (Hg.): Biographie und Religion. Zwischen Ritualen und Selbstsuche. Frankfurt a. M. / New York 1995, 103–126, hier 121.

türlich sozialwissenschaftlich absolut nötig ist –, die im religiösen Vollzug zugunsten von Ganzheit und Einssein überwunden wird.

Man kommt dem näher, wenn man sich auf eher phänomenlogische Bestimmungen von Religion einlässt, z. B. bei Georg Simmel: »Das religiöse Leben schafft die Welt noch einmal, es bedeutet das ganze Dasein in einer besonderen Tonart.«[20] Religion ist Leben: »[D]er religiöse Mensch ist einer, der auf eine bestimmte, nur ihm eigene Art *lebt*, dessen seelische Prozesse einen Rhythmus, eine Tonart, eine Anordnung und Maßverhältnis der seelischen Einzelenergien zeigen, die von denen des theoretischen, künstlerischen, praktischen Menschen als solchen unverwechselbar verschieden sind.«[21]

Simmel deutet damit etwas an, was auch aus dem gewählten Beispiel heraus entgegentritt: man könnte es die »Autonomie des Religiösen« nennen, wenn das religiös wirklich Sinn ergäbe. Der religiöse Mensch erlebt die Welt von vornherein so, dass es gar nicht anders sein kann, als dass sie ihm gewährt, wonach er begehrt. Der Zirkel des Religiösen ist ebenso geschlossen wie der anderer Sinnwelten. Ob das alles in theoretischer oder praktischer Hinsicht irgendwie »wahr« oder »nützlich« ist, ist höchstens ein sekundäres Interesse. Oder wie es Simmel wunderbar formulieren kann: »der Hunger der Menschen ist ihre Nahrung.«[22]

---

20 Georg Simmel: Die Religion. (1906/1912). In: Ders.: Gesamtausgabe Band 10, Frankfurt a. M. 1995, 45.
21 A. a. O., 47.
22 A. a. O., 46.

Kommunikation in Religion konstituiert eine eigene Welt: Religion ist eine Weise der Welterzeugung, die sich unter Bezug auf sich selbst beständig weiterentwickelt. Das Dasein, die Wirklichkeit wird in religiöser Kommunikation noch einmal anders, in ihrer Gleichnisfähigkeit oder zumindest Gleichnisbedürftigkeit erkennbar. Die Epiphanie des Göttlichen setzt aus sich selbst heraus Wirklichkeit und ist zu ihr kein Annex, sondern die Bedingung seiner Möglichkeit überhaupt. Es ist nicht das Normale normal und wird hin und wieder durch das Wunder durchbrochen – das Wunder ist die Substanz, wovon in religiöser Sicht das Leben zehrt. Es ist die Erfahrung einer allem vorausgehenden Passivität, eines primären Empfindungsvermögens als Reaktion auf das ganz Andere, Wirkliche, Wahre.

Bis heute höchst eindrucksvoll hat all dies William James 1901 in seinem Buch »Die Vielfalt der religiösen Erfahrung«[23] beschrieben und analysiert. Das religiöse Gefühl gehöre zur Klasse der fröhlichen, erweiternden, »krafterzeugenden« Gefühle. Religiös sein bedeute, in einem »Vertrauens-Zustand« zu leben, und genau dieses glaubende Vertrauen sei das, wovon Menschen leben. Gott ist in dieser Hinsicht nicht primär ein Gegenstand der Erkenntnis, sondern der Bedürftigkeit. Was das religiöse Kerngeschehen angeht, so kann James wunderbar zeigen, dass es sich aus zwei Teilen zusammensetzt: aus einem Unbehagen, dass mit uns irgend etwas nicht stimmt, und aus der Befreiung und Heilung von dieser Unstimmigkeit, dadurch, dass es zur Vereinigung mit

---

23 William James: Die Vielfalt religiöser Erfahrung. Eine Studie über die menschliche Natur. Frankfurt a. M 1997.

einem MEHR kommt, dass das personale Bewusstsein in ein größeres Selbst übergeht, von dem rettende Erfahrungen ausgehen.[24] In der Vereinigung mit diesem höheren Universum liegt die wahre Bestimmung des Menschen. Das Gebet und alle Formen der Kommunikation mit dieser Welt sind Prozesse, in denen spirituelle Energie in die Erscheinungswelt fließt und Wirkungen hervorruft. Was sich einstellt, ist ein neuer Geschmack am Leben, der sich entweder in lyrischer Verzauberung und Hochstimmung oder im Aufruf zu Ernsthaftigkeit und Heroismus zeigt.[25]

So kann man beschreiben, wie Religion elementar Erfahrungen »organisiert«. Sie macht verfügbar, was nicht verfügbar sein kann, beschreibt etwas, was nur da ist, indem es sich entzieht. Oder um mit Manfred Josuttis zu formulieren: Religion ist der Vollzug von etwas in einem Bereich, in dem per definitionem eigentlich nichts vollzogen, nichts getan werden kann. Josuttis hat die Paradoxie dieses Verhaltens zum Verhaltenslosen in dem wunderbar rätselhaften Satz zum Ausdruck gebracht: »Wer zum Gottesdienst geht, tut nicht, was er sagt.«[26]

Niklas Luhmann hat in seinen letzten Texten Religion hochspekulativ als »Form des Sinnes« bzw. als »Sinnform« bestimmt, wobei allerdings nicht ganz klar wird, ob Religion die Sinnform überhaupt ist – oder nur eine mögliche unter

24 A. a. O., 485, 487 und 492.
25 A. a. O., 473.
26 Manfred Josuttis: Der Weg ins Leben. Eine Einführung in den Gottesdienst auf verhaltenswissenschaftlicher Grundlage. München 1991, 106.

anderen.[27] Sinn kommt bei Luhmann im Verhältnis von Möglichkeit und Wirklichkeit zustande: Sinnvoll ist etwas dann, wenn im Vollzug des Ausschlusses von etwas seine Möglichkeit nicht völlig verschwindet. Sinn selbst ist nicht wahrnehmbar, so wie das Licht, so formuliert Luhmann an einer Stelle und zieht den Vergleich mit dem gotischen Kirchenbau, in dem Licht sichtbar gemacht werde[28]. Ebenso funktioniere Religion: Sie mache in ihren Paradoxien die Konstitution von Sinn erlebbar und beschreibbar – indem sie, so interpretiere ich ihn nun, den prinzipiell offenen Horizont der Möglichkeit des ganz Anderen schließt, aber so, dass dieser Prozess erfahrbar bleibt. Sie befriedigt in dieser Hinsicht nicht das Bedürfnis nach Sinn. Sie kann es im Gegenteil überhaupt erst wachrufen. Es gehe in ihr, so sagt er, pointiert nicht um Defekte, Sorgen oder Unsicherheiten, »die mit Religion kompensiert werden«, sondern um die »notwendige Bedingung jeder Festlegung auf etwas und nichts anderes.«[29] Und er erkennt in diesem Zusammenhang einen fundamentalen Zusammenhang von Religion und Freiheit im Sinne einer »eigentümlichen Sicherheit« und ein »vorwurfsfreies: Es ist eben so!« Sie symbolisiert so eine letzte und fundamentale Absorption von Möglichkeit und stiftet so Wirklichkeit: Normalität.

Damit wird die Idee der Autonomie des Religiösen deutlich unterstrichen. Mit Luhmann muss man formulieren,

---

27 Niklas Luhmann: Die Religion der Gesellschaft. Frankfurt a. M. 2000, 7 ff.
28 A. a. O., 16.
29 A. a. O., 36.

dass es heute keine nichtreligiösen Gründe mehr gibt, sich zu einer Religion zu bekennen. Be a Christian – for the sake of being a Christian! Es mag ja bisweilen nützlich sein, religiös zu sein, aber das tangiert im Grunde genommen nur Randbedingungen des Religiösen. Viel spannender ist die umgekehrte Sicht: Welche Nützlichkeiten stiftet eigentlich Religion? Ob Gott für mich von Nutzen ist, ist religiös ohnehin eine perverse Frage – ob ich Gott nützlich bin, schon eher. Wobei Autonomie von Religion natürlich nicht Funktionslosigkeit bedeutet: eine Funktion hat Religion für die Gesellschaft sehr wohl. Sie macht, wie gesagt, Kommunikation über das jeweils Ausgeschlossene, aber präsent Bleibende möglich und ist so gesellschaftlich unersetzbar. Autonomie bedeutet lediglich, dass die Funktionsweise von Religion als auf sich selbst bezogen begriffen werden muss.

Fazit

Die letzte Drehung zum Abschluss; eine These nun: Ja, Religion ist eine kulturelle Notwendigkeit. Wenn es Kultur – d. h. Bedeutung – geben soll, braucht es Religion. Aber: Dieser Satz gilt nur in einer besonderen Wendung. Nämlich so, dass Religion als das Andere der Kultur zum Tragen kommt – wenn man so will, als das Jenseits der Kultur. Gerade so aber wird Religion zur Begründung von Kultur.

Anders gesagt: Damit menschliches Leben Bedeutung haben kann – Kultur – und in dieser Hinsicht sich Normalität einstellt, braucht es Transzendenz, das Andere, von dem Normalität unterschieden und so konstituiert wird. Dies nicht nur zum Thema zu machen, sondern dem Anderen auch zu begegnen: das ist Religion.

Dieses Jenseits, das unterscheidend Andere, das in der Religion kommuniziert wird, lässt sich zumindest in vier Sphären identifizieren:

- in der ästhetischen Praxis als das Unbegriffliche (Geschöpflichkeit);
- in der kommunikativen Praxis als das Unsagbare (Sünde);
- in der Gestaltung und Bildung als das Endliche (Erlösungsbedürftigkeit);
- in der Moral als die Liebe (Heilsgewissheit).[30]

Für mich ist diese Beziehung von Religion und Kultur exemplarisch im Symbol des christlichen Kreuzes verkörpert: Die Kreuzigung eines Menschen ist mit einem wie auch immer sich verstehenden Humanismus radikal unvereinbar und damit auch mit jeder Kultur. Jede Kreuzigung stellt menschliches Kulturstreben – jedes Bedeutungs- und Sinnstiften – radikal in Frage. Es ist etwas ganz Anderes. Und doch ist dieses ganz Andere das Symbol für Sinn geworden. »Wenn [...] einer um der Gerechtigkeit und Liebe willen freiwillig den Weg zum Kreuz gegangen ist, wenn einer gerade auch am Kreuz, dem Gipfelpunkt menschlicher Grausamkeit, gerecht sein und lieben konnte, dann kann von ihm her menschliches Kulturstreben verheißungsvoll werden.«[31] Aus

---

30 Vgl. zu den Kategorien Ulrich Barth: Was ist Religion? In: ZThK 93 (1996) 4, 538 ff.
31 Hans-Ruedi Weber: Kreuz. Überlieferung und Deutung der Kreuzi-

der Konfrontation mit völliger Bedeutungs- und Sinnlosigkeit erwächst erst wirkliche Bedeutung.

Das aber muss sich zeigen. Es kann kaum von woanders her als notwendig einsichtig gemacht werden. Von »woanders her« ist Erschrecken die angemessene Haltung vorm Kreuz: einem Zeichen tiefster Gewalt, das zum Symbol der Liebe geworden ist. So, denke ich, kommen Religion und Kultur zusammen: als eine in sich widersprüchliche, vielleicht paradoxe Einheit.

Ich schließe mit einem Zitat von Patrick Roth: »Und warum schrie der Retter in der neunten Stunde? – Weil Er, nach allem Hunger, Mord und Haß, nach aller Last des Bergens, der Geborgenen: nun selbst geborgen werden wollte. Und niemand kam. Das heißt: verloren war, verlassen. Der Retter muß sich geben, ganz, muß sich verlieren, nicht nur: zu retten. Auch um, verloren, der Schrei aller Verlorenen zu sein, für immer, der machtlos zum Allmächtigen schreit und ihn nicht mehr versteht. Da ist der Tod des Holers, unverhohlen.« »Verloren, sagst du, wie am Kreuz? – Geborgen.«[32]

gung Jesu im neutestamentlichen Kulturraum. Stuttgart und Berlin 1975, 8.

32 Patrick Roth: Johnny Shines oder Die Wiedererweckung der Toten. Frankfurt a. M. 1993, 157/159.

Weiterführung in Thesen:

Religion als produktive Differenz?
Einige Vermutungen zur Religionsverflüchtigung

Leitender Gedanke:
Es kann nicht länger um Konfessions- oder Religions*losigkeit* gehen. Was damit gemeint ist, stellt nicht die Abweichung vom Normalfall dar.

Es geht um eine Kehre: Religion muss als produktive Differenz ausgewiesen werden. Religion irritiert die Normalität.

Die entscheidende Frage ist: Kann das volkskirchliche System so etwas leisten?

1. Gedanke:
Religion als starke Differenz zur Gesellschaft:
»Gleichsam als ›Quellen‹ starker Wertungen fungieren für den Gläubigen die Horizonte der Transformation und der Transzendenz. [...] Nicht die Verwirklichung des profanen, ›fleischlichen‹ Selbst [...] ist das Ziel, sondern, wenn nicht dessen Überwindung, so doch dessen [...] Überhöhung zu einer größeren oder tieferen Ganzheit. Die Transzendenzidee dagegen führt in den moralischen Horizont der Akteure eine Wertquelle jenseits des menschlichen Wohlergehens ein: Gut und Schlecht finden so eine [...] ideelle Validierung unabhängig vom [...] Subjekt.«[33]

---

33 Hartmut Rosa: Poröses und abgepuffertes Selbst: Charles Taylors

2. Gedanke:

Religiöse Erfahrung als generische Erfahrung: Ergriffensein von der Fülle:

»Ich schlage also vor, auf eine Art von Erfahrungen zu reflektieren, die nicht selber schon Gotteserfahrungen darstellen [...]. Ich nenne diese Erfahrungen Erfahrungen der Selbsttransendenz. Das bedeutet: Erfahrungen, in denen eine Person sich selbst übersteigt [...] im Sinne eines Herausgerissenwerdens über die Grenzen des eigenen Selbst, eines Ergriffenwerdens von etwas, das jenseits meiner selbst liegt, einer Lockerung oder Befreiung der Fixierung auf mich selbst.«[34]

3. Gedanke

Weltsichten von Konfession bzw. Religionslosen: tendenziell keine starken Differenzen:

Es ist »zu vermuten, dass in Bezug auf die behandelten Lebensereignisse (i. e.: Geburt, Tod, Krankheit) keine generalisierten Deutungsmuster zum Tragen kommen. Vielmehr scheint die jeweilige konkrete Erfahrung ein ent- und unterscheidendes Kriterium zu sein.« Dinge passieren eben. Selbstvertrauen hilft. Emotionen (Freude, Zufriedenheit, Angst, Trost) sind entscheidend. Glückserfahrungen bleiben ohne Grenzen- und Zurechnungsdimensionen.[35]

Religionsgeschichte als Soziologie der Weltbeziehung. In: Soziologische Revue 35 (2012), 3–11, hier 5.

34 Hans Joas: Braucht der Mensch Religion? Über Erfahrungen der Selbsttranszendenz. Freiburg 2007, 2. Aufl., 17.

35 Petra-Angela Ahrens: Wer sind die Konfessionslosen? Antworten

Die bisher markanteste Differenz des Lebensverständnisses der Konfessions- bzw. Religionslosen – der Atheismus – verwindet zugunsten von Indifferenz.

4. Gedanke

Lässt sich die Differenz des Religiösen aktualisieren? »Ohne die Dialektik von selektiver Modernität und Moderne- bzw. Liberalismuskritik aber geht die Religion ihrer grenzziehenden Funktion dauerhaft verlustig. Die dabei entstehenden Konflikte muss eine offene Gesellschaft aushalten, denn das evangelikale und pentekostale Christentum sind genau die Religionsformen, die herauskommen können, wenn man in einer offenen Gesellschaft die Menschen in die Mühe des Selberdenkens entlässt.«[36]

Eine Dramatisierung des Religiösen (»Missionsland Deutschland«) stößt allerdings auf Unverständnis. In der Rückwirkung bestärkt dies die Religionsverflüchtigung.

5. Gedanke

Der Selbstbezug des Religiösen: »Religion ist keineswegs zuständig für Sinn schlechthin.«[37]

»Es ist jedenfalls schwer, religiös verständlich zu machen, weshalb der rechte Glaube nicht angenommen wird. Das Problem kann eigentlich nur in eine noch unbestimmte Zu-

aus einer Repräsentativbefragung im Osten Berlins. SI Aktuell Hannover 2016, 59.

36 Michael Hochgeschwender: Amerikanische Religion. Evangelikalismus, Pfingstlertum und Fundamentalismus. Frankfurt a. M. und Leipzig 2007, 251.

37 Luhmann: Die Religion der Gesellschaft (s. Anm. 25), 137.

kunft verschoben werden, in der der Herr sich zeigen wird. [...] Denn sie (die Religionen) bekommen immer deutlicher zu spüren, dass es heute keine nichtreligiösen Gründe mehr gibt, sich zu einer Religion zu bekennen.«[38]

38 A. a. O., 136.

Mitglieder, Publikum, Plausibilität

Über die Plausibilität von Kirche und Diakonie[1]

Worum geht es bei der Frage nach der Plausibilität kirchlichen und diakonischen Handelns und Kommunizierens? Es geht um ein ziemlich klar beschreibbares Phänomen, nämlich um die Erfahrung, dass wir als kirchliche und diakonische Akteure Resonanzen[2] auf das, was wir tun und kommunizieren, aus der uns umgebenden Gesellschaft erwarten können. In biblischer Sprache gesprochen: Wir erwarten, dass das, was wir tun und sagen, nicht leer zu uns zurückkommt, sondern irgendetwas bei denjenigen, an die es sich richtet oder die es irgendwie hören und mitbekommen, auslöst und sie zu Reaktionen anstiftet. Damit ist der Begriff Resonanz bewusst ganz weit beschrieben: es geht nicht um fundierte Auseinandersetzungen mit dem, was Kirche und Diakonie tun und sagen, sondern es geht überhaupt um – letztlich – irgendwelche Formen von Reaktionen. Dazu kann auch die deutliche Ablehnung gehören. Sie bietet immer

---

1   Überarbeiteter Text. Zuerst erschienen als: Über die Plausibilität kirchlichen und diakonischen Handelns und Kommunizierens. In: Alexander Dietz / Stefan Gillich (Hg.): Armut und Ausgrenzung überwinden. Impulse aus Theologie, Kirche und Diakonie. Leipzig 2016, 33–54.

2   Mit dem Begriff der Resonanz geht es hier ausdrücklich nicht um die Thesen von Hartmut Rosa: Resonanz. Eine Soziologie der Weltbeziehung. Berlin 2016, sondern schlicht um das mit dem Begriff bezeichnete, im Grunde banale Geschehen.

noch einen Anhaltspunkt der Kommunikation – keine Reaktion, Indifferenz, bietet dies nicht mehr. Man kennt ja die wunderbare klassische Definition des Begriffs der Information, der gemäß sie ein Unterschied ist, der einen Unterschied auslöst. Genau das ist hier mit Resonanz gemeint. Kirchliches und diakonisches Handeln und Sagen hat offensichtlich dann eine Bedeutung, wenn es bei den Adressaten etwas auslöst.

Man kann die damit angedeutete Problematik auch sehr gut »ökonomisch« diskutieren. Wir kommunizieren dann besonders gern und erfolgreich, wenn unser Kommunizieren weitgehend selbstverständlich und problemlos Resonanzen auslöst, wenn wir also in der einen oder anderen Weise verstanden oder auch missverstanden, aber auf jeden Fall wahrgenommen werden. Wo die Kommunikationssituation so ist, entstehen relativ geringe Kosten, d. h. ein geringer Aufwand für das Kommunikationsgeschehen. Wo dies jedoch nicht der Fall ist, wo unser Handeln kaum Resonanz auslöst, muss man erheblich höhere Aufwendungen machen – erheblich mehr investieren –, um bei den Adressaten dennoch mit seiner Botschaft in irgendeiner Weise »landen« zu können.

Ein Beispiel aus meiner eigenen pfarramtlichen Erfahrung sind in dieser Hinsicht Krankenhausbesuche bei älteren und jüngeren Gemeindemitgliedern. Ältere Gemeindemitglieder im Krankenhaus zu besuchen war regelmäßig mit einem entspannten Kommunikationsaufwand verbunden, da diese Älteren den Pastor gerne empfingen und mit ihm gerne über alles Mögliche kommunizierten. Ganz anders war es bei jüngeren Gemeindemitgliedern, die sich z. B.

einen Skiunfall zugezogen hatten. Hier stellte der Besuch des Pastors bisweilen durchaus eine Irritation dar, und man musste einen nicht unbeträchtlichen Kommunikationsaufwand betreiben, um zu begründen, warum man als Pastor einen solchen Krankenhausbesuch überhaupt machte. Dann konnte eine Kommunikation auch hier gelingen, aber die Hürde dieses Aufwands, die »Kosten« im weitesten Sinne, die man aufbringen musste, waren im Vergleich zu den Besuchen bei den Alten sehr hoch. Die Folge davon war, dass man mit der Zeit die Besuche bei den jungen Menschen unterließ, da sie angesichts knapper Ressourcen zu viel Aufwand auf sich zogen und insgesamt also – praktisch gesprochen – zu anstrengend waren. Außerdem erschienen sie dann auf einmal – ein eigentlich unzulässiger Zirkelschluss – auch nicht wichtig zu sein. Die Folge davon ist, dass der Kreis derjenigen mit denen man kommuniziert, immer enger wird und sich immer mehr auf diejenigen reduziert, die ohnehin schon in einer Resonanzbeziehung mit Kirche und Pastoren stehen. Die anderen bleiben immer stärker außen vor. Und dieser Prozess fällt nicht weiter auf, solange man sich ihn nicht bewusst macht. Dies zu tun, bedeutet aber, fähig zur Selbstkritik zu sein. Genau dies ist die Situation, vor der Kirche und Diakonie heute mit ihrem Handeln und ihrer Kommunikation insgesamt stehen.

Nun wird man an dieser Stelle sicherlich feststellen können, dass entsprechende Kommunikationsprobleme der Religion, insbesondere der christlichen Religion, in deren Resonanzraum sich Kirche und Diakonie bewegen (wollen), nicht gerade selten auftreten. Christliche Religion hat in ihrer Geschichte immer ein Kommunikationsproblem gehabt, da sie ihr Kommunikationsangebot nicht primär aus der Gesellschaft heraus begründet, sondern mit einer transzendenten Instanz. Insofern ist es in betont säkularen Gesellschaften zunächst einmal höchst unwahrscheinlich, dass eine entsprechende Kommunikation innerhalb der Gesellschaft überhaupt gelingt – zumal dann, wenn sie Ansprüche stellt. Dies ist auch deswegen unwahrscheinlich, weil ein Kommunikationsangebot von außerhalb der Gesellschaft oder gar von einem Gegenpol zu den gesellschaftlichen Erfahrungen stets auch beunruhigende Momente in sich trägt. Religiöse Kommunikation hält bei aller tröstenden Grundstruktur immer auch ein Erlebnis des Aufreißens von Kontingenz bereit. Indem religiöse Kommunikation auf Gottes Handeln verweist, macht sie deutlich, dass alles immer auch ganz anders sein kann, und bedroht damit Zusammenhänge der Normalität der Menschen. Dies hat z. B. Manfred Josuttis in seiner Analyse der Kommunikation der Volkskirche oder der Rolle der Pastorinnen und Pastoren immer wieder deutlich zum Ausdruck gebracht.[3]

Insofern kann es vollkommen logisch und geradezu zwingend sein, dass Menschen z. B. nicht den Gottesdienst besuchen, weil sie sich diesen irritierenden und beunruhigenden Erfahrungen gerade nicht aussetzen und in ihren Lebensverhältnissen nicht gestört werden wollen. Selektive Wahrnehmung und Verdrängungsverhalten greift gerade im Blick auf diese Dimensionen der Wirklichkeit, die viele Menschen

---

3 Vgl. z. B. Manfred Josuttis: Der Weg in das Leben. Eine Einführung in den Gottesdienst auf verhaltenswissenschaftlicher Grundlage. München 1991.

selbst dann, wenn sie sich selbst als nichtreligiös verstehen, ja irgendwie spüren, deutlich. Und dann ist es ein heute weitverbreitetes Verhalten, dass man diesen Phänomenen gegenüber besser als gleichgültig auftritt. Worüber man nicht reden könne, darüber solle man schweigen, hat ein großer Philosoph einmal gesagt, und diese Ansicht scheint heute in der Gesellschaft im Blick auf Religion weit verbreitet.

Dabei gewinnt religiöse Kommunikation ihre Eigendynamik und damit auch ihre Plausibilität nicht anders als Kommunikation auch sonst. Sie besteht aus Erzählungen, Narrativen großer und kleiner Art, mit denen Erfahrungen des Alltags der Menschen geordnet und gedeutet werden. Menschen finden sich selbst in solchen Narrativen konstituiert und erleben auf diese Weise einen Zusammenhang ihrer Erfahrungen, ihres Selbstverständnisses und ihrer Identität. In dieser Hinsicht spielen auch Mythen eine ganz große Rolle, wenn man Mythen auf das Handeln von Wesen jenseits unserer Wahrnehmung bezieht. Die gesellschaftliche Kommunikation ist voll von entsprechenden Mythen. Es wäre eine völlige Illusion zu meinen, dass Menschen heute vollkommen vernunft- oder kopfgesteuert wären. Sie sind genauso wie Menschen aus früheren Generationen fasziniert von weltübergreifenden Mythen und somit prinzipiell offen für religiöse Kommunikation. Mythen finden sich überall: sie werden von der Wirtschaft heute genutzt, um Gewinne zu machen, um Produkte zu verkaufen; die stärksten uns prägenden Mythen sind aber wahrscheinlich die Mythen in unseren Beziehungen, die Mythen der Liebe und der Familie, aber auch von Macht und Schönheit. All dies regiert unser Leben.

Man kann sich dies z. B. an den aufwendigen Inszenierungen der Kochshows im Fernsehen deutlich machen, wie hier der Mythos eines guten Lebens anhand des banalen Vollzugs des Essens und dessen Zubereitung immer wieder vor einem Millionenpublikum vollzogen wird. Rational hat dies alles überhaupt keinen Anhalt, aber in der Stilisierung der Erfahrungswelten der Menschen, ihrer Hoffnungen und Sehnsüchte, spielt es eine gewaltige Rolle. Schon Paulus hat seinerzeit davon gesprochen, dass es Menschen gibt, deren Gott ihr Bauch ist: ein entsprechender Gottesdienst vollzieht sich hier heute täglich vor unseren Augen.

Die Frage nach der Plausibilität von kirchlichem Handeln und Kommunizieren ist also nicht die, ob ein Kommunikationsgeschehen, das sich von jenseits unserer Erfahrung her begründet, grundsätzlich unplausibel ist, sondern ob sich die klassischen christlichen Deutungsmuster gegen die heute grassierenden großen Mythen und Narrative noch durchsetzen können. Haben sie noch eine Chance auf Resonanz in dem Sinne, dass sie bei den Menschen Unterschiede auslösen, die sie zu Reaktionen veranlassen? Oder ist religiöses Verhalten und religiöse Kommunikation längst in eine Nische abgedrängt, aus der heraus Resonanzerwartungen im Blick auf die ganze Gesellschaft immer geringer werden?

Diese Frage möchte ich in den folgenden 10 Thesen erörtern. Meine Grundthese sei vorweg genannt: Ich denke, dass kirchliche Kommunikation heute immer weniger auf Resonanz aus der Gesellschaft rechnen kann und immer mehr darauf angewiesen ist, ihren Eigenwert zu kultivieren und die Gesellschaft mit religiösen Angeboten zu irritieren. Vonseiten der Gesellschaft erfolgt immer weniger Unterstützung von Religion und Kirche in ihrem Kerngeschehen. Banal gesagt: Religion verliert in dieser Hinsicht an Nutzen für die Gesellschaft. In geistlicher Beziehung kann man sagen, dass wir in Kirche und Religion heute sozusagen nackt sind. Die Gesellschaft »bekleidet« nicht mehr Religion und Kirche in dem Ausmaß, wie dies früher der Fall gewesen ist. Was dies bedeutet, soll am Ende erörtert werden.

1. Ur-Szene A: Regressiv

Ich möchte zunächst an zwei Beispielen klassische Kommunikationssituationen des Religiösen versuchen zu zeigen, wie sich die Plausibilität von religiöser Kommunikation sozusagen in einen Einklang mit unserer Erfahrungswelt »einschwingt«. Es gibt darin mindestens zwei sehr unterschiedliche »Identifikationsszenen« von Religion. Die erste betrifft die regressive Ebene unserer Erfahrungswelt. Es geht hierbei darum, dass für die Einführung in religiöses Erleben und religiöse Kommunikation überhaupt in der religiösen Sozialisation von Kindern die Stiftung von Trost durch die Eltern und deren Symbolisierung im Blick auf die Erfahrung eines Gotteshandelns von entscheidender Bedeutung ist. Dadurch, dass die Eltern die Kinder trösten, wird Urvertrauen gestiftet. Die Botschaft ist: Die Welt ist trotz aller Schwierigkeiten heil, und sie wird immer wieder geheilt. Dafür stehen die Eltern im Blick auf die Kinder ein. Wenn es nun gelingt, dieses Handeln der Eltern symbolisch auf das Handeln Gottes zu übertragen (wobei die Eltern für die Kinder wahrscheinlich zunächst einmal die Bilder Gottes abgeben), dann kann die Einführung in religiöse Kommunikation auf einer fundamentalen Ebene gelingen. Das Trosthandeln der Eltern muss sozusagen in der einen oder anderen Weise mit dem Versprechen göttlichen Trostes verbunden werden. Es gilt also, das Gottessymbol in diesem Zusammenhang einzuführen. Gott als Tröster ist auf dieser Ebene plausibel.

In weiteren Entwicklungsschritten der Menschen kann sich dann aus diesem grundgelegten, auf Gott hin symbolisierten Urvertrauen im Prozess des Heranwachsens vieles entwickeln, indem diese Beziehung immer weiter differenziert wird. So kann es sein, dass sich das Gottessymbol produktiv von der Erfahrung der Eltern ablöst und sich eine trianguläre Erfahrungsstruktur bei den Kindern ausbildet: du, ich und Gott. Eine solche trianguläre Kombinations- und Reflexionsstruktur wäre dann schon eine entwickelte Form von religiösem Bewusstsein. In ihr wäre ansatzweise auch deutlich, dass ich nicht einfach nur ich bin, sondern vor Gott stets auch jemand anderes bin, d. h. in mir selbst meine Taten und mein Gewissen von mir unterscheiden muss, usw. Nur in der Ausfüllung einer solchen triangulären Struktur wird verantwortliches Handeln im späteren Leben möglich. Grundlegend ist dabei, dass solch ein verantwortliches Handeln aus ursprünglichen Erfahrungen des Geschütztwerdens, aus der Erfahrung stellvertretenden Handelns zu meinen Gunsten resultiert. Und dies überträgt sich – wenn es gelingt – dann auf meine eigenen Handlungsformen gegenüber anderen. Es konstituiert sich Nächstenliebe und weitergehend eine Resonanzbereitschaft für das, was Diakonie meint.

Diese Form religiösen Selbstverständnisses und religiöser Kommunikation ist nach wie vor in unserer kirchlichen Kommunikation und auch in der Erfahrung der Menschen allgemein weit verbreitet. Der Glaube daran, dass Gott die Menschen schützt und segnet und letztendlich seine Hand über allen hält, ermöglicht Menschen mit Erfahrung von Angst und Furcht oder allgemein von Kontingenz im Leben heilsam umzugehen. Die Struktur dieser religiösen Kommunikation möchte ich als »Mortalitätsstruktur« bezeichnen, d. h. die religiöse Kommunikation dient der Bewältigung der eigenen Angst, die letzten Endes immer die Angst vor der eigenen Endlichkeit und vor dem eigenen Tod ist. In dieser Hinsicht handelt es sich hierbei um eine klassische religiöse Struktur, die wahrscheinlich in allen Religionen der Welt nach wie vor von großer Bedeutung ist. Auch bei gesellschaftlichen Krisen und großen gesellschaftlichen Kontingenzerfahrungen wird diese Struktur immer wieder bemüht und bleibt als Letztvergewisserung der einzelnen und damit auch der gesellschaftlichen Ordnung von großer Bedeutung. Sie begründet Diakonie als – im weitesten Sinne – empathische »Hilfe«.

2. Urszene B: Progressiv

Nun gibt es allerdings auch eine andere Form plausibler religiöser Kommunikation, die sich als eher progressiv begreifen lässt. Sie hat die klassisch reformatorische Form des »Hier stehe ich, ich kann nicht anders!« Hier geht es weniger um die Bewältigung von Angst, sondern vielmehr um das

Ausüben von Mut und die Inszenierung eigener Energie, um so in der Welt ein Zeichen zu setzen und die Weltwirklichkeit zu verändern. Der berühmte Marsch auf Washington 1963 mit Martin Luther Kings Rede »I have a dream« kann in dieser Hinsicht als ein Musterbeispiel solch progressiver religiöser Kommunikation betrachtet werden, ebenso sind hier auch Verhaltensweisen in Diktaturen wie im Dritten Reich zu begreifen, wo Menschen sich bestimmten Anforderungen gegenüber verweigert haben: »Mit mir nicht!«. Man macht dies oder jenes nicht mit, weil man sich selbst von einem absoluten Verbot daran gehindert fühlt; und damit verändert man, setzt ein deutliches Zeichen. Menschen, die sich so verhalten, können psychologisch oder religionspsychologisch als Ergriffene beschrieben werden. Sie sind von dieser absoluten Forderung ergriffen und haben deswegen in der Situation keine weiteren Verhaltensoptionen zur Verfügung, fühlen sich aber dennoch oder gerade deswegen als frei handelnde Menschen.

Ein klassisches deutsches Melodram, das genau die Struktur dieses religiösen Handelns deutlich macht, ist das berühmte Gedicht »Die Füße im Feuer« von Conrad Ferdinand Meyer. In diesem Gedicht tritt der Scherge des Königs in den Raum des Hugenotten, dessen Frau er seinerzeit folterte und tötete. Das Gedicht lässt erwarten, dass der Hugenotte sich an dem Mörder seiner Frau rächen wird. Aber genau dies geschieht nicht, mit der Begründung, dass Gott so etwas untersagt. Das Gedicht endet damit: »Heute ward / Sein Dienst mir schwer ... / Gemordet hast du teuflisch mir / Mein Weib! Und lebst! ... / Mein ist die Rache, redet Gott.« Die absolute Forderung verbietet hier, Gleiches mit Gleichem zu vergelten, und diese Forderung ist so stark, dass sie den eigenen natürlichen Trieb vollkommen ausschalten kann.

Hier regiert nicht die Angst vor der Endlichkeit oder vor dem Tod, sondern die Notwendigkeit, in einer spezifischen Situation einen Neuanfang zu setzen, insofern etwas zu wagen, was sonst niemand wagt. Ich möchte diese religiöse Orientierung als Natalitätsorientierung beschreiben, ganz im Sinne des berühmten Satzes von Augustin: »Damit ein Anfang sei, ist der Mensch erschaffen« (*Initium ut esset, creatus est homo*).[4] Auch solche religiösen Erfahrungen sind heute durchaus plausibel, sie werden dann häufig mit der eigenen Gewissensorientierung und Ähnlichem in Zusammenhang gebracht. Und sie finden bei charismatischen Persönlichkeiten nach wie vor hohe Bewunderung. Es gibt sie im internationalen Kontext – man denke hier nur an Bischof Tutu oder Mandela, aber auch (in Deutschland in etwas abgeschwächter Form): Friedrich Schorlemmer, Dorothee Sölle oder Margot Käßmann wird eine entsprechende Erfahrungsstruktur zugerechnet und dann auch bewundert. Sozialanwaltliche Funktionen von Kirche und Diakonie artikulieren diese Erfahrung. Diakonie ist dann Protest und Widerstand.

4   Zitiert bei Hannah Arendt: Elemente und Ursprünge totaler Herrschaft, München 1986, 730 u. ö. Das Augustinus-Zitat selbst findet sich im »Gottestaat« Buch 12, am Ende von Kapitel 20 oder 21 (je nach Ausgabe).

3. Religiöse Sozialisation

Ob man nun seine eigenen Erlebnisse und Erfahrungen mit Religion in einen Zusammenhang bringt oder sogar dezidiert christlich religiös deutet, hängt vor allem von einem spezifischen Faktor ab, und zwar von der eigenen religiösen Sozialisation. Fragt man weiter, wann und wo sich religiöse Sozialisation ereignet, so kommt man um eine Schlussfolgerung nach wie vor nicht herum: Religiöse Sozialisation bleibt ganz eng an Familienbeziehungen geknüpft. Von größter Bedeutung sind die Mütter, dann in dieser Reihenfolge Väter und Großeltern und dann auch durchaus von Bedeutung Pastorinnen und Pastoren und Religionslehrerinnen und Religionslehrer. Zudem findet offensichtlich religiöse Kommunikation, wenn sie denn überhaupt geschieht, meistens in eher intimeren Kreisen statt, eben innerhalb der Familie. Auf all dies deuten jedenfalls die Ergebnisse der 5. Kirchenmitgliedschaftsuntersuchung der EKD (KMU)[5] hin. Besonders aus amerikanischen Studien über die Weitergabe des Glaubens in und durch Familien wird zudem deutlich, dass die »Effizienz« der Weitergabe des Glaubens auch von der Art und Weise der religiösen Kommunikation abhängt. So ist die Kommunikation eines warmen, liebenden, freundlichen Gottesbildes wesentlich nachhaltiger als die über ein hartes, strafendes und kaltes. Dieses Ergebnis wird auch in anderen Studien aus den USA

---

5   Heinrich Bedford-Strohm und Volker Jung (Hg.): Vernetzte Vielfalt. Kirche angesichts von Individualisierung und Säkularisierung. Die fünfte EKD-Erhebung über Kirchenmitgliedschaft. Gütersloh 2015.

immer wieder bestätigt. Man kann an dieser Stelle – so denke ich jedenfalls – theologisch durchaus Anfragen haben, ob solch ein Gottesbild allein letztlich nachhaltig ist. Aber die empirischen Ergebnisse weisen samt und sonders in diese Richtung. Harte, strafende Gottesbilder führen eher zu depressiven und neurotischen Strukturen.

Fragt man nun weiter, wie erfolgreich religiöse Sozialisation zurzeit ist, so liefert auch hier die 5. KMU erste Ergebnisse. 49 % aller Jugendlichen zwischen 14 und 21 innerhalb der evangelischen Kirche betrachten sich als religiös erzogen und 39 % halten religiöse Erziehung insgesamt für wichtig. Allerdings sind dies natürlich Zahlen unterhalb der 50-%-Grenze der evangelischen Kirchenmitglieder, was schon zum Nachdenken anregt. Etwas kritischer werden die Zahlen dann noch, wenn man in Rechnung stellt, dass 42 % aller 15 bis 49-jährigen – also die, die am ehesten kleine Kinder haben – sowie 34 % aller evangelischen Mitglieder insgesamt, religiöse Erziehung für nicht wichtig halten. Hier greift eine deutlich erkennbare Korrelation: Wer nicht religiös erzogen worden ist, wird aller Wahrscheinlichkeit nach auch selbst religiöse Erziehung nicht weitergeben. Entsprechend kritisch verhält es sich auch mit der Taufbereitschaft. Während die Taufbereitschaft insgesamt – bezogen auf alle Evangelischen – nach wie vor sehr hoch ist, ist sie bei der Gruppe derjenigen, die der Kirche kaum oder gar nicht verbunden sind, zwischen 2002 und 2012 von 79 auf 59 % gesunken. Dies ist ein kritisches Signal, das in unserer Kirche ernstgenommen werden muss. Die Resonanzbereitschaft in der Gesellschaft auf kirchlich religiöse Kommunikation hängt fundamental an einer elementaren Einführung in Religion, und diese geschieht nach wie vor eng gekoppelt mit Familien in Formen religiöser Sozialisation. Kindergärten, Kinderarbeit, evangelische Schulen und alles andere ist hier auch von großer Bedeutung: die Weitergabe des Glaubens kann aber kaum ohne Kooperation mit den Familien realisiert werden.

In diesem Zusammenhang ist dann allerdings auch noch deutlich zu sehen, dass es ein spezifisches Ranking zwischen wichtigen Lebensbereichen der Menschen in Deutschland gibt, in dem Religion nicht gerade die ersten Plätze belegt – z. B. im Bertelsmann-Religionsmonitor. Fragt man die Menschen, quer durch alle Altersgruppen, quer durch Ost und West, was ihnen die wichtigsten Lebensbereiche sind, so stehen an erster Stelle immer Familie, dann Freunde, Freizeit, Arbeit, es folgt mit einem gewissen Abstand die Politik und dann mit einem noch größeren Abstand die Religion. Insbesondere in Ostdeutschland rangiert die Religion mit etwas über 20 % der Präferenzen weit unten. Dies bezeichnet ganz grundsätzliche Haltungen der Menschen, die Folgen für ihre Aufmerksamkeitssteuerung haben. Religion als solche erreicht damit eine relativ geringe Aufmerksamkeit, auf der anderen Seite zeigen diese Rankings allerdings auch, dass sie immer dann, wenn sich die Kirche den wesentlichen Beziehungsaspekten, nämlich Familie, Freunde und Freizeit zuwendet, durchaus auf Resonanz hoffen kann. Die urtümliche Symbiose von Religion und Familie scheint nach wie vor die chancenreichste Ebene für plausible religiöse Kommunikation zu sein. Es ist deswegen auch kein Wunder, dass in der KMU Familiengottesdienste als die Gottesdienstform genannt werden, die noch am attraktivsten ist.

4. Religion und Kirche

Die 5. KMU hat nun neben der Aufdeckung der Schwierigkeiten im Bereich der religiösen Sozialisation noch an einer
weiteren Stelle für eine Veränderung eingefahrener Sichtweisen gesorgt. Noch vor gut 20 Jahren war es weitverbrei-
tete Meinung in Deutschland, untermauert durch viele reli-
gionssoziologische Studien, auch durch die früheren
Kirchenmitgliedschaftsuntersuchungen, dass es in der Bevölkerung ein breites Interesse an Religion gebe, aber die
Kirche durch ihre verengten, überalterten und dogmatischen
Kommunikationsformen nicht in der Lage sei, diese religiösen Bedürfnisse der Menschen angemessen zu »organisieren«. Ich bezeichne dieses Syndrom als das klassische »liberale Paradigma«. Es beinhaltet in der Fortsetzung von
theologischen Überlegungen der liberalen Theologie, insbesondere von Trutz Rendtorff, soziologisch von Joachim
Matthes, aber auch von Volker Drehsen und vielen anderen,
die These, dass das Problem der religiösen Kommunikation
eigentlich die Kirche sei, die sich öffnen und ihre Schwellen
herabsetzen müsste, um die prinzipielle Resonanzbereitschaft in der Gesellschaft ansprechen zu können. In dieser
Sichtweise ist die zentrale Frage dann, wie religionsfähig
die Kirche eigentlich ist, und diese Religionsfähigkeit wird
angesichts ihrer dogmatischen und verengten Haltung (klassisch: in den Kirchengemeinden) in Zweifel gestellt. Dieses
Muster dreht die Beweislast der Plausibilität also um: Es ist
nicht die Gesellschaft, die der Kirche gleichgültig gegenübertritt – sondern es ist die Kirche (genauer: die Kirchengemeinde), der die Gesellschaft gleichgültig sei.

Nun zeigt sich aber, dass dieses Muster in der Deutlichkeit, wie es häufig unterstellt (aber eigentlich nie richtig bewiesen) wurde, nicht (mehr) zu trifft. Die 5. KMU weist eine hohe Identität von Kirchlichkeit und Religiosität nach. Der Korrelationsquotient liegt bei 0,81: somit wird Religiosität und Kirchlichkeit von der Mehrheit der Evangelischen, ja der Mehrheit der Bevölkerung (Konfessionslose wurden ja zusätzlich befragt) faktisch gleichgesetzt. Das bedeutet, dass ein Interesse an Religion im Durchschnitt der Bevölkerung zugleich stets auch ein Interesse an Kirche ist, und umgekehrt. Mit anderen Worten, außerhalb von kirchlicher Kommunikation kann eher wenig mit Religion gerechnet werden. Religion scheint also angewiesen zu sein auf spezifisch definierte Räume, Zeiten und Personen, die in der Sicht der Bevölkerung dann mit der Kirche assoziiert werden. Wer diesem Bereich Kirche und Religion enger verbunden ist, interessiert sich für all das, was damit zusammenhängt – wer nicht, tut es nicht. Die Kreise haben sich geschlossen. Und dies gilt für viele Aspekte religiösen Verhaltens, so z. B., wie schon vor 30 Jahren aufgezeigt, für die Lektüre der Bibel.[6] Wer die Bibel nicht kennt und noch nie gelesen hat, kritisiert sie heftig, wer sie aber kennt und in ihr liest, lernt sie wertzuschätzen und praktiziert zu ihr bei aller Kritik im Einzelnen, ein interessiertes Verhalten. Frei flottierende Religion außerhalb von Kirche ist relativ wenig zu finden. Das bedeutet ganz elementar: Kirche muss in der Erbringung religiöser Kommunikation erheblich mehr in-

6   Vgl. Karl-Fritz Daiber und Ingrid Lukatis: Bibelfrömmigkeit als Gestalt gelebter Religion. Bielefeld 1991.

vestieren als früher, da sich Resonanz immer weniger selbstverständlich einstellt.

Dies Ergebnis kommt dadurch zustande, dass den Befragten in der 5. KMU überlassen worden ist, selbst anzugeben, was sie unter Religion verstehen. Es wurde keine Religionsdefinition vorgegeben, sodass die Ergebnisse deutlich das Verständnis von Religion seitens der Bevölkerung spiegeln. Dass vonseiten der Kirche und der Theologen ein anderer Religionsbegriff zur Deutung der Wirklichkeit der Menschen angewendet wird, bleibt damit vollkommen unbelassen und wird theologisch auch sehr nötig sein. So kann man natürlich Fußballspielen und anderes theologisch berechtigterweise als religiöse Rituale deuten. Die Menschen selbst würden dies aber nur sehr selten tun. Genau dieser Unterschied deutet auf die Plausibilitätsdifferenz von religiös-kirchlicher und gesellschaftlicher Kommunikation hin. Besonders deutlich wird dies, wenn man spezifisch thematisch ausgerichtete Kommunikation (gefasst als »Reden über«) abfragt. Religiöse Kommunikation über bestimmte Themen wie den Sinn des Lebens, den Tod oder anderes ist folglich durchaus möglich. Darin liegt die Chance der kirchlichen Kommunikation. Tatsächlich aber, von sich aus gesehen, ist das Sich-Einlassen auf eine solche Kommunikation relativ selten. So lässt sich z. B. zeigen, dass insgesamt über den Sinn des Lebens nicht allzu viel kommuniziert wird und nur etwa 7 % der Evangelischen über den Sinn des Lebens religiös kommunizieren.

Die Folgerung hieraus ist: Religion zieht sich aus der Gesellschaft in den Bereich der Kirche zurück. Religion ist zunehmend nur da plausibel, wo von vornherein klar definiert ist, dass es um Religion geht. Eine religiöse Kreativität, die Religion (oder allgemeiner gesagt: das Wirken Gottes im Sinne eines triangulären Selbstverständnisses) auch sonst wo in der Gesellschaft entdeckt, wird immer unwahrscheinlicher. Dieses Phänomen des Rückzugs der Religion auf das religionsaffine System Kirche kann als Säkularisierungseffekt beschrieben werden. Die Gesellschaft delegiert sozusagen die religiöse Kompetenz auf einen spezifischen Bereich und entleert damit die anderen Bereiche von entsprechenden, religiös zu verstehenden Transzendenzbezügen. Noch einmal: Dies bedeutet nicht, dass nicht in einer theologischen Deutung Religion und Transzendenzbezüge überall in der Gesellschaft anzufinden wären. Mythologische Strukturen finden sich, wenn man einmal darauf achtet, tatsächlich überall. Die Menschen allerdings nehmen dies nicht so wahr und verstehen Lebensprozesse außerhalb der Kirche im weitesten Sinne als areligiöse Prozesse. Am deutlichsten ist die Situation im Osten Deutschlands. Die dort lebenden Konfessionslosen müssten eigentlich als religionslose Menschen bezeichnet werden.

5. Indifferenz

Nun kann man diese Situation des anscheinend zunehmenden Selbstbezuges von Religion und Kirche noch einmal quasi von der »Außenseite« her in den Blick nehmen. Man stößt dann auf das Phänomen der Indifferenz. Mit Indifferenz hat die 5. KMU einen ganz einfachen Sachverhalt zum Ausdruck gebracht: Immer wenn Menschen auf die Frage, was ihnen Religion und Kirche bedeute, sinngemäß antworten »Mir ist das egal«, reden wir von Indifferenz. Solche Indifferenz findet sich außerhalb von Kirche unter den Konfessionslosen und besonders im Osten. Aber auch innerhalb der Kirche gibt es dies.

Dieses Phänomen der Indifferenz bezeichnet in großer Deutlichkeit ein neues und besonderes Kommunikationsproblem, das mit dem Plausibilitätsverlust von Religion einhergeht. Wenn jemand auf Religion ablehnend reagiert und sich z. B. in einer atheistischen Haltung einmauert, so zeigt er immer noch ein Resonanzverhalten gegenüber Religion und Kirche und bietet damit noch Ansatzpunkte für eine, wenn auch konfliktgesteuerte, Kommunikation. Wenn sich aber Indifferenzhaltungen ausbreiten, dann verschärft sich die Kommunikationssituation, da der Aufwand, um diese Menschen zu erreichen, beträchtlich gesteigert werden muss und dies angesichts knapper Ressourcen sehr schwierig wird.

Diese Situation ist im Osten Deutschlands gesteigert und in einem Ausmaß anzutreffen, wie es das wahrscheinlich an ganz wenigen Orten auf dem Globus überhaupt sonst noch gibt. Religion ist hier den Menschen »gründlich ausgetrieben« worden. Mit Axel Noack gesprochen: sie haben vergessen, dass sie Gott vergessen haben. Diese Situation ist so vollkommen neu und harrt der wirkungsvollen Auseinandersetzung. Eigentlich müssen hier Kommunikationsanstrengungen in Gang gesetzt werden, die die Indifferenz zunächst einmal durchbrechen und das Indifferenzphänomen als solches erschüttern. Aber wie kann so etwas gelingen? Eine Studie des Ostberliner Kirchenkreises Lichtenberg

Oberspree, zu dem die Plattenbausiedlungen Hellersdorf und Marzahn gehören, und des SI, ist diesen Fragen jetzt nachgegangen.[7] Diese Studie über Religionslose im Osten wurde mit der Leitfrage durchgeführt, welchen funktionalen Platz eigentlich bei Religionslosen das einnimmt, was bei Religiösen eben Religion ist. Dabei gilt es eine ganze Reihe von hermeneutischen Problemen zu lösen, die auf der Hand liegen. Es muss unbedingt verhindert werden, in das Leben der Religionslosen etwas hineinzulesen, was dort tatsächlich gar nicht vorhanden ist. Die Hoffnung ist allerdings gleichwohl, dass es Ansatzpunkte für eine plausible Kommunikation geben könnte. Solche Ansatzpunkte finden sich, das lässt sich auch jetzt schon sehen, im sozialen Bereich – auch in Fragen von Gerechtigkeit und Würde. Also eher in ethischen Problemlagen.

6. »Nacktheit«

Nun zu der Behauptung von einer essenziellen »Nacktheit«, in der wir in Kirche und Religion gegenüber der Gesellschaft heute stünden. Was ich damit meine, ist das, was Niklas Luhmann vor 30 Jahren einmal in einen hochinteressanten Satz gekleidet hat: »Es gibt keine außerreligiösen Gründe mehr, religiös zu sein.« Dieser Satz scheint mir sehr zutreffend die heutige Situation wiederzugeben. Die Religion be-

---

7   Petra-Angela Ahrens: Wer sind die Konfessionslosen? Antworten einer Repräsentativbefragung im Osten Berlins. SI Aktuell Hannover 2016.

zieht heute kaum noch Plausibilität vonseiten der Gesellschaft oder aus gesellschaftlichen Problemlagen. Man ist nicht mehr genötigt, von Kontingenzerfahrungen der Gesellschaft aus nach religiösen Antworten oder Deutungsmustern zu fragen. Und das gilt auch im Blick auf Diakonie. Zwar wird sie geschätzt, aber das, was sie tut (z. B. Hilfe, Protest), muss professionell sein, d. h. säkularen Ansprüchen genügen – und steht in Wettbewerb mit anderen. Eine eigene Resonanz auf ihr religiöses Spezifikum ist immer seltener zu beobachten.

Alles, was geschieht, lässt sich auch plausibel unreligiös bewältigen. Diese Situation hat sicherlich damit zu tun, dass beim heutigen Wohlstandsniveau und den Zukunftshoffnungen der Menschen trotz aller Probleme die Favorisierung eines Lebens in der Fülle im Jetzt und Hier vollkommen im Vordergrund steht. Noch nie haben Menschen solange gelebt wie heute. Religion als Zweitbeschreibung der Wirklichkeit leuchtet dann immer seltener ein – weil man eben diese Wirklichkeit auch so voll und ganz zufriedenstellend »genießen« kann. Und wenn versucht wird, diese Haltungen durch eine betonte Pathetik der religiösen Kommunikation auszuhebeln, so stößt dies gerade in Deutschland auf Unverständnis und Widerstand. Die transzendentale Dimension, das, was über das eigene Leben und die Gesellschaft hinausreicht, verblasst. Das Leben ist nicht mehr als das, was da ist. »Störfaktoren« bleiben zum einen die ökologische Problematik – zum anderen die soziale Ungleichheit. Daran kann sich auch eine betont sozialmoralische Rolle der Kirche andocken, die dann auch plausibel ist, ja erwartet wird. Hier sind allerdings auch machtvolle andere Akteure am Wirken.

Die Situation hat auch mit der Ausdifferenzierung von gesellschaftlichen Feldern (was Säkularisierung ausmacht) zu tun. Jedes Feld hat seine eigene Logik und entwickelt innerhalb seiner eigenen Logik seine eigene Faszination und Sinnbestimmung. Dies gilt insbesondere für die Wirtschaft. Gerade sie hat religiöse Symbolik und mythologische Sprache in einem Ausmaß aufgenommen, wie das früher undenkbar war. Die Folge ist, dass sich religiöse Kommunikation schwieriger spezifischer plausibler gesellschaftlicher Vergleiche und Bilder bedienen kann, weil alles das, was in der Gesellschaft geschieht, als von Menschen gemacht und von ihnen veränderbar begriffen wird. Dieses Phänomen drückt sich auch noch darin aus, dass klassisch religiöse Bilder oft aus dem Bereich der Natur stammen, die – weil sie als solche etwas repräsentieren, was nicht von Menschen geschaffen und gestaltet ist –, eine symbolisch transzendentale Kommunikation ermöglichen können. Deutlich ist aber auch, dass solch natürliche Metaphorik die tatsächliche Lebenswelt von vielen im Kern kaum noch trifft. Solche Bilder haben einen Sehnsuchts- und Visionswert – das zweifellos, und in dieser Rolle kann Religion dann auch teilweise zum Tragen kommen –; sie haben aber einen geringen Kommunikationswert im Blick auf den Kern des Lebens, auf die Gestaltung beruflicher und gerade auch technisch materieller Anforderungen.

Mir scheint es wichtig, hier zu sehen, dass religiöse Kommunikation ohnehin niemals rein als solche auftreten kann, sondern immer mit kulturellen gesellschaftlichen Bildern und Symbolen »eingekleidet« ist. Was wäre z. B. das wichtigste religiöse Ritual in Deutschland, nämlich das

Weihnachtsfest, wenn es nicht auf Jahrtausende alten Traditionen der Wintersonnenwende beruhte, die mit dem christlichen Gehalt eigentlich gar nichts zu tun haben? Das gesamte Konzept, die Innerlichkeit und Familienbezogenheit dieses Weihnachtsfestes, ist so, wie hier in Deutschland, weltweit nach wie vor unvergleichlich (und wird von der deutschen Wirtschaft mittels des Exports von Weihnachtsmärkten extensiv vermarktet). Jeder kann verstehen, worum es hier geht, und schon kleinste Assoziationen lösen positive Resonanzen bei den Menschen aus. Insofern kann man sagen, dass spezifische Synkretismen notwendigerweise zur Plausibilität des Glaubens dazugehören (und immer dazugehört haben). Gerade dies ist aber im Bezug auf moderne Lebensformen das Problem: moderne Synkretismen müssten sich in Richtung von Kreativität, Leistungsbereitschaft, Konsum usw. ausgestalten, wenn sie eine populäre Wirkung entfalten wollen. Das fällt uns aber zu Recht schwer. Genau hier scheint deswegen die Integrationskraft des christlichen Glaubens an beträchtliche Grenzen zu kommen. Das ist gemeint mit der These von der »Nacktheit«.

7. Was sind die Gründe?

Die Gründe für diese Situation sind natürlich komplex und auch verwickelt aufeinander bezogen. Versucht man eine grobe Schneise zu schlagen, so lassen sich aus meiner Sicht etwa drei Komplexe von Gründen unterscheiden:

– *Das Sinnsystem Ökonomie.* Ganz entscheidend scheint mir zu sein, dass sich die moderne Wirtschaft, das moderne kapitalistisch marktwirtschaftliche System, längst nicht mehr durch die Befriedigung von Grundbedürfnissen oder überhaupt materiellen Bedürfnissen reproduzieren kann, sondern sich zu einer Art »Transzendentalem Kapitalismus« entwickelt hat. Wirtschaft handelt mit Visionen, Utopien, Sinnvorschlägen, Lebensstilangeboten, insgesamt mit Vorstellungen von einem guten Leben. Produkte sind nicht mehr nur Produkte, die nach ihrem Nutzen beurteilt werden, sondern beschreiben ganze Komplexe von Lebensformen, die man als solche einkauft. Insgesamt tendiert das ganze System dazu, Menschen glücklich zu machen, und das ist auch genau das, was viele Menschen beim Kauf von Produkten und Dienstleistungen heute erfahren. Insbesondere neue kleintechnische Produkte, wie die unwahrscheinlich populäre Kommunikationstechnik, haben einen enorm hohen Glückswert. Das heißt nichts anderes, als dass die Wirtschaft in dieser Hinsicht heute die Verzauberungsleistungen für das Leben der Menschen erbringt, die früher Religion geleistet hat. Das ist ja nichts Neues. Dieses Phänomen gilt weltweit, und es gilt auch schichten- und milieuübergreifend. Auch arme Menschen, die an gesellschaftlicher Exklusion leiden, erleben ihre Situation vor allem als Ausschluss aus den Konsummöglichkeiten. Auch dieses Phänomen muss theologisch kritisch diskutiert werden. Die Ökumene hat hierfür den Begriff des Konsumismus geprägt. Aber so kritisch man dies auch diskutiert – man wird der Faszination dieses Systems kaum entkommen.

- Der Sozialstaat. Ein zweiter wichtiger Faktor, der allerdings weltweit eine geringere Bedeutung hat, aber besonders stark in Nord- und Mitteleuropa greift (eben deswegen aber auch die starken Säkularisierungstendenzen in diesem Teil der Welt gut erklären kann), ist die Existenz eines ausgebauten Sozialstaates. Es lässt sich im internationalen Vergleich gut zeigen, dass ausgebaute Sozialstaaten mit der geringsten religiösen Vitalität gekoppelt sind. Offensichtlich leistet der Sozialstaat in einem großen Umfang Kontingenzbewältigung, nimmt Menschen die Angst vor persönlichen und gesellschaftlichen Krisen und saugt auf diese Weise das Bedürfnis nach anderen Kontingenzbewältigungsmechanismen wie der Religion auf. Zudem enteignet er weltweit auch die Kirchen ihrer sozialen Dienstleistungsfunktionen (was in Deutschland aufgrund der beiden dominierenden christlichen Wohlfahrtsverbände nicht ebenso deutlich wird, indirekt allerdings in der internen Säkularisierung von Diakonie und Caritas umso mehr).

Dass dies so ist, ist von vielen Kirchenführern zur Zeit der Entstehung des Sozialstaats Ende des 19. und Anfang des 20. Jahrhunderts auch bereits deutlich erkannt worden (weswegen sie den Sozialstaat kritisierten). Man wird sich an dieser Stelle aber schwerlich einen Rückbau des Sozialstaats im Interesse von mehr Religion wünschen können. Vielmehr kann religiöse Kommunikation nur so reagieren, dass sie sich Felder der Lebensbewältigung sucht, die jenseits elementarer sozialer und menschlicher Problematiken liegen. Es ist allerdings vollkommen offen, wie dies aussehen könnte. Zunächst einmal ist es schlicht so, dass in Ländern mit ausgebauten Sozialstaaten, wie Schweden, Finnland, den Niederlanden und Deutschland, deutlich geringere Levels an religiöser Vitalität festzustellen sind als z. B. in den USA, bis dahin, dass in den Niederlanden und einigen skandinavischen Ländern ein sehr viel deutlicherer Niedergang an religiöser und kirchlicher Beteiligung festzustellen ist als in Deutschland. Es gibt allerdings auch Ausnahmen wie z. B. Dänemark, die eigens zu diskutieren wären.

– *Kirchliche Governance.* Ein weiterer Faktor, der für die geringe religiöse Vitalität in Deutschland verantwortlich ist, ist sicherlich auch das nach wie vor sehr präsente Erbe des staatskirchlichen Systems. Das staatskirchliche Religionssystem ist in besonderer Weise eines, das Religion pointiert verwaltet und domestiziert und religiöse Dienstleistungen für die Bevölkerung im Interesse der Stabilisierung des gesamten Systems bereitstellt. Nach wie vor funktionieren unsere landeskirchlichen Systeme genau in dieser Richtung. Religiöse Innovationen, Aufbrüche erscheinen in diesem System eher als Störungen, die man eindämmen und auffangen muss. Entsprechend wird eben bei uns Religion auch eher pazifiziert. Das Wichtigste, was wir in Kirchenreformen voranbringen, sind dann Verwaltungsvereinfachungen, wie die Zusammenlegung von Landeskirchen, die Schaffung von Regionen, die Fusion von Gemeinden usw. All dies ist sicherlich wichtig – zielt aber nicht darauf, religiöse Veränderungen oder eben religiöse Produktivität zu fördern, sondern führt in der Folge eher dazu, aufkommende Entwicklungen immer wieder auszu-

bremsen. Das gilt insbesondere auch für diakonische Innovationen. Dass sie aus einer betont religiösen Motivation
erwüchsen – z. B. durch christlichen Glauben die Resilienz
gegenüber Armut stärken wollten –, gibt es so gut wie gar
nicht.

8. Folgerung 1: Brücken

Fragt man nun, was in dieser Situation Sinnvolles getan
werden kann, so legt es sich auch im Sinne der 5. KMU nahe,
Brücken zwischen Kirche und Gesellschaft zu pflegen und
in ihren Bau, solange es irgendwie geht, zu investieren.
Solche Brücken existieren im Bereich der Kasualien. An
Kasualien nehmen nicht nur kirchlich und religiös gebun-
dene Menschen, sondern oft auch andere teil. Diese Menschen haben nicht selten bei Kasualien entscheidende Begegnungen mit religiöser Kommunikation, und deswegen
ist ihre Pflege von besonders großer Bedeutung. Weitere
Brücken existieren dann über die sozialen Dienste der Kirche, sprich die Diakonie, über die Kindertagesstätten, Schulen und über das soziale Engagement der einzelnen Christen. All diese Leistungen werden von der Gesellschaft und
auch von religions- und konfessionslosen Menschen geschätzt. Und es sind dies samt und sonders Bereiche, in denen das kirchliche System in besonderer Weise eben Leistungen für andere gesellschaftliche Bereiche bzw. für
Menschen aus der Gesellschaft erbringt. In dieser Form als
Leistung ist Religion ein Angebot, das man wahrnehmen
kann, ohne das Gefühl zu haben, sich gleich voll und ganz

auf die religiöse Kommunikation einzulassen oder sich gar einer Fremdbestimmung zu unterwerfen.

Allerdings muss man sich klar machen, dass es sich in all diesen Bereichen eben um Leistungen *für* andere, nicht um die Stiftung von breiter Kommunikation *mit* ihnen handelt. Es geht hier nicht um religiöse Produktivität als solche. Der religiöse Ergriffenheitsfaktor von Menschen, die zum ersten Mal in eine Kasualie oder gar in einem diakonischen Dienst oder evangelische Schulen einbezogen sind, ist deswegen erwartungsgemäß wahrscheinlich nicht selten gering. Einzig der Religionsunterricht hat hier eine sehr viel größere Bedeutung und sollte entsprechend wertgeschätzt werden. So sehr all diese Felder Brücken darstellen, so sehr darf ihre Wirkung im Blick auf die Plausibilisierung von Religion aber auch nicht überschätzt werden. Deutlich wird allerdings an dieser Struktur, wie wichtig es ist, dass sich Religion hier als ein klar konturiertes und gut gestaltetes Angebot äußert, das sich über diese Struktur seine Nachfrage sozusagen selbst sucht.

9. Folgerung 2: Angebots- statt Nachfrageorientierung

Damit bin ich bei einem entscheidenden Punkt meiner Argumentation: Mir scheint eine Schlussfolgerung aus der beschriebenen Situation vor allen Dingen die zu sein, dass die Kirche von und mit den Menschen in einem pointierten Sinne *etwas wollen sollte*. Eine im klassischen »liberalen Paradigma« verbreitete Haltung, die Leute zu fragen, was sie denn wollen und davon auszugehen, dass sie von sich selbst aus ein Interesse an Kirche, Diakonie und Religion hätten, dass man dann irgendwie gemeinsam umsetzen könnte, ist in dieser Form immer weniger zu erwarten. Eine Aufweichung von Indifferenz und ähnlichen Haltungen ist am ehesten dann zu erwarten, wenn deutlich wird, dass Kirche und Diakonie selbst einen Anspruch haben und etwas mit und von den Leuten wollen. Die Kirche ist keine passiv abwartende Institution, sondern eine produktiv innovative Einrichtung, die religiös, sozialkulturell und wie auch immer mit den Menschen etwas voranbringen will. Diese Haltung ist besonders wichtig, weil sie an die Interessenlagen der der Kirche enger verbundenen Menschen anknüpft, aber gleichzeitig auch traditionelle Haltungen der eher distanzierteren Menschen berühren kann. Sie erwächst wahrscheinlich eher aus einer progressiven religiösen Haltung als aus einer regressiven, d. h. es ginge dann diakonisch nicht so sehr um »Hilfe«, sondern um Anwaltlichkeit, ja um sozialmoralischen Protest und die Reklamation von Gesellschaftsgestaltung.

Es ist ohnehin so, dass unter den Bedingungen hoher Selbstreferenzialität die Plausibilität von Religion nach »außen« geringer wird und gar nicht mehr zustande kommt, wenn der Eigenwert religiöser Kommunikation verschwiegen, weil vorausgesetzt wird. Sicherlich trifft das noch einmal besonders auf die Diakonie zu. Das bedeutet z. B. eine veränderte Einstellung zu Kampagnen. In kirchlichen und diakonischen Kampagnen sollte das Innerste nach außen gekehrt werden. Diese Kampagnen könnten an kirchlichen Kernthemen wie z. B. der gesellschaftlich höchst problematischen Thematik der Passion, ansetzen und mit ihr gesellschaftliche Kommunikation provozieren. Ein Beispiel hierfür war eine Kommunikationskampagne in der Landeskirche von Hessen und Nassau, die auf die Infragestellung des Vergnügungsverbots am Karfreitag reagiert hat und Themen wie Opfer und Leiden in sehr deutlicher Weise in die Öffentlichkeit eingebracht hat. Man braucht sich ja hier nichts vorzumachen: Der am Kreuz hängende Christus ist und bleibt für die Wahrnehmung einer jeden Gesellschaftsform, aber insbesondere unserer heutigen, die alles daran setzt, jede Form des Leidens auszuschalten und zu vermeiden, ein Skandalon ersten Ranges. Deswegen wird die Erinnerung an den am Kreuz hängenden Christus auch gern in den Hintergrund gedrängt. Ihn weiter nach vorn zu rücken und dies in einer interessanten, dramatisch akzentuierten und ästhetisch qualifizierten Form zu tun, scheint mir am ehesten das Irritationspotenzial der Religion gegenüber anderen gesellschaftlichen Systemen zu stärken – und dann aber auch inhaltlich-thematisch etwas zu besagen: Kaum ein Symbol hat eine höhere Inklusionskraft. »Unser« Gott wurde außerhalb der Machtzentren der Städte hingerichtet – außerhalb von Kultur und Moral. Und gerade an ihm hängt alles wirkliche Leben. Die transformierende Kraft Gottes kommt von den Rändern der Gesellschaft. Da sind Religion, Kirche und Diakonie ein und dasselbe.

10. Folgerung 3: Dazu stehen!

Die letzte Folgerung ist einfach die, zu dieser Situation der Selbstreferenzialität von Religion zu stehen, d. h. nichts anderes zu tun als das Charisma des christlichen Glaubens zu entfalten: Wir können nicht anders, als uns selbst vom Transzendenten her zu begreifen, und wir wollen auch nichts anderes! Insofern leben wir im Unbedingten: in der Freiheit zu einer Liebe, die alles umgreift.

Dies verweist auf ein Phänomen, das zur Erneuerung des Christentums immer wieder beigetragen hat, nämlich die Existenz von charismatischen Gestalten und charismatischen Bewegungen. Eine Studie über die ursprünglichen Beweggründe zur Schaffung attraktiver Kirchengemeinden in Niedersachsen hat – mit aller Vorsicht formuliert – zum Ergebnis gehabt, dass es fast immer charismatische Einzelne sind, die eine gewisse Dynamik, Umgestaltung, Profilierung und damit die Attraktivität von einigen Kirchengemeinden auf den Weg gebracht haben.[8] Solche Prozesse sind nie ohne Konflikte und Polarisierungen. Charismatische Aktivierung hat etwas mit der Bildung von Nachfolgegruppen und Jüngerschaften zu tun. Aber ohne sie ist religiöse Erneuerung nicht zu haben. Insofern bleiben auch Pastoren und ihre Kommunikationsmöglichkeiten absolut zentral.

Religiöse Innovation erwächst hier sehr häufig auch aus einer spezifischen Identifikation mit gewissen Klientelen. Die klassisch charismatische Struktur ist die der Ergriffenheit von dem Auftrag, zu bestimmten Menschen gesandt zu sein, und sich deswegen mit ihnen zu identifizieren. Dies sind in der Regel die Armen und Ausgegrenzten. In den erwähnten Kirchengemeinden-Studien gibt es in dieser Hin-

---

8   Philip Elhaus und Matthias Wöhrmann (Hg.): Wie Kirchengemeinden Ausstrahlung gewinnen. Zwölf Erfolgsmodelle. Göttingen 2012.

sicht diakonisch, missionarisch und zum Teil auch religiös-kulturell ergriffene Menschen, die die Kirchengemeinden auf den Weg eines entsprechenden Engagements führen. Wo so ein Prozess beginnt, da ist der primäre Akt nicht der, die Bedürfnisse der Menschen zu analysieren, sondern zu fragen, was Gott mit uns in dieser Situation eigentlich will. Genau so kommt auch Diakonie zustande. Dann allerdings geht es natürlich um die Bedürfnisse der Menschen. Das bedeutet aber nichts anderes, als dass es hier nicht primär um die Befriedigung von Bedürfnissen, sondern um ihre Weckung, d. h. um die Frage nach unseren wahren Bedürfnissen geht. Und das gilt gerade für die Diakonie. Für sie ist und bleibt die Geschichte der Heilung am Teich Bethesda grundlegend: Wenn du gesund werden willst, dann steh auf! Dies ist die eigentlich religiöse Struktur, und dies ist auch gemeint, wenn von Angebots- statt Nachfolgeorientierung geredet wird.

Fazit:

Man kann nun beim Durchgang durch diese Thematiken mit Fug und Recht fragen, ob die hier angedeuteten Folgerungen der Situation in einem Land wie Deutschland gerecht werden. Man kann daran Zweifel haben, weil eben religiöse Vitalität so gering ist, wie sie nun einmal ist. Auf der anderen Seite muss man dagegen halten, dass ohne die Ausrichtung unserer Wahrnehmung auf diese Problematik überhaupt nichts passieren wird. Klar ist aber auch, dass wir in den Kirchen die Entwicklung insgesamt überhaupt nicht im Griff haben, bestenfalls surfen wir auf den Entwicklungen und schwimmen ab und oben. Mehr ist von unserer Kirche kaum zu erwarten.

Eine kleine Hoffnung erwächst vielleicht daraus, dass die jüngste Gruppe unter unseren Befragten in der 5. KMU wieder etwas kirchlicher und religiöser geworden ist und dies ein Zeichen dafür sein könnte, dass sich letztendlich auch wieder etwas entwickelt. Insgesamt gesehen ist aber weiter damit zu rechnen, dass sich die Mitgliedschaft in Kirche und Religion jedes Jahr um etwa 1,5 % reduzieren wird. Bisher ist kein Ende dieser Tendenz abzusehen.

Auf der anderen Seite ist es nicht so, dass man überhaupt nichts machen kann. Investitionen, insbesondere im Bereich der religiösen Sozialisation, der Ausrichtung der kirchlichen Angebote auf Familien mit Kindern, und zwar Familien in jeder Form, auch gleichgeschlechtliche Partnerschaften, zählen hierzu und sind von ganz großer Bedeutung. Sie werden kurzfristig wenig, aber langfristig desto mehr Erfolg aufweisen können. Eine andere wichtige und hoffnungsvolle Ausrichtung ist die der Rückgewinnung von diakonischen Aktivitäten durch die Kirchengemeinden. Die Resonanz, die Kirchengemeinden finden, die sich sozial diakonisch für ihren Sozialraum engagieren, ist ganz enorm. Die Verheißung, dass entsprechende Kirchengemeinden keine Ressourcenprobleme haben werden, ist nicht übertrieben. Dass Kirche sich um Religion kümmert, wird von allen Menschen erwartet, aber von vielen nicht gerade begeistert aufgenommen. Dass Kirche sich allerdings sozial engagiert und zu den Menschen geht, wird mit Begeisterung von allen Menschen aufgenommen und führt nicht selten zur Beteiligung an entsprechenden Aktivitäten auch dann, wenn man sich selbst als nicht religiös begreift. In diesen beiden Ausrichtungen auf Familien und soziale Dienste sehe ich zurzeit die größten Chancen, dass Kirche und Religion wieder zu mehr Resonanz finden.

Auf der einen Seite ist soziales Hilfehandeln in fast jeder Form gesellschaftlich plausibel. Dass sich die Kirche als Diakonie für die Schwachen einsetzt, findet große Resonanz und liefert Sozialkapital für die Kirche. Das ist auch in seiner Wertigkeit nicht zu unterschätzen. Auf der anderen Seite aber scheint der Preis hierfür die religiöse Entleerung des diakonischen Handelns zu sein – insbesondere, was die Kontur professionellen Hilfehandelns anbetrifft. Eine – sicherlich unumgängliche – Abschwächung der ACK-Klausel wird in dieser Richtung weitere Säkularisierungseffekte haben, denen kaum durch organisatorische Maßnahmen beizukommen ist.

Wie sich dies alles in Zukunft entwickeln wird, ist allerdings schwer zu sagen. Das Christentum hat sich immer wieder von seinen Peripherien her erneuert und selten aus seinem Kern heraus. Schlichte Verwaltungsreformen werden ohnehin wenig ändern können. Diese Peripherie ist allerdings ja längst bei uns angekommen. Ich verweise hier nur auf die Religiosität von Migrantengemeinden, die an Lebendigkeit vieles in den Schatten stellt, was wir volkskirchlich überhaupt erleben. Vielleicht ist dies letztendlich genau das, was unsere Kirche erneuern wird: ihr neues Kleid.

Diakonische Atmosphären

Der Ruf ertönt nun schon seit vielen Jahren: Diakonie soll – egal, wo immer sie auch präsent ist – Profil zeigen und ihre Identität sichtbar machen! Die Gründe dafür sind mannigfach. In der einen Hinsicht ist es der deutlich verschärfte Wettbewerb seit etwa 20 Jahren – mit anderen Wohlfahrtsverbänden, aber insbesondere auch immer häufiger mit privaten Anbietern. Dann aber ist es auch die nicht zu bremsende Säkularisierung unserer Gesellschaft, die längst zu einer Nivellierung des ursprünglich explizit religiösen Gehalts von Hilfeleistungen geführt hat. Hilfe ist längst zur Profession geworden und bedarf der Religion nicht mehr. Aber anerkanntermaßen ist Diakonie in Deutschland ein wichtiger und immer weiter wachsender Bereich, in dem sich die soziale Potenz des christlichen Glaubens Gestalt verschafft – in welcher Form dies auch immer geschieht und wie deutlich dies im Einzelnen auch immer wird. Jedenfalls soll die Diakonie sich nicht nur selbst als Teil der Kirche und der Gesamtheit des christlichen Glaubens fühlen, sondern dies auch immer wieder deutlich machen. Diakonie wird als Teil der Kirche mit in Haftung für die Zukunft von Kirche und Religion in unserer Gesellschaft genommen – und zwar in einem immer weniger religiösen Umfeld.

Probleme mit der Profilierung

Aber kann man das eigentlich wirklich: bewusst Profil zeigen? Man kann, gerade wenn man vom christlichen Glauben herkommt, auch zu Recht sagen: Entweder ein Profil ist vorhanden und die Menschen, mit denen man zu tun hat, registrieren es, oder es spielt eben keine Rolle. Dann lässt es sich auch nicht mehr zum Leben erwecken. Es muss sich »ergeben«. Und: Solange ein christliches Krankenhaus am Markt überlebt – was zwangsläufig seine Hauptsorge sein muss –, gibt es keine Probleme. Wenn eine soziale Einrichtung die Referenz auf ihre religiösen Ursprünge verloren hat und auch keinerlei religiöse Praxis mehr in sich kultiviert, wird es mit einem entsprechenden Profil ganz schwierig. Versuche, den christlichen Glauben zur Diakonie zu verengen oder ihn sogar produktiv als Ressource einzusetzen, mögen in anderen Kulturen, wie denen der USA, funktionieren, in Deutschland, aber wahrscheinlich in Europa insgesamt, nicht. Christlichen Glauben gibt es nicht, damit es Diakonie gibt, sondern weil es christlichen Glauben gibt, gibt es auch Diakonie. Das ist die herkömmliche Denke in unserem gesellschaftlich-kulturellen Kontext. Und sie begrenzt die Möglichkeiten, offensiv nutzenorientiert gegen Säkularisierung anzugehen. So lässt sich für den christlichen Glauben nicht damit werben, dass man, wenn man religiös ist, länger lebt, wie mir ein guter Freund kürzlich empfahl. Wenn Kirche und Diakonie so argumentieren würden, würde so etwas zu Recht als Scharlatanerie aufgefasst – wohingegen man entsprechende Methoden in der Wirtschaft allerdings als legitim empfindet.

Die folgenden Überlegungen sind auch dadurch motiviert, dass eine Bilanz bisheriger Wege, unternehmensorientiert zu diakonischer Profilierung zu kommen, insgesamt recht ernüchternd ausfällt. Denn werteorientierte Leitbilder beruhen sehr oft auf der Annahme, menschliche Arbeit laufe primär intellektgesteuert ab: man lese einen Text und handle entsprechend. Erst dann, wenn entsprechende Werte tief verinnerlicht sind, prägen sie tatsächlich das Geschehen in einer Einrichtung – also deren Profil – und werden von den die Einrichtung nutzenden Menschen dann auch erfahren. So schön Leitbilder und kluge Sätze im Eingangsbereich einer Einrichtung auch sein mögen und so spannend ihre Erarbeitung in umfassenden Leitbildprozessen auch gewesen sein mag: sie wecken in mehrfacher Weise nur die Illusion eines Profils, da der Weg zu ihrer Umsetzung in der konkreten Arbeit stets noch immer ungeheuer lang ist. Diakonie muss aber im konkreten Alltagshandeln unterscheidbar sein. Sie ist keine Kopfgeburt, sondern etwas zutiefst Handwerkliches.

In Anbetracht dieser und weiterer Überlegungen lautet meine These, die ich im Folgenden entfalten will: Diakonisches Profil ist nichts anderes als christlicher Geist. Und der schwebt nicht über den Wassern, sondern zeigt sich, wie jeder Geist, in einer entsprechenden Haltung – ästhetisch argumentiert: in einer diakonischen Atmosphäre, die die Erbringung sozialer Dienstleistungen prägt und von den Menschen entsprechend erfahren werden kann. Der Geist steckt folglich in der konkreten Arbeitsleistung bzw. in der Arbeitskultur einer Einrichtung. Im Image der Diakonie (in dem, was vom Profil empirisch erfahren wird) kommen seine Spuren zum Tragen oder eben auch nicht. Für Menschen, die etwas von diesem Geist bzw. dieser Atmosphäre erfahren, mag dies eine Anregung sein, abduktiv auf christlich-religiöse Grundhaltungen zu schließen, die sich in diesem Ambiente verbergen. Weitergehende Deutungshilfen (Texte, Rituale, Gesten etc.) könnten die Phantasie der Menschen in diese Richtung lenken helfen. Es bildet sich etwas Greifbar-Ungreifbares aus, woran Diakonie erkannt werden kann.

Von vorherein macht diese These deutlich, dass sich diakonisches Profil nicht einfach anordnen oder erzwingen lässt. Solches Profil steckt in gewisser Weise in den Tätigkeiten selbst drin (geht jedenfalls nicht nur aus den Überzeugungen der Mitarbeiterinnen und Mitarbeiter hervor) oder auch nicht. Wobei natürlich ein gelegentliches Schubsen (»Nudge«) oder auch eine freundliche Nötigung hilfreich sein können.[1] Wie christlicher Glaube und Religion überhaupt, erwächst es gerade aus der Rahmung des diakonischen Alltags, es lebt nicht in dem Inhalt, sondern in der Art und Weise, wie Dienstleistungen erbracht werden. Insofern kann man auch an der einzelnen diakonischen Handlung überhaupt nichts Christliches ablesen – es gibt keine diakonische Operation oder gar ein diakonisches Bodenwischen. Nur im Gesamtkontext einer Einrichtung, nur in der

---

1 Dies insbesondere deswegen, weil es nun immer mehr Mitarbeitende gibt, die über keine oder nur geringe Erfahrung z. B. mit christlichen Ritualen, wie zentral dem Gottesdienst, verfügen. Von sich aus würden sie allein schon deswegen kaum zum Gottesdienst gehen und vermeiden so, neue Erfahrungen zu machen. Da kann ein Schubs helfen.

Art und Weise, wie die »Dienstgemeinschaft« in den Einrichtungen real erfahrbar gelebt wird, ist diakonisches Profil möglicherweise eindrücklich. Es hängt mit den Haltungen der einzelnen Kolleginnen und Kollegen zusammen und ist von Ihnen nicht ablösbar, aber es geht auch nicht nur aus diesen Haltungen hervor, sondern braucht weitergehende institutionell-ästhetische Stützungen.

Die Frage nach dem diakonischen Profil ist auch in einem weiteren Kontext wichtig und gewinnt in dieser Hinsicht immer weiter an Bedeutung. Denn es ist ein Kennzeichen der Entwicklung unserer Gesellschaft hin zu immer mehr Komplexität und Differenziertheit – was sich insbesondere in den weitgreifenden Tendenzen zur Individualisierung zeigt –, dass ganz generell gesprochen immer weniger in sozialer Interaktion selbstverständlich ist. Vieles in unserem Zusammenleben muss immer wieder neu vereinbart werden. Dies gilt auch für die Frage der Mitgliedschaft in einer christlichen Kirche. Wie wir alle wissen, erodiert sie. Dies hat auch damit zu tun, dass die Anforderungen, die eigene Kirchenmitgliedschaft begründen zu müssen, immer weiter wachsen. Noch vor etwa 30/40 Jahren war Kirchenmitgliedschaft zumindest in Westdeutschland in der Hinsicht selbstverständlich, dass man sie nicht ausdrücklich gegen Kritiker begründen musste, sondern umgekehrt Kritiker ihren Austritt zu rechtfertigen hatten. Dies scheint heute aber umgekehrt zu sein. Immer deutlicher müssen Menschen ihre Mitgliedschaft in der Kirche gegenüber Kritikern rechtfertigen, und das fällt nicht immer leicht. Und in der negativen Antizipation solcher Rechtfertigungssituationen liegt dann möglicherweise auch ein Austrittsgrund. In dieser Situation drückt sich die Ausdifferenzierung von Religion als Kirchen in der Gesellschaft aus – und sie schlägt eben auch auf Diakonie als Teil der Kirche durch. Wobei es die Diakonie in dieser Hinsicht noch vergleichsweise leicht hat, denn die Mitgliedschaft in der Kirche durch den Bezug auf deren soziale Leistungen zu rechtfertigen, findet durch die Bank weit mehr Zustimmung als eine durch den Verweis auf Religion.

Profil – was ist das?

Profilierung ist nötig – darüber sind sich alle einig. Man sollte diakonisches Handeln im Alltag erkennen, d. h. von anderem Handeln unterscheiden können. Dafür steht das Profil. Aber was bedeutet das überhaupt: ein Profil auszubilden? Ganz knapp und grundsätzlich formuliert stellt Profil stets eine Reduktion dar. Ein komplexes Ganzes wird auf etwas Spezifisches reduziert, das dieses Ganze real-symbolisch repräsentiert. Eben an dieser Reduktion lässt sich dann das Spezifikum des Ganzen erkennen – ja mehr noch: möglicherweise bildet diese Reduktion sogar die reale Grundlage, auf der sich dann ein komplexes Ganzes ausdifferenziert, eben weil es so erkennbar wird. Zumindest lässt sich an eine solche Grundreduktion vieles andere plausibel anschließen. So wird man, um ein banales Beispiel zu nehmen, nicht sagen können, dass es eine spezifisch christliche Art gibt, Essen zu kochen oder Spritzen zu setzen, aber es ist völlig deutlich, dass Nächstenliebe zu erbringen natürlich auch diese Leistungen nicht nur umfassen muss, sondern sich in ihnen realisiert. Und wenn das so ist, dann ist die

Frage, *wie* denn Essen gekocht wird oder *wie* Spritzen gesetzt werden – der Kontext dieses Tuns –, entscheidend. Auch dann geht es um die Qualität dieser Leistungen selbst und immer noch nicht um die Abbildung eines geistlichen Geschehens, aber der Bezug kann erahnbar werden.

Das Profil der Kirche als solcher ist in dieser Hinsicht weitgehend klar identifizierbar. So zeigt sich in Befragungen immer wieder, dass Menschen mit Kirche vor allem Kirchengebäude, den Gottesdienst, die Pastorinnen und Pastoren usw. assoziieren. Kirche wäre in dieser Hinsicht dort zu finden, wo es Gelegenheiten zur religiösen Kommunikation gibt. Immer geht damit dann allerdings auch die breit gestreute Erwartung einher, dass hier auch soziale Dienstleistungen erbracht werden bzw. dass es in einem weitesten Sinne sozial zugehen soll, wo Kirche ist. Von diesen Assoziationen her lässt sich leicht Kirche von anderen gesellschaftlichen Bereichen unterscheiden. Insbesondere die Differenz zwischen Kirche und Wirtschaft (Wirtschaft ist dort, wo gekauft und verkauft wird, und gerade das ist nicht Kirche) wird schnell trennscharf deutlich. Es bleibt also nicht nur bei einer Charakterisierung des Profils von Kirche als religiöser Kommunikatorin, sondern es gibt durchaus auch Erwartungen an Inhalte dieser religiösen Kommunikation: sie soll nämlich, wie gesagt, »sozial« sein. In dieser Erwartung schlägt sich eine lange christliche Traditionslinie nieder, die unter anderem mit der Reformation Martin Luthers einen nach wie vor faszinierenden Höhepunkt darin gefunden hat, dass sich wirklicher christlicher Glaube nicht in den religiösen Ritualen als solchen, sondern in der alltäglichen Arbeit der Christenmenschen als Modus der Nächstenliebe niederschlägt. Wirklicher Gottesdienst geschieht im Alltag der Welt – und dazu steht der Sonntagsgottesdienst in einem spezifischen Verhältnis. Es besteht eher in einer Präferenz des ersteren. An dieser Stelle existiert mithin ein sehr plausibler Übergang von Kirche zu Diakonie bzw., besser gesagt, ein Ineinander von beiden. Gleichzeitig ist damit aber auch eine Spannung zwischen sozialer und ritueller Praxis markiert. Und sie geht prominent gerade auch auf die Reformation und die entsprechend starken Thesen von Martin Luther zurück. Sie können so gelesen werden, als hätte schon Luther die Säkularisierung des sozialen und auch beruflichen Handelns durch die These vom Gottesdienst im Alltag der Welt angeschoben. Diese Problematik wirkt sich bis heute in einem nicht immer selbstverständlichen Verhältnis von Diakonie und Kirche aus.

Welche Reduktion macht heute diakonisches Handeln wahrnehmbar? Geht man von einer großen repräsentativen Umfrage zum Image der Diakonie in Deutschland[2] aus, die das Sozialwissenschaftliche Institut der EKD vor kurzem durchgeführt hat, so gibt es eine real-symbolische Zuschreibung für Diakonie, und das ist die Pflege. Darin liegt ihr Profil. Das wird diejenigen, die die Szene kennen, auch nicht weiter überraschen, aber es ist für viele, die Diakonie sehr viel umfassender – gerade auch politisch – begreifen, denn doch auch enttäuschend. Denn mit dem Grundprofil Pflege weist die Diakonie zwar ohne Zweifel eine eminent basisorientierte Profilierung auf – Pflege ist für viele Menschen

2   Sozialwissenschaftliches Institut der EKD: Das Image der Diakonie in Deutschland. SI-Kompakt 4/2018, 1–15.

schlicht und einfach elementar –, aber dieses Profil klingt eben auch vergleichsweise langweilig.

Andere Vorschläge, die umfassender ansetzen, sind häufig weitgehend umstritten. Ich habe selbst versucht, als Grundformel für diakonisches Profil zu formulieren: »Diakonie ist Hilfe – bedingungslos!«[3] Interessant war, dass diese These von einigen deswegen als problematisch angesehen wurde, weil die in der Diakonie anzutreffende Hilfe niemals bedingungslos sei, denn die zu Helfenden müssten sich spezifischen Forderungen unterordnen. Wichtiger aber noch war der Einwand, dass der Hilfebegriff als solcher sehr schwierig sei. Er suggeriere paternalistische Unterordnung und stünde gerade gegen das Ziel von sozialen Dienstleistungen, nämlich Menschen wieder selbständig werden zu lassen. Für mich war diese Reaktion enttäuschend. Denn nach wie vor denke ich, dass ein Profil, das lautet: »In der Diakonie bekommt jeder, der es will, Hilfe, und zwar bedingungslos,« plausibel und unmittelbar nachvollziehbar ist. Es geht gerade darum, den Hilfebegriff christlich zu interpretieren und ihn in dieser Hinsicht auch deutlich zu reklamieren. Denn für sich genommen, braucht es natürlich, um zu helfen, heute keinerlei religiöse, sondern im Kern nur noch fachliche Kompetenzen. Das Kernproblem eines religiösen Profils für soziale Dienstleistungen besteht ja gerade in diesem Auseinanderfallen von fachlicher und religiöser Kompetenz. Ein solches Profil ist zudem auch mit harten

3 Gerhard Wegner: Vermittlung von Werten in komplexen Organisationen. In: Evangelische Jugendhilfe 92 (2015) 2, 120–125. Diskussion über die Thesen im Folgeheft 92 (2015) 3, 214–220.

Ansprüchen an die Einrichtung verbunden, die angesichts von Fragen der Finanzierbarkeit und dergleichen auch nicht einfach einzulösen sind. Solch ein Profil impliziert eine gewisse überschießende Profilierung, die aber für Kirche und Diakonie unumgänglich ist.

Dennoch wäre es sicherlich besser, das Profil der Diakonie hätte etwas mehr Entlastendes an sich, etwas, womit sich das christliche Tun begründen, wodurch sich plausibel machen ließe, woher die »Kraft« kommt. Also: Hilfe zu geben, resultiert daraus, Hilfe bekommen zu haben, und dies wiederum hat mit dem Glauben an Gott zu tun. Allerdings: Was ist mit Kraft gemeint? Wiederum nur irgendeine Motivation – oder wirkliche körperliche Kraft?[4] Aber ist das realistisch? Auf jeden Fall stecken in dieser Formel interessante Anregungen.

Der aktuelle Kontext: Die neue Loyalitätsrichtlinie der EKD und ihre Folgen

Nun war diese ganze Problematik früher dadurch (scheinbar) gelöst, dass die christliche Profilierung der Diakonie durch die Kirchenmitgliedschaft der Mitarbeiterinnen und Mitarbeiter in den diakonischen Einrichtungen sozusagen von vornherein als selbstverständlich unterstellt werden konnte. Wer in der Diakonie tätig wurde, musste Mitglied

---

4   Sehr schön dazu neuerdings aus ästhetischer Sicht: Christoph Menke: Kraft. Ein Grundbegriff ästhetischer Anthropologie. Berlin 2017.

einer ACK-Kirche sein. Damit hatte man es sich sehr einfach gemacht, denn auch schon damals war deutlich, dass zumindest in den großen Volkskirchen Mitglied zu sein nicht so sehr bedeutete, dass man auch den christlichen Glauben intensiv vertrat, als dass man ihn im eigenen Beruf und damit in der eigenen Arbeit umzusetzen bestrebt war. Genau dies aber wurde cum grano salis den Kolleginnen und Kollegen unterstellt, und damit war das Gewissen der Einrichtungsleitungen salviert.

Tatsächlich aber war den Beteiligten auch schon in den sechziger und siebziger Jahren deutlich geworden, dass allein dieses Kriterium in keiner Weise für eine wirklich christliche Durchdringung der diakonischen Praxis haftbar gemacht werden konnte. Entsprechend ist es dann auch dahingehend zugespitzt gedeutet worden, dass man von der Mitgliedschaft her eine Motivationsunterstellung für eine Praxis der Nächstenliebe im weitesten Sinne vornehmen konnte. Aber auch dies in seiner Allgemeinheit blieb für kundige und an der Praxis interessierte Beobachter ausgesprochen unbefriedigend. Es hatte zudem auf die Praxis der Diakonie relativ wenig Einfluss, da im Vordergrund der alltäglichen Praxis natürlich die Erbringung von konkreten Dienstleistungen steht, die als solche in einer säkularisierten Gesellschaft mit einer religiösen Rahmung nicht nur nichts mehr zu tun haben, sondern damit auch tatsächlich nichts zu tun haben *dürfen* – außer die Klienten wünschen dies ausdrücklich. (Gerade diese Forderung des ausdrücklichen Wunsches nach religiöser Kommunikation säkularisiert den gesamten Bereich jedoch enorm, in dem es das Religiöse aus den Selbstverständlichkeiten des alltäglichen Bezuges heraus zieht und als eine Extrahandlung besonders profiliert. Es ist etwas völlig anderes, nebenbei in einer Hilfesituation miteinander zu beten, als extra jemanden anzufordern, mit einem zu beten. Entsprechende Anforderungen nach religiöser Unterstützung werden nicht nur deswegen weniger, weil es danach insgesamt weniger Bedarf gibt, sondern auch weil die praktische Konstruktion einer entsprechenden Situation immer schwieriger, weil erklärungsbedürftiger und deswegen faktisch oft peinlicher wird.)

Nun ist aber in den letzten Jahren deutlich geworden, dass aufgrund der reinen Kraft des Faktischen das Kriterium der ACK-Mitgliedschaft nicht mehr funktioniert. Das Faktische, sprich die gesellschaftliche Situation, zeigt sich schlicht darin, dass es in vielen Bereichen Deutschlands nicht mehr möglich ist, genügend Mitarbeiterinnen und Mitarbeiter für die Diakonie anzuwerben, die Mitglieder der Kirche sind. Eine ganze Reihe von Einrichtungen müsste tatsächlich schließen, wenn dieses Kriterium strikt angewendet würde, und sei es auch nur in der Hinsicht, dass nicht mehr als 50% keine Christen sein dürfen. Deswegen hat der Rat der EKD nach jahrelangen Diskussionen auf allen Ebenen und den Diskursen in einer hochkarätigen Arbeitsgruppe eine neue Loyalitätsrichtlinie beschlossen, die es jetzt ermöglicht, Mitarbeiter ohne Kirchenmitgliedschaft einzustellen. Das bedeutet von vornherein, und dies wird in der Richtlinie auch explizit zum Ausdruck gebracht, dass man nunmehr in keiner Weise mehr das Profil der Einrichtung als einer kirchlichen durch die Kirchenmitgliedschaft der Mitarbeiter garantieren kann. Deswegen geht nun die Verantwortung für die evangelische Prägung der Arbeitsvollzüge auf die Einrichtungsleitungen über. Wie § 2, Abs. 2 zu entnehmen ist: »Die kirchlichen und diakonischen Anstellungsträger haben die Aufgabe, ihre Dienststellungen und Einrichtungen gemäß ihrer evangelischen Identität zu gestalten. Sie tragen Verantwortung für die evangelische Prägung in den Arbeitsvorzügen, den geistlichen Angeboten und der Organisation ihrer Dienststelle oder Einrichtung.« Eingeschärft wird, dass die Anstellungsträger nunmehr die Verantwortung dafür haben, ihre Mitarbeiterinnen und Mitarbeiter mit den christlichen Grundsätzen ihrer Arbeit vertraut zu machen. Was die Umsetzung dieser Identität bzw. Prägung bedeutet, ist dann allerdings für Nichtchristen und Christen unterschiedlich verpflichtend.« § 4 Abs. 1: »Alle Mitarbeiterinnen und Mitarbeiter übernehmen in ihrem Aufgabenbereich Mitverantwortung für die glaubwürdige Erfüllung kirchlicher und diakonischer Aufgaben. Sie haben sich daher gegenüber der evangelischen Kirche loyal zu verhalten. Christen haben für die evangelische Prägung der Dienststelle oder Einrichtung einzutreten. Nichtchristinnen und Nichtchristen haben die evangelische Prägung zu achten.« Deutlich erkennbar wird, wie sich die Verantwortung für die Identität durch diese neuen Regelungen verändert. Zu sehen ist auch, dass diese Verschiebung durch die notwendig gewordene Beschäftigung von Nichtchristen erzwungen worden ist.

Genau betrachtet ist es nun die Einrichtungsleitung, die entscheidend die Identität bzw. protestantische Prägung gewährleistet. Scharf formuliert: Sie ist folglich nicht mehr abhängig von den Motivationen der Mitarbeiterinnen und Mitarbeiter (möglicherweise aber immer noch von den nunmehr verschärft in die Pflicht genommenen »Christinnen und Christen«), sondern, ebenso scharf formuliert, die Unternehmensleitung muss nun die entsprechenden Einstellungen, Haltungen bzw. Motivationen selbst »erzeugen«. Nunmehr kommt es also entscheidend auf den entsprechenden Willen der Unternehmensleitung an. Klassisch müsste man die notwendigen Aktivitäten nun als missionarische titulieren – wohingegen es bisher bestenfalls um eine Art von Gemeindeleitung ging. Klassisch missionarisch würde man sagen, dass alles, was Unternehmensleitung tun kann, darin besteht, ein christliches Zeugnis bzw. ein Zeugnis vom christlichen Glauben abzulegen. Das klingt dann allerdings recht individuell als Ausdruck der konkreten Person des oder der Leitenden. Aber man wird sich schnell einig sein, dass dies nicht ausreicht, um eine evangelische Prägung einer Einrichtung insgesamt zu gewährleisten.

Übrigens: die Loyalitätsrichtlinie äußert sich weiter – gut evangelisch – in keiner Weise dazu, was denn nun konkret unter evangelischer Prägung oder evangelischer Identität einer Einrichtung zu verstehen wäre. Es liegt auf der Hand, dass mit der Klärung dieser Fragen in einer konkreten Einrichtung die Debatte über das konkrete Profil erst beginnt. Dies insbesondere dann, wenn nunmehr durch die Präsenz großer Zahlen nichtchristlicher Mitarbeiterinnen und Mitarbeiter (die man natürlich in die Klärung eines solchen Profils einbeziehen muss), christliche Grundkategorien, wie zum Beispiel die Rechtfertigungslehre, auch Nichtchristen plausibel dargestellt werden müssen, so dass sie auch für sie in ihrer Arbeit in irgendeiner Weise nützlich oder erhellend sein können. Sonst wird es den Nichtchristen schwerfallen, die evangelische Prägung, wie gefordert, zu achten. Und spannend wird es dann wirklich, wenn Kategorien wie der christliche Gottesdienst im Alltag als spezifisch evangelische Kategorie in solch einer Profildiskussion tatsächlich leuchtend zum Tragen gebracht werden soll.

Die Dienstgemeinschaft

Genau dieser Aspekt aber: die religiöse Rahmung der sozialen Dienstleistungen, die in der Diakonie erbracht werden, ist für das Profil entscheidend. Und genau an dieser Stelle greift nun eine lange Diskussion über einen Leitbegriff für diakonische Arbeitskultur, der auch immer mal wieder als überholt betrachtet wird, aber dennoch gerade im Hinblick auf die neue Verantwortungszuteilung unaufgebbar bleibt. Ich meine die Diskussion um Dienstgemeinschaft.[5] Mit ihr kann man viel Missbrauch treiben, insbesondere dann, wenn man sie vor allem als einen antigewerkschaftlichen Slogan begreift, dessen Hauptziel die Exklusion der Gewerkschaft aus den Unternehmen und die Verhinderung eines Streikrechts in der Diakonie ist. Weil dies aber eine lange Tradition ist, ist der Begriff belastet. Eine moderne Diakonie

5   Vgl. Gerhard Wegner: Unternehmerische Dienstgemeinschaft? Über die christliche Vision «Guter Arbeit» in Diakonie und Kirche. In: Jahrbuch Sozialer Protestantismus, Band 5: »Arbeitswelten«, Gütersloh 2011, 108–133. Weiter grundsätzlich Katharina Kleine Vennekate: Dienstgemeinschaft und das kirchliche Arbeitsrecht in der Evangelischen Kirche in Deutschland 1945–1980, Berlin 2015.

kann nur noch auf Augenhöhe mit den Gewerkschaften und innerhalb einer stabilen Sozialpartnerschaft funktionieren und muss deswegen, wenn sie gleichwohl an diesem Begriff festhält (was meines Erachtens unumgänglich ist), Dienstgemeinschaft *mit* den Gewerkschaften gestalten – pointiert nicht gegen sie. Aber das ist nicht nur nicht unmöglich, sondern es liegt eigentlich im Kern dessen, was Dienstgemeinschaft meint.

Der materiale Hintergrund der Forderung nach so etwas wie Dienstgemeinschaft ist heute wieder sehr aktuell. Denn es konnte in den letzten Jahren gegen alle radikalen Ökonomisierungstendenzen immer wieder deutlich herausgearbeitet werden, wie sehr soziale Dienstleistungen Koproduktionen zwischen vielen Beteiligten, und so vor allem zwischen den Mitarbeitern und den Klienten – sind. Genau dies ist im klassischen Dienstgemeinschaftsbegriff auch immer mitgemeint gewesen: eine enge Zusammenarbeit und Angewiesenheit der Klienten bzw. Patienten mit denen, die für sie Leistungen erbringen. Wenn man an dieser Stelle wirtschaftsethische Überlegungen einbezieht, dann ist allein eine Kooperation der Koproduzierenden in der Lage, Ressourcenprobleme zu überwinden, und die Leitung von diakonischen Einrichtungen müssen ihre Energie zentral darauf verwenden, solche Kooperationen und Koproduktionen möglich zu machen. Das bedeutet – etwas flacher ausgedrückt –, dass es darauf ankommt, gemeinschaftliche Strukturen zwischen den Arbeitenden und den Patienten bzw. Klienten herzustellen. Genau das aber ist nichts anderes als die Pflege von spezifischen Atmosphären, die für das Gelingen solcher Arbeiten unabdingbar sind.[6]

Blickt man noch einmal in die alten Diskussionen, so wird genau dies in den Definitionen von Dienstgemeinschaft – selbst dann, wenn sie in der politischen Folge bisweilen seltsam ausfallen – transportiert. Besonders leuchtend geschieht dies in dem berühmten Gutachten von Gerhard Robbers, »Streikrecht in der Kirche«,[7] das er zur Unterstützung der kirchlichen Position gegen die Ver.di-Forderung nach Zulassung des Streikrechts in Diakonie und Kirche verfasst hat. Hier heißt es pointiert: »Das Miteinander des Umgangs innerhalb der kirchlichen Dienstgemeinschaft gehört zu den zentralen Fragen christlicher Glaubensverkündigung durch tatsächliches Handeln.«[8] Und weiter inhaltlich: »Mit dem religiösen Auftrag der Kirchen ist eine nach dem Wettbewerbsprinzip organisierte Dienstverfassung unvereinbar. Kirchlicher Dienst ist nach dem Konsensprinzip ausgelegt. Streitigkeiten werden grundsätzlich im geschwisterlichen Gespräch gelöst. Damit sind Kampfmaßnahmen, die die andere Seite zu überwältigen suchen, unvereinbar. Kirchlicher Umgang miteinander verbietet den Druck durch Streik und Aussperrung. Die Gemeinsamkeit in der Kirche ist so sehr durch das Miteinander im Dienste Gottes und seines Auftrags an die Kirche geprägt, dass die Gemeinsamkeit des Ziels und der Aufgabe es ausschließen, durch offenen Druck

---

6   Vgl. dazu klassisch Josef Wieland: Kooperationsökonomie. Die Ökonomie der Diversität, Abhängigkeit und Atmosphäre. In: Gerhard Wegner und Josef Wieland (Hg.): Formelle und Informelle Institutionen. Marburg 1998, 9–34.

7   Gerhard Robbers: Streikrecht in der Kirche, Baden-Baden 2010.

8   A. a. O., 35.

gegeneinander die Änderung der Arbeitsbedingungen erzwingen zu wollen.«[9]

Wenn dies so ist, was freilich in den Unternehmungen vor Ort noch einmal gründlich geklärt werden müsste, dann ist das Profil der Diakonie nicht nur nach außen sozial in dem Sinne gestaltet, dass es in der einen oder anderen Weise Hilfe für Menschen in spezifischen Situationen bietet, sondern das Profil besteht dann – zumindest auch – darin, dass die Arbeitsbedingungen intern sozial im Sinne von kooperativ und partnerschaftlich gestaltet sein müssen. Das bedeutet nichts anderes, als dass die diakonischen Arbeitgeber ein großes Interesse daran haben müssen, »gute Arbeit« bereitzustellen. Profil der Diakonie würde dann den Grundsatz beinhalten: Wir realisieren Nächstenliebe durch gute Arbeit.

Gute Arbeit

Insofern scheint evident zu sein, dass christlich-diakonisches Profil – ganz im Sinne von Luthers Berufsverständnis – mit dem zu tun haben muss, was heute überall als »gute Arbeit« begriffen wird: gute Arbeit für die Klienten und Patienten in der Diakonie sowie eben auch gute Arbeit als solche, gute Arbeit wie sie auch sonst von Menschen erwartet und dann auch gern getan wird. Wo Menschen gute Arbeit leisten können, steckt das an und lässt Menschen vermuten, dass in den entsprechenden Unternehmen und von den Arbeitgebern Überzeugungen und Werthaltungen vertreten

9   A. a. O., 45.

werden, die insgesamt attraktiv sind. Natürlich führen solche Erfahrungen als solche noch in keiner Weise dazu, religiöse Grundhaltungen »hinter« der konkreten Arbeit zu vermuten. Allerdings kann es Situationen geben, in denen derartige Situationen geradezu charismatisch religiös interpretiert werden können und dann als Glaubenszeugnisse eine eigene Wirkung entfalten. So etwas habe ich auf einem der letzten Christlichen Gesundheitskongresse in Bielefeld erlebt. Dort trat im Rahmen einer Podiumsdiskussion zum Thema Pflege eine junge Unternehmerin auf, die davon berichtete, dass sie sich selbst zur Pflegeunternehmerin berufen fühle, und in einer überzeugenden und nicht dominierende Weise erzählte, sie kenne nichts Schöneres, als Menschen die Füße zu waschen. Solche Pflege war für sie die Erfüllung ihrer Berufung, die sie als von Gott her ergangen verstand. Besonders glaubwürdig wurde dieses Votum dadurch, dass sie gleichzeitig in der Lage war, die schlechten Arbeitsbedingungen in der Pflege zu kritisieren und auf sozialpolitische Mängel hinzuweisen, so dass niemand auf die Idee kam, ihre religiöse Arbeitsauffassung als rein oberflächliche Verschönerung einer insgesamt unbefriedigenden Arbeitsrealität zu verstehen. Auf diese Weise machte sie auch sehr deutlich, dass sie niemandem ihre Arbeitsauffassung aufzwingen wollte – auch nicht ihren eigenen Mitarbeiterinnen und Mitarbeitern –, aber für sie eben doch überzeugend werben konnte.

Was aber lässt sich nun als gute Arbeit begreifen? Die Forschung hierzu ist mittlerweile sehr vielfältig und kaum noch zu überblicken. Bezieht man gar viele englischsprachige Studien mit ein, so lassen sich auch zwanglos religiöse

Aspekte – insbesondere die Idee und die Erfahrung der Berufung – einbeziehen. Die Forschung ist angesichts vielfältiger Umbrüche der Arbeitswelt der letzten 20/30 Jahre immer weiterentwickelt worden. Positiven Entwicklungen in der Zunahme von Selbstständigkeit, Souveränität und einem massiven Rückgang von körperlichen Gesundheitsgefährdungen stehen negative Entwicklungen von mehr Belastungen, einer höheren Selbstverantwortung, Arbeitsverdichtungen und mehr psychischen Gefährdungen gegenüber.

Versucht man einen ansatzweisen Überblick zu gewinnen, so kristallisiert sich eine Reihe von Kriterien für gute Arbeit heraus:

– Zunächst einmal geht es immer darum, in der Arbeit überhaupt selbst wirksam sein zu können. Das bedeutet, dass man Dinge geregelt bekommt, Arbeitsprozesse zum Abschluss bringen kann und auf diese Weise die Erfahrung eines Gelingens macht. Sehr oft spielen hier Kleinigkeiten eine große Rolle.

– An zweiter Stelle geht es dann um die Erzeugung sichtbarer Ergebnisse mit einem größeren Nutzen für andere. Die Erfahrung, dass man etwas zum Vorankommen des ganzen Unternehmens beiträgt – zur Weiterentwicklung der einzelnen Abteilung oder zur Verbesserung von Produkten –, insgesamt dazu beiträgt, zusammen mit anderen etwas Neues zu gestalten.

– Schließlich ist die Erfahrung von Anerkennung von großer Bedeutung – und zwar zunächst die Anerkennung, die von den Klienten bzw. Patienten kommt – aber dann natürlich auch von den Kolleginnen und Kollegen und von der Leitung. Dies hängt elementar auch mit der Erfahrung zusammen, irgendwie dazuzugehören. Gemeinschaft und Zugehörigkeit sind insgesamt wichtige Kategorien, die insbesondere durch Mobbing- oder Bossingerfahrungen gefährdet werden.

Beruflichkeit der sozialen Dienste

Zusammengefasst zählt folglich der Nutzen für einen selbst, für die Sache und schließlich für andere dazu, dass man sich selbst als kompetent im Rahmen eigener Arbeit erlebt. Dies führt dann zur Zufriedenheit. ja zur Arbeitsfreude und zur Arbeitsidentifikation und kann sich bis zur Begeisterung oder bis hin zu Flow-Erfahrungen steigern. Kein christlich-diakonisches Profil kann ohne diese Dimensionen realisiert werden. Anders gesagt und noch einmal auf das lutherische Berufsethos zurückbezogen: entscheidend ist die Beruflichkeit der sozialen Dienstleistungen. Denn die Dimensionen, die hier für gute Arbeit empirisch erhoben werden können, sind nichts anderes als die Aspekte, die zum Beruf im Sinne Luthers zählen: Berufung, Nächstenliebe und Gemeinschaft.[10]

Man kann sich der Dimension guter Arbeit als wichtigem Bestandteil des diakonischen Profils auch noch anders nähern, indem man populäre psychophysische Modelle

10 Vgl. dazu jetzt: Anika Füser, Gunther Schendel, Jürgen Schönwitz (Hg.): Beruf und Berufung. Wie aktuell ist das reformatorische Berufsverständnis? Leipzig 2017.

für Empowerment heranzieht. Der Ansatz des Empowerments weist eine gewisse Ähnlichkeit mit einem klassischen christlich religiösen Topos auf, nämlich dem der Bevollmächtigung. Er wird heute leider relativ selten zitiert. Statt davon zu reden, dass Gott Menschen dazu bevollmächtigt, ihren Dienst treuhänderisch zu tun – ihnen also Macht überträgt –, wird sehr viel lieber der nicht zu leugnende Aspekt von Macht in der Arbeit heruntergespielt und betont, dass christliche Machtausübung stets als Dienst erfolgen müsse. So richtig dieser Gedanke natürlich auch ist, so wird dabei doch die andere Seite übersehen, dass es zu einem jeden Dienst eines gehaltvollen Auftrags von Gott her bedarf, um ihn überhaupt tun zu können. Dafür stand lange Zeit der Begriff der Bevollmächtigung, d. h. einer gewissen treuhänderischen Machtübertragung von Gott her auf die einen Dienst tuenden Menschen. In den Analysen und Konzeptionen zum Thema Empowerment wird nun eine ganze Reihe von Komponenten zusammengebracht, die gute Arbeit noch einmal aus der Sicht der Befähigung zusammenfassen:

– Kompetenz
– Bedeutsamkeit
– Selbstbestimmung
– Einfluss.

Auch in diesem Kontext wird die Erfahrung der Kooperation bzw. des gemeinsamen Tuns im Sinne von Gemeinschaft herausgehoben, aber insbesondere die Verantwortung des Einzelnen zu proaktivem Handeln betont. Wo solche Erfahrungen von Empowerment gemacht werden können, entsteht ein hohes Maß an Resilienz aller Beteiligten.

Aber wie man nun gute Arbeit und Formen von Empowerment auch immer im Einzelnen definiert: deutlich wird, wie oben bereits gesagt, wie eng diese neuen, modernen Konzeptionen an das klassisch protestantische Berufsverständnis gekoppelt bleiben. Einfach gesagt: Im Beruf sind wir im Dienst für andere wir selbst, wenn und weil wir unserer Berufung folgen. Anders gesagt: Das Christliche steckt im Beruf. Klassisch ist dies unter der Vorstellung einer Berufung gefasst worden. Und wie auch immer man sie im Einzelnen versteht: deutlich wird hier, dass wir in unserem Beruf etwas tun, was unser eigenes Tun übersteigt, neuen Grund legt und ihm von einer transzendenten Dimension her umfassende Bedeutung verleiht.

Natürlich bleibt die Frage, wie weit so etwas heute in der beruflichen Ausbildung für soziale Dienstleistungen faktisch noch greift oder überhaupt noch greifen kann. Die Frage nach der Bedeutung von Beruf und Berufung allerdings bleibt aktuell, und die christliche Theologie sollte sich nicht scheuen, an dieser Stelle religiöse »Ressourcen« einzubringen. In dieser Hinsicht lässt sich ein besonders schönes, aber auch durchaus ambivalentes Beispiel für die christliche Auffassung von Beruf aus einer Studie von Sören Kierkegaard über die Liebe zitieren:

> »Nimm die geringste, unbeachtete Arbeiterin; denke dir eine recht einfältige, ärmliche Waschfrau, die sich ihr Auskommen durch die geringste Arbeit erwirbt: sie hat, christlich verstanden, das Recht (ja wir bitten sie im Namen des Christentums

recht angelegentlich, sie möge ihr Recht auch ausüben) / sie hat das Recht unter ihrer Arbeit mit sich selbst und mit Gott zu reden (wodurch ja ihre Arbeit keine Unterbrechung erleidet), und zu sagen: ›ich tue diese Arbeit um den Taglohn; daß ich sie aber so pünktlich ausführe wie ich's tue, das tue ich / gewissenshalber.‹«[11]

Bei Kierkegaard hat diese Frau, ganz im Sinne Luthers, nicht das Recht, ihre Lebens- und Arbeitssituation irgendwie zu verändern, weil sie ja genau dazu berufen ist. Das werden wir natürlich heute anders sehen. Aber die Grundintention von Kierkegaards Aussage, deutlich zu machen, dass das christliche Arbeitsethos nicht im Tun der Arbeit als solcher, die um den Lohn getan wird, steckt, sondern in der Art und Weise, wie sie erbracht wird, bleibt hochaktuell.

Die Atmosphäre als Produktivkraft[12]

Und nun liegt auf der Hand: Wo Mitarbeiterinnen und Mitarbeiter ihre Arbeit so erfahren, weil sie sie so erbringen können, stellt sich eine besondere Atmosphäre ein: es bildet sich ein Geist der Arbeit heraus, der in spezifischer Weise begeistert, ansteckt, motiviert. Mein Tun ist stets mehr, als es ist, und ich bin auch in etwas Größeres eingebunden, als

11 Sören Kierkegaard: Leben und Walten der Liebe. Jena 1924, 142 f.
12 Klassisch zur Atmosphäre als Produktivkraft Joseph Wieland: Kooperationsökonomie. Die Ökonomie der Diversität, Abhängigkeit und Atmosphäre. In: Ders. und Gerhard Wegner (Hg.): Formelle und informelle Institutionen. Genese, Interaktion und Wandel, Marburg 1998, 9–34.

ich es überblicken kann. In mir arbeitet etwas, treibt mich etwas, trägt mich etwas, das mich gleichzeitig verpflichtet. Alles steckt in einem großen Zusammenhang, in dem ich lebe. Ich muss diesen Zusammenhang nicht selbst schaffen; er ist einfach vorhanden, und ich bin Teil von Größerem, das mich trägt und mich fordert. Dies ist pointiert gesagt keine Motivation: Motivationen erklären nichts; der Weg zur Tat bleibt oft sehr lang – die Erfahrung der Situation als solcher, ihre Berührung mit mir, ist entscheidend. Es ist einfach etwas, das sich ergibt – insbesondere wenn es sich wiederholt. Johannes Fischer deutet solche Konstellationen theologisch: »Der Geist der Liebe richtet Menschen so aus, dass sie intuitiv affiziert werden durch Situationen, in denen sie der Bedürftigkeit und Verletzlichkeit anderer Menschen konfrontiert sind.«[13] Der Geist ist folglich eine sich auf Menschen übertragende Ausrichtung von Affekt und Verstand. »Denn letztlich hängt alles davon ab, in welchem Geist sich Menschen erkennend und handelnd in der Welt orientieren, und somit ist das Wichtigste, was sie einander weitergeben können: ein lebensförderlicher Geist.«[14] Alles hängt von solchem Geist ab, denn er formt unsere Interessen und unser Handeln. Es geht also nicht darum, in irgendeiner Weise die Beziehung zu Gott herstellen zu wollen, sondern lediglich aus ihr heraus zu leben. Und genau an dieser Stelle liegt die Verantwortung der Unternehmensführung: solch ein Leben im Rahmen des Möglichen vorzuleben.

13 Johannes Fischer: Theologische Ethik, Stuttgart, Berlin, Köln 2002, 131.
14 Ebd., 131.

Man kann zur Illustration an dieser Stelle auf neuere sozialwissenschaftliche Rekonstruktionen des klassisch christlichen Topos der Vergebung hinweisen.[15] Vergebung ist nichts anderes als ein Neukonzeptionsprozess von zwei Verletzten, die eine bisher unausgesprochene Gemeinsamkeit konstruieren müssen. Die entscheidende Leistung besteht dabei in einer Transformation von Gefühlen. So etwas ist unter Menschen möglich – genauso wie Menschen sich etwas versprechen können und sich damit gegenseitig Ordnungsstrukturen in der offenen Zukunft möglich machen –, eigentlich aber etwas völlig Unmögliches. Dies aber eben wäre religiös gedeutet das Wirken des Geistes. Und solcher Geist zeigt sich in solchen Prozessen als Atmosphäre. Und genau das ist es, was die Menschen in der Diakonie suchen – darin fühlen sie sich gut aufgehoben und leiten aus solchen Erfahrungen möglicherweise ab, dass hier christlicher Geist am Wirken ist.

Von großer Bedeutung in diesem Zusammenhang sind die Führungskräfte, denen ja in Zukunft weit mehr Verantwortung für die Aufrechterhaltung des diakonischen Profils zufällt als bisher. Sie sind es auch deswegen, weil in den beschriebenen Prozessen Charisma und Authentizität für die Vermittlung von religiöser Bedeutungszuschreibung große Bedeutung zukommt. In religiösen Kontexten ist dies schon immer der Fall gewesen – mittlerweile sind die entsprechenden Faktoren aber auch in säkularen Kontexten in ihrer Be-

---

15 Vgl. Sonja Fücker, Christian von Scheve: »Welch eine arme Sau«: Fremdverstehen, Emotionsregulation und die kommunikative Konstruktion interpersonaler Vergebung. In: ZfS 46 (2017)1, 22–38.

deutung breit anerkannt. Führungskräfte sind weit mehr als nur irgendwelche Schaltstellen mit Entscheidungsfunktion; sie sind vielmehr selbst Symbole für das gesamte tragende Profil einer Einrichtung. Man könnte an dieser Stelle auch noch weiter gehen und religiöse Kommunikation als Atmosphäre diakonischer Governance verstehen, die das Geschehen in einem Unternehmen erkennbar prägt und es so insgesamt auf ein komplexeres Niveau hebt. Aber wie auch immer: Führungskräfte definieren sozusagen die Rolle des Unternehmens in der Gesamtdynamik des Reiches Gottes. Sie verkörpern in besonderer Weise, was es letztlich ist, was ein diakonisches Unternehmen antreibt.

Atmosphären sind ganz und gar nicht Schall und Rauch[16] und auch nichts Harmloses. Sie lassen sich als Kräfte beschreiben, die nach der Seele greifen.[17] Nach Hermann Schmitz sind Atmosphären ergreifende Gefühlsmächte, räumliche Träger von Stimmungen.[18] Sie vermitteln Lebenshaltungen.[19] Dies geschieht dadurch, dass sie auf den Leib und nicht nur auf den Kopf wirken. Es ist deutlich, dass die

---

16 Grundlegend: Gernot Böhme: Atmosphäre. Frankfurt a. M. 1995.

17 Natürlich sind sie damit auch potenziell gefährlich. Es muss nicht Gottes Geist sein, der in ihnen weht – es kann auch der Leibhaftige sein. Dagegen hilft nur eines: immer wieder Unterbrechungen einzubauen, Brüche zu installieren, die Irritationen und damit Neues ermöglichen.

18 Vgl. Hermann Schmitz: Der Gefühlsraum. System der Philosophie III/2, Bonn 1969. Zum Ganzen: Manfred Josuttis: Der Weg in das Leben. Eine Einführung in den Gottesdienst auf verhaltenswissenschaftlicher Grundlage, München 1991.

19 Josuttis: A. a. O., 135

religiöse Tradition von den entsprechenden biblischen Symboliken her fundamental in dieser Richtung funktioniert und manche protestantischen Intellektualisierungen jeden Bezug zu diesen fundamentalen Ebenen verloren haben. Mit dem »Protestantischen Prinzip«[20] allein lässt sich jedenfalls keine diakonische Einrichtung steuern – es braucht dazu eine Menge katholischer ritueller Substanz. Was prägt Atmosphären? Haltung und Gestik, Präsenz und Performanz, Narrationen, Sprache, Farbe, Klang – Gehen – Sitzen, Sehen, Singen, Hören, Essen[21] (vielleicht insbesondere gerade das gemeinsame Essen, auf das entsprechend Aufmerksamkeit gerichtet werden sollte). In all dem realisieren sich ganzheitliche Wünsche nach Versorgung, nach Halt, auch nach Schutz, Grenzen, Achtung usw. Im Grunde genommen geht es bei Atmosphären um die Rahmeninszenierung von Situationen. Solche Atmosphären können, wie gesagt, offen für Projektionen sein. Genauso sättigen sie quasi das diakonische Profil. Sie lassen sich von vorn bis hinten planen und gestalten – ob sie funktionieren, hat man allerdings niemals im Griff, denn sie kommen erst in der Erfahrung der Patienten und Klienten zur Vollendung – oder eben nicht.

20   Vgl. Gerhard Wegner: Protestantisches Prinzip und katholische Substanz, In: Josef Wieland, Gerhard Wegner und Ramona M. Kordesch (Hg.): Luther 2017. Protestantische Ressourcen der nächsten Moderne. Weilerstwist 2017, 42–56.

21   Um den Aufbau des Gottesdienstbuches von Manfred Josuttis zu zitieren (Weg in das Leben [s. Anm. 18]).

Triangulation

Zum Schluss ein paar möglicherweise »abgehobene« Bemerkungen zur angesprochenen Thematik. Wenn ich, wie ich das eben getan habe, das Erbringen von sozialen Dienstleistungen als Beruf verstehe und diesen Beruf mit der klassisch protestantischen Auffassung von Berufung im Sinne Luthers kopple, dann steigere ich, wie gesagt, die Bedeutsamkeit dieser Tätigkeit. Ich bringe sie mit etwas Höherem, Wichtigerem, mit einem größeren Zusammenhang in Verbindung und statte sie mit weitergehenden Ressourcen an Sinn aus. Solch ein Prozess lässt sich als Triangulation, d. h. als Herstellung einer dreiheitlichen Beziehung[22] verstehen. Jede Situation, die wir erfahren, lässt sich prinzipiell dreiheitlich und nicht nur zweiheitlich deuten. Normalerweise würden wir eine Situation als ein Geschehen interpretieren, das zwischen mir und dir abläuft. Trianguliere ich diese Situationen, füge ich eine dritte Dimension hinzu, was religiös dann zum Beispiel Gott sein kann, der einen Einfluss auf das Geschehen zwischen mir und dir ausübt oder dessen angenommene Existenz dieses Geschehen zwischen mir und dir ganz einfach besonders beleuchtet.

Genauso lässt sich religiös auch das Geschehen guter Arbeit drittheitlich konzipieren. Hier können dann Fragen der Motivation und der konkreten Arbeitsgestaltung im Sinne von Arbeitshaltung eine vertiefende Rolle bekommen. An dieser Stelle kann dann auch eine Ankopplung an die großen

---

22 Vgl. zu dieser Begrifflichkeit Steffen Merle: Mitglieder gewinnen. Berlin 2014 (insbesondere 191 ff. und 296 ff.).

Storys des christlichen Glaubens erfolgen und so eine Einführung in den christlichen Glauben gemäß der Loyalitätsrichtlinie sinnvoll an Berufsüberzeugungen angebunden behandelt werden. Denn wenn sich das diakonische Profil nicht in beruflichen Haltungen zeigt, zeigt es sich gar nicht. Berufliche Haltungen wiederum sind nur sehr entfernt durch spezifische Werte determiniert, wie es immer wieder dann suggeriert wird, wenn man sich auf gemeinsame Codices in Unternehmen verständigt, die dann in Sätze zusammengefasst irgendwo hingehängt werden. Codices schweben hoch über den konkreten Prozessen und werden erst dann Realität, wenn sie körperlich konkret sind.

Was kann dies nun näherhin bedeuten? Nimmt man das lutherische Berufsverständnis ernst, dann ist unsere konkrete Berufsarbeit Gottesdienst im Alltag. Und diakonische soziale Dienstleistungen sind klassisch auch stets genau so aufgefasst worden. Dann aber greift in ihnen jederzeit so etwas wie eine Triangulation – dann ist in irgendeiner Weise eine dritte Macht, die Macht Gottes, in ihnen anwesend und prägt das Geschehen. Dies kann ganz unterschiedlich sein. Gottes Präsenz kann unser Tun erleichtern, indem es uns die letzte Verantwortung für Tod und Sterben abnimmt. Es kann aber auch genau umgekehrt diese Verantwortung noch erschweren und ganz spezifische, harte Arbeitserfahrungen für uns als Bewährung nicht nur unserer Arbeit, sondern auch unseres Glaubens erscheinen lassen. Auf jeden Fall verdichtet eine solche Arbeitsauffassung unser Tun, intensiviert es und lässt es in einer umfassenden Weise achtsam sein. Alles, was wir tun, steht in einem größeren Verweisungszusammenhang. In gewisser Hinsicht wird alles, was wir tun, zu einem Symbol für die Präsenz Gottes im Alltag. Und dies kann selbst simpelste Handlungsvollzüge verändern. Es kann das Waschen der Füße für den Waschenden zur Fußwaschung im Sinne Jesu werden lassen – es kann das Servieren des Essens für die Patienten zum Teil einer Gemeinsamkeit im Sinne des christlichen Abendmahls machen. Die betreffenden Klienten und Patienten können aus dem empirischen Geschehen unter Umständen auf seinen religiösen Gehalt hin schließen.

Fazit

Man könnte meinen, dass die Konkretion des diakonischen Profils als Atmosphäre etwas Harmloses wäre – etwas, das insbesondere gegenüber den harten ökonomischen Realitäten marginal sei. Aber das ist eine große Täuschung, der man auch schon mit einer Reihe von ökonomischen Studien viel entgegensetzen kann. Atmosphären sind etwas zutiefst Wirksames, das die Arbeitsprozesse und damit die Leistungserbringung in sozialen Dienstleistungen immens beeinflusst. Das Reden über spezifische diakonische Werte ist demgegenüber leicht hohl. Unser diakonisches Profil kann in dieser Hinsicht tatsächlich als Geist, der sich material, ästhetisch umsetzt, verstanden werden – und zwar in aller Banalität. Und da lässt sich dann ganz viel machen – wie aufgezeigt. Entscheidend ist die Haltung: dass da etwas wachsen darf. Moralisierung ist in dieser Hinsicht der Tod im Topf. Nicht mit der Ethik beginnt sich die Arbeit zu profilieren, sondern mit der Ästhetik. Nicht mit dem Sollen, sondern mit dem Sein.

Das Christentum begann einmal als Entscheidungsrevolution: Zugehörigkeit war nicht mehr durch Blut und Boden gegeben, sondern realisierte sich jenseits von sozialen Bindungen aller Art – transzendental, entweltlicht. Das war eine enorme Emanzipation von allem, was bisher die Gesellschaft zusammenhielt. Der Zusammenhalt beruhte nunmehr auf der Bejahung einer dritten Dimension – dem Glauben an Gott –, der sich in spezifischer Symbolik, in Ritualen und dann eben in Atmosphären, in Gestalt von Gebäuden, symbolischen Ausdruck verschaffte. Wir sind heute wieder in einer ganz ähnlichen Situation: Menschen aus verschiedenen Religionen und Kulturen arbeiten nun als vollgültige Kolleginnen und Kollegen in christlich geprägten Räumen und Zeiten und sind mit einem protestantischen Berufsethos konfrontiert, dass nicht das ihrige ist. Sie werden nur dann bereit sein, sich in diesen neuen Räumen und Welten beheimaten zu lassen, wenn sie diese Welten auch zu einem Teil der ihrigen machen können. Das ist weniger ein kognitiver als ein emotionaler Prozess, zu dessen Gelingen alle Hilfen angeboten werden sollten.

Mitgliederbindung in der evangelischen Kirche[1]

Einige einleitende Anmerkungen

Nie ist Mitgliederbindung so wichtig wie dann, wenn Einrichtungen – wie die evangelische Kirche – an Zustimmung verlieren. Aber sie ist auch nie so schwierig, wie eben in solcher Situation. Das Problem potenziert sich noch bei jenen Organisationen, die – wie die Kirche – nach wie vor das Erbe anstaltlicher Institutionen mit sich herumschleppen. Sie verlieren im Prozess ihres Bedeutungsverlustes immer mehr den *selbstverständlich* inklusiven Charakter großer Teile von oder sogar der gesamten Bevölkerung und benötigen deswegen immer deutlicher eine *ausdrückliche* Zustimmung zu ihren Programmen und Aktionen. Als anstaltlich formatierte Einrichtungen tun sie sich aber besonders schwer, Wahrnehmungen und Bedürfnisse ihrer Mitglieder aufzunehmen und ihre Programmatik pointiert an deren Interessen auszurichten – wovon sie andererseits wissen, wie wichtig eben das wäre. Anstaltliche Institutionen sind im Kern gerade dadurch bestimmt, dass sie große Teile der Bevölkerung umfassen, ohne ihnen einen wirklichen Anteil an der eigenen Steuerung der Programmatik einräumen zu können.[2]

---

1   Überarbeiteter Beitrag. Ursprünglich: Mitgliederverhalten im Niedergang von Institutionen. In: epd-doku Nr. 30, 25. Juli 2017, 4–13.

2   Dieser Charakter von Anstalten kommt sehr schön in einem klassi-

Im Bewusstsein dieses Dilemmas, wird seit längerem in der Evangelischen Kirche von »Organisationswerdung« gesprochen und an entsprechenden Veränderungen in der Programmatik und den Entscheidungsprozessen, d. h. letztlich an der Ankopplung von Mitgliederinteressen an Kernprozesse gearbeitet. Dennoch wird man bisher nicht behaupten können, dass das durchschnittliche Kirchenmitglied in wirklich relevanter Weise auf Programmatik und Entscheidungsprozesse der Kirche Einfluss hätte. Ausnahmen bilden nur die Kirchengemeinden, in denen sich die Kirchenmitglieder »prinzipiell« solch eines Einflusses erfreuen können. Ein spezifischer, hochverbundener Teil von ihnen, der allerdings seltsamerweise als irgendwie überholt und als nicht ganz von dieser Welt betrachtet wird, tut dies ja auch – bleibt darin aber eine klare Minderheit, der dann noch zum Vorwurf gemacht werden kann, dass sie das Leben in den Gemeinden eben nach ihren Interessen – und nicht nach denen der Mehrheit der Kirchenmitglieder – gestaltet. Die Therapie wird in dieser Logik deswegen meistens darin gesehen, den Kirchengemeinden Ressourcen zu entziehen, um sie für den Aufbau von Dienstleistungsangeboten für die große Mehrheit der Kirchenmitglieder zu nutzen. In der einen oder anderen Form folgen die kirchenleitenden Diskussionen meist diesem Muster.

schen Krankenhaus-Zitat zum Ausdruck: »Alle Patienten lügen!« In Anstalten weiß man es stets besser, was für die Menschen gut ist, als sie selbst. Deswegen gibt es sie. Das gilt in den Kirchen im Blick auf das Verhältnis von Landeskirchenämtern zu Gemeinden und Pastoren – aber dann auch, was das Verhältnis von Kirchenmitgliedern und Theologie anbetrifft.

Vor dem Hintergrund dieser spezifischen, höchst ambivalenten Situation, soll in diesem Text eine Reihe von sozialwissenschaftlichen Deutungen der Mitgliederbindung im »Niedergang« von Einrichtungen vorgestellt werden. Es geht dabei um erste einleitende Überlegungen, mit dem Ziel, Diskussionen anzustoßen. Anregungen, um Sichtweisen zu verändern, sind das Ziel. Keinesfalls wird hier ein umfassendes Modell für Mitgliederbindung entwickelt – das sei gleich gesagt. Aber ansatzweise soll deutlich werden, dass eine wirkliche Theorie der kirchlichen Mitgliederbindung im Kern an so etwas wie eine »Bildungstheorie des Christlichen« überhaupt anknüpfen muss. Sie muss Antwort geben können auf die Frage, wie Menschen unter heutigen Entwicklungsbedingungen eine – im weitesten Sinne – kirchlich-christliche Haltung herausbilden können. Zumindest kann ein Nachdenken über kirchliche Mitgliederbindung darauf nicht verzichten, sofern es nicht nur um äußerliche Faktoren einer irgendwie »nützlichen« Kirche geht. Im Hintergrund bleibt die Frage entscheidend: Wie kommt heute christlicher Glaube zustande?

Denn man würde einer religiösen Einrichtung sicherlich nicht gerecht werden, wenn man den Aspekt des Glaubens, um den es der Kirche ja geht, nicht in den Vordergrund rückte. Dies bedeutet natürlich nicht, dass es nicht auch andere – aus Sicht der Kirche »vordergründigere« – Bindungsweisen gibt. Aber es ist klar, dass sie gegenüber einer »vollen« Bindungsrealität denn doch eher als irgendwie defizitär betrachtet werden müssen[3] – und sich ja auch selbst so se-

---

3 Darüber wird allerdings, einerseits verständlicherweise, andererer-

hen, nach dem bekannten Motto »Ich gehe zwar nicht dauernd zur Kirche, ich glaube auch nicht an Gott, aber weil ich Kirche für eine wichtige soziale Einrichtung halte, bleibe ich dabei.« Noch in solchen Voten bleibt, wenn auch in der Negation, präsent, dass da »mehr« dahintersteckt, als nur das, was sich in sozialer Aktivität zeigt. Und ein wenig schlechtes Gewissen wird meist auch deutlich.

Das bedeutet: Die entscheidende Frage im Blick auf Kirchenbindung besteht darin, was die Menschen *durch ihre Möglichkeiten der Annäherung an Kirche hindurch »sehen«.* Anders gesagt: was »abduzieren« sie? Was vermuten Menschen, worum es hier eigentlich geht, wenn sie sich der Kirche in der einen oder anderen Weise nähern? Was erleben sie, was »hinter« einem Essen in der Kirche steckt? Was »hinter« einem Gottesdienst, hinter einer Kerze, hinter einem Gebäude, hinter der Begegnung mit einem Pastor, einer Pastorin? Vermuten sie hier nichts weiter als das, was sie sehen und anfassen können? Oder abduzieren sie dahinter ein religiöses, transzendentes Geschehen, also platt gesagt, eine Art von Epiphanie, von einer Begegnung mit Gott? Meine These ist: Solche Vermutungen stecken irgendwie meist hinter starker Kirchenbindung. Dann, wenn in der einen oder anderen Weise den Menschen bewusst wird, dass das, was sie sozusagen »real« in der Kirche erleben, was ihnen »tatsächlich« vor Augen liegt, auf eine andere größere Wirklich-

seits auch durchaus leichtsinnig, in der Mitgliederkommunikation besser geschwiegen. Man will niemandem ein schlechtes Gewissen machen – bis dahin, dass auch kirchenleitende Menschen bisweilen zustimmen, wenn die Rede auf ein Christsein ohne Kirche kommt.

keit verweist, könnte eine Bindung an Kirche bzw. an Religion möglicherweise »gelungen« sein. Trotz aller natürlich notwendigen Vorsicht: Hier könnte eine Art Maßstab gefunden werden für das, was gelungene Kirchenbindung ausmacht: eigenständiger Glaube.

Und dies entspricht empirischen Analysen. Egal, welche Bindungsfaktoren man berücksichtigt oder welche sonstigen Analysen man anstellt, ob man sich mit Milieuorientierungen, Netzwerkstrukturen oder was auch immer beschäftigt – nichts von den so erfassten Faktoren als solchen wirkt im Blick auf Kirche und Glauben bindend. Es ist zentral die eigene Einstellung zu Religion und Glaube (und damit dann auch zur Kirche), die letztendlich für Mitgliederbindung und dann auch für die Beteiligung an einer aktiven Mitgliederkommunikation entscheidend ist. Das bedeutet: Man kann im Blick auf Mitgliederkommunikation alles nur Erdenkliche machen – solange dieser »Leitfaktor« vorkommt und das Geschehen rahmt oder aber von den Beteiligten entsprechend wahrgenommen (trianguliert) werden kann, d. h. solange die Beteiligten erahnen können, dass hinter dem Geschehen, das sie real erleben, etwas Religiöses, Göttliches oder Transzendentes steckt, kann diese Beziehungsebene auf Bindung hin wirksam werden.

In dieser Richtung hat Steffen Merle[4] eine sehr schöne Studie über Mitgliederbindung und Mitgliedergewinnung verfasst, in der er an zentraler Stelle den Begriff der Abduk-

4   Steffen Merle: Mitglieder gewinnen. Eine semiotische Rekonstruktion von religiösen Orientierungs- und Bindungsprozessen im Kontext der evangelischen Kirche. Berlin 2014.

tion anwendet. Mitgliedergewinnung in Richtung religiöser Bindung kann dann funktionieren, wenn es zu einer abduktiven Erkenntnis dritter Bedeutung kommt, wie er schreibt. Er entwickelt in dieser Richtung ein Dreierschema:

1. »Erstheitliche« Zugänge zu Kirche und Religion:Feste, Räume, Rituale, Atmosphären, Begegnungen mit kirchlichen Menschen;
2. »zweitheitliche« Zugänge:
   Erfahrungen von kirchlicher Praxis insbesondere im Blick auf Empathie, Diakonie und ähnliches;
3. »drittheitliche« Zugänge:
   Erfahrungen, in denen der Bezug auf Gott, die religiöse Symbolik als solche, damit die Plausibilität einer dritten Dimension inkludiert ist.

Hier wird deutlich, dass die erstheitlichen und zum Teil auch zweitheitlichen Zugänge nicht primär kognitive oder gar intellektuelle Prozesse darstellen, sondern mit der Dimension von (körperlicher) Berührung mit Kirche im Zusammenhang stehen. Dieser Ansatz bestätigt folglich, dass Religion zunächst immer Aspekte von körperlicher Übung (Konditionierung) aufweist, die sich allerdings nicht aus sich heraus zwingend als religiös erschließt, sondern erst dann, wenn sie abduktiv auf eine transzendente Dimension bezogen wird. Das Händefalten als solches ist selbstverständlich noch keine Religion, erst dann, wenn es als solches als Gebet oder Gebetsgeste wahrgenommen wird, kann man vermuten, dass dahinter eine Kommunikation mit Gott steht und insofern eine drittheitliche Dimension.

Wenn solche Verhaltensweisen einmal eingeübt sind und sich entsprechend religiöse Wahrnehmungsmuster bei den Menschen ausgebildet haben, dann kann eine ganze Reihe von – für Unbeteiligte – rein weltlich erscheinenden Begegnungen und Situationen als religiös grundiert interpretiert werden. Und es erschließt sich für die Menschen ein neuer Erfahrungsraum, der sich für viele von ihnen dann in kirchlichen Erfahrungsräumen verdichtet oder zumindest an sie anlagern kann. Eben dies wäre der Kern einer gelingenden – nicht nur äußerlichen – Mitgliederbindung. Eben dann können sich auch spezifische Re-Identifikationsprozesse von ursprünglichen Erschließungssituationen auf neue, sich bewährende Erfahrungen ereignen, die einen Menschen immer weiter in eine Drittwelt der Erfahrung hineinzieht. Die religiöse Kompetenz des Betreffenden erweitert sich und führt zur Ausbildung einer eigenständigen theologischen Phantasie.[5]

Ein aktuelles Beispiel findet sich in einer neueren Studie über prosoziales Verhalten und Religion.[6] Hier lässt sich zeigen, dass der Zusammenhang beider Größen bei Menschen, die keinerlei religiöse Praxis aufweisen, aber sich der Kirche verbunden fühlen, keinen Unterschied zu dem völlig nichtreligiöser Menschen aufweist. Bei denen allerdings, die eine höhere Partizipation in der Kirche aufweisen, finden sich

---

5 Wie so etwas – allerdings sehr anspruchsvoll – funktionieren kann, zeigen die literarischen Arbeiten von Christian Lehnert, zuletzt wunderschön: Der Gott in einer Nuss. Fliegende Blätter von Kult und Gebet. Berlin 2017.

6 Guido Heineck: Love Thy Neighbor. Religion and Prosocial Behavior. Bonn, IZA DP No. 8496, September 2014.

deutlich erhöhte Zusammenhangswahrscheinlichkeiten. Die Prozesse kommen hier allerdings nicht mehr so spontan wie sonst daher, sondern laufen offensichtlich reflektierter ab. Prosoziales Verhalten wird bei diesen Menschen ganz offensichtlich stärker aus eigenen Überzeugungen dogmatischer Art abgeleitet und erfolgt somit nicht mehr so spontan wie sonst. Intensivere Mitglieder reflektieren also folglich ihre Religiosität im Blick auf ihr Verhalten. Diese implizite Haltung kann dann Maßstäbe liefern, in ihrer eigenen Mitgliederkommunikation mit anderen, in der Kirchengemeinde und sonst wo. Dies kann allerdings auch nur distanzierte Mitglieder an einer intensiveren Bindung hindern, weil sie die entsprechenden Anforderungen als Zumutung erleben.

Nutzen und Narration

Aber nun noch einmal einen Schritt zurück und den Blick geweitet auf Mitgliederbindung ganz allgemein. Setzt man so an, so lassen sich entlang philosophischer, soziologischer oder sonstwie gearteter Deutungsmodelle des Humanen verschiedene Interpretationsmuster menschlichen Verhaltens und so auch des Bindungsverhaltens an Institutionen und Organisationen entwickeln. Ganz allgemein kann man z. B. nach akteurs- oder netzwerkzentrierten Modellen unterscheiden. Im ersteren Fall werden die Mitglieder (aus ihrer eigenen Sicht) als Akteure des Handelns in den Blick genommen und erfahren eine erhebliche Aufwertung ihrer Selbstwirksamkeit, die dann lediglich durch äußere Hindernisse begrenzt sein kann. Der Akteur stiftet selbst Beziehungen. Im anderen Fall der Netzwerkzentrierung geraten die Mitglieder nicht aus ihrer Eigensicht, sondern aus ihrer Einbindung in kleinere oder größere Netzwerke, d. h. als Teil eines irgendwie gearteten, lockeren oder stärker »zusammengefügten« Kollektivakteurs in den Blick. Auch hier werden sie gegenüber institutioneller oder organisierter Sicht durchaus aufgewertet, sie agieren aber in dieser Sicht nicht mehr als Einzelne, sondern im Kontext von Beziehungen, in denen sie erst zu dem werden, was sie sind. Entscheidend bei Netzwerken ist folglich die Analyse der Beziehungsstruktur, die sozusagen als solche das Geschehen dominiert. Abgekürzt gesagt: Die Beziehung ist der Akteur. Logisch, dass die Bindung von Menschen an die Kirche jeweils völlig anders zustandezukommen scheint, je nachdem welche Sichtweise man einnimmt.

Es lassen sich weitere, jeweils sehr anders denkbare Deutungsmuster identifizieren:

– Der *homo sociologicus*: Hier können die Mitglieder z. B. betont als Rollenträger in den Blick geraten, die im Bezug auf Mitgliedschaft spezifische Rollen wahrnehmen, die sie außerhalb der Mitgliedschaft nicht nutzen. Welche Rollen kann ich in der Kirche übernehmen? Warum tun sie das? Warum lassen sie es? Welche Überlappungen gibt es?
– Der *homo oeconomicus*: Hier handelt es sich um eine betonte Nutzensicht. Den Menschen wird unterstellt, dass sie ihre Bindungen und Kommunikationen vor allen Dingen von einem auf sie selbst gerichteten Nutzenmodell her evaluieren und sich entsprechend organisieren. Entschei-

dend folglich die Frage: Was bringt es mir, in der Kirche mitzumachen?

– Ein Identitätsmodell fragt danach, was Mitgliedschaft und Mitgliedsbindung zur Identität einzelner Personen oder spezifischer Gruppen beiträgt. Was leistet Kirche und Religion zur »Beheimatung« von Menschen? Für wen leistet sie das – für wen aber auch nicht? Allgemeiner: Wie zentral ist der christliche Glaube für meine Handlungsfähigkeit?

– Schließlich: Der »Emotional Man« prüft das gesamte Geschehen im Hinblick auf die Wirkung von prägenden Emotionen. Was berührt mich an Religion und Kirche sinnlich? Werden wichtige christliche Topoi noch körperlich empfunden (Sünde, Schuld, Erlösung) – oder kommen sie nur noch als begriffliche Deutungsmodelle daher, die ich reflexiv bearbeiten kann? Überwältigt mich ein Ritual, ergreift es mich?

Jedes dieser Konzepte – und es gibt natürlich weitere – erzeugt unterschiedliche Sichtweisen auf die Gründe, warum sich jemand als Mitglied begreift und Bindungen eingeht. Fragt man dann nach entsprechenden kirchlichen »Therapien« in Zeiten der Bindungslosigkeit, bieten sich demgemäß sehr verschiedene Möglichkeiten an. Das Interesse des Therapeuten steht dann im Vordergrund und sollte entsprechend bedacht werden. Welchen Aspekt von Bindung will ich bearbeiten? Welche Effekte will ich erzielen? Geht es um elementare »Berührung«? Will ich Menschen überwältigen oder eher zur Reflexion anregen? Soll der Nutzen von Kirche deutlich werden? Eine Gesamtstrategie wird notwendigerweise komplex sein. Aber alles auf einmal geht nicht.

Wie auch immer: Deutlich wird, sobald man einen Schritt zurücktritt, bei allen Analysen, dass nicht nur wir als Forscher, Beobachter oder kirchliche Akteure die Situation deuten, sondern dass natürlich die Menschen selbst ihre Situation interpretieren. Sie urteilen nach den ihnen naheliegenden und meist biografisch gewordenen eigenen Deutungsmustern (wobei man schon fragen kann, ob es tatsächlich um Muster oder nicht vielmehr um situative Reaktionen geht[7]). Aber ob diese nun konsistent und eindeutig sein müssen, ist bereits eine wichtige Frage. Es kann durchaus sein, dass sich aufgrund spezifischer Bindungsfaktoren (z. B. charismatischer Effekte) auch Deutungsmuster sehr schnell verändern. Man denke in dieser Hinsicht an den Martin-Schulz-Effekt im März 2017 in der SPD, der bei dieser großen Volkspartei quasi über Nacht die deprimierende vorherige Situation auf Offensive und Expansion hin umgekehrt hat (und dann auch schnell mangels Erfolgen wieder abflachte).

Anhand dieser Übersicht – und zugegebenermaßen reichlich oberflächlich – lässt sich ein Modell für die Analyse der Struktur von Mitgliederbindung entwickeln, das etwa folgendermaßen aussieht:

1. Auf einer noch ganz oberflächlichen Sicht erfolgt die Bindung von Mitgliedern an Organisationen und Institutionen aufgrund eines irgendwie gearteten »*Nutzens*«, den die Mitglieder eben aus ihrer Bindung ziehen. Hier ran-

---

7 Vgl. dazu z. B. Petra-Angela Ahrens: Wer sind die Konfessionslosen? Antworten aus einer Repräsentativbefragung im Osten Berlins. Hannover 2016.

giert die Welt des *homo oeconomicus* und seiner ideal-typischen Wahlmöglichkeiten. Irgendetwas an der Kirche muss nützlich sein – und sei es nur im Gespräch vorgebracht gegenüber anderen, um meine Mitgliedschaft zu begründen. Was nicht – zumindest auch – nützlich ist, hat es heute schwer.

2. Illusionär zur Erklärung eines manifesten Veraltens wird diese Deutung aber dann, wenn man näher nach der Qualität und inhaltlichen Ausrichtung des entsprechenden Nutzens fragt. Denn jeder Nutzen entspringt wiederum einer spezifischen *Deutung*, die bei verschiedenen Individuen und Gruppen je anders ausfällt – und zwar gemäß dem *Rahmen*, den die Menschen konstruieren. Ein Einkauf im Supermarkt muss nicht primär Konsuminteressen befriedigen – es kann auch um soziale Interessen gehen. Und das betrifft nicht nur den »Inhalt« des Nutzens, sondern auch seine Funktion im Lebenskontext. Nutzen erklärt also eigentlich gar nichts – aber er hat eine zentrale Legitimierungsfunktion für das eigene Handeln.

3. Geht man nun noch einen Schritt näher an diese Fragen heran, dann zeigt sich, dass die spezifische Bedeutung, die in der Benennung des Nutzens sozusagen »angewendet« wird, in der Regel aus *Narrativen* heraus erwächst, die in irgendeiner Weise individuell oder gruppenbezogen erworben worden sind. Diese Narrative schlagen sich vor allem in der Rechtfertigung der Bindung nieder. Platt gesagt: Hinter allem stehen letztlich immer »Geschichten«, in denen Menschen von ihrer Berührung mit Kirche und Religion erzählen. Sie lassen sich in *Topoi*, Stereotypen u. ä. identifizieren.

4. Diese Narrative erwachsen in der Regel aus biografischen Erfahrungen, die sich an »Erschließungssituationen« festmachen lassen. *Erschließungssituationen* sind solche, in denen eine sinnliche Deutung die Menschen sozusagen körperlich berührt. In dieser körperlichen Berührung erwächst eine spezifische Befriedigung, die sich bei wiederholter körperlicher Berührung immer wieder einstellt. Der Geruch oder der Klang einer Kirche kann so etwas sein.

5. Im Blick auf Religion und Kirche ist diese Dimension der *Berührung* als Erstbegegnung unmittelbar einsichtig. Menschen entwickeln nur dann eine Bindung an Kirche und Religion, wenn sie in der Regel schon relativ früh im Leben mit spezifischen religiösen Atmosphären und Gegebenheiten wahrhaftig »in Berührung« gekommen sind. Abgekürzt gesagt: *Religion ist körperliche Einübung* und in dieser Hinsicht körperliche Prägung. Sie ist erst sekundär ein mentales Phänomen. Zunächst einmal erwächst Religion aus Ritualen, Gesten, Gebräuchen, Farben, Gerüchen usw., wie andere prägende Lebenserfahrungen auch.

Diese verschiedenen Stufen der Entwicklung von Bindung lassen sich als ein Kreislauf darstellen, denn letztendlich dockt jede komplexe und hochreflektierte Bindung immer wieder in der einen oder anderen Weise an der »Berührung« an, die sich einmal als prägend erwiesen hat. Verbinden sich mit religiösen Erfahrungen z. B. tiefe Einschränkungen der eigenen Freiheit (etwa durch Suggestion von Schuldgefühlen), so kann dies ein Leben lang »gottvergiftend« sein.

Wie lassen sich nun Bindungsprozesse im Blick auf die in ihnen wirkenden Variablen bzw. Faktoren beschreiben? Wie vollziehen sich entsprechende Entwicklungsprozesse bei den Menschen – und zwar insbesondere im Blick auf Organisationen im Niedergang? Welche Arten und Weisen von Bindung lassen sich überhaupt unterscheiden? Hierzu gibt es eine ganze Reihe von Ansätzen aus verschiedenen sozialwissenschaftlichen, politologischen und auch ökonomischen Forschungsrichtungen, die jeweils wieder von unterschiedlichen Menschenbildern und Deutungskategorien ausgehen und je andere Aspekte und Sichtweisen im Blick auf Mitgliedschaft beleuchten. Hier kann nur ein kleiner Ausschnitt skizzenhaft präsentiert werden.

Zunächst einmal wäre eine noch relativ naive Annahme schlicht die, dass Mitgliedschaftsbindung dann besonders nachhaltig wirkt, wenn sich in ihr verschiedene lebensweltlich oder systemisch relevante Aspekte von Individuen oder Gruppen überschneiden. So könnte man vermuten, dass sie dann besonders stabil ist, wenn sich bei ihr die je eigene Milieuorientierung und entsprechende Interessen mit einer spezifischen Artikulation von Lebensstilen, d. h. einer deutlichen Anrufung von Elementen genau derjenigen Geschmacksrichtungen, die die Individuen präferieren, überschneidet. So beschreibt herkömmlich ein Schützen- oder ein Männergesangsverein auf einem Dorf einen spezifischen, in der Regel traditionell männerorientierten Lebensstil, der diejenigen besonders einbezieht, die diesen Lebensstil ohnehin leben und ihn dann auch noch durch Rituale und Gesten besonders aufwerten und (sich) feiern lassen. Hinzu kämen dann Interessen an spezifischen Tätigkeiten oder Atmosphären und an dem emotionalen Nutzen, der aus ihnen erwächst. Weiter können Werteorientierungen hinzukommen wie z. B. Grundhaltungen im Blick auf Gerechtigkeit oder Freiheit, die in verschiedene politische Orientierungen führen mögen. In der Tat sind solche Überschneidungen für die Analyse für Bindungen relevant. Im klassischen SPD- und Gewerkschaftsmilieu überschneidet sich z. B. eine ganze Reihe von Perspektiven im Blick auf Lebensstile, deren Artikulation und die Interessenausrichtung in politischer Hinsicht.

Wichtig ist dabei allerdings in der Regel, was man als »Leitvariable« beschreiben könnte. So führen Überschneidungen all dieser Faktoren z. B. im Fall der politischen Parteien nur dann zu einer relativ stabilen Bindung, wenn die Leitvariable Politik, politisches Engagement und politische Haltung im Vordergrund der Orientierung steht. Oder im Fall der Kirche nur dann, wenn eine im engeren oder weiteren Sinne religiöse Orientierung bzw. ein religiöses Interesse zentral oder zumindest rahmend ist. Diese Leitvariable steuert dann auch die Bindung. D. h.: wenn sie nicht mehr gelebt wird und Anerkennung findet, kann die Bindung erodieren, obwohl alle anderen Faktoren erhalten bleiben. Auch ein traditionell ausgerichteter Arbeiter wird sich, wenn er nicht ein starkes politisches Interesse hat, nicht in klassischen SPD-Kreisen organisieren, da dieses Sich-Organisieren einen Zusatzaufwand mit sich bringt, der beim Wegfall der Leitvariable Politik ebenfalls verschwindet (oder durch andere Variablen ersetzt wird).

Nun lässt sich das Mitgliederverhalten natürlich auch mithilfe betriebswirtschaftlicher Kundenbindung analysieren. Hierzu findet sich in der ökonomischen und psychosozialen Literatur eine große Anzahl von Modellen. Wahrscheinlich ist dies überhaupt der am breitesten ausgearbeitete Bereich der Beziehung von Organisationen auf »Menschen«, den es gibt. Er lässt sich hier nur ganz grob darstellen.[8]

So lassen sich verschiedene Phasenmodelle für die Entwicklung der Aufmerksamkeit der Kunden konstruieren, z. B.:

– die orientierende Aufmerksamkeit;
– die selektive oder fokussierte Aufmerksamkeit;
– die geteilte Aufmerksamkeit;
– die dauerhafte Aufmerksamkeit,[9]

die Kunden auf bestimmte Produkte und allgemeiner auf Marken und Unternehmen richten. Dabei scheint in den Kundenbindungstheorien besonders deutlich zu sein, wie sehr die emotionale Ebene, also die spezifischen, reizbezogenen Erregungsvorgänge, das ganze Geschehen dominieren. Motivation wird dementsprechend dann auch als eine zielgerichtete emotionale Erregung verstanden und eine entwickelte Einstellung als eine solche zielgerichtete Erregung,

---

8   Vgl. ein klassisches Lehrbuch: Werner Kroeber-Kiel und Andrea Gröppel-Klein: Konsumentenverhalten. 10. Auflage, München 2013.
9   A. a. O., 62 ff.

die mit der Befähigung zur Beurteilung von weiteren Produkten einhergeht. Listen entsprechender Emotionen von Angst, Ärger, Ekel, Vertrauen, Liebe, Aggressivität, Unterwürfigkeit usw.[10] stehen hier an oberster Tagesordnung. Aus ihnen lässt sich sicherlich viel auch über die Beziehung zur Organisation Kirche lernen. Welche Emotionen erzeugt Kirche? Welche Erregungen werden angefacht – welche werden ausgebremst?

Klar sehen muss man dabei, dass Kundenbindung ihr Ziel auf einer dritten Ebene hat, die die aktuelle Interaktion zwischen Anbieter und Kunde überschreitet, nämlich das Ziel des Kaufs von Produkten bzw. im weiteren Sinne der Renditeerzeugung. Kundenbindung funktioniert folglich eigentlich immer als eine trianguläre Beziehung zwischen dem Anbieter, dem Kunden und dem Investor des investierten Kapitals (der mit dem Anbieter identisch sein kann). Hier wäre es faszinierend, Kirchenbindung gleichfalls triangulär – nun aber im Sinne transzendentaler Triangulation zu begreifen, d. h. im Kern als Anbahnung religiöser Bindung an Gott. Dann allerdings wird deutlich, dass sich natürlich sehr viel schwächer zielgerichtet kalkulieren lässt. Dass die gezielte Gestaltung von Atmosphären allerdings auch auf religiöse Prozesse Einfluss hat, lässt sich schwerlich leugnen. Spannend ist allerdings, warum in den Kirchen oftmals nur ein enges Feld der Variationen religiöser Gefühle zugelassen wird und nicht selten ein Eindruck von Biederkeit vorherrscht.

10   A. a. O., 145 ff.

Bildung von Interesse

Eine weitere Möglichkeit, aus den Sozialwissenschaften Kriterien in den Bereich der Mitgliederbindung zu übertragen, findet sich in der Interesseforschung. Anke Grotlüschen, Erwachsenenpädagogin an der Uni Hamburg, hat in der letzten Zeit versucht, die klassische Kategorie des Interesses wieder neu für entsprechende Prozesse zu reaktivieren.[11] Ihre Frage ist folglich: Wie entsteht Interesse? Sie unterscheidet einen vierstufigen Prozess:

– Es beginnt mit einer »Berührung«, die aus der Gelegenheit der Begegnung mit einem »Gegenstand« erwächst. Diese Berührung »bewegt« etwas vom Gegenstand in Richtung des menschlichen Körpers und beeinflusst auf diese Weise elementar, materiell, ganzheitlich die Person. Dabei kann es sich um Atmosphären, Gerüche, Geschmäcker – aber auch um Verletzungen handeln. Jedenfalls geht es um sinnliche Erfahrungen.
– Es folgt sodann eine Latenzphase, in der die »Erfahrungen« der Berührungen in der einen anderen Weise konserviert werden.
– Sodann kann es zur »Expansion« kommen, wenn die betreffenden Berührungs-Muster wieder »geweckt«, weiter ausgedehnt und ausgearbeitet werden, was dann schließlich

11 Anke Grotlüschen: Erneuerung der Interessetheorie. Die Genese von Interesse an Erwachsenen- und Weiterbildung. Wiesbaden 2010, 177 f.

– in einer spezifischen Interessenkompetenz, d. h. in Interesse und Involviertsein einen Höhepunkt finden kann.

Entscheidend ist hier der materiell-sinnliche Ausgangspunkt der Konstituierung von Interesse in der »Berührung« der Menschen. Es beginnt alles mit dem Körper – mit leiblichen Atmosphären. Wer über sie in einladender Form in die Kirche einbezogen wird, hat Chancen, später wieder gute Erfahrungen mit ihr zu machen. Wo diese unmittelbare Begegnungsebene allerdings fehlt, ist leicht alles verloren. Emotionale Plausibilität ist folglich entscheidend! Und ganz elementar gilt: Wer nie oder ganz selten mit den sehr spezifischen Welten von Religion und Kirche in Kontakt kam – aus welchen Gründen auch immer –, hat es ganz schwer, einen Zugang zu finden. Bestenfalls regiert dann Indifferenz.

Entstehung von Engagement

Ein weiterer Zugang zum Thema Bindung erschließt sich auch über Forschungen zum Engagementverhalten. So existiert eine sehr instruktive Studie[12], in der es um die Entstehung und Entwicklung von sozialem Engagement geht. Hier wird ein dreistufiges Entwicklungsschema aufgestellt, das etwa folgendermaßen verläuft:

12 Michael Corsten, Michael Kauppert, Hartmut Rosa: Quellen bürgerschaftlichen Engagements. Die biographische Entwicklung von Wir-Sinn und fokussierten Motiven. Wiesbaden 2008.

1. Am Beginn von Engagement steht eine wahrnehmbare Störung eines in irgendeiner Hinsicht vorhandenen Wir-Gefühls der Beteiligten. Z. B. die vielen Flüchtlinge, die plötzlich nach Deutschland kamen und bei nicht wenigen Menschen spontane Hilfsbereitschaft, aber auch bei vielen große Ängste auslösten.

2. Wenn nun diese Störung aus einer Beeinträchtigung des persönlichen Wohlbefindens übertragen wird auf eine Störung des Gemeinwohls (und des Gemeingefühls) insgesamt, dann ist ein wichtiger zweiter Schritt in Richtung Engagement getan. Genau dies lässt sich auch am Beispiel der Flüchtlinge im positiven wie im negativen Sinne aufzeigen.

3. Und wenn sich dann die Möglichkeit bietet, sich in der einen oder anderen Weise zu engagieren, sei es nun in diesem Fall für oder gegen die Flüchtlinge, dann ist die Chance groß, dass Passivität in Engagement übergeht. Das Gemeinschaftsgefühl war gestört und führte dann in beiden Fällen zu Engagement (Willkommenskultur vs. Rechtspopulismus).

Es kommt hierbei also von der Störung des Gemeinschaftsempfindens über die Ausstattung dieser Erfahrung mit übergreifender Bedeutung zum Sich-Einbringen in neue oder vorhandene Organisationsformen. Dieser Prozess wird verschiedene Formen von Bindung nutzen: er kann sowohl traditionell als auch charismatisch funktionieren. Eine utilitaristische Bindung an dieser Stelle ist allerdings eher unwahrscheinlich – es sei denn, es geht um kurzfristige Mängelbeseitigung.

Spannend ist hier, inwieweit sich derartige Prozesse auch auf die Bindung an und die Mitgliedschaft in Kirche übertragen lassen. Dies setzt nämlich voraus, dass sich die Mitglieder in der Kirche als Teil eines größeren Wir integriert haben und in dieser Hinsicht die Kirche nicht als Anstalt, sondern tatsächlich in der einen oder anderen Form als »Gemeinschaft« erleben. Nur dann können entsprechende Störungen zu einem neuen Engagement führen. Solche Prozesse gibt es z. B. dann, wenn Kirchen geschlossen werden sollen – oder wenn, wie im Osten, Kirchengebäude gemeinsam renoviert werden, die sonst verfallen würden.

Das Problem ist deutlich: dass nämlich nur kleine Teile der Mitgliedschaft Kirche als Teil ihres »Wir« verbuchen würden. Zwar fühlen sich große Teile der Kirche natürlich zugehörig und traditionell verbunden; dass sie allerdings in Bezug auf Störungen mit Engagement und nicht vielmehr mit Passivität oder gar Exit-Optionen reagieren, ist aufgrund der mentalen Wirkungen der Anstaltsstruktur eher nicht zu erwarten. Anstalt bedeutet: Ich werde verwaltet bzw. behandelt – und da kann ich nichts weiter machen![13] Die Resonanz, die Kirchenmitglieder mit einem gewissen Protestverhalten in der Kirche auslösen können, ist ausgesprochen begrenzt. Selbst Optionen wie der Austritt haben keine erkennbaren Folgen – weder für das betreffende Mitglied noch bei anderen Mitgliedern! Der Verlust von Mitgliedern wird nicht direkt als beeinträchtigend für die eigene Welt wahrgenommen. Die paradoxe Folge: Auf der einen Seite war

13 Eine klassische Anstalt in dieser Hinsicht: die Bundesagentur für Arbeit.

Mitgliederbindung noch nie so wichtig wie heute – auf der anderen Seite spielt das einzelne Mitglied aber noch keine wirklich relevante Rolle. Oder anders gesagt: Der Kirche ist ihre eigene Mitgliedschaft immer noch nicht wirklich wichtig – sie ist noch lange keine Organisation! Und das trotz jeder Menge Bemühungen, die Kommunikation mit den Mitgliedern zu verbessern.

Bindung und Herrschaft

Eine weitere Möglichkeit, Bindungsfaktoren von Mitgliedern zu beschreiben, lassen sich aus den von Max Weber u. a. entwickelten Herrschaftsformen herausarbeiten. So kann man unterscheiden zwischen

- traditionellen Bindungsformen,
- bürokratisch rationalen Bindungsformen,
- charismatischen Bindungsformen,
- utilitaristischen Bindungsformen.

Sie können entsprechenden Organisationen bzw. Institutionen oder auch einzelnen Personen und ihren Regimen zugeordnet werden.

Von besonderer Bedeutung sind hier die traditionellen und charismatischen Formen, aber auch die bürokratisch rationalen Bindungen spielen im Blick auf die Kirche eine große Rolle. Utilitaristische Bindungen stellen sich besonders dann ein, wenn die Umwandlung von Kirche in ein Unternehmen und die Umdefinition der Kirchenmitglieder als Kunden durchgesetzt werden. Weitere klassische Differenzierungen würden traditionelle und bürokratische Bindungen vor allen Dingen im Blick auf anstaltliche, körperschaftliche Organisationsformen vermuten, sowie utilitaristische und charismatische eher bei Organisationen oder dann eben auch im Fall von Kundenorientierungen. Eine vermeintlich besonders moderne Form, bei der die Bindungsformen changieren, stellt ein Netzwerk dar. Hier können verschiedene Formen von Bindung eine Rolle spielen, wobei nicht selten gerade die charismatische Form eine große Bedeutung hat. Jedenfalls sind die Bindungen je nach Herrschaftsformen verschieden ausgeprägt.

In der Regel besonders stabil sind die traditionellen Herrschaftsformen, solange sich keine neuen Ausdifferenzierungen und Reize einstellen; am interessantesten sind sicherlich charismatische Mobilisierungsformen, da sie in der Regel mit Innovationen im Herrschaftssystem einhergehen. Der neueste Hit sind, wie gesagt, Netzwerke, denn sie gelten als besonders offen und fortschrittlich. Man täusche sich an dieser Stelle aber nicht: auch Netzwerke, selbst soziale Netzwerke, haben ihre Gatekeeper und ihre Knoten, die durchaus herrschaftlich bewacht werden können.

Deutlich wird an diesem Durchgang aber besonders eines: Ganz gleich in welcher Weise Mitgliederbindung erfolgt, sie hat doch nicht selten mit Herrschaft im Sinne besonderer Bedingungen, denen man sich unterwirft, zu tun. Wenn man seine eigene Mitgliedschaft ernst nimmt, muss man immer bereit sein, sich irgendwie den Entscheidungen anderer in der Organisation oder Institution unterzuordnen, am deutlichsten in anstaltlichen Strukturen. Am wenigsten geschieht dies, so die oft vertretene Vorstellung, in einer

Rolle als Kunde. Aber genau dies scheint, wenn man genauer hinschaut, wie Unternehmen Kundenbindungen herstellen, auch eine spezifische Illusion zu sein. Weiter differenzieren kann man den Herrschaftsaspekt in der Mitgliederbindung, in dem man ihn weniger als direkte Unterordnung, sondern eher als Dispositiv begreift und hierbei unterscheidet zwischen Herrschaftseffekten, die zwanghaft und fordernd operieren, und solchen, die eher ermutigen.

Bedeutungsverlust und Bindung

Schließlich: Die Bindekraft von Institutionen kann sich offensichtlich überleben, wenn die Normen, auf denen sie ursprünglich aufruhte, in einen zu starken Widerspruch zur sozialen Wirklichkeit geraten. Dies scheint im Blick auf unsere Kirchen in den letzten Generationen der Fall zu sein. Insbesondere die Frequenz religiöser Kommunikation hat sich, wenn man zumindest den Kirchenmitgliedschaftsuntersuchungen der EKD glaubt, deutlich verringert. Entsprechend ist eine Zunahme von Konfessionslosen, nicht nur in Folge der deutschen Wiedervereinigung, sondern eben auch in den westlichen Bundesländern als solchen zu konstatieren. Konnte man eine Zeit lang im Blick auf Konfessionslose (im Westen) immer noch gewisse Plausibilität des Christlichen konstatieren, so hat auch dies mittlerweile nachgelassen. In den Studien des SI über das Image der Kirche in der Stadt Hannover bewerteten Konfessionslose den gesamten christlich-kirchlichen Komplex deutlich negativer als die Kirchenmitglieder, wenngleich in vielen Bereichen auch Konfessionslose immer noch der Präsenz der Kirche Positives abgewinnen können, besonders im sozialen Bereich.

Was passiert in einer Organisation, die in dieser Weise die Erfahrung eines Niedergangs macht? Einmal wird das Thema Mitgliedschaft in der Kirche natürlich auf allen Ebenen immer bedeutender. Die Bedeutung wächst nicht nur im Blick auf die Finanzierung sowie den Resonanzraum, den die Kirche in der Gesellschaft hat, sondern auch im Blick auf das Selbstverständnis der Kirchenmitglieder selbst. In einer Institution, die kleiner wird, wird es notwendiger, aber auch schwieriger, die eigene Mitgliedschaft zu begründen. In erfolgreichen größeren Organisationen entfällt die Begründungspflicht in der Regel sogar – das war auch vor Generationen in der Kirche der Fall. Jetzt jedoch wird es nötig, in bestimmten Kontexten die eigene Mitgliedschaft zu verteidigen, weil sie von anderen als nicht mehr selbstverständlich erachtet wird. Die Begründungspflicht nimmt zu, und das bedeutet für das einzelne Mitglied, dass die sozusagen »gefühlten Kosten« der Mitgliedschaft, über die eigentliche Kirchensteuer hinaus, noch weiter ansteigen.

In diesem Zusammenhang ist nun auch von Bedeutung, dass sich in einer entsprechenden Institution die interne Vielfalt reduziert. Ganz im Gegensatz zum Titel der 5. Kirchenmitgliedschaftsuntersuchung von der »Vernetzten Vielfalt«[14], die eine Zunahme von Vielfalt, Lockerheit und damit einem sympathischen, toleranten Verhalten suggeriert, ist

---

14 Heinrich Bedford-Strohm und Volker Jung (Hg.): Vernetzte Vielfalt. Kirche angesichts von Individualisierung und Säkuarisierung. Die fünfte EKD-Erhebung über Kirchenmitgliedschaft. Gütersloh 2015.

dies, was die Realität der Kirche vor Ort, in den Kirchengemeinden und anderswo anbetrifft, nicht unbedingt gesichert. Zwar gibt es natürlich eine Unmenge von Bemühungen, aus solchen Verengungen herauszukommen und vielfältige Themen in der Kirche zu installieren. Im Blick auf die tatsächliche Präsenz von Menschen vor Ort und Aktivitäten in dieser Richtung ist jedoch eher Skepsis angebracht. Blickt man in aktuelle Studien über die Milieubezogenheit von Evangelischer Kirche, dann hat sich die Präsenz von religiösen und kirchlichen Menschen immer deutlicher auf wenige Milieus konzentriert; die Versuche, spezifische moderne Milieus für die Kirche zu gewinnen, haben im Blick auf eine Breitenwirkung keinen wirklichen Erfolg.

Auf der Ebene der kirchlichen Mitarbeiter und Funktionsträger wirkt sich diese Lage nachhaltig aus. Hier kann es zwar auf der einen Seite zu betonten Aktivierungen und charismatischen Reformorientierungen kommen, auf der anderen Seite aber sind in solchen Situationen in der Regel auch Leistungsabfälle, die mit einem insgesamt gesunkenen Aspirationsniveau (einer durchgreifenden »Misserfolgsorientierung«) zusammenhängen, festzustellen. Das reale Bild von Kirche in der Öffentlichkeit verändert sich weiter durch die immer stärkere Präsenz von älteren Menschen und von Angehörigen traditioneller Milieus, die die kirchlichen Basisaktivitäten in den Gemeinden vor Ort aufrechterhalten. Wenn man es etwas flapsig formuliert: Der ganze Betrieb ist deutlich weniger »chic«, als er möglicherweise früher gewesen ist. Die Distanz zu Vertretern entsprechend »schicker« Milieus ist noch größer geworden.

Die Situation macht auch etwas mit den Pastoren und Pastorinnen. Sie sind klassisch die Träger von Kirche und ihre Repräsentanten in der Öffentlichkeit, an deren Perfomance und deren Image sich die Menschen über die Lage der Kirche allgemein orientieren. Wie diese Wirkung heute tatsächlich ist, lässt sich angesichts nicht vorhandener Studien schwer einschätzen. Das Berufsprestige ist in den letzten Jahrzehnten zwar gesunken, scheint aber seit einiger Zeit in einer mittleren Lage stabil zu sein – wesentlich besser als das von Bankern und Politikern, schlechter als das von Krankenschwestern, Polizisten und Soldaten. Deutlich ist, dass Mitgliederkommunikation und Mitgliederbindung ganz entscheidend über das Auftreten von Pastoren und Pastorinnen läuft, und zwar über deren kommunikative Qualität, nicht lediglich über eine irgendwie erfassbare Frequenz des Kontakts. Was kommt in entsprechenden Begegnungen also »rüber«? Ist es der hochsympathische Pfarrer aus der Samstagabend-Serie im ZDF oder sind es eher in der Wirkung auf sich selbst bezogene Typen, deren kommunikative Aktivität und deren Resonanzwillen begrenzt sind? Sind Pastoren und Pastorinnen also Teile des Problems, des Niedergangs der Organisation, oder sind sie Teile der Lösung? Mit Sicherheit werden sie sich auf beiden Seiten einer entsprechenden Analyse finden.

Im Blick auf das Mitgliederverhalten in »Declining Organizations« gibt es nun eine klassische ältere Studie von Albert O. Hirschman, der die entsprechenden Phänomene bereits in den 60er und 70er Jahren von den USA aus untersucht hat.[15] Er identifiziert eine Trilogie von Verhaltensmög-

15   Albert O. Hirschman: Abwanderung und Widerspruch. Reaktionen

lichkeiten in solchen Fällen, die er mit den Begriffen Exit, Loyality und Voice bezeichnet. Die Exit-Option ist deutlich: es ist der Abschied aus entsprechenden Institutionen und damit der Verlust der entsprechenden Kräfte für die Organisation. Mit Loyalität ist ein Verbleiben in der Institution gemeint, was aber ohne innovative Kraft funktioniert und somit die Institution in traditioneller Weise fortzuschreiben hilft. Am interessantesten ist die Voice-Option, d. h. eine Option, in der Menschen in der Organisation verbleiben, aber ihre Stimme erheben, mit der Forderung, dass sich etwas ändern soll. Die letzte Kirchenmitgliedschaftsstudie der EKD hat nun deutlich gemacht, dass solche Personen in der Kirche unter den stärker und enger verbundenen Mitgliedern zu finden sind, da nur sie ein verschärftes Interesse an einer Erneuerung der Institution haben, wohingegen sich unter den distanzierteren Mitgliedern traditionelle bzw. loyale Bindungen fortschreiben, die das traditionelle Setting perpetuieren.

Sucht man folglich nach Kommunikationsmöglichkeiten mit denjenigen, die selbst überhaupt noch Potenziale für Engagement in der Kirche aufweisen könnten, so ist die Ausrichtung an jenen oft zitierten 44% der Mitglieder absolut nötig, die sich der Kirche und den Kirchengemeinden besonders verbunden fühlen. Potenziale für die Mitarbeit in der Kirche liegen in diesem Bereich. Eine entsprechende Mitgliederkommunikation, die von Teilen darin aktiviert wird, dürfte zugleich auch für distanziertere Mitglieder in-

auf Leistungsabfall bei Unternehmungen, Organisationen und Staaten. Tübingen 1974.

teressant sein, da sie an den inhaltlich faszinierenden Bestandteilen des christlichen Glaubens und der Kirche ansetzen kann.

Kurzes Fazit

Was oberflächlich wie »Nutzen« vonseiten der Kirche aussieht, entpuppt sich bei näherer Betrachtung als Folge einer »Berührung« – und zwar einer solchen, die über sich selbst hinausweist. Nichts von dem, was Menschen an der Kirche real erleben können, reicht zur Bindung in einem starken Sinne aus. Erst eine Deutung auf die größere Wirklichkeit hin kann das leisten. Anders gesagt: Symbole binden Menschen an Religion und Kirche, oder: Kirche als Symbol verstanden erzeugt Bindung. Alles, was sie unternimmt kann prinzipiell abduktiv wahrgenommen bzw. triangulär gedeutet werden – oder eben auch nicht. In welchen Formen und Entwicklungsstufen das konkret geschieht, ist durchaus zweitrangig und offen für Variation. Die Kirche als Symbol: Bindung an sie funktioniert offensichtlich katholisch.

Das Publikum der Kathedralen

Dass sich die mittel- und nordeuropäischen Gesellschaften – und nicht nur sie – in einem anscheinend wachsenden Tempo verändern, ist eine Platitüde. Sie verändern sich besonders stark in Bezug auf die Bedeutung und die Präsenz von Religion – und zwar insbesondere, was die Rolle des Christentums anbetrifft. Der deutlichste Indikator hierfür ist der Anteil der Kirchenmitglieder an der Bevölkerung, der in den letzten Jahren überall deutlich erkennbar zurückging – bisweilen hat man den Eindruck, dass sich dieser Vorgang sogar beschleunigt. Insbesondere in Großstädten ist die Situation zum Teil dramatisch. So stellen in Deutschland mittlerweile diejenigen, die keiner oder einer nicht-christlichen Religion angehören, insgesamt bereits 44 % der Bevölkerung dar, aber in Dresden sind es 81 %, in Berlin 74 %, in Hamburg 62 %, in München 54 %, und in Hannover 55 %. In den großen Städten ist die Nicht-Mitgliedschaft in christlichen Kirchen mithin fast schon der Normalzustand.

Es ist natürlich, dass in dieser Situation die Kirchen nach neuen Formen der Stabilisierung ihrer Mitgliedschaft, aber auch der Gewinnung von neuen Mitgliedern suchen. Dies ist jedoch deswegen ein schwieriges Unterfangen, weil die traditionellen evangelischen Kirchen in Mittel- und Nordeuropa nicht als missionarische Kirchen aufgestellt sind, sondern im Gegenteil durch ihr Verhaftetsein in klassischen amts- und staatskirchlichen Strukturen in dieser Hinsicht als besonders gehemmt erscheinen. Es fällt ihnen schwer, schlicht die Reproduktion der Kirchenmitgliedschaft, die nach wie vor weitgehend über die religiöse Sozialisation in Familien läuft, zu sichern. Sie setzen nach wie vor darauf, dass sich Kirchenmitgliedschaft weitgehend selbstverständlich fortpflanzt, und gehen deswegen im Großen und Ganzen von einer breit verankerten Kenntnis von Grunddaten des christlichen Glaubens aus. Dies ist jedoch immer weniger gegeben. Ja, man muss davon ausgehen, dass sich eine grundlegende Plausibilität des Christlichen immer weniger einstellt, da die Berührungsflächen der Menschen mit christlicher Religion schwächer werden. Im Fall von spezifisch christlichen Glaubensinhalten, wie zum Beispiel der Passion, ist dies wahrscheinlich besonders deutlich der Fall. Gemäß den Erkenntnissen der letzten Kirchenmitgliedschaftsstudie der evangelischen Kirche in Deutschland kommunizieren nur etwa 22 % der Kirchenmitglieder in irgendeiner Form intensiver religiös. Die übrigen tun es entweder selten oder in der Mehrheit gar nicht. Gelebte religiöse Kommunikation scheint aus der Gesellschaft zu verschwinden oder sich in sehr kleine, besonders geschützte Welten zurückzuziehen.

Gelegenheiten zur »Berührung«

Deswegen stellt sich die Frage, welche Gelegenheiten zur «Berührung« mit christlicher Religion es in heutiger Gesellschaft gibt. Mit «Berührung« ist hier eine häufige oder meist gelegentliche Begegnung gemeint, die die Menschen nicht nur mental, sondern immer auch körperlich erreicht. Sie kann sich zur »Ergriffenheit« steigern – einer klassisch religiösen Erfahrung des Berührt-Werdens von einer anderen Wirklichkeit, in der ich mich selbst neu erlebe. Christliche Religion ist nicht nur – und nicht einmal primär – ein intellektuelles Geschehen, sondern benötigt im Grunde genommen körperliche »Übungen«, um sich zu stabilisieren und zu reproduzieren. Ohne entsprechende Begegnungen ist es schwer, einen wirklich prägenden Zugang zum christlichen Glauben zu finden.

Als Kandidaten für solche Gelegenheiten steht eine ganze Reihe von Situationen bereit:

– Zunächst einmal sind es sicherlich Begegnungen mit Pastorinnen oder Pastoren, aus denen sich leicht religiöse Gesprächssituationen entwickeln. Dies kann bei jeder beliebigen Gelegenheit erfolgen, und die entsprechende Reaktion der Kleriker hat dann nicht selten eine große, bleibende Bedeutung.

– Andere Situationen ergeben sich aus dem Empfang von »Leistungen«, die in irgendeiner Form dem christlichen Glauben oder auch der Kirche zugerechnet werden können. In dieser Hinsicht sind vor allem diakonische Leistungen der Kirche von Bedeutung. Da, wo ich von der Kirche in irgendeiner Form konkrete Hilfe und Unterstützung erhalten habe, kann es sein, dass ich dies auf den christlichen Glauben insgesamt zurückführe, d. h. sozusagen »hinter« der erfahrenen Hilfeleistung eine religiöse Gesamtqualität vermute, die darin zum Ausdruck kommt. Sehr oft wird diese Erfahrung an der Atmosphäre einer diakonischen Einrichtung festgemacht, also an der Art und

Weise wie zum Beispiel in einem christlichen Krankenhaus gepflegt wird. Viele Menschen vermuten nach wie vor, dass vom christlichen Glauben inspirierte Pflegerinnen und Pfleger besonders liebevoll auf Menschen zugehen. Allerdings ist diese Erfahrung mehr und mehr dadurch eingeschränkt, dass man in modernen sozialen Dienstleistungen stets eine spezifisch humane Qualität erwarten kann – vollkommen unabhängig von der persönlichen Haltung der entsprechenden Pflegerinnen und Pfleger. Die Übertragung auf einen christlich-religiösen Kontext ist also auch in diakonischen Einrichtungen in keiner Weise selbstverständlich und muss, wenn man dieses Ziel verfolgt, mehr oder minder bewusst hergestellt werden.

– Schließlich sind natürlich Kirchengebäude eine naheliegende Möglichkeit, christlichem Glauben in prägnanter Form zu begegnen. Das gilt besonders für prägende Gebäude. Den Kölner Dom besuchen im Jahr sechs Millionen Menschen, den Trierer Dom auch noch eine Million. Man bezeichnet diese Orte deswegen gerne als »spirituelle Kraftquellen«. Sind sie es?

Fragen in dieser Situation können lauten: Gibt es Möglichkeiten, die Erfahrungswelt der Menschen angesichts solcher Gelegenheiten sozusagen »triangulär« zu formen, d. h. dazu anzuregen, »dahinter«, »darunter«, »darüber« eine transzendente Wirklichkeit, letztlich die Wirklichkeit Gottes zu vermuten? Unter welchen Bedingungen werden solche Situationen folglich irgendwie religiös gedeutet? Wann bleibt ihr Erfahrungsgehalt profan? Anders und etwas pathetisch gefragt: Kann es sein, dass es mit und unter der Praxis und den Artefakten des Christentums nach wie vor zu Epiphanien kommt? Natürlich wird man dazu in keiner Weise irgendwie abschließende oder objektivierende Aussagen machen können. Aber einige Rahmenbedingungen lassen sich schon erörtern.

Kathedralen als Begegnungsräume

Und zu Antworten auf diese Frage bieten natürlich die künstlerischen und baulichen Artefakte des Christentums in Europa herausragende Gelegenheiten, dem christlichen Glauben in spezifisch gestalteten Formen zu begegnen. Hier sind die europäischen Kathedralen ganz ohne Frage weltgeschichtlich einmalige Zeugnisse eben dieses Glaubens und seiner Gestaltungskraft über die Jahrhunderte. Niemand kann bestreiten, dass sozusagen »hinter« diesen Gebäuden christlicher Glaube steckt – allerdings ist auch klar, dass da noch sehr viel mehr zu finden ist als nur der schlichte Glaube an Jesus Christus: Macht- und Geltungsansprüche weltlicher Herrschaft sind ebenso repräsentiert. Die Frage ist folglich, was die Menschen angesichts der Begegnung mit diesen großen Kirchengebäuden tatsächlich erleben? Dass sie sich von der Atmosphäre, der Aura der Kathedralen irgendwie berühren lassen, zeigt schon ein Blick auf das Verhalten einer x-beliebigen Besuchergruppe, die in der Regel bereits beim Betreten einer betreffenden Kirche ruhiger wird und ein dem Raum entsprechendes Verhalten annimmt (außer vielleicht bei Gruppen von Jugendlichen). Aber dieses Verhalten ist religiös sicherlich nicht eindeutig, denn es tritt auch beim Betreten anderer auratischer Räume auf, wie zum Beispiel bei der Besichtigung eines Schlosses, des Deutschen Bundestags oder einer Ausstellung. Die Erfahrung von Erhabenheit allein ist in keiner Weise eindeutig.

Es könnte auch sein – und darin liegt die aus meiner Sicht entscheidende kritische Frage an die kirchliche Nutzung der Kathedralen –, dass sie in spezifischer Weise eine Musealisierung des Christlichen fördern. Das bedeutet, dass sie zwar mit einer hohen Anerkennung und Bewunderung wahrgenommen werden – aber für eine produktive Aneignung des Christlichen keine wirkliche Bedeutung mehr haben. Ihre Bedeutung läge dann gerade umgekehrt darin, immer wieder deutlich zu machen, dass christlicher Glaube etwas ist, das mit der denn doch fremden religiösen Welt des Mittelalters zu tun hat, die uns heute noch kulturelle Bewunderung abnötigen mag – aber ansonsten vergangen ist. Die entsprechenden Räume können dann immer noch hervorragend für wunderbare Konzerte klassischer Musik oder auch entsprechende Ausstellungen genutzt werden und finden darin dann auch große Anerkennung, vielfältige finanzielle Förderer bis hin zur staatlichen Unterstützung. Tatsächlich aber wären solche Nutzungen im Grunde genommen auch nur eine weitere Form der Selbstsäkularisierung der Kirche, wie es sie in anderen Bereichen auch gibt.

Die entscheidende Frage im Blick auf die Funktionen der Kathedralen in der modernen Gesellschaft lautet folglich, ob ihre Erfahrung den Menschen in irgendeiner Form eine Abduktion auf heute und hier aktuell bedeutsamen christlichen Glauben ermöglicht – oder ob das Gegenteil erreicht wird: die Verbannung des christlichen Glaubens in ein Museum, das für historisch interessierte und damit tendenziell für eher höher Gebildete noch Bedeutung haben mag, aber sonst an Relevanz verloren hat. Mit einer gewissen Sicherheit kann man die Triftigkeit dieser These auf jeden Fall dann unterstellen, wenn für den Besuch der betreffenden Kirchen Eintritt erhoben wird. Damit sind zwei Zuspitzungen beschrieben, die die jeweiligen Enden einer letztendlich empirisch zu erfassenden Skala beschreiben. Die Wirklichkeit wird möglicherweise zwischen diesen beiden Extremen liegen.

Es ist nun nicht einfach, diese Fragen empirisch gehaltvoll klar zu beantworten, da es entsprechende Untersuchungen, die diese Hypothesen überprüfen ließen, nicht gibt. Man muss folglich aus anderen Studien versuchen eine Reihe von Indikatoren herauszuziehen, die sich im Sinne von Antworten nutzen lassen. Die Fragestellung ist zudem, das muss von vornherein zugegeben werden, für Menschen, die sich in den Kathedralen ehrenamtlich engagieren, ausgesprochen ernüchternd. Es könnte sein, dass der weitgehend intendierte Effekt, nämlich weit mehr zu leisten, als nur das kulturelle Erbe zu pflegen, ins Leere läuft. Es könnte auch sein, dass es möglicherweise bereits kleinere Veränderungen in den Kathedralen wären, die einen (sozialen oder kulturellen) Bruch mit der überkommenen Tradition deutlich machen und auf diese Weise den reinen Genuss der schönen Vergangenheit im Blick unterbrechen – und gerade so Aktualität und Relevanz erzeugen. Dieser Gedanke kommt mir immer wieder dann, wenn es zu Modernisierungen kommt, wie zum Beispiel dem Einbau neuer moderner Kirchenfenster oder aber auch noch gewagterer Innovationen wie einem

Darth Vader als Gargoyle (Wasserspeier) am Dach der National Cathedral in Washington, der nach der damit verbundenen Intention fragen lässt. Aber, wie gesagt, eine abschließende Antwort auf diese Frage lässt sich nicht geben. Indem man aber die kirchliche Praxis in und mit den Kathedralen evaluativ in diese idealtypische Alternative einspannt, wird sie möglicherweise auf reale Effekte hin gut beobachtbar.

Marktkirche Hannover und Trierer Dom

Einige Antworten in dieser Hinsicht lassen sich aus Daten ableiten, die das Sozialwissenschaftliche Institut der EKD im Rahmen einer großen empirischen Studie über das Image der Kirche in der Stadt Hannover erhoben hat.[1] Hier wurde sehr deutlich, wie stark die Wahrnehmung von Kirche überhaupt durch die die wichtigste Kirche der Stadt, in diesem Fall die Marktkirche, geprägt ist. Die Bekanntheit dieser Kirche und vieler ihrer Angebote übertrifft alle anderen kirchlichen Aktivitäten in Hannover – auch die der hier breit aufgestellten Diakonie. Fragt man nach der spontanen Bekanntheit von Kirchen, so fällt 54 % von allen Hannoveranern die Marktkirche ein; die nächstbekannteste Kirche erreicht nur noch 20 % der Nennungen, und 27 % der Menschen fällt keine zweite Kirche ein. Legt man den Menschen gar eine Liste mit den Kirchennamen vor, so erreicht die Marktkirche allerhöchste Bekanntheitsgrade. In dieser Hin-

---

1 Hilke Rebenstorf: Das Image der Evangelischen Kirche in Hannover. SI-Kompakt Hannover 2017.

sicht erfüllt sie also alle Kriterien einer Kathedrale. Hannover ohne die Marktkirche wäre kirchlich amputiert.

Schaut man sich nun näher die Bewertung der Angebote dieser Kirche an, so fällt zunächst auf, dass das Angebot insgesamt von Kirchenmitgliedern sehr viel besser bewertet wird als von Nicht-Mitgliedern – wobei interessanterweise die Bewertungen der Katholiken eher denen der Konfessionslosen ähneln als denen der evangelischen Kirchenmitglieder. Insgesamt findet sich zudem unter den Nicht-Mitgliedern eine relativ große Zurückhaltung in der Bewertung überhaupt. Das insgesamt durchaus positive Image der Kirche in Hannover darf deswegen nicht von der Einsicht ablenken, dass es einen hohen Anteil an Indifferenz, Ignoranz und Desinteresse in der Bevölkerung gegenüber kirchlichen Angeboten gibt. Zwischen 20 und 23 % der Bevölkerung äußern sich in dieser Hinsicht gar nicht, weil sie die Angebote gar nicht kennen. Dennoch sind die positiven Bewertungen insbesondere bei Konfessionslosen auch wieder überraschend hoch.

Näherhin ist es dann so, dass als sehr gute Angebote in der Marktkirche Konzerte und Ausstellungen angegeben werden. Herausgehobene Veranstaltungen sind folglich durchaus populär und bekannt. Demgegenüber fällt der durchschnittliche Sonntagsgottesdienst ab, wenn auch nicht dramatisch. Fragt man weiter nach den entscheidenden Faktoren für die Nutzung von kulturellen Angeboten der Kirche in Hannover, so gilt auch hier, dass die Zugehörigkeit zur Kirche an erster Stelle steht; es folgen Gender-Aspekte (Frauen haben höheres Interesse), sodann ein christlich-religiöses Interesse und schließlich die Zugehörigkeit zu einer spezifischen – eher gehobenen – Schicht. Im Fall der Wahrnehmung von diakonischen Angeboten rangiert demgegenüber das Alter an erster Stelle, und das religiös-christliche Interesse folgt erst an letzter. Die Diakonie ist folglich im Ansprechen der Menschen im Blick auf religiöse Haltungen spezifisch offener als die kirchlich kulturelle Praxis.

Die hannoverschen Ergebnisse ähneln denen zweier Besucherbefragungen im Trierer Dom, über die Martin Lörsch berichtet.[2] Allerdings ist der Dom sehr viel stärker von Touristen bevölkert als die Marktkirche (58 % – 73 % der Besucher). Entsprechend wird mit 48 % bzw. 62 % der Nennungen ein Interesse an Kunst und Geschichte als Hauptbesuchsgrund deutlich gemacht. Ein allgemeines religiöses Interesse benennen 32 % bzw. 38 %. Als besonders intensiv erlebte Orte werden Altar und Kapelle genannt. Was die konkrete Wahrnehmung des Raums anbetrifft, so gilt zunächst, dass der Dom von 88 % bzw. 84 % der Besucher als gastfreundlich und einladend wahrgenommen wird. Ebenso viele geben an, dass der Dom ihnen sehr gut bzw. gut gefallen hat. Etwas schwächer wird der Dom als Ort des persönlichen Gebets und des Gottesdienstes erlebt. Was das Bildungsprofil der Besucher anbetrifft, so kann es als gehoben gelten: 57 % – 64 % der Befragten geben Abitur bzw. Fachabitur an – Haupt- bzw. Volksschulabschluss nur 7–12 %. Mit 7 % bzw. 6 % sind Menschen mit Promotion weit überproportional vertreten.

2   Open Space – Der Dom zu Trier als offener Entdeckungsraum. In: Diakonia 48 (2017) 2, 91–98.

Citykirchen

Zu Citykirchen gibt es mittlerweile eine ganze Reihe von Forschungen, die allerdings noch nicht abgeschlossen sind. Ich beziehe mich im Folgenden also auf einige noch nicht völlig ausdiskutierte Folgerungen aus einigen Studien, an denen im Sozialwissenschaftlichen Institut der EKD[3] mitgearbeitet wird. Dazu zählen u. a. Kirchen in Berlin, Dresden, Frankfurt, Hannover, Lübeck, Wittenberg – auch Basel, Bern und Zürich. Was die Altersverteilung der Besucherinnen anbelangt, so sind Kinder und Jugendliche oft weniger vertreten. Deutlich überrepräsentiert sind die Altersgruppen der 50- bis 59-Jährigen und der 60- bis 69-Jährigen.

Dabei ist zunächst einmal festzuhalten, dass diese Kirchen, was die Nutzung durch Touristen anbelangt, sehr unterschiedlich frequentiert werden. Einige, wie die Frauenkirche in Dresden oder die Stadtkirche in Wittenberg, haben eine touristische Frequenz von bis zu 90 % – demgegenüber fällt die Bilanz bei der Nürnberger Sankt-Lorenz-Kirche, der Stuttgarter Stiftskirche und der Marktkirche Hannover deutlicher zugunsten der örtlichen Bewohner aus. Zwischen beiden Gruppen besteht eine deutliche Differenz in der Nutzung bzw. der Wahrnehmung der Kirchen. Die im engeren Sinne religiösen und spirituellen Besuchsgründe sind bei den Personen zentral, die öfter die Kirche besuchen. Bei den touristischen Erstbesucherinnen sind sie eher ein Beiwerk.

---

3   Hilke Rebenstorf, Christopher Zarnow, Anna Körs, Christoph Sigrist (Hg.): Citykirchen und Tourismus. Soziologisch-theologische Studien zwischen Berlin und Zürich, Leipzig 2018.

Nicht einmal der Wunsch nach einem Moment der Ruhe ist in dieser Gruppe sonderlich stark ausgeprägt. Unter den ortsfremden Erstbesucherinnen ist der Anteil areligiöser dreimal, der Anteil religiöser nur halb so hoch. Touristen im klassischen Sinne scheinen den Kirchenbesuch also gerade nicht als einen Moment der Auszeit und der Unterbrechung vom hektischen Treiben zu nutzen. Was dies im Blick auf die religiöse Erfahrungsqualität von Areligiösen bedeutet, muss offen bleiben. Es könnte sich natürlich dennoch um eine Erstbegegnung handeln, deren Qualität die Menschen weiter umtreiben kann.

Auffallend ist nun aber auch eine insgesamt deutlich höhere religiöse Prägung und religiöse Reflexionsbereitschaft der Citykirchenbesucher im Vergleich zur gesamten Bevölkerung. So liegt der Anteil derjenigen, die »sehr oft« und »oft« über religiöse Fragen nachdenken, bei den Kirchenbesuchern bei 52 % – in der Gesamtbevölkerung aber nur bei 24 %. Was die eigene religiöse Prägung betrifft, so geben von den Citykirchenbesuchern 53 % »sehr stark« und »stark« an – in der Gesamtbevölkerung sind dies nur 35 %. Bei weit über 80 % der Befragten kann man von einer zumindest minimalen Vertrautheit mit religiösen Räumen und Ritualen ausgehen. Es handelt sich tendenziell um eine Besucherschaft, die durch hochkulturelles und religiöses Milieu geprägt ist, dies jedoch nicht allein in einer traditionellen, sondern auch in modernisierten Varianten.[4]

Was den Anlass des Besuches anbelangt, so stehen bauhistorische Motive deutlich im Vordergrund: man besucht

4   Eine These von Hilke Rebenstorf.

die Kirche, weil sie historisch interessant oder ein beeindruckendes Bauwerk ist (60 % sagen »historisch interessant« und 59 % »beeindruckendes Bauwerk«). Wichtig ist auch, dass einem die Atmosphäre von Kirchen gefällt (53 %). Dezidierte religiöse Motive rangieren im Mittelfeld: 34 % kommen, weil sie sich für Kirche, Glauben und Religion interessieren; 28 % auch deshalb, weil sie eine Kerze anzünden möchten. Was die religiöse Prägung angeht, ist zudem kennzeichnend, dass ausgesprochen viele der Besucher angeben, bereits in der Kindheit religiös geprägt worden zu sein und auch häufig über religiöse Fragen nachzudenken. Auch wird hier häufiger angegeben, dass es Momente innerer Ergriffenheit gibt.

Die Besucher in den Citykirchen umfassen zum größeren Teil natürlich Mitglieder der evangelischen und katholischen Kirche, aber es werden auch Mitglieder religiöser Minderheiten und Nicht-Kirchenmitglieder erreicht: ein Viertel der befragten Besucher gibt an, keiner Religionsgemeinschaft anzugehören. Nur 2 % der Besucherschaft sind Muslime.

Fragt man nach Bildungsvoraussetzungen und Erwerbsbeteiligung der Besucherinnen und Besucher so fällt eine relativ hohe Bildung auf: 50 % von ihnen haben zumindest einen Fachhochschulabschluss, 26 % Abitur, 16 % Realschul- und nur 6 % Volks- und Hauptschulabschluss. Erwerbstätig sind insgesamt 59 %, und 26 % befinden sich im Ruhestand. Zudem lässt sich eine hohe Präferenz für klassische Musik (58 %), auch für klassische Kirchenmusik (30 %) und Jazz feststellen. Ebenfalls hohe Zustimmungswerte erhalten aber auch Pop- und Rockmusik. Abgesehen von den letzten Angaben liegen alle Werte deutlich über dem Bevölkerungsdurchschnitt. Sie steigen bei Auslandstouristen auch noch einmal an.

Fazit

Erwartungsgemäß lassen sich die hier dargestellten Erkenntnisse zur Funktion der Kathedralen in der modernen Gesellschaft nicht völlig eindeutig auswerten. Anders gesagt, es lässt sich nicht klar entscheiden, in welche Richtung die Erfahrung dieser Kirchen heutzutage ausschlägt: ob die Kathedralen der Historisierung und der Musealisierung oder der (Re-)Vitalisierung des Christlichen dienen. Beides spielt offensichtlich eine Rolle: Eine große Besuchergruppe schätzt das Christentum heute – auch und vielleicht ja gerade wegen seiner historischen Bedeutung. Eine solche Einstellung setzt bei den Besuchern höhere Bildung voraus. Und so scheint es auch zu sein. Die Kathedralen stellen weitgehend ein Refugium höhergebildeter Menschen dar – das breite Volk fühlt sich in ihnen anscheinend nicht so wohl. Zusammenhänge mit der Ästhetik und Atmosphäre der Kathedralen ließen sich milieumäßig sicherlich gut herausarbeiten. Mir scheint vor allem die Präferenz für Reduktion, insbesondere in der Farbgebung, an dieser Stelle entscheidend zu sein. Farben sind verboten – und damit bleibt das Volk draußen (anders als in der mittelalterlichen Gestaltung). In diese Richtung führt auch ein Hinweis von Martin Lörsch zum Trierer Dom, demgemäß sich unter den Besuchern ein eigener Religionstypus finden lasse, der »in der religiösen Tradition beheimatet und zugleich subjektorientiert und institutionskritisch« sei. Damit sind klare Selbststilisierungen Gebildeter benannt.

Dagegen seien besonders spirituell interessierte Personen, die nicht mehr in der christlichen Tradition stünden, deutlich seltener zu finden. (Auch) diese Einsicht lässt vermuten, dass spezifisch religiöse Wahrnehmungen der Räume deutlich enger mit den Dispositionen der Besucherinnen und Besucher gekoppelt sind als mit dem aktuellen Erleben. Viele Studien der letzten Zeit machen deutlich, dass die religiös-kirchliche Einstellung der Menschen – und nicht ihre spirituelle Affinität allgemein – auf ihre Wahrnehmung insgesamt den größten Einfluss hat – weitaus mehr als zum Beispiel die Milieu- oder Schichtzugehörigkeit.[5] Die Wahrscheinlichkeit ist deswegen groß, dass durch spezifische explizit religiöse Aktivitäten in den Kathedralen genau jene Menschen aus den Scharen der Besucher »herausgefischt« werden, die auf religiöse Kommunikation und religiöse Praxis ansprechbar sind – wohingegen die anderen damit wenig anfangen können und eher am Rande bleiben. Zusammengefasst: »Es scheinen also weniger die Kirchen selbst zu sein, die die Unterschiede in den Motivlagen zu deren Besuch ausmachen, als Merkmale bzw. das Verhalten der Besucherinnen.«[6] Entscheidend für die Unterschiede in den Wahrnehmungen der Kirchen sind lebensweltliche Hintergründe der Personen, die überwiegend durch ein gewisses Maß an

---

5   Vgl. z. B. Petra-Angela Ahrens und Gerhard Wegner: Soziokulturelle Milieus und Kirche. Lebensstile – Sozialstrukturen – kirchliche Angebote. Stuttgart 2013.

6   So Hilke Rebenstorf.

Vertrautheit mit Religion gekennzeichnet sind, verbunden mit Bildung. Kathedralen also als Tummelplätze eines elitären Restchristentums?

Positiv könnte man aus dieser Erkenntnis ein spezifisches Modell religiöser Kommunikation im Kontext von Kathedralen ableiten, das den weniger religiösen Besuchern eine – sozusagen – teilnehmende Beobachtung von religiösem Geschehen ohne volle Beteiligung ermöglicht. Konkret bedeutet dies, dass sich z. B. religiöse Rituale im Zentrum der Kathedralen vollziehen könnten, während die Besucher ganz bewusst um diese Zentren herum die Kathedralen besuchen und besichtigen können. Lörsch weist darauf hin, dass dies möglich ist, da die Hochreligiösen den Dom auch dann als Ort des Gebets nutzen, wenn der Lärmpegel durch die Touristen hoch ist. Man könnte dies als ein spezifisch katholisches Konzept begreifen – jedenfalls ist es nicht in dem Sinne evangelisch, dass die volle Aufmerksamkeit der Besucher eingefordert wird. Es könnte immerhin sein, dass Menschen, denen Religion bisher relativ fremd war, angesichts dieser Gelegenheit stehen bleiben und das Geschehen auf sich wirken lassen. Darin könnte die Chance eines kommunikativen Anschlusses liegen. Zudem könnte es sein, dass spezifische Brüche in der Atmosphäre der Kathedralen religiös produktiv wirken. Allerdings greift an dieser Stelle eines der zentralen Kommunikationsparadoxe der evangelischen Kirche: Je experimenteller und innovativer sie mit ihren religiösen Traditionen umgeht, desto mehr Resonanz erfährt sie bei den ihr Hochverbundenen – und desto weniger bei Nicht-Religiösen und anderen, die dann nämlich nur noch »Bahnhof verstehen«.

Die Frage allerdings, ob solch eine Hinführung oder solche Brüche in den Domen wirklich zu einem bedeutsamen Anstoß beiträgt – angesichts der alles dominierenden historischen Aura einer Kathedrale –, bleibt genauso offen wie die weitergehende Frage, ob es heute überhaupt noch andere, bessere Gelegenheiten zum Anstoßen religiöser Kommunikation gibt. Die Aufgeschlossenheit für christliche Religion hängt an frühkindlicher religiöser Sozialisation. Und sie erodiert.

Gemeinschaft, Kirchengemeinden, Netzwerke

Die Bedeutung der Kirchengemeinde[1]

Nimmt man den richtig dick geratenen, Berichtsband der 5. Kirchenmitgliedschaftsuntersuchung (KMU) der EKD in die Hand, so freut man sich über den schönen Titel und ist doch zugleich erstaunt. »Vernetzte Vielfalt« heißt es nun.[2] Zweifellos eine schöne Vorstellung von der Kirche: offen für ganz viele, und doch alle miteinander zwanglos verbunden. Wer würde dagegen sein? Aber war nicht in der Erstveröffentlichung der KMU-Ergebnisse im April 2014 einstmals die Differenz zwischen Engagement und Indifferenz unter den Kirchenmitgliedern als leitende Deutung der empirischen Ergebnisse ausgegeben worden?[3] Das klang nicht so locker. Gilt nunmehr also das Gegenteil? Stehen nicht mehr Unterschiede in der Kirchenverbundenheit im Vordergrund, sind jetzt alle in versammelter Vielfältigkeit miteinander versöhnt – egal ob hochengagiert oder kurz vor dem Austritt?

Aber gemach! Schon das Vorwort macht deutlich, dass der Titel sich nur begrenzt auf die Ergebnisse der empiri-

---

1   Überarbeiteter Text. Ursprünglich: Renaissance der Kirchengemeinde? Überraschende Sichtweisen in der KMU 5 der EKD. In: Deutsches Pfarrerblatt 116 (2016) 1, 20–23.
2   Heinrich Bedford-Strohm und Volker Jung (Hg.): Vernetzte Vielfalt: Kirche angesichts von Individualisierung und Säkularisierung. Die fünfte EKD-Erhebung über Kirchenmitgliedschaft. Gütersloh 2015.
3   EKD: Engagement und Indifferenz. Kirchenmitgliedschaft als soziale Praxis. V. EKD-Erhebung über Kirchenmitgliedschaft. Hannover 2014.

schen Umfrage bezieht, sondern vor allem normativ gemeint ist: Die Kirche solle sich in Zukunft als eine vernetzte Vielfalt begreifen und organisieren, um auf diese Weise den vielfältigen Mitgliederinteressen gerecht werden zu können. Dem wird man in dieser Allgemeinheit ja auch nicht widersprechen wollen. Allerdings fragt man sich dann doch, wo in der 5. KMU diese große Vielfalt von Mitgliedschaftsinteressen und pluralen kirchlichen Praxisformen (gerade auch im Vergleich zu den Daten der bisher vorliegenden KMUs 1 bis 4) nachgewiesen wird. Mir scheint jedenfalls im Großen und Ganzen eine Veränderung der kirchlichen Praxis in der Sicht der Mitglieder kaum erkennbar zu sein. Die Volkskirche bleibt im Wesentlichen, wie sie ist – wird aber beständig kleiner. In dieser Richtung gibt auch der Untertitel »Kirche angesichts von Individualisierung und Säkularisierung« Anlass zu Rückfragen. Denn während das Säkularisierungsparadigma in einer ganzen Reihe von Beiträgen ausführlich thematisiert und anhand der Daten verteidigt wird, steht es um das Individualisierungsparadigma oder gar um Vorstellungen einer Transformation des Religiösen als Alternative zum Säkularisierungsparadigma im Band viel schlechter. Einzig der Kommentar von Stefan Huber hält einsam diese Fahne hoch. Ansonsten finden sich eine Reihe von Bruchstücken in dieser Richtung, aber eine entschlossene Durcharbeitung dieses Paradigmas anhand der KMU-Daten sucht man vergeblich. Das ist ausgesprochen schade, denn so werden die Chancen einer Selbstklärung kirchlicher Praxis in einer klaren Konfrontation unterschiedlicher Deutungen derselben empirisch erhobenen Daten zu schnell vergeben.

Fokus: Kirchengemeinde

Nun kann man natürlich auch sagen: Titel vergehen – Inhalte bestehen! Und das gilt besonders für diese KMU 5, denn sie bietet nun doch wirklich Überraschendes! So fällt schon bei einem ersten Blick in das Inhaltsverzeichnis eine merkliche Schwerpunktsetzung auf, die es so noch in keiner KMU gegeben hat und die für die Geschichte der Kirchenmitgliedschaftsuntersuchung etwas Neues darstellt: Die Fokussierung der Kirchengemeinden. Es ist ganz erstaunlich, dass das große Kapitel über »Mitgliedschaft als soziale Praxis« gleich 2 Beiträge zum Thema Kirchengemeinde aufweist und sodann auch die hier zu findenden weiteren Beiträge über »Religion und Kirche in personaler Kommunikation« und »Liturgische» Praxis zwischen Teilhabe und Teilnahme« nicht ohne Bezüge auf die Bedeutung der Kirchengemeinde als Praxisfeld auskommen. Weitere wichtige Bezüge zur Kirchengemeinde gibt es sodann auch im Bereich »Protestantismus in der Zivilgesellschaft«.

Vor allen Dingen aber widmen sich die großen Beiträge, die sich der Netzwerkerhebung der religiösen Kommunikation in einer evangelischen Kirchengemeinde annehmen, dieser Thematik. Diese (allerdings nicht immer ganz leicht zu verstehenden) Beiträge repräsentieren die methodische Innovation der KMU 5. In einer konfessionell repräsentativen deutschen Mittelstadt ist eine Kompletterhebung des Netzwerks religiöser Kommunikation in einer evangelischen Kirchengemeinde durchgeführt worden. Soweit man sehen kann, ist dies in diesem Umfang zum ersten Mal überhaupt geschehen und erlaubt deswegen in einer faszinierenden

Weise den Blick in Tiefendimensionen des religiösen Lebens einer klassischen deutschen volkskirchlichen Kirchengemeinde. Mehr Gemeinde geht eigentlich kaum noch.

Die Fokussierung auf Kirchengemeinden überrascht deswegen, weil nicht zuletzt die Tradition der Kirchenmitgliedschaftsuntersuchung selbst mit ursächlich für eine Ausblendung der Kirchengemeinden aus vielen Bereichen der empirisch sozialen Erforschung der kirchlichen Praxis der letzten Jahrzehnte gewesen ist. Kirchengemeinden galten spätestens seit den endsechziger Jahren für viele – unter Bezug auf eine Reihe von Untersuchungen aus den 50er Jahren – als im Kern bonierte, milieuverengte, überalterte und sozial letztendlich marginalisierte Restbestände des volkskirchlichen Christentums. Sich näher mit ihnen zu beschäftigen, galt deswegen als relativ langweilig; die große Zahl der kirchlich distanzierten Mitglieder zog wesentlich mehr Interesse auf sich als die Lebenswelt der eng verbundenen Kirchenmitglieder in den Kirchengemeinden. Diese Interessenlage war – und ist – insofern problematisch, als die Kirchen mindestens 2/3, wenn nicht noch mehr ihrer gesamten Ressourcen in eben diese Kirchengemeinden investieren. Natürlich haben sich zum Glück neben den Kirchengemeinden andere Formen kirchlicher Beteiligung und Bindung ausgebildet – aber die Bedeutung der Kirchengemeinden haben sie ohne Zweifel nicht erreicht. Sich sozialwissenschaftlich kaum um das zu kümmern, was dort geschieht, stellt deswegen einen argen Realitätsverlust dar – und zwar ganz gleich, wie man die Praxis der Kirchengemeinden letztendlich bewertet. Wer realistisch Entwicklungsperspektiven der Volkskirche in den Blick nehmen will, der muss sich mit der Lage in den Gemeinde befassen (wenn auch natürlich nicht nur!).

Kirchengemeinde = Evangelische Kirche

Es gibt nun in der KMU 5 eine Zahl, die zunächst übersehen worden ist, die die Bedeutung der Kirchengemeinden schlagartig in ein helles Licht rückt: Demgemäß fühlen sich 45 % der Kirchenmitglieder ihrer Ortsgemeinde sehr und ziemlich verbunden und ebenso etwa 44 % der evangelischen Kirche insgesamt.[4] Die Landeskirchen sowie andere evangelische und diakonische Einrichtungen fallen demgegenüber weit ab. Nähere Berechnungen ergeben dann, dass zwischen der Verbundenheit mit der Ortsgemeinde und der mit der evangelischen Kirche keine Differenz unter den Befragten besteht. Die KMU 5 macht insofern ausdrücklich deutlich, dass die Verbundenheit mit der Ortsgemeinde und die Verbundenheit mit der evangelischen Kirche gleichzusetzen sind: Wer sich der Ortsgemeinde verbunden fühlt, fühlt sich in der Regel auch der evangelischen Kirche als ganzer verbunden. Ja, die starke Verbundenheit («sehr» verbunden) liegt bei der Ortsgemeinde mit 22 % noch höher als bei der Kirche insgesamt mit nur 15 %! Damit ist die Kirchengemeinde – ganz nüchtern und rein faktisch konstatiert – nach wie vor die mit Abstand wichtigste Drehscheibe der Kirchenmitgliedschaft. Wobei man allerdings gleich kritisch dazu bemerken kann: Wenn sie so bedeutsam ist, muss ihre Praxis

4   M. W. hat Petra-Angela Ahrens diese Zahlen »entdeckt«.

auch mit ursächlich für die offenkundigen Verfallserscheinungen kirchlicher Performanz sein.

Die zwingende Folge ist, dass die immer wieder geäußerte Vermutung, es gebe eine große Gruppe von Evangelischen, die sich zwar der Kirche insgesamt, aber nicht der Kirchengemeinde verbunden fühle, nicht (mehr) bestätigen lässt. Damit sind die Ortskirchengemeinden eindeutig die Basis der Arbeit der evangelischen Kirche – wenn auch natürlich längst nicht alles! –, und deswegen muss mehr Aufmerksamkeit auf das gerichtet werden, was sie tun und wie sie es tun. Bei einem Anteil von 45 % kann man von etwa 10 Mio. Menschen ausgehen, die sich über die Kirchengemeinde der Kirche insgesamt verbunden fühlen. Sie sind damit das zentrale Feld, in dem sich zunächst einmal relativ verlässlich Resonanzen auf die Kommunikation der evangelischen Kirche erwarten lassen – keine kleine Zahl! Über dieses Feld hinaus, im Bereich der kirchlich distanzierteren oder völlig unverbundenen Mitglieder, darf man immer weniger erwarten können. Entsprechende Bemühungen brauchen dann, weil immer weniger selbstverständlich, einen immer weiter erhöhten Aufwand an Ressourcen. Die Verbundenheit mit der Ortsgemeinde steigt mit dem Alter, was nicht weiter überrascht. Jüngere (bis 29 Jahre, West) fühlen sich nur zu 27 % der Kirche und der Ortsgemeinde sehr und ziemlich verbunden. Auch das religiöse Interesse und die eigene religiöse Selbsteinschätzung hängt mit diesen Verbundenheitsgraden zusammen: ja, religiöse Kommunikation, so konnte schon die Erstveröffentlichung der KMU 5 feststellen, scheint mit einem engen Bezug zur Kirche weitgehend parallel zu gehen. Auch weitere Mitgliedschaftsgründe finden um so mehr Zustimmung, je beteiligter die Menschen am kirchlichen Leben sind; selbst der immer wieder problematisierte Mitgliedschaftsgrund »Weil ich die Gemeinschaft brauche« findet insgesamt wenig, aber hohe Zustimmungswerte bei den sehr verbundenen Mitgliedern. All dies, um es noch einmal zu betonen, sind Wahrnehmungen der reinen Faktizität: empirisch kann man begründet sagen, dass es so ist. Welche Bedeutung dieses Phänomen aber letztlich für eine kirchliche Praxis insgesamt hat, bleibt offen. Rein theoretisch könnte es auch so sein, dass die Kirchengemeinden diese starke Stellung mittels einer Art religiöser Usurpationstrategie, durch faktische Ausblendung anderer als ihnen eigener kirchlicher und religiöser Praxisformen, und damit dann auf Kosten von Vielfalt erreicht haben. Freilich wird so etwas schwer nachzuweisen sein, da sich jenseits dieser Sphäre eben immer weniger kirchliches und religiöses Interesse überhaupt findet.

Folglich sagt dies nun alles viel über die große Bedeutung der Ortskirchengemeinden, aber noch nichts über die Qualität ihrer Arbeit und auch noch relativ wenig über die Differenzierung der Beteiligung an ihnen. Hier kann man noch einmal zwischen den der Ortsgemeinde nur verbundenen und den in der Ortsgemeinde auch engagierten Mitglieder unterscheiden. In vielerlei Hinsicht fallen die Zahlen bei den engagierten höher aus als bei den ihr nur verbundenen Mitgliedern, aber auch beide Gruppen zusammen genommen weisen zum Teil erheblich höhere Werte auf als die Evangelischen insgesamt. Während z. B. 44 % der Evangelischen insgesamt als Mitgliedschaftsgrund angeben, »Weil ich religiös bin«, tun dies 76 % der der Ortsgemeinde verbundenen Mitglieder und 85 % der in der Ortsgemeinden engagierten Mitglieder. Auch der Kontakt zum Pfarrer und zur Pfarrerin differiert in dieser Hinsicht: Während von den Evangelischen insgesamt 40 % im letzten Jahr Kontakt zu einem Pfarrer oder einer Pfarrerin hatten, trifft dies bei den der Ortsgemeinde Verbundenen auf 64 % und bei den Engagierten auf 91 % zu.

Engagementpotentiale

Allerdings gilt natürlich auch: Wer sich der Ortsgemeinde in ihren Vollzügen und ihrem Personal stärker verbunden erlebt, muss sich gleichwohl nicht regelmäßig oder gar intensiv beteiligen. Ein dezidiertes Interesse z. B. an geselligen Begegnungen wird von vielen Gemeindegliedern gerade nicht stark gemacht. Die Kirche vor Ort entfaltet aber auch dort eine sehr nachhaltige Entwicklung, wo man sich gerade nicht regelmäßig beteiligt, sondern sie nur gelegentlich oder selten wahrnimmt. Das Fazit von Jan Hermelink und Gerald Kretzschmar an dieser Stelle lautet: »Auch unter den Bedingungen moderngesellschaftlicher Differenzierung, religiöser Vielfalt und biographischer Mobilität scheint die Kirche vor Ort aus der Sicht der Mitglieder von hoher, ja gelegentlich identitätsstiftender Bedeutung zu sein.«[5] Durch die Sichtbarkeit der Kirche in der Ortsgemeinde gewinnt die evangelische Kirche insgesamt ihre Sichtbarkeit.

5   Vernetzte Vielfalt (s. Anm. 2), 67.

Deutlich wird zudem, wie wichtig der Faktor personaler Kommunikation bzw. die Qualität von Kirche als Interaktionspraxis ist. Auch hier zeigt sich, dass es kennzeichnende Differenzen zwischen religiös und kirchlich nicht und stärker interagierenden Mitgliedern gibt: »Während die religiös und kirchlich nicht Interagierenden ein konventionelles Bild von Kirche ausprägen, pflegen die religiös und kirchlich Vernetzten ein deutlich weniger konventionelles Bild von Kirche.«[6] Dieses Ergebnis wird von Franz Grubauer und Eberhard Hauschildt weiter prägnant zugespitzt: »Religiöse und kirchliche Interaktion aktualisiert das Bild von der Institution Kirche, die als relevant erscheint. Fehlende Interaktion optiert für die ... randständige Einkehr in die ewig gleichbleibende Kirche.«[7] Damit ergibt sich auch hier die große Bedeutung der kirchengemeindlichen Kommunikation gerade für Formen einer modernen, sich experimentell verstehenden Kirche. Mit kirchlich distanzierteren Mitgliedern lassen sich entsprechende Modernisierungen eben gerade nicht in Gang setzen. Gerade dieses Argument sollte insbesondere jenen zu denken geben, die bereits schon ein Interesse an der Erforschung der Kirchengemeinde als einen Ausdruck reaktionärer kirchenpolitischer Haltung beschreiben. Offensichtlich ist das Gegenteil der Fall! Zur Reform der Kirche braucht es Menschen, die sich im Sinne einer Voice-Option[8] für ihre Veränderung engagieren – und diese findet man, wenn überhaupt, unter den besagten 45 %.

6   A. a. O., 85.
7   A. a. O., 86.
8   Vgl. dazu Albert O. Hirschman: Abwanderung und Widerspruch.

Der Fokus auf die Kirchengemeinden findet zudem Bestätigung durch die Analysen von Gert Pickel über das durch die Aktivitäten großer Teile der Kirchenmitglieder gebildete Sozialkapital. Er arbeitet die große Bedeutung heraus, die Gruppen in der Kirche – und vielfach eben in den Kirchengemeinden – für die Herausbildung von Vertrauensbeziehungen als Basis für Engagement haben. »Der Zusammenhalt der evangelischen Kirche«, liege, betont er, weniger in dem eher abstrakten Kollektiv der Gemeinde, »sondern vielmehr in der Bindung an die vielen kleinen miteinander verbundenen Gemeinschaften innerhalb der Gemeinden, die sich durch persönliche Kontakte auszeichnen.« »Im Engagement vor Ort entsteht Zusammengehörigkeit, Identifikation und soziales Vertrauen.« »Für soziales Vertrauen benötigt man face-to-face-Kontakte, und diese Kontakte benötigen Gelegenheitsstrukturen. Ohne diese sich selbst organisierenden Freiwilligengruppen sind die Gemeinden – zugespitzt gesagt – oft nur fiktionale Sammlungen von Kirchensteuerzahlern.«[9]

Reaktion auf Leistungsabfall bei Unternehmungen, Organisationen und Staaten. Tübingen 2004 (Nachdruck). Englischer Titel: »Exit, Voice and Loyalty.«

9   Vernetzte Vielfalt (s. Anm. 2), 298 f.

Kirchengemeinde als Netzwerk

Schließlich lassen die bereits erwähnten Kapitel über die Erhebung des Netzwerks religiöser Kommunikation in einer kleinstädtischen Kirchengemeinde noch strukturiertere Blicke in das Leben von Kirchengemeinden zu. Allerdings erschließen sich diese Texte erst nach Einarbeitung in die komplexe Terminologie der Netzwerkanalyse. Es fällt zunächst im Blick auf das soziale Netzwerk aller Umfrageteilnehmenden auf, dass sich eine »Mitte« von etwa 200 stark untereinander vernetzten Personen identifizieren lässt, in der religiöse Kommunikation besonders präsent ist. Unter diesen, und von ihnen ausgehend, bestehen auch häufig Beziehungen zwischen Personen, die nicht angeben, einander besonders nahezustehen. In diesem Feld sind auch die beiden Pastoren der Kirchengemeinde und weitere Mitarbeiterinnen zu finden. Damit existiert in dieser Kirchengemeinde ein »Zentrum«, das sich von einer Peripherie abhebt. Von diesem Zentrum unterschieden werden dann alle Befragten, die in irgendeiner Form kommunikativ an diese zentrale Gruppe angedockt sind; dabei handelt es sich um 529 befragte Mitglieder. Darüber hinaus gibt es Befragte, die in kleineren Verbänden miteinander in Beziehung stehen, etwa 417, sowie eine Gruppe, die nicht in Kontakt mit anderen stehen. Damit weist diese Kirchengemeinde durchaus erwartbare, klassische Komponenten einer volkskirchlichen Gemeinde auf. Zudem finden sich eine ganze Reihe von Kommunikationsknotenpunkten, die nicht direkt an das »Zentrum« angebunden sind. Diese Gelegenheitsstrukturen für religiöse Kommunikation liegen im Bereich der lokalen

Kirchengemeinde. »Sie generieren zwar relativ wenige Beziehungen, diese reichen aber vergleichsweise häufig über den sozialen Nahbereich der Befragten hinaus.«[10]

Ein spannender Knotenpunkt der Kommunikation ist die örtliche Kindertagesstätte. Hier finden sich zahlreiche der Kirchengemeinde weniger verbundene Mitglieder. »Die Kindertagesstätten sind Orte, an denen der Kirche stärker verbundene Kirchenmitglieder mit weniger verbundenen Kirchenmitgliedern in hohem Maße in Kontakt kommen. Sie bilden eine bedeutsame Kontaktfläche zu kirchlichen Anliegen wie der Weitergabe von Werten und dem Austausch über religiöse Themen.«[11] Ein weiterer Befund ist bemerkenswert: »Regelmäßige Gottesdienstbesucher wurden signifikant häufiger von anderen Personen als Gesprächspartner über den Sinn des Lebens benannt. Sie werden gleichsam als religiöse Experten von denen in Anspruch genommen, die seltener in den Gottesdienst gehen.«[12]

Kritisch anzumerken wäre, dass die Ergebnisse der zwei vorliegenden Netzwerkanalysen nur wenig miteinander abgeglichen sind. Während die erste die Bedeutung der zentralen Community aufzeigen kann, betont die zweite, dass Kirchengemeinden nicht *ein* Netzwerk bildeten, sondern sich innerhalb einer Kirchengemeinde vielfältige Netzwerke fänden, die sich anlassbezogen formierten. Wahrscheinlich wird beides richtig sein: auf der einen Seite findet man konzentrierte Engagementstrukturen, die so etwas wie

---

10   A. a. O., 398.
11   A. a. O., 434.
12   Ebd.

den vitalen Kern einer Kirchengemeinde ausmachen – auf der anderen Seite bilden sich aber auch anlassbezogen eine ganze Reihe von Netzwerken, in denen vielfältig miteinander kommuniziert wird.

Interessant sind die realen Zahlen der 200 im zentralen Netzwerk interagierenden Personen und der etwa 600 darum gruppierten Mitglieder, weil sie anderen Gemeindestudien entsprechen, in denen eine dichte Kommunikationsfrequenz pro Pastorin von etwa 100, und darüber hinaus (je nach Ressourcen der Kirchengemeinde) bis zu 600/700 weiteren kommunizierenden Personen ermittelt werden können. Dies scheinen Zahlen zu sein, die möglicherweise ganz einfach mit physischen Kommunikationsgrenzen zu tun haben und so für Realismus im Bezug auf die Reichweiten von Kirchengemeinden sorgen können. Sie entsprechen etwa den prozentualen Anteilen der Verbundenheitsgrade in der KMU 5.

Grenzen der Kirchengemeinde

Trotz der überraschenden Materialvielfalt in der KMU 5 zur Kirchengemeinde kann es nun sicherlich nicht darum gehen, ein allgemeines Loblied auf die Kirchengemeinden anzustimmen. Vielmehr muss nun in weiteren Studien sehr genau analysiert werden, welche spezifische Qualität diese in ihrer Bedeutung nun mehr besser beschreibbaren kirchlichen Strukturen haben. In der KMU 5 wird mehrfach auf die Bedeutung der Offenheit, der Qualität und auf die Vielfältigkeit der Angebote in Kirchengemeinden hingewiesen.

Ein wichtiger, kritischer Aspekt ist sicherlich die Tendenz von Kirchengemeinden, sich als »Gemeinschaften« selbstzufrieden stark auf sich selbst zu beziehen und deswegen möglicherweise die offene Kommunikation mit außerhalb stehenden Menschen eher zu vermeiden. Dies geht besonders aus dem ersten Kirchengemeindebarometer[13] des SI der EKD hervor, einer repräsentativen Umfrage unter Kirchenvorsteherinnen und Kirchenvorstehern zur Situation in den Gemeinden. Für den aktiven Kern in Kirchengemeinden scheint die Orientierung an Gemeinschaft und einer guten Atmosphäre von großer Bedeutung zu sein. Diese Gemeinschaften müssen nicht den gesamten Kern der Kirchengemeinde umfassen, sie können sich auch auf kleinere Gruppen beziehen.

Auch diese Ergebnisse beschreiben lediglich, was ist. Deutlich wird aber, dass nicht ihre organisatorische und institutionelle Gestalt als solche für die Entwicklung der Kirchengemeinden verantwortlich ist, sondern es eben diese Gemeinschaftsstrukturen sind, um deren Weiterentwicklung es gehen müsste, wenn man Kirchengemeinden verändern will. Sie lassen sich nicht mit reinen Organisations-Managementmethoden optimieren, so wichtig diese im konkreten sein mögen. Ihre Entwicklungsdynamik wird nur verständlich, wenn man sie als spezifische Form von Gemeinschaften im Rahmen von Organisationen und Institutionen analysiert. Wer also in Zukunft erfolgreiche Gemeinden will, der sollte in dieser Richtung einer in Gemeinschaften eingebetteten Or-

---

13 Hilke Rebenstorf, Petra-Angela Ahrens, Gerhard Wegner: Potenziale vor Ort. Erstes Kirchengemeindebarometer. Leipzig 2015.

ganisationsentwicklung denken. Es würde auf jeden Fall der Sache gerechter, als das Überstülpen von fremden, gemeinschaftsindifferenten Organisationsformen.

KMU 5: Kirche realistisch denken?

Nun enthält der Berichtsband der KMU 5 natürlich noch weitaus mehr Material, was noch viel mehr spannende Blicke auf die Situation der Kirche ermöglicht. So knüpft Martin Laube in einer herausragenden Studie an das im Kontext der KMU 5 von mir proklamierte Ende des »liberalen Paradigmas« an und differenziert die Argumentation: In der Tat könne das entsprechende Denken einen Abbruch religiöser oder kirchlicher Kommunikation gar nicht wahrnehmen. Gleichwohl müsste das Interesse dieses Ansatzes, der Verengung kirchlicher Praxis auf bornierte Formen zu wehren, auch weiterhin zum Tragen kommen. Längere Kapitel widmen sich zudem der Frage nach Religion und Kirche im Lebenslauf und differenzieren Dimensionen der Kirchenbindung und Religiosität. Analysen zum Milieubezug kirchlicher Arbeit und zu Lebensstilen und Lebenslagen, Frauen und Männern und zum Thema religiöse Indifferenz finden sich ebenso, und z. T. durchaus kontroverse. Im Fall der meisten Analysen wird die Bedeutung der kirchlich näher Verbundenen für die Reproduktion von Kirche, sprich insbesondere für die nach wie vor auf Familienstrukturen angewiesene religiöse Sozialisation, sehr deutlich.

Stellt dies nun eine Wende in der Ausrichtung der KMUs dar? Wird hier ein neues Paradigma aufgemacht, das sich schon in der Vorabveröffentlichung abzeichnete, aber damals noch sehr umstritten blieb? Mir scheint die Entwicklung – trotz des Titels des Bandes – in diese Richtung zu gehen, und ich halte sie deswegen für begrüßenswert, weil durch die Fokussierung auf die Gruppe der der Kirche näher verbundenen Mitglieder, eben auf jene 45%, die sich möglicherweise kommunikativ erreichen lassen, nicht ein Ideal-, aber ein Realbild von Kirche gezeichnet wird, ohne dessen Berücksichtigung kirchenreformerische Maßnahmen vollkommen ins Leere greifen müssen. In dieser Richtung sorgt die KMU 5 für Realismus. Es war ja in der Vergangenheit immer wieder verblüffend zu sehen, wie groß angelegte Kampagnen zur Gewinnung der kirchlich Distanzierten oder gar der Konfessionslosen angestellt wurden, die zwar dieses Ziel verfehlten, aber faktisch zur »Modernisierung« der bereits der Kirche verbundenen Menschen beigetragen haben (z. B. ganz vorne weg das kirchliche Engagement auf der Expo 2000 in Hannover[14]). Genau dieses Phänomen lässt sich anhand der Daten der KMU 5 gut erklären.

Umgekehrt folgt, dass eine mit einer gewissen Aussicht auf Erfolg zielende kirchliche Kommunikationsstrategie genau diese Gruppe der 45% der Mitglieder stärker als bisher in den Blick nehmen sollte mit dem Ziel, ihre Verbundenheit mit der Kirche zu stabilisieren. Hier lässt sich mit gewissem Aussicht auf Erfolg eine ganze Menge erreichen, wohingegen der Aufbau von neuen Kommunikationskanälen zu den weiter am Rande stehenden oder gar indifferenten Men-

---

14 Vgl. Wolfgang Lukatis und Gerhard Wegner (Hg): Das Christentum auf der EXPO 2000. Würzburg 2001.

schen sehr viel schwieriger und sehr viel frustrierender ist. Eine solche Strategie hätte ganz gewiss nichts mit einer Reduktion der Kirche auf kleine Bereiche zu tun, sondern mit dem realistischen Ansatz bei einer Form von Mitglieder- und damit verbundener Gemeindeentwicklung unter denen, die daran potenziell tatsächlich ein Interesse haben könnten. Von der Qualität der religiösen und kirchlichen »Spannkraft« unter diesen 10 Millionen hängt ganz viel ab. Das schließt nicht aus, dass sich am Rand der Kirche Innovationen ergeben, auch überraschende charismatische Erneuerungen, die auch den Kern befruchten. Man wird sehen, was in dieser Hinsicht durch Migrantengemeinden und neuere religiöse Bewegungen möglich ist. Zur Erneuerung der Kirche sind die kirchlich distanzierten oder indifferenten Menschen eben gerade nicht motiviert. Und diese Erneuerung brauchen wir.

Aber ist Erneuerung der Kirche überhaupt noch eine Perspektive? Gerade die Ergebnisse der KMU 5 haben, so ist mein Eindruck, landauf und landab für eine Stimmung gesorgt, die sich dahingehend zusammenfassen lässt, dass man ja doch nichts machen könne. Die gesellschaftliche Entwicklung sei so, dass sie die Menschen von Kirche und Religion abziehe und dieser Prozess letztendlich auch nicht mehr umkehrbar sei. Argumentationen aus dem Bereich der Säkularisierungstheorie können dann in dieser Hinsicht geradezu fatalistisch zitiert und entsprechend als Alibi, nichts weiter zu tun, genutzt werden. Aber diese Argumentation wäre vorschnell. Denn gerade der Blick auf Kirchengemeinden erlaubt eine sehr genaue Differenzierung zwischen erfolgreichen, sich öffnenden und anderen, bei denen man den Eindruck haben kann, dass sie sich längst aufgegeben haben. Zukünftige Forschung muss näher auf die Faktoren achten, die zur Differenzierung in dieser Hinsicht beitragen. Es braucht Forschung über erfolgreiche Kirchengemeinden und gezielte kirchliche Maßnahmen, um Kirchengemeinden erfolgreich werden zu lassen.

Wer sich im Übrigen kundig machen will, wie eine gelingende kirchengemeindliche Praxis aussieht, dem kann ich nur dringend empfehlen, Samstag Abend 19.30 Uhr im ZDF die »Herzensbrecher« zu sehen: Pastor Tabarius und seine charmante Gemeinde.[15]

---

15 Vgl. dazu die wunderbare Analyse von Elisabeth Hürth: Ein Pfarrer als Herzensbrecher. In: Deutsches Pfarrerblatt 115 (2015) 10, 565–570.

Evidenzbasierte Kirchenkreisreformen

Welche Konsequenzen lassen sich aus kirchensoziologischen
Untersuchungen herleiten?

Will man empirische Untersuchungen zur Formulierung von
praktischen Handlungsoptionen nutzen, so empfiehlt es
sich, zunächst einmal von einem übergreifenden, Empirie,
Theorie und Praxis der Kirche verbindenden Gesichtspunkt
auszugehen. Ein solcher wird in der 5. Kirchenmitgliedschaftsuntersuchung der EKD (KMU 5)[1] benannt und prägnant herausgearbeitet: Es ist der Rückgang religiöser Kommunikation in Kirche und Gesellschaft, der sich vor allem
in einer schwächer werdenden Weitergabe des Glaubens
zwischen den Generationen (und damit in einer »Reproduktionskrise« der Kirche) niederschlägt. Damit ist ein Kernproblem benannt. Ganz gleich, was sonst noch an Kirche
interessieren könnte: Dieses Faktum muss sie beschäftigen,
da es unmittelbar ihre Existenz betrifft.[2] Anders für unseren

---

1 Heinrich Bedford-Strohm und Volker Jung (Hg.): Vernetzte Vielfalt.
Kirche angesichts von Individualisierung und Säkularisierung. Die
fünfte EKD-Erhebung über Kirchenmitgliedschaft. Gütersloh 2015
(= VV). Vgl. zum Ganzen: Gerhard Wegner: Das Gespenst der Ver-
kirchlichung. Zum Ertrag der 5. Kirchenmitgliedschaftsunter-
suchung. In: Detlef Pollack und Gerhard Wegner (Hg.): Die soziale
Reichweite von Religion und Kirche. Beiträge zu einer Debatte in
Theologie und Soziologie. Würzburg 2017.

2 Dabei sollte immer auch mit in den Blick geraten, dass die wichtigen
kirchlichen Handlungsebenen stets auch ihren Anteil am offen-
sichtlichen Niedergang der Kirche tragen. Das wird meist übersehen

Fall gesagt: Ein jeder Vorschlag zur Gestaltung der Handlungsebene Kirchenkreis muss Antworten auf die Frage geben können, was er zur »Lösung« – im weitesten Sinne – dieses Problems beiträgt. Von vornherein ist damit klar, dass es nicht um irgendwelche attraktiven Organisations-Zuschreibungen als solche geht (mehr »Vielfalt und Überraschung, Fremdheit und Weite, Innovation und Freiheit«), sondern darum, religiöse Kommunikation und die Weitergabe des Glaubens zu vitalisieren (bestenfalls!) bzw. zu stabilisieren. Empirische Untersuchungen tragen hierzu nicht mehr – aber auch nicht weniger – als die Sicht der Menschen bei. Wann und wo fühlen sie sich zu religiöser Kommunika-

und noch dadurch gefördert, dass z. B. die KMUs nur Kirchenmitglieder befragen und nicht die gesamte Bevölkerung, denn das suggeriert stets gleichbleibende, bedeutsam wirkende Prozentanteile. Würde man Letzteres tun, würde die reale Bedeutung kirchlichen Lebens sehr viel realistischer herausgearbeitet werden können, z. B. der säkulare Rückgang des Prestiges der Pastoren. Aber auch ganz allgemein: 45 % der Kirchengemeinde Verbundene unter den Kirchenmitgliedern sind bei einem Mitgliederanteil von 30 % der Bevölkerung (= Hannover) tatsächlich dann nur 12–13 % der Bevölkerung! Davon wäre auszugehen. Worum es mithin bei der Frage einer Kirchenkreisreform tatsächlich geht, ist der Versuch, durch ein neues Arrangement kirchlicher Zuständigkeiten incl. einer »Neuaufstellung« der Mitglieder wieder mehr Anschluss an gesellschaftliche Entwicklungen zu erreichen. Man kann fragen, ob dazu nicht eben diese gesellschaftlichen Entwicklungen in den Blick genommen werden sollten. Hier ist bemerkenswert, dass sich die Diskussionslage gerade von einer jubelnden Affirmation von Individualisierung und Pluralisierung zur Beheimatung, Identität und Gemeinschaft verschiebt.

tion angeregt? Welche Rolle spielen in dieser Hinsicht der Kirchenkreis und – unterstützend oder ergänzend – die Ortsgemeinden? Welche Rolle aber auch andere kirchliche Ebenen wie die Kirchengemeinden oder auch die Landeskirchen?

Der Rückgang religiöser Kommunikation manifestiert sich besonders deutlich in den Anteilen der Kirchenmitglieder, die auf die Frage antworten, ob sie überhaupt – und wenn ja, wie häufig – über religiöse Themen kommunizieren. Die bekannten Quoten lauteten 2012: 55,5 % der Kirchenmitglieder sprechen nie über Religion, 44,5 % mindestens selten. Zieht man diejenigen ab, die es nur selten tun, bleiben lediglich 23,5 % der Kirchenmitglieder, die sich mindestens gelegentlich, und nur noch 6,2 % (!!), die sich häufig über Religion austauschen. Ganz ähnlich erhobene Daten in der KMU 1 von 1972 lauteten noch: 29 % sprechen nie über Religion, aber 71 % mindestens selten. Das bedeutet grob gesagt: Die Frequenz religiöser Kommunikation hat sich in dem entsprechenden Zeitraum halbiert. Die nüchterne Bilanz eines der KMU-Kommentatoren, David Plüss, lautet deswegen: »Religiöse Kommunikation und religiöses Verhalten sind im Alltag eher unwahrscheinlich.«[3] Seine interessante Interpretation lautet, »dass sich die Mehrzahl der Mitglieder protestantischer Kirchen dafür entschieden hat, die Gründe und Konturen ihres Glaubens anderen gerade nicht mitzuteilen, sondern sie für sich zu behalten.«[4] Ob das tatsächlich so ist, kann man fragen. Aber selbst wenn die

3   VV (s. Anm. 1), 441.
4   Ebd.

These stimmt, kann das nicht »gesund« sein. Worüber man nicht redet, das gerät auf die Dauer in Vergessenheit.

Diese Situation gewinnt in den Ergebnissen der KMU nun noch dadurch besondere Prägnanz, dass sich eine hohe Korrelation zwischen der Frequenz religiöser Kommunikation und kirchlicher Bindung feststellen lässt. Sie tendiert fast zu einer Identifikation: Der sogenannte Korrelationskoeffizient beträgt 0,81, was extrem hoch ist (bei 1 wäre eine völlige Gleichsetzung vorhanden). Religiöse Kommunikation findet sich folglich mit großer Wahrscheinlichkeit (nur) bei denjenigen, die sich auch kirchlich gebunden fühlen und sich möglicherweise dort auch engagieren. Darüber hinaus ist religiöse Kommunikation eher unwahrscheinlich. Die Folgerung ist klar: Will man religiöse Kommunikation, so braucht man Kirche. Von selbst wächst da nichts. Aber welche Kirche – und was von Kirche? Die Organisationsgestalt der Kirche ist damit der empirisch offensichtlich wichtigste Faktor der Vitalität religiöser Kommunikation (und ebenso ihrer Behinderung!). Damit hat man schon ein – wenn auch noch sehr allgemeines – Kriterium für Organisationsreformen der Kirche gewonnen.[5]

Man kann über dieses Ergebnis in mehrfacher Weise meditieren: den zu Grunde gelegten Begriff von religiöser Kommunikation kritisieren oder das Ergebnis säkularisierungstheoretisch legitimieren. Worauf es mir an dieser Stelle allein ankommt, ist eine sich nahelegende spezifische Schluss-

5 Was gar nicht so weit entfernt ist von den zwar alten (aus den 60er Jahren stammenden), aber immer noch spannenden Debatten über eine »missionarische Struktur« der Kirchen.

folgerung. Sie lautet: Damit religiöse Kommunikation, und nicht zuletzt die beständige Weitergabe des Glaubens, auch in Zukunft organisatorisch gesichert werden kann, braucht es – ganz allgemein gesagt – *Gelegenheiten* zu ebensolcher Kommunikation. Das wäre zumindest eine Mindestbedingung. Und diese Gelegenheiten müssen von der Kirche geschaffen werden – niemand anders wird sie bereitstellen.

Ein eingeschobenes Beispiel für solche Gelegenheiten aus der KMU 5: So antworten z. B. 30,6 % der Konfessionslosen auf die Frage, wann sie mit der evangelischen Kirche in Berührung gekommen sind: durch das Treffen mit einem Pfarrer / einer Pfarrerin anlässlich einer Hochzeit / Taufe / Beerdigung. Andere Gelegenheiten (Kirchenbesuch im Urlaub, Kirchenkonzerts, soziales Engagement der Kirche) rangieren dagegen mit 3–6 % unter »ferner liefen«. Diese Gelegenheit ist – zumindest bisher – weitgehend an Kirchengemeinden angekoppelt – ggf. an Kooperationen unter Kirchengemeinden und Pastoren –, weniger an den Kirchenkreis als solchen.

Aber wie dem auch sei: Mit dem Kriterium der »Gelegenheiten zu religiöser Kommunikation« ist ein übergreifender Ansatz gewonnen, von dem her sich empirische Ergebnisse für die Frage der zukünftigen Gestaltung von Kirchenkreisen auswerten lassen. Die Frage ist folglich: Welche Gelegenheiten für Menschen, sich an Glaubenskommunikation in irgendeiner Form anzuschließen, lassen sich empirisch erheben und in welchem Verhältnis stehen sie zur Organisationsgestalt des Kirchenkreises bzw. der mittleren Leitungsebene in den Landeskirchen?[6] Und perspektivisch in die

6   Aufschlussreich sind in dieser Hinsicht die Ergebnisse einer großen

Zukunft gefragt: Schaffen die vorgesehenen Veränderungen der Kirchenkreise in aller Wahrscheinlichkeit mehr und bessere Gelegenheiten zur religiösen Kommunikation – oder ist eher gar das Gegenteil der Fall?[7]

Diese Frage kann nun in mehrfacher Hinsicht ausdifferenziert werden. Dabei können natürlich die empirischen Zahlen keine Prognosen liefern: Sie blicken nicht nach vorn, vielmehr blicken sie zurück. Wie sieht es mit den besagten Gelegenheiten also bisher aus? Die Zukunft ist offen. Erweckungsbewegungen sind immer möglich. Aber es lässt sich so halbwegs »evidenzbasiert« diskutieren, was bei Veränderungen geschehen könnte, d. h. im Blick auf tatsächlich mögliche wirksame Veränderungen und nicht nur auf hehre Ziele. Bevor man also darüber spekuliert, wie toll der Kirchenkreis gegenüber den Ortsgemeinden sei (»besonders

Gemeindewachstums-Untersuchung der anglikanischen Kirche: »Es gibt einen starken negativen Trend: Je mehr Gemeinden zusammengelegt wurden, umso wahrscheinlicher werden sie kleiner (über alle Gemeindegrößen hinweg).« Vgl. Faktencheck: Mehr als nur Geschichten. Ergebnisse der Gemeindewachstums-Untersuchung 2011–2013, ZMiR, 41) Und auch: Einzelne Gemeinden unter einem Verantwortlichen wachsen eher als zusammengelegte Gemeinden und leisten mehr als solche mit Teampfarrämtern (ebd.). Vgl. dazu für Deutschland: Jantine Nierop, Eine Gemeinde, mehrere Pfarrerinnen. Stuttgart 2017, 201 ff.

7   Noch weiter ausziehen ließe sich dieser Problemkreis mit einer genaueren Analyse, welche spezifischen *Anreize* zur religiösen Kommunikation bzw. gerade auch zur Weitergabe des Glaubens sich in der Organisation der Kirche identifizieren lassen. Der Begriff der *Anreize* wäre schärfer als der der *Gelegenheiten*, da er eine Relation impliziert.

prägnante Inszenierung des Glaubens« außerhalb eines vertrauten Umfelds, »Erfahrung der Vielfalt christlicher Lebensäußerung«, Erfahrung des Lebens in einer weltweiten Gemeinschaft, »Innovationsdynamik« usw.), sollte doch erst einmal genau hingeschaut werden, welche Aussagen die Kirchenmitglieder (und ggf. alle Menschen) über ihre realen Erfahrungen mit Kirche machen. Dann mag man (oder wird man sogar) ja immer noch bedauern, dass z. B. Innovation gar nicht ihr zentrales Interesse ist (es ist in der Tat nicht das Anliegen der 75 % eher distanzierten Mitglieder!). Aber dann weiß man wenigstens, was man ignoriert und welches Risiko man dann eingeht, wenn man tatsächlich auf eine sozusagen »kreative Zerstörung«, auf einen Abschied von Vertrautheit durch die Schwächung der Ortskirchengemeinden setzt.[8]

8 Es ist immer wieder erstaunlich, wie stark in der Praktischen Theologie mit Projektionen gearbeitet wird – und zwar insbesondere im Fall der Abwertung des kirchengemeindlichen Lebens im Gegensatz zu übergemeindlichen, nichtparochialen Angeboten. So behaupten Eberhard Hauschildt und Uta Pohl-Patalong in ihrem Buch »Kirche« (Gütersloh 2013), auf parochialer Seite werde das Individuum tendenziell als Objekt kirchlichen Handelns thematisiert, auf nichtparochialer Seite dagegen als Subjekt, das seine sozialen und religiösen Bezüge selbstbewusst wähle (269 f.). Dieses immer wieder auftauchende Schema findet sich nun offensichtlich übertragen auf das Verhältnis Parochie und Kirchenkreis. Eine Überprüfung steht jedoch immer noch aus.

Verbundenheit mit Sozialgestalten der Kirche

Es legt sich nun nahe, sozusagen von außen nach innen vorzugehen und mit der Verbundenheit der Kirchenmitglieder mit kirchlichen Organisationsgestalten zu beginnen. Hier zeigt sich in der KMU 5 ein klares Bild: 45 % der Evangelischen fühlen sich ihrer Ortsgemeinde sehr und ziemlich verbunden (22,8 % sehr verbunden),[9] demgegenüber aber nur 27,6 % der jeweiligen Landeskirche (sehr verbunden sogar nur 9,5 %!). Bei evangelischen Schulen und Kindertagesstätten liegt der Wert bei 21,8 %, bei evangelischen Krankenhäusern und Pflegeeinrichtungen bei 20 %. Was die Verbundenheit mit der evangelischen Kirche insgesamt anbetrifft: 15,7 % bezeichnen sich als sehr verbunden und 28,3 % als ziemlich verbunden. Das entspricht insgesamt etwa der Verbundenheit mit der Ortsgemeinde, wenn es auch in der Intensität um fast 1/3 (!!) schwächer ausfällt. Setzt man die Daten in Beziehung, dann wird schnell deutlich, dass die Verbundenheit mit der Ortsgemeinde der Verbundenheit mit der evangelischen Kirche insgesamt entspricht. Beides ist identisch: Wer sich der evangelischen Kirche verbunden fühlt, fühlt sich auch der Ortsgemeinde verbunden. Die immer wieder vermutete Existenz einer größeren Gruppe von Evangelischen, die sich zwar der Kirche insgesamt, aber nicht ihrer muffigen Ortsgemeinde verbunden fühle, ist

---

9   Vgl. dazu vor allem: Jan Hermelink und Gerald Kretzschmar: Die Ortsgemeinde in der Wahrnehmung der Kirchenmitglieder – Dimensionen und Determinanten. In: Bedford-Strohm/Jung (s. Anm. 1), 59–67.

nicht belegbar. Andersherum wird ein Schuh daraus: Es gibt eine bedeutsame Gruppe unter den Kirchenmitgliedern, die sich ihren Gemeinden verbunden fühlt – aber nicht sehr der weit entfernten evangelischen Kirche insgesamt. Damit ist die große Bedeutung der Ortsgemeinde für die Verbundenheit der Evangelischen mit ihrer Kirche deutlich zu erkennen. Entsprechend sollte es endlich einen Abschied von der immer wieder auftretenden reflexartigen Verachtung der Ortsgemeinde geben.[10]

Diese Zusammenhänge werden noch deutlicher, wenn man den Faktor Religiosität einberechnet: je religiöser die Menschen sind, desto verbundener sind sie der Ortsgemeinde: Während z. B. 44 % der Evangelischen insgesamt als Mitgliedschaftsgrund angeben »weil ich religiös bin«, tun dies 76 % der der Ortsgemeinde verbundenen und 85 % der in der Ortsgemeinde engagierten Mitglieder. Das bedeutet: Die Ortsgemeinde ist die Drehscheibe religiöser Kommunikation – so schwach sie auch immer sein mag. In ihr versammeln sich in der Tat die Hochverbundenen, aber das ist nicht ihre Schwäche, wie man bisweilen seltsamerweise

10 Vgl. dazu aktuell und sehr deutlich: Günter Thomas: Der Neglect der Gemeinde im liberalen Paradigma. Wege aus der Sackgasse einer Fehlwahrnehmung von Religion und Kirche. In: Detlef Pollack und Gerhard Wegner (Hg.): Die soziale Reichweite von Religion und Kirche. Beiträge zu einer Debatte in Theologie und Soziologie. Würzburg 2017, 249–278. Vgl. auch Gerhard Wegner: 50 Jahre dasselbe gesagt? Die Kirchenmitgliedschaftsuntersuchungen der EKD im religiös-kirchlichen Feld. In: Gerhard Wegner (Hg.): Gott oder die Gesellschaft. Das Spannungsfeld von Theologie und Soziologie. Würzburg 2012, 295–341.

hören kann, sondern ihre große Stärke! Natürlich mag man sich das anders wünschen. Sicherlich immer auch deswegen, weil einem selbst die »Großfamilie« zu dicht ist und man religiöse Erfahrungen lieber in einer Kunstperformance macht. Solche Vorlieben sind völlig berechtigt! Aber sie sollten nicht zu abwertenden sozialen und kulturellen Projektionen auf das Gemeindeleben führen! Man muss sie lieben, unsere Gemeinden! Schließlich: Die Ortsgemeinde, darauf haben Jan Hermelink und Gerald Kretzschmar[11] hingewiesen, entfaltet auch dort ihre Bedeutung, wo man sich gerade nicht regelmäßig beteiligt, sondern sie nur gelegentlich oder selten wahrnimmt. »Auch unter den Bedingungen modern gesellschaftlicher Differenzierung, religiöser Vielfalt und biografischer Mobilität, scheint die Kirche vor Ort aus der Sicht der Mitglieder von hoher, ja gelegentlich Identität stiftender Bedeutung zu sein.«[12]

Leider ist nun in der KMU 5 nicht – und auch sonst m.W. bisher leider nirgendwo – die Verbundenheit der Evangelischen – oder besser der Bevölkerung insgesamt – mit dem Kirchenkreis oder der mittleren Führungsebene abgefragt worden. Hier sollten unbedingt einige Fallstudien unternommen werden, um für mögliche Reformen des Kirchenkreises wenigstens etwas empirischen Boden unter die Füße zu bekommen. Eine Hypothese ließe sich hierfür aus dem »Kirchengemeindebarometer des SI«[13] ableiten. Hier sind die

---

11 Hermelink/Kretzschmar, Ortsgemeinde. In: VV (s. Anm. 8), 59–67.
12 A. a. O., 67.
13 Hilke Rebenstorf, Petra-Angela Ahrens und Gerhard Wegner: Potenziale vor Ort. Erstes Kirchengemeindebarometer. Leipzig 2015.

Mitglieder der ortsgemeindlichen Kirchenvorstände nach dem Verhältnis ihrer jeweiligen Kirchengemeinde zu anderen kirchlichen Ebenen befragt worden, so auch zum Kirchenkreis. Im Ergebnis rangiert der Kirchenkreis relativ hoch (nach der Nachbargemeinde), ca. 50 % bezeichnen das Verhältnis als sehr gut und gut (S. 123 ff.). Das Verhältnis zum Sprengel (ca. 35 %) und zur Landeskirche (ca. 28 %) ist deutlich schwächer ausgeprägt. Dies hängt vor allem damit zusammen – und darum geht es mir –, das je weiter entfernt von der eigenen Gemeinde eine kirchliche Ebene angesiedelt ist, desto mehr Kirchenvorsteher angeben, keine Aussage machen zu können (bei der Landeskirche ein Drittel!). Im Fall des Kirchenkreises sind es 13,8 % – und dabei handelt es sich um weniger stark in der Gemeinde Verantwortung Tragende und noch Neue in der Gemeindeleitung. Das könnte darauf hindeuten, dass der Kirchenkreis bisher vor allem eine Bedeutung für »Professionelle« (Haupt- und Ehrenamtliche) hat und entsprechend wahrgenommen wird. Darüber hinaus scheint er weniger »populär«, aber das müsste näher untersucht werden.

Die Bedeutung der Ortskirchengemeinde als zentrale und wichtigste Gelegenheit zum Kontakt mit Kirche – und in dieser Hinsicht auch zu religiöser Kommunikation – wird, gerade in Bezug auf die Hannoversche Landeskirche – noch

Hierbei handelt es sich um eine groß angelegte repräsentative Befragung von 10 % aller Kirchenvorsteherinnen und Kirchenvorsteher in Deutschland. Die Daten liefern einen präzisen Einblick in das innere Leben von Kirchengemeinden in der Wahrnehmung ihrer leitenden Personen.

einmal besonders in einer neuen Studie des Sozialwissenschaftlichen Instituts zum Image der Kirche in der Stadt
Hannover unterstrichen. Hierbei handelt sich um eine Be-
völkerungsumfrage – also nicht nur, wie im Fall der KMUs,
um eine Befragung der Kirchenmitglieder. Erstaunliche 58 %
aller Bewohner Hannovers antworten darin auf die Frage,
ob ihnen bekannt sei, zu welcher evangelischen Kirchengemeinde ihre Straße gehöre, mit Ja. Unter den Evangelischen
sind es sogar 83 % und selbst unter den Katholischen noch
44 %. Fragt man dann noch weiter, welche Aktivitäten der
Ortskirchengemeinden bekannt sind, so werden von 67 %
Gottesdienste, von 40 % Straßen– und Stadtteilfeste, von 38 %
Angebote für die ältere Generation und Weiteres angegeben.
Gottesdienste werden zudem von 40 % der Bevölkerung
auch selbst genutzt (so sagen es jedenfalls die Befragten).
Weiter ist dann auch nach der Beurteilung der entsprechenden Angebote gefragt worden, und zwar unter denen, die
überhaupt die Angebote nutzen. Dabei wurden insbesondere Angebote für Familien zu 81 %, Angebote für die ältere
Generation zu 76 % und kulturelle Angebote zu 72 % (ähnlich wie Straßen- und Stadtteilfeste) als sehr gut und gut bewertet. Etwas weniger gut kamen Gottesdienste an – aber
immerhin noch bei 63 %.

Auch nach der Bereicherung des eigenen Lebens durch
»Angebote der Kirchengemeinde im eigenen Stadtteil« wurde
gefragt. Sie rangierten bei allen Befragten auf einer Skala
von 1 (sehr stark) bis 5 (gar nicht) bei etwa 3,6 (leicht schwächer als »kulturelle Aktivitäten der Kirche«), bei den Evangelischen aber bei 3,3 (leicht stärker als die kulturellen
Angebote). Stärker als die Angebote der Kirchengemeinden

sind unter der Bevölkerung in Hannover die Diakonie-/Sozialstationen, die Flüchtlingshilfe, zum Teil auch die Gottesdienste in der Marktkirche sowie noch weitere diakonische Angebote bekannt. Fragt man zudem ohne Antwortvorgaben nach der Bekanntheit von Kirchen im Stadtgebiet Hannovers, so wird mit 44 % die Marktkirche, mit 20 % die Christuskirche, mit 15 % die Markuskirche genannt. Werden entsprechende Antwortvorgaben gemacht, so steigen die Bekanntheitswerte beträchtlich an: bei der Marktkirche dann auf 90 %, bei der Christus- und Markuskirche auf 81 % bzw. 55 %.

Personale Kontakte als Gelegenheiten

Nun sind die Kirchengemeinden trotz ihrer bedeutsamen Rolle natürlich nicht als solche sofort Gelegenheiten für religiöse Kommunikation (möglicherweise abgesehen von bedeutsamen Kirchengebäuden als solchen), sondern in der Regel erst dann, wenn ein Kontakt zu den in ihnen tätigen Menschen erfolgt. In dieser Hinsicht können Kontakte zu Pastorinnen und Pastoren, weiteren kirchlich Beschäftigten und insbesondere auch Ehrenamtlichen in den Blick geraten.

Um die Letzteren gleich in den Blick zu nehmen: Zu den Ehrenamtlichen zählen an vorderster Stelle die Mitglieder der Kirchenvorstände. Es sind in der Landeskirche Hannovers 2017 11.840 Personen, in Deutschland insgesamt 126.022 Personen. Man wird sich schnell einig werden, dass es sich hierbei um eine der wichtigsten Gruppen von Ehrenamtlichen in der Kirche handelt. Sie müssen umhegt und umpflegt werden! Das beginnt bereits bei der Zahl. Allein sie erheischt sofort Aufmerksamkeit, denn – platt gesagt – jede Verringerung der Zahl von Kirchengemeinden führt zu einer Verringerung der »Stellen« für Ehrenamtliche. Darüber hinaus lässt sich über den Kontakt zu Ehrenamtlichen nicht allzu viel sagen, da dies in den KMUs nicht abgefragt wurde. In der Stadt Hannover indes kennen 44 % der Evangelischen ehrenamtlich Tätige in der Kirche, 74 % Pastorinnen und Pastoren und 73 % weitere Personen aus dem Gemeindebüro bzw. den Küster und die Küsterin. 35 % kennen die Pastoren der Marktkirche. Sehr viel weniger bekannt sind der Stadtsuperintendent, die Landessuperintendentin, und der Landesbischof rangiert nur bei 36 %.

Entsprechend ist auch in der KMU 5 die Frequenz des Kontakts zu in der Kirche Tätigen abgefragt worden. Hier ging es zunächst um die Kenntnis der Pfarrerin bzw. des Pfarrers der eigenen Ortskirchengemeinde. 40 % der Kirchenmitglieder gaben an, dass sie schon mit ihr / ihm gesprochen hätten, 18,7 % kannten sie / ihn vom Sehen, aber nicht persönlich, und 17,2 % nur dem Namen nach. Lediglich 24 % gaben an, keine Kenntnis der betreffenden Personen zu haben. Darüber hinaus gaben nur 20,1 % an, einen anderen Pfarrer / eine andere Pfarrerin persönlich zu kennen. 70,9 % sagten hier »Nein«. Spezifiziert wurde die Frage dann damit, ob man im letzten Jahr Kontakt zum Pfarrer gehabt hatte. Hier gaben 40 % der Evangelischen »Ja« zur Antwort, 60 % sagten »Nein«. Entscheidend ist nun: Bei den der Ortsgemeinde Verbundenen liegt diese Zahl bei 64 %, bei den in ihr Engagierten bei 91 %! Ortsgemeinden sind damit die Knotenpunkte im Netzwerk von Religion und Kirche.

Auch die Anlässe eines solchen Kontakts wurden abgefragt. Dabei ergab sich ein Ranking: erstens bei einem Gottesdienst (82,4 %), zweitens gelegentlich einer Taufe, einer Trauung oder einer Bestattung (66,3 %), drittens bei einem Gemeinde-, Stadtteil- oder Dorffest (50,7 %), viertens als zufällige Begegnung (47,5 %), fünftens bei eigener Beteiligung an kirchlichen Kreisen und Gruppen (37,4 %), sechstens bei eigener Mitarbeit in der Kirche (30,8 %) – und dann mit deutlichem Abstand bei einer Bildungsveranstaltung (13,2 %). Inwieweit sich diese Kontakte in einer Kirchengemeinde oder in deren Umfeld abgespielt haben, ist nicht abgefragt worden, aber es scheint mir sehr deutlich zu werden, dass der weit überwiegende Teil tatsächlich auf diesen Bereich bezogen ist. Erkennbar wird dann an dieser Stelle auch der viel diskutierte Sachverhalt der engen Beziehung zwischen einem intensiven Kontakt zum Pfarrer / zur Pfarrerin in seiner Gemeinde und der Stärke der eigenen Verbundenheit. Zwar lässt sich nicht sagen, ob der pastorale Kontakt ursächlich für kirchliche Bindung oder kirchliches Engagement ist (abgesehen von einer Kandidatur für den Kirchenvorstand, die tatsächlich zum weit überwiegenden Teil von einer Anfrage durch die Pastoren abhängt). Dass aber die Interaktion mit Pastoren häufig mit Bindung einhergeht, ist sehr deutlich.

Fragt man weiter nach Kontakten im letzten Jahr zu anderen kirchlichen und weiteren Mitarbeitern zum Kirchenmusiker in der Kindertagesstätte der Kirche und zum Religionslehrer, so rangieren die letztgenannten sowie die Mitarbeiter in der Jugend-, Familien- und Seniorenarbeit an den ersten Stellen. Den Spitzenreiter liefert hier aber nach wie vor die Sekretärin im Kirchen- oder Gemeindebüro und auch Küster spielen eine große Rolle. Hier überlappen sich mithin ortskirchengemeindliche Begegnungsebenen (Kirchenbüro, Küster) mit eher lebensweltlich-biografischen Anknüpfungspunkten (Kindergarten), die sicherlich meist (noch) auf der Ebene der Kirchengemeinden liegen, aber nicht unbedingt liegen müssten. Die Entscheidung für einen Kindergarten ist z. B. vor allem durch räumliche Nähe bedingt, impliziert deswegen nicht notwendig aus sich heraus bereits eine Bindung an eine Kirchengemeinde. Aber die Chancen für religiöse Kommunikation an dieser Stelle sind groß. Das muss sicherlich nicht weiter ausgeführt werden. Die personale und lokale Nähe zu einer Ortsgemeinde kann das unterstützen.

Einen weiteren Eindruck von der Bedeutung der Ortsgemeinde gewinnt man, wenn man nach der Art und Weise des Gottesdienstbesuches fragt. So gibt es besondere Anlässe, zu denen Gottesdienste besucht werden. Dazu zählen an erster Stelle familiäre Anlässe wie Taufe, Konfirmation und Beerdigung – dann folgt Heiligabend sowie Ostersonntag, sodann Einschulungsgottesdienste, der Karfreitag und Gottesdienste zur Jubelkonfirmation. Auch hier sind offensichtlich gemeindliche Gottesdienstformen an erster Stelle genannt. Das bestätigt sich auch, wenn man in Gottesdienste mit besonderen Themen oder Formen hineinschaut, denn an erster Stelle werden Familiengottesdienste genannt.

Interaktion mit Kirche

Fragt man dann, abgesehen vom Gottesdienstbesuch, nach der Beteiligung am kirchlichen Leben, so rangiert mit 12,5 % der Evangelischen die Teilnahme an der Jugendgruppe, am Frauen-, Männer-, Seniorenkreis oder Gesprächskreis an erster Stelle, gefolgt vom Besuch von Konzerten und kulturellen Veranstaltungen der Kirche und der Kirchengemeinde mit 8,2 %. Es folgen die projektbezogene Mitarbeit beim Gemeindefest und der Besuch von Kirchenveranstaltungen wie Seminaren, Vorträgen, und Ähnlichem. Schließlich die regelmäßige Mitarbeit in der Gemeinde (zum Beispiel Gemeindebrief, Besuchsdienst, Hilfe bei Schularbeiten usw.) mit 6,9 %. 4 % geben an, Leitungsaufgaben im Kirchenvorstand oder einer Jugendgruppe übernommen zu haben. 70 % der Evangelischen beteiligen sich nicht am kirchlichen Leben – weder in der Ortsgemeinde noch sonst wo. Was die Gründe für die Beteiligung am kirchlichen Leben anbetrifft, so stimmen 55,4 % derjenigen, die sich überhaupt beteiligen, stark dem Argument zu: «Mir sind Gemeinschaft und das Zusammensein mit anderen in der Gemeinde wichtig.»[14] 44,3 % sagen: »Meine Tätigkeit wird in der Gemeinde wertgeschätzt«, und 42 % geben an, dass sie sich in ihrer Gemeinde gebraucht fühlen. Es sieht so aus, als ob sich diese Bedürfnisse im Rahmen der Ortskirchengemeinde

---

14 Im Kirchengemeindebarometer wird zudem die enorm große Bedeutung des Faktors »Gemeinschaft« in den Kirchenvorständen deutlich. Sie überlagert alles, steht aber nicht im Gegensatz zu Organisiertheit und Professionalität.

befriedigen lassen. Wieweit dies auch im Kirchenkreis möglich ist, wäre noch zu überprüfen. Sofern dort allerdings explizit so etwas wie Gemeinschaftserfahrungen eher vermieden werden sollen, könnte man daran Zweifel haben. Oder aber es müssten die Gruppen genauer benannt werden, die Kirche dermaßen »anders« haben wollen (und zwar, wie gesagt, als Gelegenheit zur religiösen Kommunikation!).

Diese Überlegungen verweisen auf die Frage, die auch im Kontext der KMU 5 gestellt wurde, ob sich unter den Evangelischen verschiedene Stile der Interaktion mit Kirche identifizieren lassen, von denen dann – im Sinne unserer Fragestellung – einige eher im Raum der Ortskirchengemeinde und andere eher im Kirchenkreis zum Tragen kommen (könnten). Diesbezüglich sind die Thesen von Franz Grubauer und Eberhard Hauschildt[15] zur Leitdifferenz von bestehender und fehlender Interaktion mit Kirche aufschlussreich: »Bei fehlender Interaktionspraxis wird in der Wahrnehmung von Kirche interessanterweise das traditionale Bild gepflegt, während bei bestehender Interaktion eine vergleichsweise moderne Kirche wahrgenommen wird – in dem Sinne, dass man sich im Verhältnis zur Kirche als selbstbestimmter erfährt und dass die Kirche weniger traditionale Charakteristika hat.« Die betreffende Interaktion hat stark mit face-to-face-Kontakten zu tun, unter denen auch im alltäglichen Leben religiös kommuniziert wird.

15 Franz Grubauer und Eberhard Hauschildt: Religion und Kirche in personaler Kommunikation. In: Bedford-Strohm / Jung (s. Anm. 1), 68–89, hier 88.

»Und wer mit Pfarrerinnen und Pfarrern (oder anderen ›Gesichtern der Kirche‹) zu tun hat, für den werden auch Religion und Kirche bedeutsamer.«[16] Wo das nicht der Fall ist, bleibt Kirche traditionell.[17] Das bedeutet im Blick auf das Verhältnis von Kirchengemeinde und Kirchenkreis: Je engagierter und verbundener die Kirchenmitglieder sind, desto innovativer und kreativer sind sie – je distanzierter, umso »langweiliger«.[18]

Wo aber finden sich nun diese interessanten Kirchenmitglieder – in der Ortsgemeinde oder im Kirchenkreis? Doch wohl in der Regel in beiden Bereichen. Aber die Wahrscheinlichkeit, z. B. laufend Kontakte zu Pfarrerinnen und Pfarrern zu unterhalten und religiös zu kommunizieren, ist bisher in den Ortskirchengemeinden ungleich höher. Und das hängt wahrscheinlich – so eine weitere Hypothese – auch mit der Orientierung auf Gemeinschaft zusammen. Sie scheint für hohe Verbundenheit und Engagement zentral zu sein. Nicht zuletzt impliziert Gemeinschaft die Bindung an Gruppen. Sie sind für die Stabilisierung von Engagement entscheidend. Engagement braucht soziale Ermutigung bzw., nüchtern gesagt, Reziprozität, soziale Kontrolle in der Gruppe.

16 Ebd.
17 Dazwischen liegen mediale Muster der Kommunikation mit Kirche, für die der Kontakt zu den Pfarrern nicht nötig ist. Leider wird die Wahrscheinlichkeit der drei Stile bzw. ihr prozentualer Anteil an den Kirchenmitgliedern nicht ermittelt.
18 Und das gilt für beide Ebenen: Eine Stilisierung der Ortsgemeinde, als behandle sie ihre Mitglieder wie Objekte, lässt sich nicht belegen! Sofern sich hier Engagierte sammeln, ist das Gegenteil der Fall!

Individualisierung als solche führt nicht zum Engagement. Sofern der Kirchenkreis von seiner gesamten Anlage her Gemeinschaft aber nicht so stark favorisiert, sondern fachspezifische Professionalität und zweckspezifische Nutzen- und Angebotsorientierung (was angeblich die Subjekthaftigkeit der Kirchenmitglieder fördere), partizipiert er lediglich an den primären religionsvermittelnden Leistungen der Ortsgemeinden. Das kann ja auch vollkommen in Ordnung sein. Aber er bleibt dann den Ortsgemeinden nachgeordnet – wie dies ja auch anerkannt für die gesamte Landeskirche gilt (niemand würde ja behaupten, dass z. B. das LKA Nennenswertes für die religiöse Sozialisation der nachwachsenden Generation bewirken könne.). Das beträfe natürlich nicht eventuelle neue Formen von »Gemeinschaft«, die sich neben den Gemeinden bilden könnten.

Wo kommen Innovationen her?

Damit ist zur Verteilung von innovativen und kreativen Potenzialen zwischen Kirchengemeinden und Kirchenkreisen bereits einiges angedeutet. Vorsichtig gesagt: Keinesfalls sammelt sich dieses ausschließlich oder primär auf der Kirchenkreisebene. Aber hierzu lässt sich noch Weiteres ausführen. Kreatives Potenzial hängt im Grunde genommen an gar keiner kirchlichen Ebene als solcher. Die Evangelische Kirche in Deutschland ist als Folge des landesherrlichen Kirchenregiments nach wie vor im Kern anstaltlich organisiert – und das bezeichnet einen fundamentalen Gegensatz zu jeder Form von Kreativität. Es geht ihr um Verwaltung von religiöser Kommunikation – nicht wirklich um ihre Belebung. Und wenn es mit religiöser Kommunikation weniger wird, dann wird eben letztlich der ganze Apparat runtergefahren. Vielleicht gibt es noch Mittel und Spielräume für Experimente.

Kreatives Potenzial gibt es jedoch dennoch und zwar bei einzelnen »Ekklesiopreneuren« oder wie immer man sie nennt. Dies sind »burning people« – missionarisch, kulturell oder sozial engagiert –, die etwas losmachen wollen. Sie sind entscheidende Innovatoren auf dem Weg in eine verheißungsvolle Zukunft.[19] Wo lassen sie sich finden: in den Ortsgemeinden oder auf Kirchenkreisebene? Mir scheint, der Regelfall sind Pastorinnen oder Pastoren, die zunächst mal auf der Ebene der Ortsgemeinde etwas bewegen wollen. Hier gibt es trotz aller Restriktionen immer noch große Freiräume. Dann allerdings brauchen sie die Unterstützung anderer kirchlicher Ebenen und so des Kirchenkreises. Aber eben: die Unterstützung! Es geht nicht um Aktivitäten,

---

19 Vgl. eine interessante Bemerkung in der Studie der anglikanischen Kirche (Anm. 6) über Eigenschaften von Pfarrern, die eher wachstumshinderlich sind: »Einige Eigenschaften wurden als weniger hilfreich für den Kontext der Leitung einer wachsenden Gemeinde erkannt. Dazu gehören: Einfühlen, Beharren auf etwas und Verwalten. Obwohl dies definitiv nicht negative Qualitäten sind, haben die Forscher festgestellt, dass diejenigen mit diesen Eigenschaften nicht die Kraft haben, flexibel zu sein und Menschen auf neue Spuren zu bringen. Einmal mehr ist es wichtig, Berufung zu erwähnen: Wer versucht, einer Berufung zu folgen, ist eher geeignet, Wachstum zu steuern als andere.« (46). Anders gesagt: Es geht darum, etwas zu wollen.

die dem Kirchenkreis als solchen zuzurechnen wären – schon gar nicht geht es um eine Belebung des Kirchenkreises![20] Das Ziel sind spezifische Aktivitäten, die die Kommunikation bzw. die Interaktion von Menschen mit christlichem Glauben bzw. diakonischer oder sonstiger Praxis erneuern. Die Organisationsanhaftung ist durchaus sekundär. Und so ist es doch auch sachgerecht. Will man folglich die innovative Kraft von Kirche in den Blick bekommen, so muss man bei diesen Einzelnen (oder eventuellen Gruppen) ansetzen.[21] Es braucht dann Anreize für ein kirchlich-religiöses unternehmerisches Handeln – und damit für eine durchaus andere Handlungslogik, als sie in den Volkskirchen prägend ist. Daraus könnten wirkliche Reformperspektiven für alle Ebenen erwachsen. Mit der Alternative Ortsgemeinde oder Kirchenkreis hat das aber zunächst einmal nicht viel zu tun.

20 Der Kirchenkreis wäre, so ganz im Sinne des Entwurfs zur neuen Hannoverschen Kirchenverfassung, kein Selbstzweck. Seine Berechtigung resultierte daraus, zu helfen, dass sich Gemeinden bilden. Sie allerdings wären schon »Selbstzweck«.

21 Vgl. dazu besonders deutlich für ländliche Räume: EKD, Freiraum und Innovationsdruck. Der Beitrag ländlicher Kirchenentwicklung in ›peripheren Räumen‹ zur Zukunft der evangelischen Kirche, Leipzig 2016 (z. B. 367–370), wobei Sozialraumorientierung und Regionalisierung ebenfalls wichtige Faktoren sind.

Zusammenfassung

Was folgt nun aus den genannten empirischen Einsichten für eine Reform des Kirchenkreises? Wie gesagt: Empirische Studien können stets nur bestenfalls den aktuellen Ist-Zustand – und den auch nur aus der Sicht der Beteiligten – wiedergeben. Für Prognosen taugen sie in der Regel nicht – nur für Vermutungen. Man kann deswegen immer behaupten, der Kirchenkreis setze – auf eine lange Sicht allemal – ein gegenüber den Kirchengemeinden gesteigertes innovatives Potenzial frei. Aber beim Blick in die vorhandenen Daten ist das so nicht wirklich plausibel.

Denn zwar weisen Kirchengemeinden sicherlich kommunikative Grenzen auf – wie aber natürlich alle kirchlichen Organisationsformen.[22] Nach allen Erkenntnissen bleibt ihre Qualität dennoch für den primären und basalen Kontakt zur Kirche fundamental. Etwas spekulativ gesagt: Es könnte sogar so sein, dass ihre interaktiv-kommunikativen Grenzen (= Interesse an Gemeinschaft, was allerdings nicht exklusiv sein muss) geradezu die Bedingung für die Ausbildung eines weitergehenden religiösen und sonstigen kirchlich-christlichen Interesses sind ist.[23] Und weniger spekulativ: Die Ortsgemeinden sind – bisher – der mit Abstand wichtigste Ort

---

22 Kaum etwas ist z. B. dermaßen milieuverengt – und auch politisch! – wie der Kirchentag! Aber er stellt für die evangelische Kirche eine entscheidende Kommunikations- und Werbeplattform dar.

23 Was sich im Übrigen mit der sonst fast überall in der Welt dokumentierbaren Funktion von protestantischen Kirchengemeinden decken würde: Evangelischer Glaube lebt in gemeinschaftlichen Gemeindeformen. Vgl. dazu: Thorsten Latzel und Gerhard Wegner

religiöser Kommunikation und eines entsprechenden Engagements in der Gesellschaft. Und so werden sie auch in der Bevölkerung wahrgenommen. Man muss das mit aller Klarheit sehen: Wer sich als Einzelner religiös-kirchlich anbinden will, der kann das zunächst einmal völlig plausibel und relativ unproblematisch über »seine« Gemeinde tun.[24] Zweifellos liegen darin auch Engführungen – aber es sind nicht solche einer mangelhaften Kreativität und gar einer mangelnden Subjekthaftigkeit. Im Gegenteil! Ortsgemeinden haben von allen kirchlichen Ebenen die größten unausgeschöpften Potenziale (= potenzielle Erreichbarkeit von 45% der Kirchenmitglieder).[25] Wie dies auf der Ebene der Kir-

(Hg.): Congregational studies worldwide. The Future of the Parish and the free congregation. Leipzig 2017.

24 Zugangsschwellen gibt es natürlich! Aber sind sie wirklich höher als in einer Bildungsveranstaltung einer Stadtakademie oder der Ev. Akademie Loccums? Die sozialen und kulturellen Voraussetzungen für eine aktive Teilhabe in diesem Bereich sind enorm hoch. Im Übrigen gilt: Gemeinden, die sich gut organisieren, d. h. einen klaren Auftrag und ein Ziel haben, sind eher auf der Erfolgsspur als andere. Das belegt sowohl das Kirchengemeindebarometer des SI als auch die bereits erwähnte Studie der anglikanischen Kirche (Anm. 6).

25 Schaut man gar in die offizielle EKD-Statistik (»gezählt 2017«), dann finden sich hier unter der Rubrik »Kirchengemeinden« für kirchliche Verhältnisse schier gewaltige Zahlen: Rund 1,5 Millionen Menschen besuchen 125.000 Kreise – mit den Schwerpunkten Frauenkreise, Altenkreise und Kirchenchöre (17). Was Veranstaltungen und Seminare der Kirchengemeinden anbelangt, werden etwa 182.000 genannt mit insgesamt rund 14 Millionen Besuchern (für 2015) – davon allerdings entfallen mehr als die Hälfte auf die Kirchenmusik. Und selbst im schwierigen Feld der Kinder- und Ju-

chenkreise aussieht, ist offen. Höher werden sie aber kaum liegen; allerdings könnte es sein, dass sich über den Kirchenkreis z. B. kirchliche Orte, spezifische soziale, kulturelle, geistliche oder allgemein bildungsmäßige Angebote besser fördern lassen als über Ortsgemeinden. Das wäre zu erheben!

Deswegen am Ende eine Hypothese für weitere Studien. Mir scheint es im Großen und Ganzen immer noch so zu sein, dass die Kirchengemeinden sozusagen die primären Ressourcen der Kirche »erwirtschaften«: Bindung, Religiosität, religiöse bzw. allgemein christliche Sozialisation, Engagement für Kirche und Glauben – alles das, was sich etwas flapsig ausgedrückt als »Faith Capital« zusammenfassen ließe. Sie sind dafür in der Wahrnehmung der Menschen die primären Akteure. Sie sind in der Wahrnehmung der Menschen im Großen und Ganzen »näher dran« – und das ist von größter Bedeutung![26] Der Kirchenkreis und die Kirche

gendarbeit versammeln sich in 68.500 Gruppen ca. 1,2 Millionen (18). Sicherlich muss man diese Zahlen noch genauer anschauen – und bisher fehlt eine gesonderte Zählung für die Kirchenkreise. Auch zeigt sich, dass die Gruppen sehr klein sein können: Bei den Jugendgruppen beträgt die durchschnittliche Größe etwa 10 Personen. Bei Kinderbibelwochen sind es allerdings im Durchschnitt 35 Teilnehmende.

26 Das gilt im Übrigen auch dann, wenn man milieubedingte Differenzierungen berücksichtigt, denen gemäß bestimmte Milieus in den Kirchengemeinden nicht erreicht werden. Während möglicherweise spezifische übergemeindliche Aktivitäten diese – modernen – Milieus singulär ansprechen, integrieren die Kirchengemeinden noch am ehesten alle möglichen Milieus. Auf der notwendigerweise abstrakteren Ebene des Kirchenkreises ist das doch wohl weniger der Fall.

insgesamt stehen hierzu mehr oder minder in einem bestenfalls subsidiären Verhältnis: Der »Glaubensweckungskoeffizient« von Kirchenkreistagen und Synoden ist doch wohl gering. Bestenfalls könnten Aktivitäten im übergemeindlichen und kirchenkreislichen Bereich das Faith Capital sozusagen »raffinieren«. Das wäre auf jeden Fall sinnvoll, setzt aber die Anerkenntnis der primären Leistungen in den Kirchengemeinden und damit einen gewissermaßen funktional »dienenden« Bezug voraus.

Man kann nun aber auch meinen, dass die aufgezeigten Leistungen der Gemeinden zu gering seien und durch qualifizierte Aktivitäten für andere bzw. anspruchsvollere Zeitgenossen auf der Ebene der Kirchenkreise nicht nur ergänzt, sondern geradezu ersetzt werden sollten (und könnten). Nichts anderes ist ja wohl gemeint, wenn man vom Kirchenkreis als Kirchengemeinde reden will. Der Beweis dafür, dass das klappen könnte, steht aber noch aus. Die Risiken im Falle einer Umstellung sind jedoch groß. Jede »Entmachtung« der Gemeinden (Wegnahme der Zuständigkeit für Kindergärten, Verlagerung der Anstellungsfähigkeit für Mitarbeitende und Pastoren usw.) führt zwangsläufig zum Funktionsverlust der Kirchenvorstände – und damit in der Folge zur Reduktion der für die Kirche so wichtigen Gruppe der Kirchenvorsteher. Denn was hier vordergründig nach Verwaltungsentlastung aussieht, ist faktisch Geltungsverlust der entsprechenden Gremien. Und das schlägt sich schnell in der Möglichkeit nieder, qualifizierte Ehrenamtliche zu finden. Die wollen nämlich etwas entscheiden können. Zwar können sie dies dann auf der Ebene des Kirchenkreises tun. Aber die Zahl der »Stellen« ist merklich geringer und die –

auch milieubedingten – Hindernisse, solch einen Posten zu bekommen, sind erheblich höher.

Bevor also umfassende Reformen des Kirchenkreises in Gang gesetzt werden, sollten unbedingt genauere Studien über das »Leben« in den Gemeinden und im Kirchenkreis insgesamt angestellt werden. Die Fragestellung lautet dann: Was sind wirksame Gelegenheiten zur religiösen Kommunikation? Was bewährt sich? Was ist im Gegenteil vielleicht sogar eher abträglich, weil »selbstsäkularisierend«? Welche tatsächlichen Wege lassen sich erkennen, auf denen Menschen ihren Weg zu Kirche und Glauben, vielleicht sogar zum Engagement finden? Möglicherweise zeigt sich dann, dass es gar nicht auf größere Reformen, sondern auf konkrete Kooperationen ankommt. Dazu ein letztes Beispiel. In einer neuen großen Studie über »Jugendliche nach der Konfirmation«[27] wird plausibel belegt, dass es zwar den viel beschworenen Abschied von der Kirche nach der Konfirmation gibt – dass er aber ganz und gar nicht zwangsläufig ist! Im Gegenteil! Es lassen sich durchaus Angebote und eben »Gelegenheiten« identifizieren, die Jugendliche – wenn auch nicht die Mehrheit – bei der Kirche halten könnten. Die praktische Frage ist nun doch, wer solche Angebote vorhalten kann – und auf welcher kirchlichen Ebene. Wahrscheinlich ist sie gar nicht abstrakt zu beantworten, sondern personenbezogen: Welche Mitarbeiterinnen der Kirche sind hier-

---

27 Friedrich Schweitzer, Georg Hardecker, Christoph H. Maaß, Wolfgang Ilg und Katja Lißmann: Jugendliche nach der Konfirmation. Glaube, Kirche und eigenes Engagement – eine Längsschnittstudie. Gütersloh 2016 (besonders 257 ff.).

für kompetent und hätten Spaß daran? Sie sollten dann auch die entsprechende Arbeit tun – ob nun in einer Kirchengemeinde oder im Kirchenkreis. Dafür braucht es in der Tat Flexibilität – vielleicht auch mehr als bisher. Aber größere Reformen auf Kosten der Kirchengemeinden?

Religiöse Ressourcen in der Zivilgesellschaft – Die Neuentdeckung des Sozialraums[1]

Fast ist man verleitet, die etwas abgedroschene Phrase von den Totgesagten, die länger leben, zu zitieren: Es scheint eine Rückkehr der Gemeinwesenarbeit zu geben! Sie war einstmals in den 70er und 80er Jahren des letzten Jahrhunderts ein wichtiger Bezugspunkt politischen und nicht selten auch kirchlichen Engagements. Es gab Aufbrüche in Kirchengemeinden hin in die Stadtteile und Dörfer, in denen sie existierten. Übergreifend wurde sie als parteiliches politisches Handeln verstanden, das mit Methoden aktivierender Arbeit die Interessen der in den Sozialräumen benachteiligten Menschen stärken und den Kampf um bessere Lebensqualitäten unterstützen wollte. Erfolge wurden errungen, vor allem im Widerstand gegen brutale »Sanierungen« von Stadtteilen. Kirchengemeinden errichteten Kirchenläden und engagierten sich in Schlichtwohnungsgebieten, in denen die klassische kirchliche Klientel nicht beheimatet war. Die sozialmoralische Aktivierung war nicht gering und begeisterte ganze Theologen- und Sozialarbeitergenerationen.

In den 80ziger Jahren ließ das Interesse an dieser Art der kirchlichen Sozialorientierung nach; es traten andere Leitbilder einer wieder stärker religiös-ästhetischen Ausrichtung

---

1   Überarbeiteter Text. Zunächst veröffentlicht als: Religiöse Ressourcen für ›Spatial Justice‹. Zur Sozialraumorientierung von Kirchengemeinden. In: Pastoraltheologie 104 (2015) 1, 55–73.

in den Vordergrund. Damit reagierte man auf neue populäre Paradigmen einer individualisierten Erlebnisgesellschaft, in der soziale Benachteiligungen zugunsten der Thematisierung von Vielfalt leicht in den Hintergrund treten können.[2] Und mit der deutschen Einigung lag dann endgültig der Fokus auf ganz anderen Fragen. Immer stärker setzten angesichts des fortschreitenden Resonanzverlustes von Religion und Kirche Fragen der Besinnung auf kirchliche Kernaufgaben und damit auf eher spezifisch religiöse Funktionen ein. Gemeinwesenarbeit trat fast vollkommen in den Hintergrund und wurde gut 20 Jahre in den Kirchen kaum noch diskutiert.

Blickt man in die Literatur von damals,[3] so ist nach wie vor bemerkenswert, was sich hier alles an praktischen Beispielen und theoretischer Reflexion finden lässt. Aufgegriffen wurden immer wieder Ansätze aus der amerikanischen Diskussion[4], die nicht selten noch vom Social Gospel beein-

2   Vgl. zu dieser Problematik: Monika Salzbrunn: Vielfalt / Diversität. Bielefeld 2014.
3   Vgl. z. B. A. S. Seippel: Handbuch Aktivierende Gemeinwesenarbeit. Konzepte – Bedingungen – Strategien – Modelle – Fallstudien. Gelnhausen 1976; A. von Oettingen: Kirchliche Gemeinwesenarbeit. Konflikt und gesellschaftliche Strukturbildung. Frankfurt am Main / Bern / Las Vegas 1979. W. Dennig / H. Kramer (Hg.): Gemeinwesenarbeiter in christlichen Gemeinden. Berichte – Analysen – Folgerungen. Freiburg, Gelnhausen, Berlin o. J.; H. E. Bahr / R. Gronemeyer (Hg.): Konfliktorientierte Gemeinwesenarbeit. Darmstadt / Neuwied 1973; Rainer Lingscheid / Gerhard Wegner (Hg.): Aktivierende Gemeindearbeit. Stuttgart/Berlin/Köln 1990. (eher schon als faktischen Abgesang).
4   Vgl. S. D. Alinsky: Leidenschaft für den Nächsten. Strategien und

flusst waren und zentral vom Burckhardthaus in Gelnhausen der deutschen Öffentlichkeit zugänglich gemacht wurden. Die Kirchen standen in diesem Zeitraum durchaus im Zentrum entsprechender Aktivitäten.

Aber nun scheint sie wieder dazusein![5] Allerdings ist auch Vorsicht geboten. Nicht immer ist das, was den gleichen Namen trägt, auch von der Sache her identisch. Wo es heute um Gemeinwesenarbeit geht, steht längst nicht immer eine spezifisch parteiliche aktivierende Organisierung im Vordergrund. Der Ausgangspunkt besteht demgegenüber meist eher in einer neuen Art von sozialräumlich orientierter Stadtteilplanung.[6] Auch sie allerdings bietet viele Anknüpfungspunkte für parteiliches Engagement und insbesondere für ein Engagement von Kirchengemeinden.[7] Aber gemein-

Methoden der Gemeinwesenarbeit. Gelnhausen/Berlin 1973; R. und H. Hauser: Die kommende Gesellschaft. Handbuch für soziale Gruppenarbeit und Gemeinwesenarbeit. Vgl. für einen Überblick: Rainer Lingscheid: Gemeinwesenarbeit – Bilanz und ökumenische Perspektiven. In: Lingscheid/Wegner (s. Anm. 3), 45–56.

5 Vgl. für einen Rück- und Ausblick Hans-Jürgen Benedict: Kirchliche Gemeinwesenarbeit. Historische Entwicklung, theologische Grundlegung und praktische Probleme gemeinwesenorientierter Arbeit von Kirchengemeinden und Diakonie im aktivierenden Sozialstaat. In: Johannes Eurich, Florian Barth, Klaus Baumann und Gerhard Wegner (Hg.): Kirchen aktiv gegen Armut und Ausgrenzung. Theologische Grundlagen und praktische Ansätze für Diakonie und Gemeinde. Stuttgart 2011, 261–279.

6 Vgl. dazu u. a. Peter Neher: Die sozialräumliche Arbeit der Caritas. In: Eurich/Barth, Kirchen aktiv (s. Anm. 3), 555–568; Peter Enderle, Andreas Hildebrand und Franz Meurer: Kirchliches Quartiersmanagement. In: A. a. O., 569–590.

7 Das betonen die entsprechenden Grundlagentexte der Diakonie:

sam mit den damaligen Aktivitäten bleibt ein Interesse, das sich auf die Aufwertung des lokalen Bezugs bzw. auf die Wiederentdeckung der Bedeutung der Gemeinwesenorientierung der Menschen richtet. Nicht der einzelne »Fall«, sondern das »Feld« soll nun im Vordergrund stehen,[8] und damit eröffnen sich neue, aber eben auch ganz alte, stets politische, ja weltdeutende Perspektiven. Nicht der defizitorientierte Blick auf den Klienten als Einzelnen, sondern in den Potentialen seines gesamten Lebensraums ist im Fokus, letztlich die Wiederaneignung möglicherweise enteigneter sozialer Umwelten. Allerdings sind die »Treiber« dieser Prozesse im Blick auf dieses Ziel letztlich durchaus indifferent: Angestoßen werden sie durch staatliche Initiativen, Lücken in der sozialen Versorgung der Menschen kostengünstig durch die Mobilisierung von ehrenamtlichen Netzwerken vor Ort zu schließen. Auf eine damit gegebene mögliche Ambivalenz wird immer wieder hingewiesen.

Handlungsoption Gemeinwesendiakonie. Die Gemeinschaftsinitiative Soziale Stadt als Herausforderung und Chance für Kirche und Diakonie. Hg. vom Diakonischen Werk der EKD. Diakonie Texte 12. Stuttgart 2007. Und: Die Rolle der Allgemeinen Sozialarbeit im Rahmen gemeinde- und gemeinwesenorientierten Handelns der Diakonie (G2-Modell). Konzeptionelle Eckpunkte. Hg. vom Diakonischen Werk der EKD. Diakonie Texte 09. Stuttgart2007.

8   Vgl. zu dieser Formel z. B. Wolfgang Hinte und Gerd Litges: Soziale Dienste: Vom Fall zum Feld. Soziale Räume statt Verwaltungsbezirke. Berlin 1999.

Soziale Lebensräume, Kirche und Religion

Geradezu pathetisch hat diese Wende erst vor kurzem Frank Schulz-Nieswandt beschrieben:[9] »Das personale Erlebnisgeschehen der Beschleunigung der Prozesse erinnert offensichtlich die Menschen an die tief verankerten Bedürfnisse der sozialen Bezogenheit als *conditio humana,* die im (eben nicht nur virtuellen) Raum als leiblich gelebte Netzwerke dialogische Gestaltqualität annehmen. ›Heimat‹, bei Ernst Bloch noch im geschichtsphilosophischen Kontext der Überwindung *uneigentlichen* (Heidegger) Daseins als Vision erträumter Utopie eines nicht mehr entfremdeten sozialen Miteinanders angedacht, wird in der neueren kulturwissenschaftlichen Forschung durchaus ein ernsthaft diskutiertes Thema. [...] Identitätsfindung und Selbst-Konzeptualisierungen der Menschen sind an ein sich baulich zum Ausdruck bringendes Einwohnen im lebensweltlichen Raum des Alltags gebunden. [...] Selbstwirksamkeitserleben wird als Schlüsselgröße in der Sozialpsychologie gelingender Daseinsbewältigung im Lebenszyklus erkannt. [...] Damit *verörtlicht* sich der Blick in der Sozialpolitikanalyse.«[10] Womit alle wesentlichen Stichworte, auch christlich-kirchlich durchaus motivierend, benannt sind.

---

9   Frank Schulz-Nieswandt: Einleitung zur Ausgabe des »Sozialen Fortschritt« 63 (2014) 8, 185.

10 Vgl. auch: Frank Schulz-Nieswandt: Der inklusive Sozialraum. Psychodynamik und kulturelle Grammatik eines sozialen Lernprozesses. Baden-Baden 2013. Prägnant zudem: Ders.: Der homo patiens als Outsider der Gemeinde. Zur kulturellen und seelischen Grammatik der Ausgrenzung des Dämonischen. In: Zeitschrift für Gerontologie und Geriatrie 45 (2012), 593–602.

Der Sozialraum kommt folglich neu als Ort der Selbstwirksamkeit der Menschen in den Blick und damit als Raum
der Selbstfindung und – möglicherweise – der »Heilung«.
Das bezeichnet durchaus treffend die neue Dynamik, die in
die Gemeinwesen einzieht.[11] Im Kern hat sie ganz konkreten
materiellen Gehalt darin, dass sich immer mehr soziale
Dienste bemühen, sich auf das Gemeinwesen bezogen auf-
zustellen – so insbesondere Dienste im Bereich der Alten-
pflege und für Demente. Aber es wird auch wieder neu die
Bedeutung des lokalen Bezugs von familienunterstützenden
Diensten entdeckt, indem landauf, landab z. B. Kindergärten
zu Familienzentren vor Ort verwandelt werden. Nicht immer
sind es ganz große Schritte, die hier gegangen werden, aber
ein Trend ist erkennbar. Mit relativ großem finanziellen Aufwand »versozialräumlicht« sich zudem die Eingliederungs-
hilfe: die »Inklusion« von Menschen mit Behinderungen in
den Stadtteilen und Dörfern kann das bisherige Zusammenleben merklich verändern[12]. Und es könnte gerade dieser

---

11 Vgl. u. a. die Beiträge in Sozialer Fortschritt 63 (2014) 8 zu Genos-
    senschaften, demenzfreundlichen Kommunen, Schulen und Pfle-
    geeinrichtungen in lokalen Vernetzungen.

12 Auch in diesem Fall kann darauf hingewiesen werden, dass die Auf-
    lösung der Anstalten/Heime für Menschen mit Behinderungen schon
    in den siebziger und achtziger Jahren diskutiert und z. T. auch prak-
    tiziert wurde. Auch diese Bewegungen waren damals – wie im Fall
    der Gemeinwesenarbeit – politisch-emanzipatorisch motiviert. Heute
    jedoch vollzieht sich Entsprechendes als sozialstaatlich geplantes
    Verwaltungshandeln, inhaltlich motiviert nicht selten durch (letztlich
    wohl illusionäre) Sparerwartungen in den Sozialhaushalten und an-
    getrieben durch ein neoliberales Menschenbild vom letztlich völlig
    selbstverantwortlich lebenden, einzelnen Menschen.

Prozess sein, der Kirchengemeinden eine neue Bedeutung, gerade auch in religiöser Hinsicht, zuwachsen lässt.[13] Der viel zitierte Begriff in diesem Zusammenhang ist der der »Caring Communities«,[14] die in den Sozialräumen wachsen bzw. als die sich Sozialräume selbst begreifen lernen können (sollen).

Es liegt auf der Hand, dass diese Entwicklungen die Kirche an ihrer Basis in den Kirchengemeinden beeinflussen werden. Schon immer stellte die parochial verfasste Kirchengemeinde einen spezifischen Fokus in den Sozialräumen dar, indem sie religiöse Kommunikation, im unterschiedlichen Ausmaß auch soziale Dienstleistungen und kulturelle Aktivitäten, für die im Stadtteil oder im Dorf lebenden Menschen bereitstellte. Auf diese Weise trägt sie durchaus erkennbar zur Sozialkapitalbildung in den Stadtteilen bei.[15] Ein zentraler Faktor in diesem Zusammenhang sind die kirchlichen Kindergärten, aber auch Diakonie- und Sozialstationen, die es überall in Deutschland gibt. Schon lange

---

13 Vgl. z. B. Gerhard Wegner: »Enabling churches« – Kirchen als Inklusionsagenten. In: Eurich/Barth u. a.: Kirchen aktiv (s. Anm. 5), 211–231.

14 Vgl. zu diesem Begriff als ein entschiedenes Plädoyer: Thomas Klie, Wen kümmern die Alten? Auf dem Weg in eine sorgende Gesellschaft. München 2014, 236 ff.: »Caring Community als Paradigma für eine nachhaltige Pflegepolitik«. »Es ist eines, das die Gestaltungs- und Mitverantwortungsbereitschaft der Älteren ebenso anspricht und mobilisiert wie die Sorge für die vulnerablen Menschen sichern und organisieren hilft, die Potenziale des Alters sieht und die Sorgebedürftigkeit anerkennt.« (240)

15 Vgl. Martin Horstmann und Heike Park: Gott im Gemeinwesen. Sozialkapitalbildung durch Kirchengemeinden. Berlin 2014.

gibt es Angebote im Bereich der Altenhilfe, die bisweilen eng mit den Gemeinden verknüpft sind. Nun aber gilt es, um den Preis der Bedeutung der Kirche in der Gesellschaft, die neue Herausforderung einer sehr viel bewussteren Ausrichtung auf die Bedürfnisse der Menschen im Gemeinwesen aufzunehmen. Kirchengemeinden sind herausgefordert, sich selbst als »Caring Communities« oder zumindest als Teil von ihnen zu verstehen. Besonders sinnbildlich – aber zugleich vielleicht auch besonders schmerzlich – wird dies dort, wo nunmehr bisher kirchlich vorgehaltene Räume, z. B. Gemeindehäuser, aber bisweilen auch Kirchengebäude, für andere Zwecke genutzt werden und die Kirche sich mit ihren Angeboten in diese Räumlichkeiten in Gemeinschaft mit anderen einbringen muss[16]. Dann entstehen unmittelbar Fragen der praktischen Zusammenarbeit, und mehr noch – durch diese räumlichen Veränderungen ausgelöst –, Fragen nach der eigenen (religiösen) Identität. Letztlich muss sich dann die kirchliche Aktivität ganz anders als früher im Verhältnis zu anderen »behaupten«.

Pointiert auf den Punkt gebracht lauten die Fragen für die Kirche (aber auch für den Sozialraum insgesamt) nun: Wie können (die letztlich) religiösen »Ressourcen«[17] für So-

---

16 Entsprechende Projekte stehen im Fokus von »Kirche findet Stadt« als Teil der Initiative »Soziale Stadt«. Dokumentation: Kirche findet Stadt. Kirche als zivilgesellschaftlicher Akteur in sozial-kulturellen und sozial-ökologischen Netzwerken der Stadtentwicklung. Berlin 2013. Besonders plastisch: Kirche findet Stadt: Kirche als Akteur in der Stadt- und Quartiersentwicklung in Nordrhein-Westfalen. Dokumentation der Tagung in Villigst. Berlin 2013. Vgl. dazu »Handlungsoption Gemeinwesendiakonie« (s. Anm. 7).

zialraumgestaltung, d. h. für die Gestaltung von Lebensqualität im Gemeinwesen nutzbar gemacht werden? Welche Rolle haben diese »Ressourcen« überhaupt? Oder noch anders: Welche Funktion hat religiöse Kommunikation für die räumlich verortete Selbstwirksamkeit der Menschen? Kann Religion z. B. im Blick auf etwas, das es für die human-gerechte Neugestaltung von Sozialräumen unbedingt braucht, nämlich das von Schulz-Nieswandt so genannte »*transzendental* vorgängige Human(start)kapital«[18], eine Rolle spielen? Damit ist gemeint: Sozialkapitalgenerierung braucht »personale Haltungen, die von einer gelebten positiven Anthropologie des Vertrauensvorschusses, der Geduld, der längeren Zeithorizonte, einer rechten Mischung aus Eifer und Gelassenheit, von Erwartungsanspruch und Vergabebereitschaft im Fall von Scheiternsrisiken und Entwicklungskrisen gekennzeichnet sind.« Schulz-Nieswandt bezieht sich dabei nicht auf Religion und Kirche. Tatsächlich ruft er sie mit diesen Formulierungen aber herbei.

In England wird eine entsprechende Diskussion unter dem in Deutschland sicherlich schwer verständlichen Begriff des »Faith Capital« oder des »Faithful Capital«, also des »Glaubenskapitals«, geführt.[19] Von ihr lässt sich zumindest

---

17 Der Begriff impliziert natürlich seine eigene Problematik. Theologisch kann er nur uneigentlich gemeint sein: Der Glaube ist etwas Unverfügbares und insofern keine beliebig verwendbare Ressource. Gleichwohl können die Arten und Weisen seiner Inszenierung in dieser Richtung wirken. Darum geht es hier.

18 Schulz-Nieswandt: Der inklusive Sozialraum (s. Anm. 10), 50.

19 Die Wahl des Kapital-Begriffs erfolgt deswegen, weil sie eine generative Struktur bezeichnet. Kapital ist etwas, das investiert ein Mehr

lernen, dass es sich lohnt, die eigenen spezifischen Wirksamkeiten selbstbewusst und offensiv in die Debatte einzubringen und nicht so zu tun, als seien die Kirchengemeinden eine Organisation wie alle anderen auch. Sie sind natürlich Teil der Community des Stadtteils, sind aber zugleich auch immer von ihrem religiösen Selbstverständnis her etwas, das sich vom Stadtteil unterscheidet, ja ihm vielleicht sogar (virtuell) gegenübersteht. Jedenfalls kann ihr Bezugspunkt nicht ausschließlich die soziale Logik des Zusammenlebens im Stadtteil sein, so sehr sie an seiner Gestaltung mitwirken. Gerade als Provider »transzendentalen« Vertrauenskapitals aktualisieren sie immer auch geradezu »jenseitige« Bezüge auf das Handeln Gottes.

Zur Dynamik von Sozialräumen

Blicken wir nun näher in die angesprochenen Zusammenhänge hinein. Stadteile, Dörfer, Städte, Nachbarschaften lassen sich zunächst einmal naheliegend als gestaltete Um- oder Mitwelten von Menschen begreifen. Die Gestaltung besteht vor allem in ihren städtebaulichen, städteplanerischen – nicht zuletzt architektonischen – Akzenten. Diese stellen geronnene Entscheidungen über die Formen des Zusammenlebens der Menschen in spezifischen Kon-

erzeugt (bzw. erzeugen soll). Ebenso – so die These – verhält es sich mit religiösen »Ressourcen« bzw. dem christlichen Glauben. Vgl. dazu: Faithful Cities. A Call for Celebration, Vision and Justice. The Report from the Commission on Urban Life and Faith. Peterborough/London 2006.

texten dar. Sie strukturieren das Verhalten der Menschen: Sozialräume sind letztlich geprägte Verhaltensdispositionen, die mit den Lebensformen der Menschen in verschiedener Beziehung stehen – bis hin zum Extremfall einer Konditionierung. So ist es unmittelbar einsichtig, dass wohlhabende Gemeinwesen wie z. B. die Wohnanlagen an der Hamburger Elbchaussee andere Verhaltensstile fördern, stützen und prägen, als es vernachlässigte Stadtteile anderswo tun. Der gestaltete Sozialraum beeinflusst die Erfahrungswelten von Menschen durch die Präformierung ihres körperlich-sinnlichen Verhaltens. Es sind die sensorischen Reize, die unterschiedlich auf die Körper der Menschen wirken. Sie sind von Menschen gestaltet, wirken aber als Objektivierung dieses Handelns aus sich selbst heraus wiederum auf das Verhalten von Menschen ein. Menschen machen diese Umwelten, erleiden sie dann auch und nutzen auf der anderen Seite wieder diese von ihnen gemachten und erlittenen Umwelten für ihre eigenen Interessen. Niemand ist hier nur Opfer oder Täter.

In dieser Hinsicht weisen Sozialräume unterschiedliche »Psychodynamiken« und »kulturelle Grammatiken«[20] auf. Damit sind die Tiefenstrukturen von Gemeinwesen unterhalb manifester Verhaltensdispositionen gemeint. Wie strikt sie im Einzelnen wirken können, macht beispielhaft ein Bericht über die räumliche Abtrennung von Kinderspielplätzen aus einem gehobenen Stadtteil in Berlin-Dahlem deutlich.[21]

---

20 Vgl. zu diesen Begriffen die bereits erwähnten Studien von Frank Schulz-Nieswandt.
21 Thorsten Schmitz: Ruhe jetzt. SZ vom 02. 09. 2014, 3.

Hier hat man durch 5 m hohe Lärmschutzwände die Kinderspielplätze von den ruhigeren Stadtvillen vor Ort abgetrennt, damit sich die Welten nicht gegenseitig stören bzw. damit der Krach der Kinder den Wert der Villengegend nicht beschädigt. So skandalös dieses Beispiel auch klingen mag: der Grundkonflikt zwischen dem Wert, den bestimmte Grundstücke aufgrund ihrer Lage haben, und der Nutzung der entsprechenden Gegenden für Aktivitäten von Kindern oder auch anderen Gruppen, die ihre Lebendigkeit durch Lautstärke oder ein spezifisches anstößiges Verhalten deutlich machen, stellt sich immer wieder ein und lässt auf eine viel tiefer liegende psychopathologische Struktur der Nutzung von Sozialräumlichkeiten schließen. Die Verwirklichung von Visionen inklusiver Sozialräume stößt sich schnell an eingefahrenen Verhaltensstereotypen und Identitätsmustern.

In diesem Zusammenhang wird ein konkreter gefasster Begriff von Sozialraum verwendet, auf den Thomas Zippert[22] und andere immer wieder hingewiesen haben: »Es sind diejenigen Räume, die sich um bestimmte Menschen oder Menschengruppen herum bilden. Räume sind hier so-

22 Thomas Zippert: Diakonie im mehrdimensionalen sozialen Raum des Gemeinwesens. Zur Verortung von gemeinwesendiakonischer Arbeit. In: Heinz Schmidt, Klaus D. Hildemann (Hg.): Nächstenliebe und Organisation. Zur Zukunft einer polyhybriden Diakonie in zivilgesellschaftlicher Perspektive. Leipzig 2012, 95–122. Erneut als: Sozialräumliches Wahrnehmen im mehrdimensionalen Raum von Gesellschaft und Gemeinwesen, Gemeinde und Diakonie, In: Renate Zitt u. a. (Hg.): Wahrnehmen (Theologie und Soziale Wirklichkeit Band 2). Stuttgart 2013, 182–208.

ziale Konstrukte und nicht ›Container‹ bzw. Territorien mit Länge x Breite (x Höhe), in denen sich einzelne Menschen oder Gruppen bewegen. Eher sind es ›Blasen‹ (Sloterdijk) und subjektiv wahrgenommene, erlebte und konstruierte Lebensräume, die ein Mensch oder eine Gruppe von Menschen um sich herum bildet.«[23] Diese Blasen verändern sich im Laufe eines Lebens. Sie sind individuell, milieu- und schichtspezifisch unterschiedlich ausgestaltet. Es sind »Räume, die ebenso An-*teil* geben wie dass sie abge-*teilt* sind.«[24] »Diese Metaphern machen deutlich, dass jede Rede vom Raum die Frage nach *Teilen* und Grenzen im Raum ebenso wie die nach einem, jeden Teil bzw. jede Grenze transzendierenden umfassenderen Ganzen provoziert.«[25] Grenzen und Möglichkeiten ihrer Transzendierung werden beständig in lebenspraktischen Diskursen thematisiert: lebensweltlich konstruiert und zugewiesen.

Diese Grenzen der eigenen Möglichkeiten existieren folglich möglicherweise ganz real, aber sie greifen noch viel »realer« in der eigenen Vorstellungswelt: in der Trennung von »wir« und »euch«, von »uns« und von »den anderen«. Die Folge ist real: Wo die einen sich ausbreiten, da können »die anderen« nicht sein und sich entfalten. Das hat ganz natürlich etwas mit Eigentumsrechten zu tun, die sich in baulicher und landschaftlicher Planung umsetzen und faktisch soziale Ungleichheit zementieren. In diesen virtuell-realen Räumen existieren weitere Blasen; ganz elementar

23 A. a. O., 96.
24 A. a. O., 96.
25 A. a. O., 96 f.

die eigene Wohnung. Netzwerke von Freundschaft und Verwandtschaft strukturieren diese sozialen Räume weiter. Viele Kommunikationen, insbesondere religiöse, sind vor allem auf diese intimeren Bereiche bezogen. Öffentlichere Diskurse nehmen allgemeinere, politische oder wirtschaftliche Interessen auf. Sozialräume sind folglich zutiefst konstruierte Räume, die sich Unbeteiligten und Fremden nicht sogleich erschließen, sondern eine gewisse Zeit der Eingewöhnung und des ethnologischen Blickes brauchen, um in ihrer Bedeutung erkannt zu werden. Ein Sozialraum reicht soweit, wie meine Konstruktion des »Wir« reicht, und endet dort, wo »die anderen« leben.

Sozialräume als Orte der Teilhabe

Durchaus in Spannung zu diesen stets vorhandenen Ungleichheiten, Aufteilungen und Grenzziehungen in den Sozialräumen, diskutiert die Neuentdeckung der Gemeinwesenarbeit den Sozialraum zudem als Ort der Teilhabe aller. Ausgegangen wird mithin davon, dass das Gemeinwesen sozusagen »allen gehört« und Lebens- und Entfaltungsmöglichkeiten im Sinne der Verwirklichung von Teilhaberrechten auch für möglichst viele der hier Lebenden bieten muss. In dieser Richtung sind Ausgangspunkt aller Aktivitäten die Interessen der betreffenden Menschen. Sie, die Betroffenen, Beteiligten und Interessierten agieren als Experten und Gestalter; sie sind mit ihrer Sicht maßgeblich für die Analyse der Gegebenheiten und die Verbesserung der jeweiligen Situation. Eine teilhabeorientierte

Entwicklung des Sozialraums ist letztlich nur möglich, wenn sie von der Wohnbevölkerung als den Akteuren aktiv getragen wird. Das setzt allerdings die Überwindung von Passivität und Indifferenz voraus und impliziert damit faktisch oft eine Art von anwaltlicher Vertretung der Interessen derjenigen, die dies nicht selbst tun können oder wollen.

So steht zum einen eine strikte Orientierung an den vorhandenen Ressourcen und Kompetenzen der Menschen im Vordergrund., zum anderen ist durch »Organisierung« auch mehr möglich, als man zunächst gedacht hat. Menschen entdecken nicht nur den Sozialraum, sondern auch sich selbst neu. Soziale Dienste, Infrastruktur und vor allem Netzwerke formieren sich neu als problemlösend und werden in den Sozialbeziehungen der Menschen verankert. Der Fokus des Sozialen weitet sich vom Einzelfall ins Umfeld und vom Spezifischen zum Ganzen. Letztlich können in der einen oder anderen Weise belastbare Kooperationsstrukturen aufgebaut werden. Teilhabeorientierte Gemeinwesenorientierung ist auf diese Weise ein Entwicklungsprogramm des Sozialen. Auf dem Weg zur Beseitigung von Defiziten entstehen neue Bedürfnisse.

Folglich ist das Ziel der neuen Hinwendung zum Sozialraum die Stärkung von Lebensqualität, genauer des bürgerschaftlich-selbstbewussten gesellschaftlichen Zusammenhalts. Damit sind soziale Dimensionen angesprochen, die sich gut anhand des »Radars gesellschaftlicher Zusammenhalt« der Bertelsmann Stiftung[26] beschreiben lassen. Gesell-

26 Bertelsmann Stiftung: Radar gesellschaftlicher Zusammenhalt. Mes-

schaftlicher Zusammenhalt lässt sich demnach in drei Ebenen erfassen:

– auf der Ebene der sozialen Beziehungen,
– auf der Ebene der Verbundenheit der Menschen,
– auf der der Gemeinwohlorientierung.[27]

Bertelsmann wendet diese Indikatoren zur Bewertung des Standes sozialer Integration weit über den lokalen Bereich hinaus auf ganze Länder an. Aber sie machen gut deutlich, wie sehr die Basis des Erlebens dieser drei Dimensionen die konkrete Erlebensebene der eigenen Lebenswelt letztlich in nahen Bezügen ist. Hier kann zudem auch Solidarität leibhaftig werden[28] – eine Dimension die bei Bertelsmann noch ergänzt werden könnte.

sen, was verbindet. Gesellschaftlicher Zusammenhalt im internationalen Vgl. Gütersloh 2013, 17.

27 Als Indikatoren für diese drei Zustände zählen:
Soziale Beziehungen
Soziale Ziele
Vertrauen in die Mitmenschen
Akzeptanz von Diversität
Verbundenheit
Identifikation mit dem Gemeinwesen
Vertrauen in Institutionen
Gerechtigkeitsempfinden
Gemeinwohlorientierung
Solidarität und Hilfsbereitschaft
Anerkennung sozialer Regeln
Gesellschaftliche Teilhabe (ebda, S.14)

28 Vgl. Franz-Xaver Kaufmann: Sozialpolitik zwischen Gemeinwohl und Solidarität. In: Ders.: Soziologie und Sozialethik. Gesammelte

Allerdings ist das Gemeinwesen, in dem man wohnt, längst nicht der einzige Ort von Teilhabe- oder gar Selbstwirksamkeitserfahrung. Schon in den Debatten über die Gemeinwesenarbeit in den 70er und 80er Jahren ist immer wieder darauf hingewiesen worden, dass sich wesentliche Prozesse gesellschaftlicher Chancen- und Machtverteilung insbesondere in der Wirtschaft und in der Arbeitswelt und nicht primär im Wohnbereich vollziehen. Der Illusion, dass man durch die Veränderung von Sozialräumen allein gesellschaftliche Machtverhältnisse aus den Angeln heben könnte, sollte man nicht erliegen. Und da dies nicht möglich ist, wird man auch in Bezug auf die realen Veränderungsmöglichkeiten im Blick auf Ressourcenverteilung in Stadtteilen immer ein bisschen skeptisch bleiben. Aus Hamburg-Wilhelmsburg wird sich nie Hamburg-Blankenese machen lassen, und die Städte im Umland von München bleiben vollkommen anders ausgerichtet als die Orte des Ruhrgebiets. Entsprechende Asymmetrien der sozialen und kulturellen Ressourcenverteilungen aufgrund von Ungleichheiten müs-

Aufsätze zur Moralsoziologie. Hg. v. Stephan Goertz. Fribourg 2013, 111–147, hier 134: »Ein Gefühl der Zusammengehörigkeit braucht nicht durch persönliche Bekanntschaft bestimmt zu sein, es kann sich beispielsweise auch aus räumlicher oder sozialer Nähe, aus gleicher Herkunft oder aus einem gemeinsamen Schicksal ergeben. Diese *situativen* Momente reichen jedoch für sich allein genommen nicht aus. Es müssen *normative* Orientierungen hinzukommen, welche unter den Beteiligten *die Anerkennung als ›Meinesgleichen‹* sichern. Soweit die Zusammengehörigkeit nicht personell, sondern kategorial bestimmt wird, ist sie notwendigerweise *symbolisch vermittelt*.«

sen realistisch berücksichtigt werden. Deswegen ist die Vorstellung eines sich durch aktive Bürger vollkommen selbstverwaltenden Gemeinwesens stets auch etwas Utopisches. Mit Vermachtung auf der einen und Apathie und Ohnmacht auf der anderen Seite muss gerechnet werden.

Zugleich gilt aber, dass der Wohnbereich eine eigene (über-)lebenswichtige Dynamik aufweist, die Prozesse der gesellschaftlichen Inklusion verstärken oder kompensatorisch abschwächen kann. Der Kiez hat einen eigenen Wert. Das Wohnen hat nicht nur für das eigene Wohnbefinden in den vier Wänden, sondern auch darüber hinaus für die eigene Identität und die eigenen »Kraftentfaltungsmöglichkeiten« große Bedeutung.

Exkurs: Gemeinwesenarbeit

Für das Arbeitsprinzip Gemeinwesenheit[29] ist zunächst entscheidend, dass es die Aufsplitterung in methodische Bereiche und verschiedene einzelfallbezogene Ansatzpunkte der Sozialarbeit überwindet. Es verlangt von den Akteuren stets ausführliche Netzwerk- und Ressourcenanalysen, um die verschiedenen sozialräumlichen Akteure kompetent zu einer Kooperation zu bringen. Diese Kooperationen sind kein Selbstzweck, sondern sie dienen dazu, ausgegrenzten Be-

---

29 Vgl. Tilo Klöck: Das Arbeitsprinzip Gemeinwesenarbeit als Qualitätsmerkmal von Sozialraumorientierter Sozialer Arbeit, Stadtteilarbeit und Quartiersmanagement. Unter: http://stadtteilarbeit.de/handlungsfelder-gwa-250/gwa-sozialraumorientierung/129-gwa-und-sozialraeumliche-arbeit.html; Zugriff am 15.10.2018.

völkerungsgruppen wieder zu einer vollen Teilhabe zu verhelfen. Dazu müssen sich die Sozialarbeiter auf die Sozialräume einlassen und Zusammenhänge verstehen. Ziel ist es, möglichst viel Selbstorganisation zu erreichen und Entscheidungsbefugnisse zuzulassen. Trotz gelebter Vorurteile, sozialer Ausgrenzung und überforderten Nachbarschaften sollen zivilgesellschaftliche Entwicklungspotenziale gefunden und gestärkt werden. Dabei sind die Konzepte stets überarbeitungsbedürftig: Wer ist wie stark beteiligt, wer bleibt ausgegrenzt, wer verhält sich weiter machtunterworfen?

Einbezogen werden ausdrücklich auch Betriebe des lokalen Gewerbes, der Wohnungswirtschaft, in dem an deren ökonomische Eigeninteressen angeknüpft wird. Formen des Public Private Partnership, Zusammenarbeit mit Verwaltungsverbänden und anderen spielen eine große Rolle. Kooperative Existenzgründungen und solidar-ökonomische Beschäftigungsinitiativen können entscheidend sein.

In gewisser Hinsicht werden die Sozialarbeiter in diesen Kontexten konsequent gedacht, zu sozialen Unternehmern, die mit den Akteuren im Stadtteil gemeinsam Stadtteilentwicklung im Interesse aller voranbringen.[30] Damit werden herkömmliche Grenzen des sozialarbeiterischen Handelns gesprengt. Der parteiliche Ansatzpunkt bleibt in diesem Rahmen gegenüber der Zeit der 70er und 80er Jahre durchaus erhalten, wird aber in umfassende gestalterische Zu-

---

30 Vgl. zur Thematik des Sozialen Unternehmers: Helga Hackenberg und Stefan Empter (Hg.): Social Entrepreneurship – Social Business: Für die Gesellschaft unternehmen. Wiesbaden 2011.

sammenhänge eingebaut. Sozialarbeiter können in dieser Hinsicht die Verantwortung für gesamte Stadtteilentwicklungen übernehmen. Sie wird letztendlich zum Stadtteilmanagement, das darauf ausgerichtet ist, Lösungen für spezifischen Bedarf in jeweils neuer Weise zu finden.

Die Utopie des inklusiven Sozialraums

Nun geht die Debatte allerdings über den auch oft etwas unklaren Begriff der »Teilhabe« hinaus und macht »Inklusion« zum Thema des Sozialraums. Inklusion – konsequent konzipiert – bedeutet den Abschied von Normalitätsstandards und die letztlich völlige Anerkennung von Vielfalt. Vollendete Inklusion setzt voraus, dass Menschen sich in ihrer möglicherweise totalen Unterschiedlichkeit und zum Teil irritierenden Andersartigkeit gegenseitig anerkennen; sich nicht nur leben lassen, sondern sich gegenseitig zu einem vollen Lebensgenuss, zu Möglichkeiten der Selbstwirksamkeit verhelfen. Wenn die Konstruktion eines Wir[31] in den Stadtteilen vom Inklusionsgedanken geprägt sein soll, bedeutet das: Das »Wir« kann nicht mehr das der sich gegen-

---

31 Vgl. zur Metapher des WIR ganz prominent Axel Honneth: Das Recht der Freiheit. Grundriss einer demokratischen Sittlichkeit. Berlin 2011, 232: Das »Wir« persönlicher Beziehungen; 317: Das »Wir« des marktwirtschaftlichen Handelns; 470: Das »Wir« der demokratischen Willensbildung. Empirischer: Michael Corsten, Michael Kauppert, Hartmut Rosa: Quellen bürgerschaftlichen Engagements. Die biographische Entwicklung von Wir-Sinn und fokussierten Motiven. Wiesbaden 2008.

seitig als »normal« Anerkennende sein. Es muss zu einem übergreifenden »Wir« werden, das auf geteilte Identitätszeichen als faktische Distanzsignale im herkömmlichen Sinn verzichtet und sozusagen auf einer höheren Ebene neue Gemeinsamkeiten konstruiert. Auf den Punkt gebracht: »Der etablierten Gemeinde der Insider kann die neue kollektive Identität der Inklusionsgemeinde als Entfristung einer ›Gastfreundschaftskultur‹ gegenüber dem *homo patiens* (die ›demenzfreundliche Gemeinde‹ wäre dann nur ein Spezialfall) durchaus und legitim zugemutet werden, *systemisch* mit Blick auf eine gelingende Organisationskulturentwicklung der Gemeinde müssen aber die Menschen ›abgeholt‹ und ›mitgenommen‹ werden.«[32] Wenn die ursprüngliche höchst ambivalente »Schutzfunktion« der großen Heime nun im Zeichen ihrer Konversion nicht mehr anerkannt und Menschen mit Behinderungen der Freiheit der Auseinandersetzung mit anderen ausgesetzt werden, stellen sich folglich ganz andere Fragen.

Dies gilt besonders im Blick auf die Notwendigkeit der Vernetzung des normalen Wohnens außerhalb der klassischen Heime (Anstalten), aus denen die Menschen mit Behinderungen in die Stadtteile umziehen. Gelingt diese Vernetzung nicht, so drohen »im Zuge einer strukturell unvollkommenen De-Institutionalisierung, Vereinsamung und Verwahrlosung in isolierten Privathaushalten in den Quartieren.«[33] Das bedeutet, dass inklusionsgetriebene Entwicklung vernetzter Sozialräume nicht nur Stadtteilentwicklung

32 Schulz-Nieswandt: Der inklusive Sozialraum (s. Anm. 10) 38f.
33 A. a. O., 39.

als solche meinen kann, sondern darüberhinaus eine kulturelle Entwicklungsaufgabe der Menschen ist. »Herausgefordert sind die mentalen Modelle, die kollektiv mehrheitlich geteilten Denkstile [...], die Routinen des Alltags, die lieb gewonnenen Gewohnheiten, die verdinglichten Vorstellungen von Selbstverständlichkeit, die kulturellen Deutungsmuster und Handlungsorientierungen, die jeweiligen Gleichgewichte von Eigensinn und Gemeinsinn, von Geschmack und Respekt, von Toleranz und Selbstpositionierung usw. Gefordert ist eine Arbeit an den eigenen Strickmustern im Umgang mit dem Fremd(artig)en, dem Ander(sartig)en, gefordert ist die Befähigung zum gelingenden Dasein des sozialen Miteinanders in der reziproken Infragestellung von Identität und Normalität zwischen Ego (als bisherigem Insider der Gemeinde) und Alter Ego (als bisherigem [...] Outsider der Gemeinde).«[34] Wenn die Normalitätskonstruktion eines Wir auf Inklusion umgestellt werden soll, so bedarf es einer größeren Flexibilität als bisher in der Identifikation mit spezifischen Symboliken in der Anerkennung anderer Menschen. Gefordert ist so etwas wie »resiliente Flexibilität«, was die Größe und die Gestaltung eines Sozialraums anbetrifft: eine belastbare Ausdehnung des »Wir«.

Das bedeutet: Die Praxis der Umstellung von Normalitätskonstruktionen auf Alteritätsanerkennung geht notwendigerweise mit vielfältigen narzisstischen Kränkungen einher. Wenn die eigenen identitätsrelevanten Muster von Schönheit, Effizienz, Wahrheit und Aufrichtigkeit von mir nicht mehr selbstverständlich als breit geteilte oder wenigs-

---

34 A. a. O. 35.

tens hegemoniale unterstellt werden können und ich deswegen in ihrer Artikulation zurückhaltend sein muss, wird das für meine Kommunikationstätigkeit Folgen haben – aber natürlich auch für mein Selbstbild. Es ist deswegen mit Abwehrhaltungen und ausweichendem Verhalten zu rechnen, ja dies wird der Regelfall sein. Umso dringender stellt sich die Frage, woher letztlich Motivation und Kraft zur Umstellung zu einer sehr viel offeneren, fluideren, flexibleren Konstruktion von »Gemeinschaft« kommen kann. Eine Gemeinschaft ohne Grenzen ist kaum denkbar – aber Prozesse der Ausdehnung ihrer jeweils konkreten Grenzen finden dauernd statt.[35] Man kann erwarten, dass an dieser Stelle religiöse Kommunikation eine Rolle spielt, denn in ihr wird sowohl Normalität (Regeln, Ordnungen, Rituale) als auch Kontingentes (Umbrüche, Überraschendes, Epiphanien, Wunder) bearbeitet. Sie kombiniert stets Offenheit und Schließung, sie schafft Gemeinschaft und sprengt sie immer wieder, indem die »Berufenen« aus ihren angestammten Bezügen herausgerufen und in neue hineingestellt werden.

35 Vgl. für die entsprechenden religiös-theologischen Diskurse z. B. Annebelle Pithan, Agnes Wuckelt, Christoph Beuers (Hg.): »... dass alle eins seien« Im Spannungsfeld von Exklusion und Inklusion. Münster 2013.

Kirchengemeinde im Sozialraum

Wie stellt sich die Situation der Kirchengemeinden in den Sozialräumen dar? Die 15.000 evangelischen und ebenso vielen katholischen Kirchengemeinden bilden in Deutschland die Basisstruktur der beiden großen Kirchen. Dies wird so auch von den Mitgliedern wahrgenommen: Man kennt die eigene Kirche weitgehend aus den Erfahrungen mit der eigenen Ortsgemeinde.[36] Entsprechend ist auch die Identifikation mit der eigenen Kirchengemeinde groß. Rechnet man die entsprechenden Zahlen hoch, so findet sich im Durchschnitt pro Gemeinde eine Zahl von etwa 200 eng verbundenen Kirchenmitgliedern.[37] Den Kirchengemeinden stark verbunden sind etwa 44 % aller Kirchenmitglieder, was im Durchschnitt eine Zahl von 700 Mitgliedern, die potenziell auf sie hin ansprechbar sind, ausmacht. Diese Zahlen entsprechen dem, was sich auch in anderen Studien generell über die Beteiligungsverhältnisse an Kirchengemeinden sagen lässt.[38] Darüber hinaus gehören den Kirchengemeinden

---

36 Vgl. generell: Engagement und Indifferenz. Kirchenmitgliedschaft als soziale Praxis. V. EKD-Erhebung über Kirchenmitgliedschaft. Hannover 2014. Die erwähnte These ergibt sich aus einer bisher unveröffentlichten Folgestudie mit kirchlich distanzierten Kirchenmitgliedern.

37 Eigene Berechnungen in o. g. Studie.

38 Jörg Stolz, Mark Chaves, Christophe Monnot und Laurent Amiotte-Suchet: Die religiösen Gemeinschaften der Schweiz: Eigenschaften, Aktivitäten, Entwicklung. Schlussbericht der National Congregations Study Switzerland. Lausanne 2011 (http://www.snf.ch/Site CollectionDocuments/nfp/nfp58/NFP58_Schlussbericht_Stolz_Chaves.pdf; Zugriff 16. 10. 2018).

weitaus mehr Menschen an, die sich weniger mit ihr identifizieren und an ihr beteiligen, aber als Mitglieder die Kirche unterstützen und vor allem biographisch spezifische Angebote nutzen.

Durch die parochiale Verfasstheit der Gemeinden ist eine prinzipielle Beziehung zum Gemeinwesen vorgegeben: Sie sind die kirchlichen »Agenturen« für einen definierten Ausschnitt der Wohnbevölkerung als Erbe der ursprünglichen staatskirchlichen Verfasstheit der Kirche, auch wenn dieses eher statische Modell immer wieder als überholt erklärt wurde. Die neueren Entwicklungen hin auf Regionalisierung und Zusammenlegung von Gemeinden halten an diesem klassischen Zuständigkeitsdenken nach wie vor fest. Eine Transformation hin zu Gemeinden als freiwilligen Zusammenschlüssen (»Congregations«) ist nicht zu erkennen. Entsprechend wichtig ist für die Kommunikation in Kirchengemeinden die pastorale Person[39] als Wahrnehmung eines Amtes. Tatsächlich wird Kirche vor Ort durch Kirchenräume, vor allen Dingen aber durch religiöse Protagonisten wie Pastoren und Pastorinnen und Mitarbeitern und Mitarbeiterinnen repräsentiert. Die Bindung an die Kirche erfolgt durch lokale interaktive Kommunikation, die sich in der Regel in Form eines (1) engeren Kreises (Pastoren und Mitarbeiter), sodann eines (2) darum anliegenden Kreises von intensiv Teilnehmenden und Aktiven und schließlich einer (3) größeren Gruppe von der Kirchengemeinde verbundenen Mitgliedern darstellen lässt. Die zahlenmäßig größte Gruppe (4) ist darüber hinaus durch die sich nur wenig beteiligen-

---

39   Vgl. Engagement und Indifferenz (s. Anm. 36), 96 ff.

den Mitglieder gegeben. Diese Strukturen entsprechen typischen Formen des Engagementverhaltens in freiwilligen Organisationen überhaupt.

In ihrer parochialen Verfassung liegen Grenzen der Kommunikationsfähigkeit der Kirchengemeinde, aber auch ihre Chancen. Sie ist zuvörderst eine Einrichtung, die auf die religiöse »Versorgung« der in einem bestimmten Bereich wohnenden Menschen ausgerichtet ist. Das unterscheidet sie zentral von anderen Formen von Kirchengemeinden, wie sie besonders in den USA[40] oder sonst meist in protestantischen Kirchen ohne staatskirchliche Traditionen zu finden sind. Das deutsche System ist zudem (auch in der Folge dieser Tradition) stark auf die Pastoren als beamtete religiöse Akteure ausgerichtet. Die pastoraltheologische Reflexion dreht sich zentral um ihre Rolle und Identität und hat ihre strukturelle Eingebundenheit in den Gemeinden wenig bis gar nicht im Blick.[41] Pastoren selbst agieren stark selbstbezogen und gerade nicht als Dienstleister.[42] Sie sind qua Amt eben nicht auf die spezifischen Interessen der Mitglieder ausgerichtet, sondern wirken im Prinzip weit darüber hinaus und können sich als zuständig für alle im Stadtteil wohnen-

---

40 Vgl. zur dortigen Situation: Nancy T. Ammermann, Jackson W. Carroll, Carl S. Dudley und William McKinney (Hg.): Studying Congregations. A New Handbook. Nashville 1998.

41 Vgl. z. B. Ulrike Wagner-Rau: Auf der Schwelle. Das Pfarramt im Prozess des kirchlichen Wandels. Stuttgart 2009, und Michael Klessmann: Das Pfarramt. Einführung in Grundfragen der Pastoraltheologie. Neukirchen-Vluyn 2012.

42 Vgl. Pastorenstudien und Gerhard Wegner: Religiöse Kommunikation und Kirchenbindung. Leipzig 2014.

den Menschen begreifen. Zudem ist die Erforschung des Gemeindelebens und der spezifischen Dynamik kirchlich-religiöser Interaktion vor Ort in den letzten 50 Jahren erheblich vernachlässigt worden.[43] Es kommen folglich in der Gestaltung von Kirchengemeinden verschiedene Organisations- und Gemeinschaftslogiken zusammen, die produktive Entfaltungsräume bieten, sich aber auch blockieren können.

Zudem zeigen Studien über erfolgreiche Kirchengemeinden, dass es auch unter parochialen Bedingungen produktive Erneuerungsprozesse von Kirchengemeinden[44] geben kann, nämlich immer dann, wenn sich charismatische Strukturen ausbilden. Und dies ist gar nicht einmal selten der Fall: Es gibt immer wieder charismatische Pastoren und Pastorinnen und auch andere Personen in Kirchengemeinden, die sich einem spezifischen Engagement verpflichtet fühlen, sei es zugunsten der Armen oder in missionarischer und kultureller Ausrichtung. Entsprechendes führt nicht selten zu Konflikten, weil sich durch die charismatische Aktivierung neue Kraftfelder auftun, die mit den herrschenden Verhältnissen kollidieren.

43 Zu den Gründen siehe z. B. Gerhard Wegner: 50 Jahre dasselbe gesagt? Die Kirchenmitgliedschaftsuntersuchungen der EKD im religiös-kirchlichen Feld. In: Ders. (Hg.): Gott oder die Gesellschaft? Das Spannungsfeld von Theologie und Soziologie. Würzburg 2012, 295–341.

44 Vgl. z. B. Philip Elhaus und Matthias Wöhrmann (Hg.): Wie Kirchengemeinden Ausstrahlung gewinnen. Zwölf Erfolgsmodelle. Göttingen 2012. Auch Gerhard Wegner: Wie können wir die Bindung an die Kirche stärken? Fünf Erfolgsfaktoren. In: Ders.: Religiöse Kommunikation und Kirchenbindung. Leipzig 2014, 152–169.

Fragt man nach dem Selbstverständnis und der Selbstorganisation von Kirchengemeinden, so zeigt die neue Kirchengemeinde-Studie aus dem Sozialwissenschaftlichen Institut der EKD[45] eine deutliche Ausrichtung der Kirchengemeinden an Formen der Gemeinschaftsbildung und ein weniger starkes Interesse an spezifisch organisatorischen Formen oder an der Verbesserung ihrer Konkurrenzfähigkeit auf kulturellen und sozialen Märkten. Man kann zugespitzt sagen, dass es oft »Familienwerte« sind, die Kirchengemeinden zusammenhalten und die in ihnen gelebt werden. Viel hängt hier mit interaktiver Nähe und persönlicher authentischer Kommunikation zusammen, die stark auf die religiösen Funktionsträger angewiesen ist. Eine besondere Bedeutung haben zudem Gruppen in den Kirchengemeinden. Studien aus den USA[46] können zeigen, dass sich ein aktives Engagementverhalten von Gemeindemitgliedern nicht allein aus den eigenen Einstellungen ergibt, sondern auch der Einbindung in Gruppen und der daraus resultierenden sozialen Verpflichtung bedarf. Darüber hinaus bieten die Kirchengemeinden aber auch vielfältige professionell organisierte soziale Dienste im Sozialraum an, z. B. in den ihnen häufig angeschlossenen Kindergärten oder in Sozialstationen, was für die Lebensqualität im Stadtteil von großer Bedeutung ist.

Aufgrund der interaktiven Dichte und dem Interesse an Gemeinschaft bilden sich spezifische sozialmoralische Mi-

---

45 Hilke Rebenstorf, Petra-Angela Ahrens und Gerhard Wegner (Hg.): Potenziale vor Ort. Erstes Kirchengemeindebarometer. Leipzig 2015.
46 Ram A. Cnaan: The Invisible Caring Hand. American Congregations and the Provision of Welfare. New York / London 2002.

lieus in den Kirchengemeinden heraus, die in sich von ihrem Selbstverständnis her – das ist zu erwarten – prinzipiell Inklusionsansprüchlichkeiten kultivieren,[47] aber ebenso auch Distanzsignale zur Aufrechterhaltung der Gruppenidentitäten aussenden – jedenfalls nicht für jeden offen sind. Man hat dies Phänomen in der Forschung als Milieuverengung bezeichnet. Tatsächlich ist es so, dass sich die kirchlichen Milieus vor allem um religiöse Interessen und entsprechende Halterungen herum bilden[48]. Die religiöse Rahmung des Geschehens sorgt offensichtlich für eine spezifische Einfärbung der Geselligkeitsformen.

Religiöse Ressourcen im Sozialraum

Mit ihren sozialen und kulturellen Leistungen tragen die Kirchengemeinden zur Lebensqualität im Sozialraum bei und können hier auch durch eine gemeinwesenorientierte Strategie Akzente in Richtung Teilhabe und Inklusion setzen. Ihr Spezifikum liegt aber in der Gestaltung ihrer religiösen Kommunikation – gerade in Bezug auf den Sozialraum. Genau hier liegen die vielleicht wichtigsten Ressourcen der Kirchengemeinde, indem sie bestehende blockierende Dimensionen des Humanen durch Verweis auf religiöse Wirklichkeiten in-

47 Vgl. Gerhard Wegner: »Enabling churches« – Kirchen als Inklusionsagenten. In: Eurich/Barth u. a. (Hg.): Kirchen aktiv (s. Anm. 5), 211–231.

48 Vgl. Petra-Angela Ahrens und Gerhard Wegner: Soziokulturelle Milieus und Kirche. Lebensstile – Sozialstrukturen – kirchliche Angebote. Stuttgart 2013, 71 ff.

frage stellen kann. Insofern stellt die faktische Situation der gesellschaftlichen Schwierigkeiten, dass sich die vermeintlich »normalen« Menschen für die ganz Anderen öffnen und ihnen gleichberechtigte Chancen einräumen, eine große Herausforderung für christliche Religiosität dar. Christlicher Glaube analysiert sich theologisch selbst in der Regel als Ergriffensein vom ganz anderen, von Gott als einer Größe der absoluten Bejahung und der absoluten Forderung meiner selbst. Genau diese mich selbst infragestellende Erfahrung könnte das gesuchte »transzendentale Humankapital« bereitstellen. In einer ernsthaften Glaubenskommunikation als Öffnung für das Andere der Gesellschaft könnte stets auch eine Öffnung für die Anderen der vermeintlichen Normalität impliziert sein. Religion kann als Öffnung der Menschen zur Kontingenzerfahrung eine entscheidende Dimension der Öffnung zur Andersartigkeit von anderen sein. Wenn ich mich selbst vom kontingenten Handeln Gottes her begreife, werde ich im Blick auf die Überhöhung meiner selbst und meiner eigenen Normalitätsmaßstäbe möglicherweise bescheidener. Flapsig gesagt: Vor Gott bin ich nicht der tolle Typ, der nur von Idioten umgeben ist, wie ich es stets zu denken geneigt bin. Entsprechende Erfahrungen sind in religiösen Erneuerungsprozessen immer wieder gemacht worden, und gerade so sind erhebliche Potenziale zur Erneuerung von Gemeinwesen frei geworden.[49]

---

49 Allerdings auch das Gegenteil! Religion selbst ist in der Anerkennung der Anderen stets ambivalent. So sehr sie sie anerkennt, so sehr will sie in die eigenen Welten inkludieren – was ja auch letztlich der Antrieb für die Anerkennung ist. Dadurch entstehen mani-

Es zeigt sich zudem, dass es einen beachtenswerten Zusammenhang zwischen religiösem Interesse, religiöser Gebundenheit und dem Engagementverhalten für andere bzw. für das Gemeinwohl von Menschen gibt. So leisten Religionen wichtige Beiträge dazu, dass Menschen sich überhaupt für etwas anderes als nur für sich selbst und über ihre eigenen unmittelbaren Zusammenhänge hinaus für etwas »Ganzes« einsetzen. Religion kann Interessen in Richtung Altruismus überformen. Damit stiftet sie Ressourcen nicht zuletzt für ein staatsbürgerliches und insbesondere auch sozialstaatliches Verhalten. Einer der Nestoren des deutschen Sozialstaates, Franz-Xaver Kaufmann, lässt sich im Blick auf diese Phänomene zusammenfassen:»Ohne Individuen, die ihrem Opportunismus und Egoismus etwas entgegenzusetzen haben und allgemeine Überzeugungen durchhalten wollen, werden langfristige Interessen der Allgemeinheit nicht zur Geltung kommen können.«[50] Solidarität in modernen staatlichen Zusammenhängen ist nur dann nachhaltig, wenn sie mehr ist als nur das Verfolgen der eigenen Interessen. Und man wird nicht leugnen können, dass sich gerade aus christlich religiösen Impulsen in dieser Hinsicht eine Menge lernen lässt.

In dieser Richtung hat Paul Nolte[51] eine Reihe von beach-

feste Spannungen, die bis hin zu religiösen Innovationen und Spaltungen führen können.

50 Stephan Goertz: Einführung in die moralsoziologischen Schriften von Franz-Xaver Kaufmann. In: Franz-Xaver Kaufmann: Soziologie und Sozialethik (s. Anm. 28), 9–40, hier 22.

51 Paul Nolte: Religion und Bürgergesellschaft. Brauchen wir einen religionsfreundlichen Staat? Berlin 2009.

tenswerten Funktionen von Religion – auch für den modernen Staat – analysiert:

- Religion ist eine eminente zivilisatorische Moralressource, indem sie im o. g. Sinne zur Selbstrelativierung des Individuums beiträgt.
- Religion fördert universalistische Gemeinschaftsbildungen.
- Sie ermöglicht Kommunikationsfähigkeit in gesellschaftlich tabuisierten Bereichen.
- Sie verfügt über einen hohen Aktivierungsgrad im Bereich des bürgerschaftlichen Engagements.
- Und schließlich: Sie dient der Verteidigung sozialmoralischer Logiken gegenüber Ökonomisierung, Vermarktlichung und Beschleunigung und fördert dadurch wichtigen sozialen Protest.

Exkurs: Faith of the Faithless

Es ist gerade dieser letzte Aspekt, der in der letzten Zeit in einer Reihe von Veröffentlichungen aus dem eher linken politischen Spektrum aufgegriffen wird. Zu nennen ist zum einen Simon Critchley,[52] der die bleibende Bedeutung christlich-religiöser Metaphern und Symbole als Antipoden zu einer total neoliberal vermarktlichen Lebensauffassung u. a. in einer spannenden Auseinandersetzung mit dem Apostel Paulus herausarbeitet. Die These ist hier, dass eine linke Po-

---

52 Simon Critchley: Faith of the Faithless. Experiments in Political Theology. London / New York 2014.

litik Identitätsformen und Engagementanreize braucht, wie sie sich in christlicher Religion finden. Critchley endet bei Sören Kierkegaard. Der Glaube sei ein »enactment of the self in relation to a demand that exceeds my power« und konstituiere so mitten in meiner Geworfenheit in die Welt Freiheit als Verantwortung. Damit wird der Autor nicht zum religiösen Menschen. Aber die Auffassung, dass Religion nichts zu moderner Staatlichkeit beitragen könne, wird tiefgehend erschüttert. Es geht gar nicht ohne sie, weil es nicht ohne Bürger geht, die sich für sie engagieren. Schon allein die Beteiligung an demokratischen Wahlen überschreitet jede Nutzenkalkulation der Einzelnen.

In ebendiese Richtung argumentiert Terry Eagleton.[53] Sein Ausgangspunkt ist, dass der moderne Kapitalismus eine in sich selbst tendenziell wert-, glaubens- und moralfreie Ordnung darstelle. Die gegenwärtige Wirtschaftsordnung brauche keine Überzeugungen, d. h. sie brauche im Sinne der triangulären Konstellation überhaupt keine dritte Ebene mehr. Sie funktioniere auch ohne all dies. Zu viele Werte seien tatsächlich eher hinderlich. Auf dem Markt seien alle Agnostiker. In die alltäglichen Routinen dieser Wirtschaftsordnung sei die Glaubenslosigkeit deswegen von vornherein eingebaut. Dies bedrohe natürlich die Religion, aber es bedrohe im Kern auch die Basis eines modernen Staatsverständnisses, nämlich die Existenz von engagierten und für das Gemeinwohl interessierten Bürgern. Überzeugung und Engagement setzten eine Konsistenz des eigenen Selbstbildes voraus, die sich mit dem stets wandelnden und

53   Terry Eagleton: Culture and the Death of God. New Haven 2014.

auf ein sich ständig neues Sich-selbst-Erfinden angewiesenen Kapitalismus nicht in Einklang bringen lasse. Denn konsistente Überzeugungen seien schlecht für die Steigerung des Konsums. In dieser Hinsicht sei die moderne Welt in sich selbst schlicht leer.

Der Staat aber, so Eagleton, könne sich auf dieser Basis allein nicht reproduzieren. Versuche er dies, dann bleibe er der Volatilität des Kapitalismus ausgeliefert und beschwöre die Krisen herauf. Er brauche folglich Ressourcen an Moral und Verantwortung, die ihm nur von Akteuren her zuwachsen könnten, die sich einer dritten Dimension der Überzeugung verpflichtet fühlten. Natürlich werde sie auch von nicht-religiösen, ideologischen und kulturellen Referenzgrößen gewährleistet, und insofern gebe es ständig die Suche nach einem funktionalen Ersatz für Religion. Aber keine dieser funktionalen Ersatzleistungen könne bisher der Religion in ihrer emotionalen Kraft und vor allem in ihrer Fähigkeit, nicht nur den Diskurs der Intellektuellen, sondern zudem die Gefühlswelten der Massen zu erreichen, auch nur annähernd das Wasser reichen. Lediglich die modernen Konsumwelten eines in dieser Hinsicht geradezu »transzendentalen Kapitalismus« (Jochen Hirschle) wären dazu in der Lage.

Seine Hoffnung richtet sich darauf, dass eine befreite christliche Religion auch in Europa etwas leisten könnte, was bitter nötig sei: existenziell deutlich zu machen, dass unsere Lebensformen eine radikale Erneuerung brauchen – oder, religiös gesprochen, die Staaten in Europa eine Erneuerung als gerechte und mitleidende Gemeinschaften. Dabei reduziere sich der Glaube aber auch nicht auf reine

Funktionalität, sondern behalte einen unverrechenbaren, nicht einholbaren Eigensinn: »It starts from a crucified body.«

Religiöse Lektüre des Gemeinwesens und »Faith Capital«

Fragt man weiter nach religiösen Potentialen zur sozialen Erneuerung, dann könnte es interessant sein, die Wahrnehmung des Sozialraums durch die Kirche, d. h. eine religiöse Lektüre des Sozialraums zu versuchen. Sie erscheint mir auch pragmatisch deswegen spannend zu sein, weil sie oft ausgeblendet wird und sehr schnell das soziale Interesse allein zum Tragen kommt.

Die interessante Frage an dieser Stelle ist, wie in einer religiösen Lektüre die Kirche im Gemeinwesen in der einen oder anderen Weise die Epiphanie Gottes erleben kann. Wie ist sozusagen Gottes Gegenwart im Gemeinwesen zu denken? Wie kann man sich so etwas überhaupt vorstellen? Wenn man einen entsprechenden Weg gehen will, stellen sich Fragen der Hermeneutik im Dialog zwischen Religion und Sozialraum. Der Vorschlag[54] ist, die Brücke zwischen Kirche und Sozialraum mittels einer spezifischen Metapher zu konstruieren, und zwar mit der eines »Kraftfelds«. Sozialräume können als Kraftfelder beschrieben werden, d. h. als

---

54 Vgl. Gerhard Wegner: Nächstenliebe im Gemeinwesen. Theologische Perspektiven. In: Ders.: Moralische Ökonomie. Perspektiven lebensweltlich basierter Kooperation. Stuttgart 2014, 123–144.

verhaltenskonditionierende soziale Größen, die in vielfältiger Weise ausgeprägt und sehr verschieden gestaltet sein können. Diese Metapher impliziert, dass Menschen ein solches Kraftfeld selbst gestalten, aber es gleichzeitig auch wiederum erleiden. Mithilfe dieser Metapher lässt sich dann auch annäherungsweise konstruieren, wie religiöse Erfahrung innerhalb eines solchen Kraftfelds oder auch gegen es aussehen könnte: indem in sie sozusagen etwas von »Gottes Kraft« einströmt und damit die konditionierenden Strukturen verändert.[55]

»Faith Capital« wäre folglich die versuchsweise Objektivierung von etwas, das sich im Inneren der Menschen und damit vielleicht jenseits der Gesellschaft vollzieht, sich aber im Engagement der Menschen niederschlägt. Der Glaube, diese vollkommen ungreifbare Dimension, würde über entsprechende Haltungen sichtbar und produktiv für die Gesellschaft werden. In dieser Hinsicht lässt sich der bekannte Satz »Work is love made visible« auch abwandeln: »Social engagement is faith made visible«. Dies sind die Potenziale der Kirchen für die Zivilgesellschaft. »Faith Capital« entsteht in einer triangulären Struktur (Ich – Du – Gott) und ist dadurch in spezifischer Weise offen für irritierende – und möglicherweise empathische[56] – Erfahrungen. Wer sich solch

55 Wie das funktioniert, lässt sich bei jeder Lektüre des Neuen Testaments beobachten. Das Wirken Jesu öffnet die entmenschlichenden Zwänge des sozialen Lebens, verschiebt die zentralen Bedeutungsachsen und sprengt damit die Konditionen: eine andere Welt wird möglich.

56 Dazu im Blick auf Phänomene der Triangulation, wenn auch selt-

einer Struktur aussetzt und mit der kontingenten Kraft Gottes in seinem Leben rechnet, der lässt sich auf ein Wagnis ein, d. h. auf eine Kraft, die er grundsätzlich nicht beherrschen kann, von der er sich vielmehr als abhängig und letztendlich bestimmt begreift. Er oder sie fühlt sich von einer Macht »ergriffen« und gerade dadurch zur Freiheit befreit.

Der Begriff des »Faith Capital« ist in der Diskussion in England schon sehr früh in den 90er Jahren entfaltet worden. Ein Ausgangspunkt für die gesamte Diskussion des Verhältnisses von Kirche und Sozialraum in England war vor allem die berühmte »Denkschrift« von 1985 »Faith in the City: A Call for Action by Church and Nation. The Report of the Archbishop of Canterbury's Commission on Urban Priority Areas«.[57] In diesem eindrucksvollen Text werden die Verwerfungen gebrandmarkt, die sich im Zuge der neoliberalen Revolution unter der Regierung Thatcher in England andeuteten. Ganze Stadtteile erfuhren massive Vernachlässigung, und die Kirche richtete ihr Augenmerk nun auf die Möglichkeiten, heilend einzugreifen. Der Ansatzpunkt ihrer sehr detaillierten sozialwissenschaftlichen Studien bleibt dabei aber ein religiöser. In dem Text ist der Ausgangspunkt betont der, dass man Glauben in den Stadtteilen gefunden habe »We found faith in the city«, was als hoffnungsstiftender Aspekt die Denkschrift einrahmt. Dieser Satz betont die Bedeutung, die das Umtriebensein von religiösen Kräften in den betreffenden Stadtteilen damals hatte. 20 Jahre später

samerweise nicht auf Religion bezogen: Fritz Breithaupt: Kulturen der Empathie, Frankfurt a. M. 2009.

57 London 1985.

hat dann eine interkirchliche Kommission unter Bezug auf die Denkschrift von 1985 einen neuen Text vorgelegt: »Faithful cities. A call for celebration, vision and justice. The report from the commission on urban life and faith.«[58] In diesem Text wird ausdrücklich der Begriff des »Faith Capital« bzw. noch besser des »Faithfull Capital« geprägt: »It follows that quality of our life and community – secular and religious – should be an outworking of this model of human and divine in relationship. Our moral sense of society tells us that life itself is sacred, that our individual lives are interconnected and our common life should be constructed to enable all people to flourish. This is wellspring of faithful capital.«[59] Was daraus folgt, sind »a thousand tiny empowerments that seek to make a difference.«[60] Tausende kleiner Ermächtigungen, die in den Stadtteilen Bedeutung haben. «In corporate and personal worship, prayer, reading and meditation there is regular and explicit reminder and celebration of the gift of life and recognition and remembrance of guilt, forgiveness and healing. This inspires the commitment to personal and collective transformation, love for neighbor and care for the stranger and to human dignity and social justice.«[61]

Es wird davon ausgegangen, dass Verkündigung und die Feier des religiösen Lebens, Gottesdienste und was immer dazugehört, nicht etwas vom Leben Abgetrenntes darstellt, eine Sonderwelt, die im Grunde genommen nur noch um

58 London 2005.
59 A. a. O., 2.
60 Ebd.
61 A. a. O., 3.

ihrer selbst willen existiert, sondern dass sich in diesen Formen religiöser Kommunikation Kräfte äußern, die heilend in das Kraftfeld eines Sozialraums einströmen können. Es sind die klassischen christlichen Formen der Nächstenliebe, der Identifikation mit den schwächsten Menschen, der charismatischen Entwicklung von Kraft und Vollmacht, die an dieser Stelle unter »Faithful Capital« subsumiert werden. Nun kann man an dieser Stelle fragen, ob das, was mit dieser Begrifflichkeit angedeutet wird, die Situation in Deutschland überhaupt trifft. Eine entsprechende Rede vom »Glaubenskapital« wird sicherlich auf wenig Resonanz stoßen. Die Sache selbst ist aber von großem Interesse, um überhaupt über wirklich kraftvolle Wärmeströme reden zu können, die sich aus dem religiösen Ritual und Diskurs in die kalten Stadtteile hinein ergießen könnten. Rein sozialwissenschaftliche Analysen des Geschehens blenden genau dieses für die Kirche ungeheuer wichtige Geschehen oft aus. Es wird so getan, als wäre das Religiöse etwas, das sich überhaupt nicht objektivieren, worüber sich dementsprechend auch kaum kommunizieren lasse, und das sich bestenfalls in der Privatheit von einzelnen Menschen ereigne, also mehr oder minder im Selbstgespräch der Gläubigen versande. Deswegen dient die hier aufgerufene Begrifflichkeit aus England vor allem auch dazu, entsprechende Entwicklungen überhaupt erst zu sichtbar machen und darauf hinzuweisen, welch möglicherweise große Kraft religiöse Vitalität und Produktivität zur Gestaltung von Sozialität im Gemeinwesen hat.[62]

---

62 Vgl. die sehr schöne Fallstudie: Birgit Weyel in Zusammenarbeit mit Annette Haußmann, Beate Jakob und Stefanie Koch: »Dieses

Fazit: Spatial Justice

Ein gemeinsamer Bezugspunkt der Aktivitäten in Sozialräumen könnte der Bezug auf so etwas wie »Spatial Justice«, »Gerechtigkeit im Gemeinwesen«, sein. Die Debatte hierüber wird vor allem im amerikanischen Kontext geführt.[63] Dabei geht es um die schlichte Tatsache, dass viele Menschen in Plätzen und Räumen leben, die, aus welchen ungerechtfertigten Gründen auch immer, von wichtigen Ressourcen einer qualifizierten Teilhabe ausgeschlossen werden. Gerechtigkeit konkretisiert sich in der räumlichen Verteilung der Menschen.[64] Die räumlichen Zuordnungen werden durch entsprechende gesellschaftliche Diskurse begleitet und legitimiert. »Die Grenze ist ein Diskurs, der die Unterschiede von innen und außen herausstellt und damit die Räume unterschiedlich definiert, die sich im Innen und Außen befinden.«[65] Grundfragen in Richtung Spatial Justice in den USA

Gefühl, da darf ich kommen, egal wie ich drauf bin.« Gesundheitliche Ressourcen von Kirchengemeinden am Beispiel depressiver Erkrankungen. In: Schmidt / Hildemann (Hg.): Nächstenliebe und Organisation (s. Anm. 22), 395–411.

63 Vgl. für eine Übersicht: Hans-Joachim Sander: Der thirdspace raumbasierter Gerechtigkeit und die anderen Orte Gottes in liberalisierten Gesellschaften. In: ethik und gesellschaft 1/2013 (http://www.ethik-und-gesellschaft.de/ojs/index.php/eug/article/view/1-2013-art-7/60; Zugriff 16.10.2018), unter Verweis auf Edward Soja: Seeking Spatial Justice. Minneapolis 2010.

64 Vgl. auch für die privilegierte Seite: M. P. Baumgartner: The Moral Order of a Suburb. New York / Oxford 1988.

65 Sander: thirdspace (s. Anm. 63), 23. Er präzisiert das Konzept des spatial justice durch drei ihrer Dimensionen im Anschluss an Henri

sind etwa: »Was macht Menschen in Städten in Massen krank? Wo sind die Ansteckungsherde in dicht bevölkerten städtischen Zonen? Wieso sind diejenigen, die notorisch von Epidemien heimgesucht werden, in aller Regel sozial und finanziell am weitesten von den Orten entfernt, an denen sie gesunden könnten?«[66] Was lässt sich gegen diese Platzierung von Menschen in bestimmten Räumen tun? Durch sie »schützen« sich die einen vor den anderen: sozialräumliche Distanz als Herrschaftsmedium.

Nun ist die Qualität der sozialräumlichen Strukturen in den USA sicherlich noch einmal von der in Deutschland deutlich verschieden. Die Gegensätze stellen sich sehr viel drastischer dar. Aber die Grundfragen sind dieselben: Wie lebt die Kirche, konkret die Kirchengemeinde, in räumlichen Strukturen der Ungleichheit, und wie reagiert sie darauf (sofern überhaupt)? Kann sie sich als eine Art Heterotopos begreifen: als ein Ort, der von seinem Selbstverständnis her zum Wohle der Menschen in den Sozialräumen gerade von ihnen distanziert ist und deswegen der Logik des »normalen« Zusammenlebens mit all seiner Ausgrenzung etwas entgegensetzt? Oder sind die deutschen Kirchengemeinden mit ihrer Art der religiösen Kommunikation längst viel zu sehr ein etablierter, ja nicht selten sogar tragender Teil der Welt der »Normalen«? Haben die »Verrückten« in ihnen einen anerkannten Ort?

Lefebvre. Im »firstspace« geht es um die tatsächlichen Plätze und Räume, die den Menschen zugewiesen sind. Im »secondspace« um die Darstellungsvorgänge und Zuschreibungspraktiken, denen die Menschen in den Räumen ausgesetzt sind. Schließlich existiert der »thirdspace« als Raum der Irritationen und Übergriffe.

66 A. a. O., 21.

Anstalt, Akteur, Vision

Auf der Suche nach neuen kirchlichen Sozialformen

Eine Skizze[1]

Nicht erst die 5. Mitgliedschaftsuntersuchung der Evangelischen Kirche in Deutschland (KMU 5) hat bestätigt, dass sich die bestehenden Formen religiöser Kommunikation in den volkskirchlichen Strukturen nicht mehr bruchlos reproduzieren. Der Rückgang religiöser Erziehung und religiöser Sozialisation ist schon länger mit Händen zu greifen. Aber auch die generelle Plausibilität von Religion in der Gesellschaft ist durchaus eingeschränkter geworden – insbesondere im Osten Deutschlands finden sich in dieser Hinsicht geradezu prekäre Situationen. In einer weltweiten Perspektive erscheint die religiöse Lage in Mittel-, West- und Nordeuropa als durchaus einmalig, auch wenn sich mittlerweile in den USA ähnliche Trends mit einer deutlichen Zunahme konfessionsloser Menschen abzeichnen.

---

1 Überarbeiteter Text. Ursprünglich: Neue kirchliche Sozialformen und religiöse Entrepreneure. Eine Skizze. In: Christiane Moldenhauer und Jens Monsees (Hg.): Die Zukunft der Kirche in Europa. Neukirchen-Vluyn 2016, 62–67. Dieser Text nimmt einige Gedanken wieder auf, die ich auch an anderer Stelle entwickelt habe, so z. B. in Gerhard Wegner: Religiöse Kommunikation und Kirchenbindung. Ende des liberalen Paradigmas? Leipzig 2014 u. ö., insbesondere 121 ff. Nach wie vor geht es allerdings um begründete Vermutungen, nicht um evident nachgewiesene Zusammenhänge. Deswegen: eine Skizze.

Eine wichtige Frage ist an dieser Stelle, ob diese Situation auf einen generellen, säkularen Rückgang von religiösem Interesse überhaupt zurückzuführen ist oder ob sie nicht vielmehr mit überholten, nicht mehr angemessenen kirchlichen Sozialformen zu tun hat. Dabei müssen beide Fragestellungen durchaus nicht alternativ diskutiert werden. Es kann auch durchaus so sein, dass die bestehenden kirchlichen Sozialformen zwar zu einem Rückgang beitragen – neue Sozialformen aber den insgesamt säkularen Rückgang auch nicht völlig auffangen, aber dennoch zu seiner Verlangsamung oder zumindest zur Bildung spezifischer kirchlich-religiöser Inseln führen können. Und in der Tat gibt es eine Reihe von Hinweisen darauf, dass sich selbst-organisierte und charismatisch inspirierte kirchliche Organisationsformen besser bewähren als die herkömmlichen parochialen. Sie können regional vor Ort eine große Bedeutung haben und sehr anziehend auf das volkskirchliche und gesamtgesellschaftliche Publikum wirken. Und ob sich dann damit der Gesamttrend wenden lässt, kann im wahrsten Sinne des Wortes »getrost« offenbleiben.

Auf die Suche nach solchen Formen begeben sich die folgenden Überlegungen, die allerdings in gewisser Hinsicht formal bleiben. Es geht mir hier nicht darum, Beispiele zu präsentieren, sondern pragmatisch nach Strukturen und Gelegenheiten innerhalb der bestehenden kirchlichen Sozialformen zu fragen, die möglicherweise so etwas wie religiöse Kreativität freisetzen können. Das Forschungsinteresse richtet sich mithin auf den Topos religiöse Kreativität, der zu Anfang kurz fokussiert wird. Meine Frage ist mithin: wie lässt sich unter den bestehenden Bedingungen volkskirchlicher Organisation mit ihrem staatskirchlichen Erbe religiöse Kreativität freisetzen? Ist dies überhaupt möglich? Dabei wird eine bewusst empirisch-soziologische, organisationspraktische Sicht eingeschlagen und die theologische Dimension ein ganzes Stück weit außen vor gelassen. Dass Gott immer wieder eine Kirche wecken wird und sich die Christenmenschen in dieser Perspektive keinerlei Sorge um die Zukunft der Kirche machen müssen, wird in all diesen Überlegungen vorausgesetzt. Meine implizite Frage ist, wie das kirchliche Handeln sozusagen am besten der Dynamik Gottes Platz machen – oder besser: machen lassen – kann. Bei all dem, was über die Angemessenheit von organisatorischen Formen gesagt wird, bleibt deswegen grundlegend, dass kirchliche Organisationsformen im Kern im Sinne einer »passiven Organisation« funktionieren müssen, d.h. sie dienen stets nur dazu, Möglichkeiten des Zeugnisses für Gottes Wirken in dieser Welt zu ermutigen und Raum für sein Wirken offen zu lassen. Sie funktionieren dann am besten, wenn sie einen Hinweischarakter auf sein Tun und Handeln in dieser Welt aufweisen. Sie funktionieren dann schlecht, wenn sie sich selbst vor Gottes Handeln schieben und den Blick auf ihn verdunkeln. Meine Vermutung ist, dass gegenwärtige kirchliche Strukturen nicht selten genau in dieser Hinsicht funktionieren und andere Formen einer größeren Selbstorganisation der Christen besser, d.h. mit plausiblerem Zeugnischarakter, funktionieren könnten.

Forschungsinteressen: Kreativität und Religion

Zu Beginn der Erörterung sei kurz und sehr bruchstückhaft auf den Kontext der Überlegungen hingewiesen. Wie gesagt, besteht er in dem Versuch einer Verhältnisbestimmung zwischen Kreativität und Religion. Dabei ist die Überlegung leitend, dass auch religiöse Kommunikation und religiöses Handeln als kreatives Handeln verstanden werden kann. Im Sinne von Hans Joas lässt sich dieses Handeln nicht einfach aus vorfindlichen Dispositionen und Strukturen ableiten, sondern ergibt sich daraus, »emergiert«: »Die Aufmerksamkeit gilt einem kollektiven Handeln, das nicht aus vorfindbaren psychischen Dispositionen oder gesellschaftlichen Problemlagen abgeleitet werden kann, sondern in dessen Verlauf sich die Akteure selbst erst zu dem bilden, was sie für die Bewegung darstellen.«[2] Würde man diesen Gedanken theologisch formulieren, so könnte man hier von Epiphanie oder einem Wirken des Heiligen Geistes sprechen. Es geht mithin um eine neue Erfahrung, die religiöse Akteure dann machen, wenn sie sich selbst in Bewegung setzen und neue Sichtweisen und Zugänge entwickeln wollen – in diesem Sinne zu einer »Bewegung« werden.

Dieses Neue steht dabei nicht von vornherein fest; es ist nicht im falsch verstandenen missionarischen Sinne irgendetwas, das man sozusagen von einer Situation in die andere trägt und das dabei fest und statisch bleibt. Es geht tatsächlich um etwas Neues; es sind neue Begegnungen, es sind andere Erfahrungen als bisher, die sich in der konkreten Si-

2   Hans Joas: Die Kreativität des Handelns. Frankfurt a. M. 1996, 304.

tuation entwickeln und eben schlicht »ergeben«. Dass so etwas geschieht, setzt eine Offenheit für die Situation voraus. Wo immer schon gewusst wird, welche Gestalt die Kirche oder der christliche Glaube in spezifischen Situationen annehmen wird und wo er in dem Habitus der Beteiligten schon fest eingeschweißt ist, wird es zu einem solchen kreativen Handeln nicht kommen. Wo aber eben eine solche Offenheit besteht und das Evangelium im gemeinsam neu gestalteten Prozess zur Entfaltung kommt, kann es durchaus zu solchen Erneuerungsprozessen kommen. Dann verwandeln sich die Beteiligten unter dem Eindruck dieser neuen Erfahrungen.

Damit solche Prozesse entstehen, scheint etwas von großer Bedeutung zu sein, was von Hans Joas als »Ergriffensein« beschrieben wird. Hans Joas hat diese Kategorie im Zusammenhang seiner Werttheorie entwickelt: »Wertbindungen entstehen offensichtlich nicht aus bewussten Intentionen, und doch erleben wir das ›Ich kann nicht anders‹ einer starken Wertbindung nicht als Einschränkung, sondern als höchsten Ausdruck unserer Freiwilligkeit.«[3] Das Engagement, das sich entfaltet, indem sich Menschen auf einen neuen Weg machen, entsteht demnach nicht einfach so aus Lust und Laune heraus. Menschen brechen nur dann auf, wenn sie hierfür eine starke Motivation bzw. ein Interesse haben. Und dieses erwächst gerade bei religiös geprägten Menschen auch nicht einfach aus einer Wahl, die jemand trifft, sondern aus dem Gefühl, zu einem spezifischen Handeln »berufen« zu sein, nicht anders zu können, als sich ge-

3 Hans Joas: Die Entstehung der Werte. Frankfurt a. M. 1997, 16.

nau in diese Richtung zu bewegen. Ebendies betrachtet Hans Joas als Wertbindungen. In ihnen stellt das Gefühl, etwas tun zu müssen, nicht eine Einschränkung, sondern den höchsten Ausdruck unserer Freiheit dar: Es ist kein Zwang, dass Christen den vielen Flüchtlingen in Deutschland helfen, sondern vielmehr eine Selbstverständlichkeit aus ihrem Glauben. Der Glaube an Christus, der jemanden dazu treibt, sich zu Menschen hinzubegeben und mit ihnen gemeinsam etwas aufzubauen, ist dann höchster Ausdruck meiner Freiheit und meiner Liebe und nicht etwas, das als ein Zwang auf mir liegt.

Die Folge von entsprechenden kreativen Prozessen ist, dass das, was sich ergibt, die Beteiligten immer wieder überrascht. Hans Joas demonstriert diesen Aspekt vor allem an künstlerischer Kreativität, die in ihrer Selbstreflexion den Überraschungseffekt ihres Selbstausdrucks besonders betont: »Der sich ausdrückende Mensch wird selbst [...] von seinem Ausdruck immer wieder überrascht und findet den Zugang zu seinem ›Innenleben‹ erst durch eine Reflexion auf das eigene Ausdrucksgeschehen.« Was hier geschieht, sei die »aktivische Entfaltung eines individuell einmaligen Wesenkerns«[4] – so jedenfalls erlebt es der Künstler. Der Künstler erlebt, dass etwas Neues in die Welt kommt, sich ein einmaliger Schöpfungsprozess vollzieht, der etwas mit ihm selbst und mit der Entfaltung seines Selbst zu tun hat, aber beileibe nicht nur durch bewusste Steuerung seines Selbst entstanden ist. Es ist etwas passiert, das mit mir selbst zu tun hat und aus mir selbst kommt, aber keinesfalls nur

4   Joas: Kreativität (s. Anm. 2), 119 und 121.

durch mich allein in die Welt gesetzt ist. Genau dies sei ein kreativer Prozess. Man kann leicht erkennen, dass diese Beschreibung auch religiösen Erfahrungen und ebensolchen Bildungsprozessen entspricht.

Hartmut Rosa hat entsprechende Prozesse in seiner Rezension zur Charles Taylors Buch »Ein säkulares Zeitalter« sehr pointiert auf den Punkt gebracht. Er betont, wie stark in religiöser Kommunikation die Aspekte der Transformation und der Transzendenz greifen. »Gleichsam als ›Quellen‹ starker Wertungen fungieren für den Gläubigen die Horizonte der *Transformation* und der *Transzendenz*. Mit ersterem Begriff ist gemeint, es für den glaubenden Menschen darauf ankommt, das gegebene, empirische Selbst zu transformieren. Nicht die Verwirklichung des profanen, ›fleischlichen‹ Selbst [...] ist das Ziel, sondern, wenn nicht dessen Überwindung, so doch dessen [...] Überhöhung zu einer größeren oder tieferen Ganzheit. Die *Transzendenzidee* dagegen führt in den moralischen Horizont der Akteure eine Wertquelle jenseits des menschlichen Wohlergehens ein: Gut und Schlecht finden so eine [...] ideelle Validierung unabhängig vom [...] Subjekt.«[5] Rosa bringt mit dieser Formulierung sehr schön die Funktionsweise religiöser Kommunikation und religiöser Prozesse zum Ausdruck. Tatsächlich führt die Erfahrung der Transzendenz, die Erfahrung Gottes, eine Wertquelle jenseits jedes menschlichen Wohlergehens in das menschliche Handeln ein und auf diese Weise erfah-

---

5 Hartmut Rosa: Poröses und abgepuffertes Selbst. Charles Taylors Religionsgeschichte als Soziologie der Weltbeziehung. In: Soziologische Revue 35 (2012), 3–11, hier 5. Hervorhebungen im Original.

ren sich Menschen als verankert und getragen, unabhängig von dem konkreten Zustand der Situation, in der sie leben. Daraus mag dann der Antrieb zur Überwindung dieser Situation, aber noch mehr höchstwahrscheinlich zu deren Überhöhung, zu einer größeren und tieferen Ganzheit, wie Rosa schreibt, herrühren. Dies wäre der Kern eines religiös kreativen Prozesses, der, wie auch Charles Taylor es formuliert, nicht durch Aktivität allein zustande kommt, sondern durch die Erfahrung der Einbettung dieser meiner Aktivität in einen größeren getragenen Kontext, der letztendlich meine Aktivität motiviert, begründet und überhaupt erst ermöglicht. Christenmenschen würden dann hier von der Beauftragung oder Bevollmächtigung durch Gott oder auch der Begegnung mit Jesus Christus reden.

Diese Bemerkungen zum Kontext der folgenden Überlegungen. Nun aber konkreter zur Suche nach neuen Sozialgestalten des Glaubens. Wie stellt sich die Situation in größeren sozialwissenschaftlichen Studien dar?

Zur 5. Kirchenmitgliedschaftsuntersuchung

Die 5. KMU hat besonders die Frage nach religiöser Kommunikation fokussiert.[6] Dabei stellte sich zur Enttäuschung der beteiligten Forscher heraus, dass sich religiöse Kommunikation überwiegend im privaten Bereich mit ein oder zwei

---

6   Vgl. EKD: Engagement und Indifferenz. Kirchenmitgliedschaft als soziale Praxis. V. EKD-Erhebung über Kirchenmitgliedschaft. Hannover 2014, 24 ff.

Personen vollzieht – und dann, wenn sie öffentlich wird, vorwiegend im kirchlichen Kontext. Die Frequenz religiöser Kommunikation außerhalb von Kirche ist relativ gering. Man kann in der KMU sogar fast eine Identität zwischen kirchlicher und religiöser Kommunikation feststellen. Jedenfalls war diese Identifizierung sehr viel stärker, als viele das erwartet hatten. Enttäuschend war weiter die Frequenz dieser Kommunikation: 2012 sagten 56% der Kirchenmitglieder, dass sie nie über Religion sprechen, aber immerhin 44%, mindestens selten. Zieht man allerdings die Kategorie »selten« raus, sind es nur 22% der Kirchenmitglieder, die überhaupt über religiöse Themen miteinander kommunizieren. Die Situation wird noch drastischer, wenn man diese Zahlen mit ähnlich erhobenen Daten aus der ersten KMU 1972 vergleicht. Damals sagten nur 29%, dass sie nie über Religion sprechen, aber 71%, mindestens selten.[7] Mithin hat sich hier innerhalb von 40 Jahren eine Halbierung des tatsächlichen Sprechens über Religion, d. h., wenn man es so deuten will, der aktiven Sprachfähigkeit in Religion vollzogen.

An diesen sehr nüchternen Ergebnissen ist immer wieder kritisiert worden, dass hier Religion durch den Aspekt der verbalen Kommunikation und der thematischen Zentrierung unzulässig kognitiv verengt worden sei. Und es ist in der Tat sehr wahrscheinlich, dass man bei der Frage nach religiösen Gefühlen oder auch nach religiöser Selbstreflexion, d. h. nach religiösen Selbstgesprächen, sehr viel mehr

---

7 Helmut Hild (Hg.): Wie stabil ist die Kirche? Bestand und Erneuerung. Gelnhausen/Berlin 1974, 75 ff.

an Ergebnissen hätte gewinnen können. Allerdings bleibt gerade im Blick auf sozialgestaltende kreative Prozesse die Dimension der öffentlichen Kommunikation im System der Religion bzw. auch über religiöse Themen von ganz großer Bedeutung. Damit sich neue Sozialformen ergeben können, ist verbale Kommunikation schlichtweg nicht zu ersetzen. Und insofern spielt das in der KMU erfasste Phänomen des Rückgangs dieser Kommunikation schon eine Rolle. Von Bedeutung ist in dieser Hinsicht dann eben auch die Kopplung dieser religiösen Kommunikation an das System Kirche und damit an gegenwärtige Sozialgestalten religiöser Kommunikation, mithin zumindest die Möglichkeit, dass die gegenwärtigen Sozialgestalten für eine Freisetzung religiöser Kommunikation vielleicht nicht gut genug funktionieren. Diese Vermutung lässt sich letztendlich nicht wirklich belegen, sie kann aber als eine Hypothese im Hinterkopf bleiben.

In der KMU wurde darüber hinaus noch einmal bestätigt, dass sich, was die tatsächliche Sozialgestalt von Religion anbetrifft, die Evangelischen nach wie vor in hohem Maße ihrer Kirchengemeinde verbunden fühlen: 44 % der Kirchenmitglieder fühlen sich ihr »sehr« und »ziemlich« verbunden, und »etwas« dazu noch 24 %. Diese Zahlen entsprechen ziemlich genau auch der Verbundenheit mit der Evangelischen Kirche insgesamt, ja, die Zahl der »sehr« verbundenen Mitglieder ist bei der Kirchengemeinde sogar insgesamt noch höher. Diese Zahlen waren ebenfalls insofern überraschend, als sich hier die Annahme der Existenz einer sehr großen Gruppe Evangelischer, die sich zwar der Kirche, aber nicht ihrer Kirchengemeinde verbunden fühlten, so nicht bestätigt hat. Hinter dieser Vermutung steckt ein schon älteres Vorurteil gegenüber den Kirchengemeinden, wonach diese sozial randständig, überaltert, milieuverengt usw. seien. Die vorherrschende Sozialgestalt des christlichen Glaubens stellt nach wie vor die lokale Assoziation der Kirchenmitglieder dar. Die Verbundenheitsquoten gegenüber übergemeindlichen Diensten oder anderen Formen sind deutlich geringer.

Dies ist kein Argument gegen die Feststellung, dass es neue Sozialformen des Religiösen auch im »übergemeindlichen« Bereich gibt und dass sich dort möglicherweise auch neue Gemeindeformen heranbilden, aber es betont die – sozusagen – empirische Grundlast, die mit der Existenz des parochialen Systems in Deutschland gegeben ist. In dieses System fließen nach wie vor mit Abstand die meisten Ressourcen der Kirche (bis zu 70 % in den Landeskirchen): es wäre deswegen auch wundersam, wenn sich die große Aufmerksamkeit und das Bindungsinteresse der Kirchenmitglieder nicht genau auf diese Ebene richten würde. Fragt man also nach neuen Sozialgestalten des Religiösen, so wird man nicht darum herumkommen, zunächst einmal auf dieser Ebene der Kirchengemeinde zu suchen, weil sich dort die mit Abstand meisten Evangelischen tummeln und insofern sich dort neues Interesse entwickeln könnte.

Studien zur Kirchengemeinde

Genau dies hat das Sozialwissenschaftliche Institut der EKD mit seiner Studie über Kirchengemeinden (1. Kirchengemeindebarometer[8]) getan. Diese Studie unternimmt (seit 50 Jahren zum ersten Mal) den Versuch einer repräsentativen Erhebung aller Kirchengemeinden in Deutschland und analysiert sie nach einem Modell von Kirchengemeinde, das zwischen Organisation, Gemeinschaft und Markt changiert und nach religiösen, sozialen und kulturellen Inhalten kirchengemeindlicher Arbeit spezifiziert. Das Modell erlaubt eine differenzierte Beschreibung der Kirchengemeinden und wird in Zukunft auch einen Vergleich in der zeitlichen Abfolge verschiedener Erhebungsstufen und Entwicklungstendenzen aufzeigen können.

Wenn man nun die Gesamterhebung zusammenfasst und fragt, welche Gemeinden sich selbst als positiv und welche sich als weniger positiv einstufen, dann entsteht folgendes Ergebnis: Etwa 23 % der Gemeinden sehen ihre Entwicklung sehr positiv, weitere 33 % empfinden sie als befriedigend. Gut 31 % sind zwar jetzt zufrieden, aber skeptisch mit Blick auf die Zukunft, und etwa 14 % aller befragten Gemeinden sehen kein Licht mehr am Ende des Tunnels. Dabei handelt es sich bei den eher depressiven Gemeinden weitgehend um ländliche Situationen, die vom demografischen Wandel besonders gebeutelt sind. Bei den Gemeinden mit positiven Aussichten kommen oft solche in den Blick, die in privile-

---

8   Hilke Rebenstorf, Petra-Angela Ahrens und Gerhard Wegner: Potenziale vor Ort. Erstes Kirchengemeindebarometer. Leipzig 2015.

gierten Situationen am Rande der Großstädte oder in Kleinstädten angesiedelt sind und insofern gute Möglichkeiten haben, auf ehrenamtliche und interessierte Mitglieder zurückzugreifen, die aber darüber hinaus auch großen Wert darauf legen, auf ihre eigene Kraft zu setzen, sich nicht von Kirchenleitungsentscheidungen zu stark abhängig zu machen, und die sich vor allem selbst gut organisieren. Diese Gemeinden wenden in einem überdurchschnittlichen Maßstab moderne Managementmethoden an, setzen sich Ziele, evaluieren sie und teilen ihre Arbeit entsprechend ein.

Auf einen Begriff gebracht: Diese »erfolgreichen« Gemeinden wollen etwas, und das ist entscheidend. Wer in den Kirchengemeinden sozusagen nur vor sich hin werkelt und meint, er könnte im klassischen parochialen, staatskirchlichen Stil den vorhandenen religiösen Bedarf verwalten und religiöse Erwartungen befriedigen, der wird nicht weit kommen. Erfolgreiche Gemeindearbeit hat, so kann man das vielleicht zusammenfassen, aber auch etwas überinterpretieren, damit zu tun, dass man sich in einer marktlichen, durchaus wettbewerbsgeprägten Umwelt mit anderen Anbietern wahrnimmt und in dieser Situation um die Menschen wirbt, ihnen einen Weg zur Kirche und zum Glauben bewusst aufzuzeigen versucht.

Diese Gemeinden sind zu einem gewissen Teil in einem klassischen Sinn missionarisch aufgestellt, aber zu einem großen Teil auch sozial und kulturell profiliert. Die Begeisterungsfähigkeit der Kirchenmitglieder erstreckt sich offensichtlich auf durchaus verschiedene Formen und Inhalte kirchlich-religiöser Kommunikation. Deutlich wird in dieser Befragung auch, dass das eigentlich religiöse Engagement zwar immer irgendwie dabei ist, aber nicht immer im Vorder- und Mittelpunkt der Bestrebungen liegen muss. Das Neue, das entsteht, kann sich auch durchaus im Bereich des sozialen Engagements oder kultureller Aktivitäten bewegen. Es bleibt allerdings im Rahmen von Kirche angesiedelt und bietet in dieser Hinsicht Chancen, den Weg zu neuen kirchlichen Sozialformen zu bahnen. Dazu können aber auch Tafeln oder Schularbeitenhilfe für sozial benachteiligte Kinder ebenso gehören, wie die Einrichtung neuer Gesprächskreise oder begeisternder Gottesdienste.

Entdeckungskontext: »Religiöse Entrepreneure«

Nun kann man der Frage, wie erfolgreiche Kirchengemeinden funktionieren, im Interesse der Suche nach neuen kirchlichen Sozialformen noch weiter nachgehen, in dem man nach den Quellprozessen entsprechender Erneuerungen in Kirchengemeinden fragt. Solch eine Suche kann sich auf die bestehenden Kirchengemeindestudien stützen, so z. B. auf die Studie »Wachsen gegen den Trend. Analysen von Gemeinden, mit denen es aufwärts geht«,[9] aber auch: »Wie Kirchengemeinden Ausstrahlung gewinnen«[10] woran das Sozialwissenschaftliche Institut der EKD beteiligt war. Nicht

9 Wolfgang Härle u. a.: Wachsen gegen den Trend. Analysen von Gemeinden, mit denen es aufwärts geht. Leipzig 2012.
10 Philipp Elhaus und Matthias Wöhrmann (Hg.): Wie Kirchengemeinden Ausstrahlung gewinnen. Zwölf Erfolgsmodelle. Göttingen 2012.

zuletzt bietet hierzu auch die Studie des Sozialwissenschaftlichen Instituts »Mutig mittendrin – Gemeinwesendiakonie in Deutschland«[11] von Martin Horstmann und Elke Neuhausen reiches Material zur Klärung der Frage, wie kirchliche Innovationen in Kirchengemeinden tatsächlich zustandekommen.

Deutlich wird immer wieder, dass solche Prozesse nicht durch gesamtkirchliche Vorgaben, durch spezifische Förderprogramme oder auch durch Sozialanalysen in den Kirchengemeinden starten, sondern dass im Zentrum von kirchlichen Innovationen eine Art von Entrepreneurlogik steht. Der Anstoß kommt von Personen, die erfindungsreich, bissig und kreativ sind. Dabei kann es sich um Einzelne, es kann sich um Pastorinnen und Pastoren, oder auch andere Personen, zum Teil um kleinere Gruppen handeln. Äußerst selten wird es aber um größere Gruppen oder um ganze Bewegungen gehen. Vielfach sind es Einzelne, die sich hier engagieren und die dieses Engagement als etwas beschreiben, wozu sie sich selbst getrieben fühlen. Diese Personen lassen sich als Ergriffene oder als »Burning Persons« bezeichnen. Sie weisen spezifische sozialpsychologische Charakteristika auf, die einen Unterschied ausmachen. Es sind nicht selten eher extrovertierte Personen, die resolut die eigenen Ziele verfolgen und wenig Selbstzweifel kennen.

Diese Struktur, die sich gar nicht selten identifizieren lässt, lässt sich als eine Art charismatischer Aktivierung in den

11 Martin Horstmann, Elke Neuhausen: Mutig mittendrin. Gemeinwesendiakonie in Deutschland. Berlin 2010.

Kirchengemeinden beschreiben. Das bedeutet, die Aktivitäten kommen nicht primär aus der Befriedigung bereits bestehender Bedürfnislagen zustande, sondern durch das Auftreten inspirierender Personen und den Beginn aktivierender Prozesse werden Bedürfnisse überhaupt erst geweckt, und es bilden sich Gruppen, die bereit sind, sich für neue Ideen und eine neue Wirklichkeitsgestaltung zu engagieren. Charismatische Personen unterscheiden sich deutlich von eher verwaltenden Personen; sie bilden auch spezifische Herrschaftsformen aus, die sich von denen bürokratischer Herrschaft deutlich unterscheiden. Auch ist es nicht selten, dass bestehende demokratische Strukturen durchaus an die Grenze ihrer Tragfähigkeit geraten und es zu Konflikten kommt, die noch einmal zur Profilierung der entsprechenden charismatischen Aktivierung beitragen können, aber auch durchaus zu Spaltungen und Friktionen führen.

Wenn diese zu heftig werden, kann das ein entsprechendes Projekt auch bedrohen und schließlich auch wieder zerschlagen. Aber Innovationen, die neue Strukturen schaffen, sind auch schwer denkbar, ohne dass alte Strukturen darunter leiden. Unternehmerisches Handeln wird in seiner klassischen Form von Josef Schumpeter als »kreative Zerstörung« begriffen, d. h. als eine Form entschlossenen Handelns, die bestehende Zusammenhänge aufsprengt, um neue Zusammenhänge zu stiften und auf diese Weise einen Produktivitätsgewinn zu erzielen. In ähnlicher Weise gilt dies auch für charismatische Aktivierungsformen.

Damit ist natürlich längst nicht alles über solche Formen gesagt. Hier steht weitaus mehr Forschung an. Deutlich ist jedoch, dass im Mittelpunkt solcher Formen gerade Sozialcharaktere stehen, die nicht unbedingt als die sozial verträglichsten und integrativsten Typen gelten und damit in den bestehenden konsens- und kooperationsorientierten volkskirchlichen Formen auch mit großer Wahrscheinlichkeit eher an den Rand gedrängt werden. Nicht selten kommt es denn hier auch zu Konflikten, wenn entsprechende Aktivierungsformen aus der Sicht der Kirchenleitungen nur noch negativ einzuordnen sind und dann entsprechende Verfahren folgen.

Fallstudie: »Pastorale Pathologien« als Quellgrund von Kreativität?

Die nächste Frage ist nun, ob sich unter den Pastoren und Pastorinnen, die es zurzeit in den Landeskirchen in Deutschland gibt, eine größere Zahl solcher »Burning Persons« findet. Wenn dies der Fall ist, wäre dies ein Hoffnungszeichen dafür, dass es durchaus innovative Ressourcen innerhalb der bestehenden Gemeindestrukturen gibt und sich insofern bei einer weiteren Freisetzung dieses Potenzials auch Erneuerungsprozesse ausbreiten könnten.

Einer Antwort auf diese Frage kann man dadurch näherkommen, dass man bereits erfolgte Befragungen von Pastorinnen und Pastoren entsprechend auswertet. Solche Studien über Pastoren und Pastorinnen existieren aus der Evangelischen Kirche von Hessen und Nassau, von Kurhessen Waldeck, Pommern, Hannover, Braunschweig[12] und der

12 Vgl. neu Günther Schendel: Arbeitsbelastung und Gestaltungs-

Nordelbischen evangelisch-lutherischen Kirche. Die Studie »Pastor und Pastorin im Norden – Fragen, Antworten, Perspektiven«[13] ist besonders reichhaltig und bietet brillantes Anschauungsmaterial, um dieser Frage nachzugehen. Analysiert man diese Studien, dann fällt sofort eine Art »Strukturpathologie« des Pastorenberufs auf: eine hohe Berufszufriedenheit, die zugleich mit einem hohen Leidensdruck verbunden ist. Es ist nicht ganz deutlich, ob diese widersprüchliche Kombination spezifisch ist für den Pastorenberuf – sie wird sich ähnlich auch in pädagogischen und sozialpädagogischen Berufen finden –, sie beschreibt jedoch ein spezifisches Syndrom, das sich trefflich in dem Satz zusammenfassen lässt: Pastoren verstehen sich als lustvoll überfordert. Sie erleben sich als beständig angefragt, leiden auch darunter, nehmen dies aber dennoch mit Lust hin. Es fragt sich, wie eine solche Situation psychologisch erträglich ist, und es fragt sich auch, ob nicht genau hier religiöse Ressourcen von ganz großer Bedeutung sind.

Fragt man nun näher, wie sich diese berufliche Strukturpathologie weiter aufschlüsseln lässt, so bietet sich eine Analyse in sechs Schritten[14] an.

---

räume. Befragung der Pfarrerinnen und Pfarrer in der ev.-luth. Landeskirche in Braunschweig. Hannover 2014 (SI-Text).

13 Wolfgang Nethöfel und Gothard Magaard (Hg.): Pastor und Pastorin im Norden. Fragen – Antworten – Perspektiven. Ein Arbeitsbuch zur Befragung der Pastoren und Pastorinnen der Ev.-Luth. Kirche Mecklenburgs, der Nordelbischen Ev. luth. Kirche und der Pommerschen Ev. Kirche. Berlin 2011.

14 Diese sechs Schritte können hier nur sehr knapp entwickelt werden.

1. Schritt

Zunächst einmal wird in den bestehenden Analysen immer wieder deutlich, dass die Selbstkonzepte von Pastoren wenig strukturiert bzw. fokussiert sind. Pastoren und Pastorinnen bezeichnen sich gerne als Seelsorger, als Verkündiger, als Begleiter, was allesamt eher diffuse und unpräzise Selbstkonzepte sind. Ihnen angesonnene Konzepte des bewussten Leitens oder gar eines Managerhandelns werden fast immer stark und ausgesprochen deutlich abgelehnt. Das bedeutet, dass eine moderne Organisationsausrichtung eher unbeliebt ist.

2. Schritt

Diese bemerkenswert deutliche Distanz zu modernen Organisationsmethoden zeigt sich vor allem an folgenden Merkmalen:

- Das Setzen von Zielen und Evaluationen wird eher abgelehnt.
- Eine stärkere Leitung «von oben» wird besonders stark abgelehnt.
- Es findet sich eine starke Kritik an Kirchenleitungen, insbesondere den jeweiligen Landeskirchenämtern (meist aber exklusive der Bischöfe und insbesondere der Bischöfinnen, die wesentlich besser beurteilt werden).

Die Pastoren und Pastorinnen betonen so ihre eigene Autonomie auf Kosten der Gesamtorganisation der Kirche, aber auch der eigenen Organisationsfähigkeit bzw. einer entsprechenden Selbstleitung (z. B. durch eigenes Setzen von Zielen).

3. Schritt

Diese in sich bereits komplexe Situation wird nun noch dadurch verkompliziert, dass es die betreffenden Personen oft ablehnen, die Erwartungen anderer, besonders von außerhalb der Kirche, aber auch aus der eigenen Gemeinde, zu erfüllen. Betont wird ein hohes Maß an Autonomiebewusstsein, besonders deutlich gegen Ansprüche moderner Ökonomie. Der eigene Erfolg wird primär selbstbezüglich über die eigene Zufriedenheit und über die Resonanz interagierender Gruppen gemessen.

Ein kleiner Exkurs: Interessant ist an dieser Stelle, dass die Stresserfahrung und das Entstehen von Burn-out-Phänomenen stark mit der gestiegenen Arbeitsbelastung, aber dann an zweiter Stelle auch mit der Zunahme von Erwartungen aus der eigenen Gemeinde begründet wird. Die für die Kirche insgesamt so entscheidenden Phänomene, wie die Überalterung der Gemeinde, die Reduktion von Teilnehmerzahlen oder der allgemeine Geltungsverlust der Kirche in der Öffentlichkeit, spielen in dieser Hinsicht eine sehr viel geringere Rolle. Es ist nicht ganz deutlich, was genau hinter dieser Einschätzung steckt, es scheint aber so zu sein, dass Stresssituationen vor allen Dingen mit Defiziten in der eigenen Organisationsfähigkeit im Hinblick auf die bestehenden Erwartungen zu tun haben – viel weniger mit der Bewältigung des allgemeinen religiösen und kirchlichen Niedergangs. Es könnte auch sein, dass die Erwartungen der

Kirchenmitglieder mittlerweile dermaßen gesteigert sind, dass Pastoren trotz aller Professionalität sie kaum noch erfüllen können. Wie dem auch im Einzelnen sei: die Tatsache, dass Pastorinnen und Pastoren ein Problem im Umgang mit Erwartungen haben – die ja doch eigentlich etwas Positives sind! –, irritiert und unterstreicht die Diagnose einer strukturellen Pathologie. Es scheint so zu sein, dass sehr viel gearbeitet wird – aber dieses Arbeiten irgendwie seltsam diffus bleibt.

4. Schritt

Pastorinnen und Pastoren sind in einer Authentizitätsfalle gefangen: vieles, was geschieht, wird von ihnen als durch sie selbst bedingt erlebt. So gut wie nichts kann deswegen auf die Organisation zurückgeführt werden und Organisationsdefizite führen nicht zu einer Verbesserung der Organisation, sondern zu mehr persönlichem Engagement. Das eigene Handeln wird als entscheidend für alles angesehen. Gerade gesamtkirchliche Organisation – die landeskirchliche Verwaltung – erscheint eher als Einschränkung, denn als Hilfe.

5. Schritt

Die Situation führt dazu, dass Pastorinnen und Pastoren das Gefühl haben, dass sie die Überkomplexität bzw. Diffusität ihrer Aufgaben nur allein und mittels ihrer persönlichen Ressourcen bewältigen könnten. Deswegen vermeiden sie in der Regel auch die Frage, ob sie in ihrer Arbeit erfolgreich sind oder nicht. Hier scheint eine Sicherung gegen Enttäuschung eingebaut zu sein.

6. Schritt

Dass zentrale Medium pastoraler Selbstrechtfertigung angesichts der lustvollen Überforderung ist das eigene Leiden, was sich in dieser Richtung dann auch gut erklärt:

– »Pastoren leiden gerne«.
– Es gibt so etwas wie »Erschöpfungsstolz«.
– Den Pastoren ist zwar durchaus bewusst: »Wer nicht leiden will, muss leiten«, aber nur wenige bekennen sich zu dieser Lösung.
– Insofern verdichtet sich im Leiden durch Nicht-Leiten pastorale Pathologie.

Ergänzend lässt sich an dieser Stelle aus der pastoraltheologischen Literatur gut ableiten, dass Pastoren sich von der kirchlichen Leitung alleingelassen fühlen: »Sie haben das Gefühl, die Überkomplexität des Berufs auf sich allein gestellt bewältigen und gestalten zu müssen.«[15] Etwas dis-

---

15 So Michael Klessmann: Das Pfarramt. Einführung in Grundfragen der Pastoraltheologie. Neukirchen-Vluyn 2012 (117 zur Authentizitätsfalle, Zitat 138). Mir scheint allerdings zumindest ein Teil des von Klessmann zutreffend geschilderten Problems auch selbstkonstruiert zu sein. Denn Klessmann fokussiert in seiner Pastoraltheologie das Amt – und nicht den ›tragenden‹ Kontext des Amtes, z. B. die Gemeinde –, so dass zumindest bei mir der Eindruck entsteht, da geht es um eine fast isolierte Tätigkeit im Gegensatz zu allen an-

tanzierter gesagt: Ein Gesamtbild zeichnet Pastoren als professionell Tätige, die wesentlich mit der Performance ihrer selbst zu tun haben, mit der Bewahrung ihrer Autonomie und der Fähigkeit zu authentischem Selbsthandeln, und dabei die Eingriffe von anderen eher zurückweisen. Flapsig gesagt: Pastors are mostly performing themselves – and while doing this they are unfortunately disturbed by others. Das klingt etwas respektlos, vielleicht sogar zynisch, es beschreibt die Situation aber ganz gut. Die Frage ist, was dies im Blick auf religiöse Kreativität bedeutet. Es ist auf jeden Fall eine starke Verweigerung einer Haltung der Dienstbarkeit oder gar der Dienstleistung, wie sie in modernen ökonomischen Ansätzen eingefordert wird. Es könnte aber eben auch sein – und darauf kommt es an –, dass genau in dieser Haltung Quellgründe der Kreativität stecken: die Betonung der Autonomie als Freiheit zu etwas Neuem.

Fazit

Die Frage ist also, wie das, was sich hier als Sozialcharakteristika der Pastorenschaft beschreiben lässt, zu interpretieren wäre: als professionelle Autonomie, als ein betont hohes Maß von Selbststeuerung, die tatsächlich aber nichts weiter

deren Akteuren. Würde man die pastorale Tätigkeit von vornherein stärker funktional in kirchliche und gesellschaftliche Strukturen einbetten, unter denen und in denen sie sich vollzieht, wäre der Authentizitätsdruck automatisch reduziert.

ist als der Reflex auf eine kirchensteuergeschützte Innerlichkeit? Ist dieses Pochen auf der Darstellung seiner selbst also das Produkt einer ausgehenden kirchlichen Episode, die immer noch in Folge einer staatskirchlichen Beamtenmentalität eben die Bedürfnisse der Kirchenmitglieder abweist und auf Anstalt und Amt pocht? Ist dies folglich eher ein Zeichen des Niedergangs, oder finden sich hier tatsächlich Quellgründe von Kreativität durch die Abweisung von Fremdansprüchen und die Betonung von Eigenaktivität und innerer Reflexion? Geht es hier letztendlich um eine gesteigerte Burn-out-Gefährdung, oder ist genau das Gegenteil der Fall, weil hier religiöse Resilienzfaktoren aufgebaut werden? Geht es hier wirklich um die Gestaltung von Aktivität »nach außen«, oder reduziert sich heute immer mehr alles auf den Schutz des eigenen Familienlebens?

Auf jeden Fall geht es um eine starke Betonung pastoraler Autonomie, um eine hohe Wertigkeit von Interaktivität, es geht um die Verweigerung von Ökonomisierung und Organisationslogiken, und man kann dies alles so interpretieren, dass es hier um ein Offenhalten für neue Ideen geht und damit um Kreativität, weil man sich von gesellschaftlichen Zwängen distanziert, weil interaktive Einfühlung einen großen Wert hat und weil auch die Eigenwertigkeit des Religiösen in der Betonung des eigenen Leidens eine ganz große Rolle spielt.

Stellen diese Charakteristika von Pastoren, kombiniert mit denen erfolgreicher Gemeinden[16] – möglicherweise ge-

---

16 Vgl. hierzu nun Rebenstorf/Ahrens/Wegner: Potenziale vor Ort (s. Anm. 8), 167 ff.

rade in der Spannung zwischen pastoraler Performance und parochialer Erfolgslogik -, ein interessantes Modell für die Zukunft dar? Diese Frage wird sich noch nicht letztgültig beantworten lassen. Aber eins lässt sich sagen: Wenn es überhaupt Perspektiven in die Erneuerung des Religiösen gibt, dann werden sie in der Richtung dieser durchaus spannungsvollen Einheit zu suchen sein.

Von der Anstalt zum Akteur[1]
Aktuelle Entwicklungstendenzen der kirchlichen Organisation[2]

Es ist unstrittig: Die Evangelische Kirche steckt in einer tief sitzenden Krise ihrer Kernprozesse. Das betrifft vor allem den Rückgang ausdrücklicher christlich-religiöser Kommunikation, mithin der Weitergabe des Glaubens. Auf den Punkt gebracht handelt es sich um eine »Reproduktionskrise« der Kirche als Institution oder Organisation in der Gesellschaft: Sie ist nicht mehr in der Lage sicherzustellen, dass es sie in mittlerer Zukunft noch immer in einer die Gesellschaft irgendwie prägenden Größe geben wird. Sie reproduziert sich nicht mehr durch sich selbst – wenn man überhaupt einmal annimmt, dass sie dies je getan hat und ihre eigene Reproduktion nicht vielmehr als selbstverständliche Funktion der Gesellschaft insgesamt – mehr oder minder vielleicht nicht selten sogar trotz der realen Kirche – erfolgte.[3]

Es lassen sich eine ganze Reihe von Faktoren identifizieren, die entscheidend zu dieser Reproduktionskrise beitra-

1 Ursprünglich als exemplarischer Vorabdruck aus vorliegendem Band erschienen.
2 Dank für wertvolle Kritik an Arend de Vries, Gunther Schendel und Gabriele Arndt-Sandrock, die allerdings keine Verantwortung für den endgültigen Text tragen.
3 Vgl. zur Debatte insgesamt Detlef Pollack und Gerhard Wegner (Hg.): Die soziale Reichweite von Religion und Kirche. Beiträge zu einer Debatte in Theologie und Soziologie. Würzburg 2017.

gen und in der Regel weitgehend unter dem Begriff der Säkularisierung zusammengefasst werden können, wobei der Begriff sehr verschiedene Facetten annehmen kann. Im Kern bezeichnet er aber einen gesellschaftlichen Entwicklungsprozess, den Kirchen und Religionen anscheinend weitgehend im Wesentlichen erleiden und auf den sie dementsprechend so gut wie keinen merkbaren Einfluss nehmen können. Wo diese Sichtweise in Gemeinden oder kirchenleitenden Gremien verinnerlicht ist, regiert meist eine Art von Fatalismus: Man könne ohnehin nichts machen, um Kirche und Religion wieder mehr Geltung zu verschaffen. Nicht selten findet diese Haltung sehr viel Zustimmung, da sie zugleich als Legitimation dafür herhalten kann, keine grundlegenden Veränderungen der gegenwärtigen kirchlichen Organisation vornehmen zu müssen. Solche Änderungen sind nämlich nicht allzu beliebt, da die gegenwärtige organisatorische Struktur der evangelischen Kirche mit einer ganzen Reihe von komfortablen Bedingungen verbunden ist, die kaum jemand wirklich infrage stellen will – jedenfalls so lange nicht, wie sich keine wirklich massiven finanziellen Abbrüche abzeichnen. Und bisher sind solche Abbrüche nicht wirklich zu erkennen – nur in der Prognose werden sie deutlich.

Aber diese Sicht der Dinge ist zu einfach und zudem, wie gesagt, ausgesprochen bequem. Denn natürlich hat die eigene Aufstellung der kirchlichen Organisation und ihre »Einbettung« in die gesellschaftliche Umwelt, so insbesondere ihre Stellung zum Staat und zur Zivilgesellschaft, einen Einfluss auf die Art und Weise, wie christliche Religion durch die Menschen wahr- und angenommen wird. Der vorherrschende Eindruck ist: Die gegenwärtige, nach wie vor (trotz aller Abschwächungen), anstaltliche Verfassung[4] der evangelischen Kirchen in Deutschland fördert ein bestimmtes, Religion und Glauben eher verwaltendes, und sehr viel weniger ein in dieser Hinsicht etwas unternehmendes Verhalten der in ihr zusammenarbeitenden Funktionsträger. Aber auch derjenige, der diese Beschreibung vielleicht für übertrieben hält, wird schnell zustimmen können, dass sich ein wirklich proaktives, religiös-innovatives Akteurs-Verhältnis[5] zur gesellschaftlichen Umwelt nur am Rande finden lässt. Es wird zwar gewollt, bisweilen auch durchaus in Kauf genommen, mittlerweile in Nischen auch unterstützt, erfreut sich aber keinesfalls prinzipieller systematischer Förderung. Solch ein Verhalten ist in der klassischen kirchlichen Struk-

---

4 »Anstalt« i. S. von Max Weber: »Anstalt soll ein Verband heißen, dessen gesatzte Ordnungen innerhalb eines angebbaren Wirkungsbereiches jedem nach bestimmten Merkmalen angebbaren Handeln (relativ) erfolgreich oktroyiert werden.« Die Ordnungen der Anstalt – klassisch Staat und Kirche – gelten für jeden, auf den bestimmte Merkmale zutreffen, einerlei, ob er dem zustimmt oder nicht. Der Gegensatz ist der Verein, bei dem die Ordnungen nur qua Beitritt und d. h. qua Zustimmung gelten (Max Weber: Wirtschaft und Gesellschaft. 5. Aufl., Tübingen 1980, 28). In dieser Sichtweise entwickelt sich die Kirche zum Verein, agiert aber immer noch weitgehend anstaltlich. Vgl. zur Anwendung auf das Christentum klassisch Ernst Troeltsch: Die Soziallehren der christlichen Kirchen und Gruppen Teilband 1 und Teilband 2, Tübingen 1912, Neudruck Tübingen 1994.

5 Die Literatur zum Thema Akteur in Soziologie und Ökonomie ist groß. Vgl. z. B. Thomas Kern und Insa Pruisken: Was ist ein religiöser Markt? Zum Wandel der religiösen Konkurrenz in den USA. In: Zeitschrift für Soziologie 47 (2018) 1, 29–45.

tur auch nicht vorgesehen – dabei soll es allerdings auch nicht verhindert werden, aber nur, sofern es sich »einstellt«. Das bedeutet, dass die kirchliche Organisation im Kern ein eher abweisendes Verhalten im Blick auf innovative Aktivitäten aufweist. Die Landeskirchen operieren im Kern nach wie vor als Verwaltungen und bleiben im deutschen Entwicklungspfad seit 1919 – nur am Rande verhalten sie sich wie Akteure. Sicherlich hat das im Blick auf stabile Strukturen auch Vorteile – setzt allerdings in der Umwelt ebensolche Stabilitäten voraus. Und da liegt das Problem. Die Landeskirchenämter müssten sozusagen »Landeskirchenagenturen« werden.[6]

Der hier vorliegende Überblick über aktuelle Entwicklungstendenzen der kirchlichen Organisation nimmt diese These zum (hypothetischen) Ausgangspunkt und fragt, ob sich trotz dieser generellen Einschätzung im Einzelnen auch andere, diese eher attentiv-fatalistische Struktur durchbrechenden Ansätze finden lassen. Das Ergebnis sei zur besseren Orientierung gleich vorweggenommen: Es gibt durchaus mittlerweile dahin gehende Ansätze (prägnant schlägt zuletzt das neue Konzept der Ev.-Luth. Landeskirche Bayerns »Profil und Konzentration« [PuK][7] Schneisen in diese Rich-

---

6 Offen ist dabei, welchen Einfluss rechtliche und politische Verschärfungen der letzten Jahre auf die Organisation der Kirche haben: vom Datenschutz bis zu Fragen des Arbeitsrechts. Die Anforderungen an die Verwaltung sind erheblich gewachsen und verengen Spielräume in der konkreten Praxis – nicht nur zum Positiven.

7 Vgl. https://puk.bayern-evangelisch.de/downloads/puk_synode coburg_beschluss_intranet.pdf; Zugriff: 17.10.2018.

tung). Aber sie sind nach wie vor für das Ziel einer Freisetzung umfassender Akteursqualität der in der Kirche aktiven, haupt- oder ehrenamtlich Beschäftigten bzw. generell der Kirchenmitglieder nicht ausreichend genug. Die anstaltliche Struktur lähmt die Schaffung von Anreizen in eine solche Richtung. Und ihr derzeitiger Umbau im Sinne einer Verlagerung der Ressourcen von den Kirchengemeinden zur mittleren Leitungsebene – was durchaus Anreize zur Akteurswerdung stärken könnte – droht denjenigen Bereich, der noch am ehesten ehrenamtliche und freiwillige Ressourcen generiert, auszutrocknen.

Schon seit längerem wurde in allen möglichen entsprechenden Diskursen immer wieder von allen Seiten darauf bestanden, dass es nicht mehr darum gehen kann, das Bestehende weiterhin lediglich gut zu verwalten, sondern dringend darauf Wert gelegt werden muss, Neues zu entwickeln.[8] Kein leitender Geistlicher würde heute darauf verzichten, immer wieder in dieser Richtung die Umsetzung des Missionsauftrags der Kirche einzufordern. Und dafür gibt es in der Regel denn auch, wenn auch bisweilen gequälten, Beifall. Es geht darum, vor allem religiöse Sozialisation und im allgemeinen Sinne religiöse Kommunikation anzustiften und insbesondere Kinder, Jugendliche und junge Menschen mit neuen Mitteln in den Glauben zu ziehen und an die Kirche zu binden. In dieser Hinsicht wird

---

8   Klassisch die Sätze der Landessynode der Ev.-Luth. Landeskirche Hannovers 2012: »Auftragsorientierung hat Vorrang vor Bestandssicherung. Strukturen sind kein Selbstzweck. Sie haben dienenden Charakter und sind nicht unveränderlich.«

auch landauf, landab eine ganze Menge unternommen, wenn auch oftmals der Eindruck entsteht, dass solche Aktivitäten allein schon deswegen leicht ins Leere laufen können, weil sich der übrige kirchliche Bereich nicht entsprechend umstellt. Aber deutlich ist: Kirche muss raus aus der Reproduktionskrise! Und einsichtig ist im Prinzip auch, dass dafür die anstaltliche Ausrichtung überwunden werden muss und und die kirchlichen Protagonisten vor Ort zu Akteuren einer aktiven Reproduktion von Kirche und Glauben ermutigt und befähigt werden müssen. Wenn dies nicht geschieht, wird der Rückgang der Partizipation an Kirche nicht nur nicht zurückgehen, sondern sich auch noch beschleunigen. Wenigstens diese organisatorischen Veränderungen wären durchaus möglich. Ob sich damit allerdings säkulare Trends wenden lassen, muss hier dahingestellt bleiben.

Blickt man auf die mit der anstaltlichen Struktur verbundenen bzw. durch sie gesetzten Anreize, so lässt sich eine Tendenz gut beobachten. Die Kirchenleitungen tendieren in der aktuellen Situation dazu, Knappheit und Verantwortung sozusagen nach »unten«[9], in die Kirchengemeinden hinein zu delegieren.[10] Die Kirchengemeinden wiederum reagieren auf diese Situation, indem sie Entscheidungszwänge und

---

9 Obwohl diese Metaphorik der Sache eigentlich nicht gerecht wird. Nach evangelischem Kirchenverständnis sind die Kirchengemeinden »oben«, denn sie exekutieren die Kirche. Kirchenleitungen und -verwaltungen wären demgegenüber »unten«, denn sie stellen alles bereit, damit die Kirchengemeinden gut funktionieren können.

10 Oder sie sind ohnehin »unten« angesiedelt – wie in den presbyterial verfassten Landeskirchen. Natürlich werden auch übergemeindliche Stellen gekürzt.

Konfliktentscheidungen nach oben verschieben. Es ist nur logisch, dass auf diese Weise Passivität gefördert und nicht Aktivität herausgefordert wird. Die Kirchengemeinden erleben ihre Situation als äußerst abhängig von zentralen Entscheidungen, auf die sie keinen Einfluss haben, und verhalten sich dementsprechend – vordergründig – völlig rational, wenn sie darauf verzichten, unter diesen Bedingungen ihre eigenen Kräfte zu entwickeln. Wenn gar, wie in einigen Landeskirchen, Kirchengemeinden relativ leicht »von oben« aufgelöst oder fusioniert werden können, werden sich qualifizierte Mitmenschen fragen, warum sie sich überhaupt in diesen Bereichen engagieren sollen. Die gar nicht wenigen Gemeinden, die sich jedoch bewusst entwickeln, sich damit aus der bestehenden Struktur emanzipieren und zugleich von ihr abkoppeln, sind darin durchaus erfolgreich.[11] Allein das schlichte Vorhandensein dieser Ausnahmen macht aber schon deutlich, wie stark das Ergreifen einer aktiven Perspektive bei der kirchlichen Basis von den insgesamt vorhandenen Strukturen abhängt. Einen ersten Ausweg aus dieser Situation bietet möglicherweise die Stärkung der mittleren kirchlichen Ebenen. Sie hat allerdings ihre Tücken.

Um entsprechende Prozesse zu illustrieren, seien an dieser Stelle einige Zahlen aus dem evangelisch-lutherischen Kirchenkreis Uelzen (Ev.-Luth. Landeskirche Hannovers) referiert, die die gesamte Situation prägnant beleuchten und

11 Vgl. Hilke Rebenstorf, Petra-Angela Ahrens und Gerhard Wegner: Potenziale vor Ort. Erstes Kirchengemeindebarometer. Leipzig 2015, insbesondere 167 ff.

in dieser Hinsicht durchaus typisch sind. Bisher verlieren die 28 Kirchengemeinden des Kirchenkreises zusammengerechnet pro Jahr ca. 800–1200 Gemeindemitglieder. Gab es 2011 noch 60.359, so sind es 2016 nur noch 55.073 Gemeindeglieder. Das ist ein Rückgang innerhalb von fünf Jahren um 5000 Menschen (= etwas mehr als 8%). Die Prognosen für die weitere Entwicklung schreiben diese Entwicklung linear fort.[12] Aufgrund dieser Situation verringert die Landeskirche ihre Zuweisungen an den Kirchenkreis von 2017 bis 2022 um 357.000 € und verlagert so die Risiken auf die Kirchenkreisebene. Der Kirchenkreis reagiert zunächst mit einem Beschluss, dass bis 2022 keine Einsparung vorgenommen werden sollen und die Mindermittel durch Rücklagenentnahme aufgebracht werden. Dadurch werde Zeit gekauft. Gleichzeitig aber soll rechtzeitig ein Konzept mit den notwendigen Stelleneinsparungen für die Zeit nach 2022 vorgelegt werden. Ohne diesen Beschluss hätte es bereits in 2017 allein bei den Pfarrern 2,5 Stellen Einsparung gegeben. Die Prognose für die weitere Zeit sieht dann so aus, dass der Kirchenkreis – in optimistischer Sichtweise – bis 2030 von bisher 21,5 auf 16 Pfarrstellen schrumpfen wird. Die Diskussionen im Kirchenkreis verlaufen im Weiteren entsprechend dieser Vorgaben.

Blickt man von außen, so wird deutlich: Die primäre Rationalität des Prozesses als eines Verwaltungsverfahrens

---

12 Was zu harmlos gerechnet ist, denn es treten überproportional jüngere Menschen aus, mit der Folge, dass deren mögliche Kinder nicht mehr mit Kirche in Berührung kommen. Der Prozess beschleunigt sich folglich.

wird schnell erkennbar. Grundlegende Fragen, was denn getan werden müsste, um den Mitgliederverlust abzubremsen und die Geltungskraft der Kirche wieder zu verstärken, setzen erst ergänzend zu den entsprechenden Verwaltungsüberlegungen an, wenn sie es denn überhaupt tun. In keinem Falle aber haben solche Überlegungen die Kraft, die Verwaltungsvorgaben in irgendeiner Form umkehrbar zu machen. Die Kirche hat sich, so scheint es, mit den entsprechenden Mitgliederverlusten abgefunden und kultiviert mehr oder minder eine entsprechende Mentalität. Dass man durch Veränderungen und »Investitionen« den Trend wenden könnte – das gab es doch mal: »Wachsen gegen den Trend!« –, erscheint kaum denkbar zu sein und wirkt bei den Mitarbeitenden auch eher demotivierend.

Exkurs: Aber kann es ohne solche Visionen gehen? Ohne begeisternde Erfahrungen: »Schwitz dir die Sünde aus dem Leib!« – Erfahrungen einer »kollektiven Efferveszenz« (Emile Durkheim)? Jens Beckert[13] hat jetzt sehr überzeugend herausgearbeitet, wie elementar der moderne Kapitalismus auf solchen kollektiv erzeugten und tradierten »fiktionalen Erwartungen« beruht. Nur mittels gesteigerter Fiktionalität ist die Bewältigung einer prinzipiell unsicheren Zukunft möglich. Eigentlich wissen das die Kirchen doch. Statt dass wir es mit Max Webers unrevidierbarer Entzauberung zu tun hätten, leben wir in Zeiten »säkularer Verzauberung«.[14] Theologen erleben das dann als Ubipräsenz

---

13   Jens Beckert: Imaginierte Zukunft. Fiktionale Erwartungen und die Dynamik des Kapitalismus. Berlin 2018, 29 ff.

14   A. a. O., 36.

von Religion – aber das ist es nicht. Doch wie auch immer: Mitgliederbindung rein als solche kann nicht funktionieren – schon gar nicht, wenn es eine Bindung an Vielfalt als solche sein soll. Es braucht ein großes christlich-religiöses Narrativ. Dieses kann nur als Antwort auf eine klassische Frage entstehen: Wer ist Jesus Christus heute für uns? Ende des Exkurses.

Ein entsprechendes Verhalten der kirchlichen »Behörden« ist in der kritischen Diskussion der vergangenen Kirchenreformbestrebungen immer wieder mit einer Art von Ökonomisierung der protestantischen Kirche in Verbindung gebracht worden.[15] So kann man beobachten, wie sich ökonomische Deutungen einer sozialen Raumentwicklung entwickeln und im Sinne neoliberaler Steuerung auch die religiöse Landschaft überlagern. Erstaunlich ist tatsächlich, wie stark eine spezifisch religiöse Selbstverständigung durch entsprechende sozialwissenschaftliche – weit mehr noch als ökonomische – Expertise in den Hintergrund gedrängt worden ist, so dass Letztere oft nur noch als Zweitkodierung zur Legitimierung kirchlich-religiöser Entscheidungsfindung fungiert.[16] Dabei muss man allerdings sehen, dass sich

15 Vgl. Jens Schlamelcher: Ökonomisierung der protestantischen Kirche? Sozialgestaltliche und religiöse Wandlungsprozesse im Zeitalter des Neoliberalismus. Würzburg 2013, 143, und Henriette Rösch: Zwischen Markt und Mission. Funktionsprobleme und Anpassungsstrategien der Evangelischen Kirche in Deutschland. Würzburg 2011.

16 Der Vorwurf geht vor allem in Richtung des Reformprogramms »Kirche der Freiheit«, wie es von Seiten der EKD Anfang des neuen Jahrhunderts vorangebracht wurde. Es operierte in der Tat wenig

die Diagnose einer umfassenden Ökonomisierung der Kirche auf ein wirklich durchorganisiertes Akteursverhalten bezöge, mit dem sich kirchliche Organisationseinheiten, wie zum Beispiel Kirchengemeinden, aktiv in einen religiösen Markt einbringen und so, zumindest was die deutschen Verhältnisse betrifft, einen solchen Markt wohl überhaupt erst einmal herstellen würden. Was bisher geschieht, stellt lediglich ein reaktives Verwaltungsverhalten dar, das einer klassischen Anstalt entspricht. Der Weg zu einer Agentur ist demgegenüber noch lang.

Dass dieser Weg jedoch unumgänglich ist, zeigen immer mehr Studien, die die Situation von Religiosität und Kirchlichkeit in der heutigen Gesellschaft umfassend in den Blick nehmen. Dafür sind die von der Kirche selbst produzierten Kirchenmitgliedschaftsuntersuchungen leider wenig geeignet, da sie auf spezifische Ansichten der Kirchenmitglieder (und, als Kontrollgruppe, der Konfessionslosen) reduziert sind, nicht aber die gesamte Situation in der Gesellschaft in den Blick nehmen und auf diese Weise Illusionen über die Persistenz des Kirchlichen wecken. Denn die Krise des Kirchlichen wird erst dann deutlich, wenn man Kirche als einen Bereich in der Gesellschaft insgesamt verortet und entsprechende Vergleiche vornimmt. Ganz anders verhält

mit theologischen Ableitungen und sehr viel stärker mittels einer ökonomischen Beratungssprache. Mittlerweile gilt es zwar als gescheitert – lebt aber tatsächlich durchaus noch in landeskirchlichen Reformprogrammen, wenn auch anders aufgestellt, weiter. Seine Konzentration auf professionelle Projekte und das Rückfahren von Ressourcen für die Kirchengemeinden sowie die Stärkung der mittleren Leitungsebenen bleiben prägend.

es sich aber mit einer herausragenden Studie aus der Schweiz von Jörg Stolz und anderen.[17] Die Autoren entwickeln hier eine allgemeine Theorie religiös säkularer Konkurrenz. Diese »Theorie sieht den religiösen Wandel als Resultat religiös-säkularer und intrareligiöser Konkurrenzverhältnisse auf verschiedenen Ebenen.«[18] Dabei geht es um drei Konkurrenzobjekte: um Macht, Einfluss und Deutungshoheit auf der Ebene der Gesamtgesellschaft; um Macht, Einfluss und Deutungshoheit innerhalb von Gruppen/Organisationen und Milieus; und schließlich um individuelle Nachfrage. In diesem Kampf werde eine große Anzahl von Strategien angewendet: sowohl Mobilisierung als auch soziale Schließung, Rekrutierung, biologische Reproduktion, Sozialisierung der eigenen Mitglieder, Preisanpassung, Attraktivitäts- und Qualitätssteigerung und vieles mehr. Der umkämpfte Markt sei dabei vor allem durch eine »sich wandelnde Vorteilhaftigkeit von Religion« geprägt – was aber nicht notwendig nur einen Rückgang impliziere.[19] Die Autoren konstatieren weiter eine Veränderung des betreffenden Konkurrenzregimes als solchen: von einem der industriellen Gesellschaft bis etwa zur Mitte des 19. Jahrhunderts – hin zum neuen Konkurrenzregime der »Ich-Gesellschaft«, das die heutige Situation präge.

Am wichtigsten wird dabei nun die Konkurrenz um die individuelle Nachfrage. Da Interesse an einer religiösen Pra-

---

17 J. Stolz, J. Könemann, M. Schneuwly-Purdie, T. Englberger und M. Krüggeler: Religion und Spiritualität in der Ich-Gesellschaft. Vier Gestalten des (Un-)Glaubens. Zürich 2014.
18 A. a. O., 210.
19 A. a. O., 35f.

xis nicht mehr sozial erwartet werden kann und sich die religiösen Angebote als in den Bereich der Freizeit abgedrängt erfahren, geraten sie in Konkurrenz zu anderen Formen und Freizeitbeschäftigungen, die sich im Bereich der Selbstentfaltung einstellen.[20] »Die Individuen sehen religiöse Praxis als grundsätzlich fakultativ an und fragen sich ständig, was ihnen religiöse Praxis im Vergleich zu anderen Tätigkeiten ›bringe‹.«[21] Dies gelte auch für religiöse Sozialisation. Das so erfahrene »säkulare Driften« führe dazu, dass die Menschen auch die religiöse Welt immer stärker als Angebot wahrnähmen, dessen Leistung und Preis sie beurteilen könnten. Die Folge für die religiös spirituellen Anbieter: »Sie werden sich immer mehr als in einer Konkurrenz stehend erfahren, in der sie für ihre Mitglieder, Teilnehmer und Förderer attraktiv zu sein haben. Für Kirchen bedeutet es, dass der Typus der Volkskirche immer mehr demjenigen der Mitgliederkirche Platz macht. Wahrscheinlich ist, dass es auch zu immer mehr *hybriden Phänomenen* kommt, zu Angeboten, die nur zum Teil spirituell sind oder deren Spiritualität erst auf den zweiten Blick erkennbar wird.«[22] Die klassisch konfessionellen Gegensätze schleifen sich ab; demgegenüber gebe es eine neue Gegensätzlichkeit zwischen denjenigen, die mit Engagement Religiosität und Kirche praktizierten, und anderen, die dies nicht täten.[23]

20 A. a. O., 214.

21 A. a. O., 216.

22 Ebd.; Hervorhebung im Original.

23 Man kann fragen, ob die hier beschriebene Struktur nicht ziemlich genau der These Hans Joas' entspricht, dass Glaube zur wählbaren

Professionalisierung von kirchlichen Angeboten

Auf die benannten Veränderungen in der Angebots- und Nachfragestruktur reagiert die Kirche am nachdrücklichsten durch die in einigen Bereichen deutlich vorangetriebene (weitere) Professionalisierung von kirchlichen Angeboten, weitgehend außerhalb der bestehenden Kirchengemeinde-strukturen – aber vom Anspruch her kirchengemeinde-ergänzend. Dabei handelt es sich um einen säkularen Trend, der längst in den sozialen Diensten der Diakonie, in kirchlichen Beratungsstellen, in Kindergärten und Familienzentren usw., also in Bereichen Platz gegriffen hat, die unmittelbar säkularer Konkurrenz ausgesetzt sind. Entsprechende Initiativen finden sich in übergemeindlichen kirchlichen Diensten, oft vorangetrieben von kirchlichen Verbänden wie der Frauen- und Männerarbeit, der Erwachsenenbildung, der Altenarbeit und anderen Aktivitäten. Die Art und Weise, wie hier mittels professioneller, sozialwissenschaftlich unterstützter Recherche die Situation der betreffenden Zielgruppen reflektiert wird und alternative Angebote entwickelt werden, entspricht der in anderen gesellschaftlichen Bereichen. Mit einem hohen Aufwand werden hier auch größere Aktivitäten wissenschaftlich evaluiert.

Ein besonders eindrückliches Beispiel war in dieser Hinsicht die kirchliche Präsenz auf der Weltausstellung EXPO 2000 in Hannover.[24] Damals erfolgte eine wöchentliche Aus-

Option werde. Hans Joas: Glaube als Option. Zukunftsmöglichkeiten des Christentums. Freiburg i. Br. 2012, besonders 106 ff.

24 Wolfgang Lukatis und Gerhard Wegner (Hg.): Das Christentum auf der EXPO 2000. Würzburg 2001.

wertung der laufenden Besucherbefragungen, die zu umgehenden Anpassungen der Performance im Christlichen Pavillon auf der EXPO 2000, bis hin zu Umbauten, führten. Wenn auch das Ziel gewesen war, die Besucher der Weltausstellung in der Masse – und insbesondere die Unkirchlichen unter ihnen – zu erreichen, so zeigte sich am Ende, dass das kirchliche Angebot vor allem kirchlich und religiös enger verbundene Menschen erreicht und auch begeistert hatte. Die Professionalisierung resultierte so in einer Verstetigung, Steigerung und insgesamt in einer Modernisierung ohnehin vorhandener Bindung – nur am Rande jedoch in missionarischen Aufbrüchen. Die Evaluation insgesamt wurde vonseiten der Kirchenleitungen allerdings kaum wahrgenommen. Für die Gestaltung der »Weltausstellung des Protestantismus« in Wittenberg 2017 wurden die EXPO-Erfahrungen nicht ausgenutzt.

Welche Wirkungen professionelle, marktgerechte Angebote in dieser Hinsicht auf vorhandene oder neu entstehende spirituelle Märkte haben werden, bleibt abzuwarten. Es greifen dann klassische ökonomische Mechanismen, wie das Entwickeln und Durchsetzen von Marken, die Beherrschung von Märkten durch Monopole usw. Zu erwarten ist: Sobald entsprechende Angebote wirklich erfolgreich sind, werden sie Konkurrenzangebote hervorrufen. Ein Kurs wie »Spirituelles Segeln auf dem Bodensee« muss ja nicht von der Kirche angeboten werden – schon gar nicht, wenn es erfolgreich ist, auf Nachfrage trifft und man damit Geld verdienen kann. Dann treten schnell rein professionelle Anbieter auf. Darin besteht die Dynamik professioneller, individualisierter Angebote. Solche Angebote erfordern zudem ein entsprechendes Personal, das in der Lage ist, in der Entwicklung und Erbringung der betreffenden Dienstleistungen auf Bedürfnislagen kompetent zu reagieren und entsprechend mit eigenem Authentizitätsbedarf umgehen zu können. Man darf sich dann, um ein Diktum von Niklas Luhmann abzuwandeln, nicht durch sich selbst stören lassen. Das jedoch fällt herkömmlichem kirchlichem Personal schwer, weil Authentizität für religiöse Kommunikation – gerade in den Gemeinden – unabdingbare Voraussetzung zu sein scheint. Erfahrungen – nicht nur in den USA – zeigen aber, dass das möglich ist.

Renaissance der Kirchengemeinde?

Nun ist es deutlich, dass sich die Kirche nicht in professionalisierte und am Markt erbrachte Leistungen auflösen kann. Denn sie unterhält zwar Bereiche zur Erbringung solcher Leistungen, besteht aber selbst aus einem nicht professionalisierbaren Zusammenkommen von Mitgliedern – zentral in Form religiöser Rituale. Angesichts dieser Situation wäre es nun eigentlich zu erwarten, dass es zu einer Wiederentdeckung der klassischen parochialen Kirchengemeinde in Deutschland kommt. Denn das Konzept der Kirchengemeinde entspricht – neben der Schaffung professioneller Angebote – am ehesten den Notwendigkeiten, die sich aus der gewandelten Situation ergeben.[25] Zum einen

25 Besonders deutlich Isolde Karle: Kirche im Reformstress. Gütersloh 2010, 122 ff: Kirche als Gemeinde. Neuerdings auch pointiert Günter

mobilisieren die Kirchengemeinden tatsächlich vor allem jene Kirchenmitglieder, die den Kirchen näher verbunden sind und am ehesten noch eine eigene religiöse Praxis verkörpern. Sie bieten ihnen Gemeinschaftsformen, die nach wie vor relativ plausibel mit religiöser Praxis gekoppelt sein können. Zudem stellt das klassische Konzept der Parochie sicher, dass es einen engen Kontakt in die jeweiligen Sozialräume hinein gibt bzw. geben kann und damit prinzipiell auch zu den Menschen, die dort wohnen, auch über die Kirchenmitglieder hinaus. Wenn es überhaupt irgendwo eine kirchliche Organisationseinheit gibt, die nahe bei den Menschen operiert und von der am ehesten der sich wandelnde Bedarf und neue Bedürfnisse wahrgenommen und aufgegriffen werden könnten, dann wären dies, nüchtern betrachtet, die parochialen Kirchengemeinden. Sie sind schlicht und einfach »am nächsten dran«.[26] Trotz aller milieubezogenen Verengung ihrer Beteiligung binden sie mit Abstand die größte Aufmerksamkeit der Evangelischen – keine andere kirchliche Aktivität erreicht dermaßen starke Resonanzen.[27]

Thomas: Das Neglect der Gemeinde im liberalen Paradigma. Wege aus der Sackgasse einer Fehlwahrnehmung von Religion und Kirche. In: Detlef Pollack und Gerhard Wegner (Hg.): Die soziale Reichweite von Religion und Kirche. Würzburg 2017, 249–278.

26 Vgl. Gerhard K. Schäfer, Joachim Deterding, Barbara Montag und Christian Zwingmann (Hg.): Nah dran. Werkstattbuch für Gemeindediakonie. Neukirchen-Vluyn 2015.

27 Wobei man sicherlich nüchtern sehen muss, dass sie sich – wie alle religiöse Aktivität – immer stärker aus ihrem Umfeld ausdifferenzieren und sich in ihrer Kommunikation auf sich selbst beziehen (müssen). Nur mittels Ausbildung eines eigenen Sozialraums lässt sich Religion verlässlich leben. Damit ist nicht notwendig eine

Und in der Tat finden sich nun neue Studien, die die Realität der Kirchengemeinden in Deutschland zum ersten Mal seit langer Zeit wieder in den Blick nehmen.[28] Erstaunlicherweise hat sich auch die fünfte Kirchenmitgliedschaftsuntersuchung der EKD diesem Phänomen in einer ungewöhnlichen Breite zugewendet.[29] Dabei wird immer wieder sehr deutlich, dass sich tatsächlich das Interesse derjenigen Kirchenmitglieder, die überhaupt näher mit der Kirche interagieren und ihr verbunden sind, auf die Kirchengemeinden richtet, und zwar deutlicher als auf die Kirche insgesamt. Die Kirchengemeinden sind für engagierte Kirchenmitglieder mithin von großer Bedeutung. Dies hat mit der langen Tradition des parochialen Engagements der Kirchen und ihrer entsprechenden Aufstellung in Deutschland zu tun. Es wäre illusionär, etwas anderes zu erwarten. Aber es hat auch mit dem Selbstverständnis der Kirche zu tun, die ihre Basis in allen Kirchenverfassungen und Kirchengemeindeordnungen in Deutschland bisher eben in den Kirchengemeinden identifiziert.[30]

Allerdings ist den parochialen Kirchengemeinden immer wieder vorgehalten worden, dass sie sich mit den Erwartungen einer modernen Gesellschaft kaum auseinandersetzten

---

Schwächung in der Wirkung verbunden. Eine andere Frage ist dann, wie sich dieser Sozialraum zum Gemeinwesen verhält.

28 Vgl. Rebenstorf/Ahrens/Wegner: Potenziale vor Ort (s. Anm. 11).

29 Heinrich Bedford-Strohm und Volker Jung (Hg.): Vernetzte Vielfalt. Kirche angesichts von Individualisierung und Säkularisierung. Die fünfte EKD-Erhebung über Kirchenmitgliedschaft. Gütersloh 2015.

30 Wobei es sich dabei nicht notwendigerweise um Parochien handeln muss.

und ihre Angebote lediglich auf kleine Gruppen enger Verbundener bezogen seien. Kirchlich distanziertere Menschen würden sie, abgesehen von Kasualien, kaum erreichen und sich sogar nach außen hin eher gegen sie abschotten. Deswegen ertönt immer wieder der Ruf nach einer »Öffnung«. Daran ist so viel richtig, dass es gemäß den Erkenntnissen des ersten Kirchengemeindebarometers des SI[31] in den Kirchengemeinden tatsächlich aus Sicht ihrer leitenden Gremien primär um Gemeinschaftlichkeit und sehr viel weniger um die Entwicklung von Innovationen oder gar um das Erreichen neuer Zielgruppen geht. Es werden weitgehend die klassischen Aufgabenfelder bespielt – wobei aber die Mängel im Bereich der Arbeit mit Kindern und Jugendlichen erkannt werden. Moderne Managementmethoden, die auf Evaluation, klare Zielvorgaben und konkurrenzfähige Angebote setzen – auch mit missionarischem Engagement –, sind nicht von allzu großer Bedeutung bzw. werden sogar abgelehnt. Fragt man in diesem Kontext nach der Gesamtausrichtung von Kirchengemeinden, dann dominieren soziale Aktivitäten in Richtung Gemeinschaftsbildung. An zweiter Stelle liegt die religiöse Ausrichtung, und schließlich folgen kulturelle Interessen. Blickt man näher in die Leitungsmechanismen hinein, so zeigt sich, dass das Interesse an Gemeinschaftsbildung auch die Tätigkeiten auf der Ebene der Leitung prägt. Das bedeutet, dass in den Leitungsgremien selbst sehr viel mehr Wert auf ein gutes Miteinander gelegt wird als auf die genaue Wahrnehmung und Gestaltung der Gemeindearbeit.

31 Rebenstorf/Ahrens/Wegner: Potenziale vor Ort (s. Anm. 11).

Die Situation ist folglich so, dass die landeskirchlichen Kirchengemeinden nach wie vor die größte Bedeutung für die Reproduktion von Kirche haben – ihr aber in ihrer gegenwärtigen Aufstellung im Grunde genommen nicht gerecht werden (es sei denn man akzeptiert, dass angesichts des Rückgangs religiösen Interesses in der Gesellschaft viel mehr als das, was die Kirchengemeinden leisten, auch gar nicht zu erreichen ist).[32] Ihre Bedeutung bleibt auf jeden Fall hoch – höher als die Aktivitäten aller anderen kirchlichen Arbeitsbereiche. So ergibt zum Beispiel eine Studie über die Präsenz von Kirche in der Stadt Hannover,[33] dass die Aktivitäten der eigenen Kirchengemeinde im Stadtteil für die Evangelischen in ihrer Bedeutung nahezu gleichauf mit Angeboten aus Kino, Theater und Schauspiel und noch vor den großen Hannoverschen Festen liegen. Anders ist es allerdings, wenn man die Gesamtbevölkerung Hannovers befragt – dann fallen sie deutlich zurück. Und ganz weit hinten liegen sie bei Konfessionslosen, bei diesen beiden Gruppen dann allerdings fast auf einer Ebene mit kulturellen Aktivitäten der Kirchen wie Konzerten und Chören. Interessant in diesem Kontext ist sodann die Bekanntheit von Pastorinnen und Pastoren, die in Hannover unter den Evangelischen

---

32 Religionsökonomisch liegt das an fehlenden Anreizen für das einzelne Mitglied und in der Folge für das gemeindliche Personal. Platt gesagt: Auch ohne gesteigertes eigenes Engagement geht alles irgendwie immer weiter. Das stimmt zwar objektiv nicht – wird aber so erlebt.

33 Vgl. für eine Teilauswertung der Daten: Hilke Rebenstorf: Die Evangelische Kirche in Hannover. SI-Kompakt 1/2017. Weitere Ergebnisse noch unveröffentlicht.

einen Höchstwert von 75 % erreichen (weit mehr als die Bekanntheit von Margot Käßmann) und selbst unter den Hannoveranern insgesamt noch die bemerkenswerte Frequenz von 48 %. Bei Konfessionslosen sind es allerdings nur noch 25 %.

Der genaue Blick auf die parochialen Kirchengemeinden fördert folglich ein ambivalentes Bild zutage. Auf der einen Seite stellen sie deutlich nach wie vor die Basis der Kirche dar und bilden den Kern der zentralen Reproduktionsmilieus von Kirchenmitgliedschaft – auf der anderen Seite scheint ihnen ein Modernisierungsdefizit anzuhaften. Die Frage ist allerdings, ob diese Diagnose wirklich stimmt, denn das Interesse an Gemeinschaft ist nicht einfach als unmodern einzusortieren. Deutlich ist vielmehr, dass sich zum Beispiel soziales Engagement in Form freiwilliger Tätigkeit oder Ehrenamt nur über Gruppen reproduziert, die sich in der einen oder anderen Form als selbstzweckhaft begreifen. In diesen, oft kleinen, Gruppen steckt der große Schatz der evangelischen Kirche, und sie liefern damit einen unersetzbaren Beitrag zur Sozialkapitalentwicklung. Deutlich ist auf jeden Fall, dass sich ehrenamtliche Tätigkeit in den Kirchen und über die Kirche hinaus von den Kirchengemeinden her entwickelt. Schwächt man die Kirchengemeinden, so schwächt man damit, das zeigen viele Erfahrungen, ehrenamtliches Engagement und damit den Kern der protestantischen Kirche.

Diese Ambivalenz in der Haltung zu den Kirchengemeinden hat sich in letzter Zeit in vielen Landeskirchen in einer für die Zukunft entscheidenden Maßnahme niedergeschlagen: der Herausnahme der Kindertagesstätten aus der Trägerschaft der Kirchengemeinden. Aufgrund der Klagen von vielen Kirchenvorständen über die beträchtliche Verwaltungsbelastung, die sie aufgrund der Trägerschaft von Kindertagesstätten zu bewältigen hätten, und eben solcher Klagen auch aus dem Bereich der Pastorenschaft und zudem der offenkundigen Notwendigkeit der Professionalisierung der Kindergartenarbeit – gerade auch aus Konkurrenzerwägungen –, ist ihre Trägerschaft häufig auf die Ebene der Kirchenkreise oder anderer Verbände übergegangen. Das erleichtert die Verwaltung der Kindertagesstätten erheblich und entlastet entsprechend die Kirchengemeinden.[34] Kooperationsverträge sollen eine enge Zusammenarbeit allerdings auch in Zukunft sicherstellen.

Das Problem liegt darin, dass die Kindertagesstätten bisher gerade angesichts der Sozialraumbezogenheit der Kirchengemeinden eine Art »Tor zum Gemeinwesen« bzw. zu den kirchlich distanzierteren und unkirchlichen Menschen darstellten. Auch wenn ihre Verwaltung erhebliche Arbeit erzeugte, konnten die positiven Effekte für die Belebung der Kirchengemeinde groß sein. Durch die Differenzierung verliert die Kirchengemeinde eine entscheidende Brücke in die Gesellschaft. Und dieser Prozess erfolgt paradoxerweise genau in dem Augenblick, in dem Kirchengemeinden allseits

---

34 Auch hier stellt sich die Frage der Anreize. Natürlich macht ein Kindergarten erhebliche Arbeit in den Kirchenvorständen – ist aber als Gestaltungsfeld auch äußerst attraktiv (polemisch gesagt: z. B. im Verhältnis zur Seniorenarbeit). Sourct man ihn out, werden die Wirkungsmöglichkeiten der Kirchenvorstände kleiner und entsprechend unattraktiver. Bemerkt wird das aber erst nach einigen Jahren.

dazu aufgefordert werden, wieder mehr Verantwortung für den Sozialraum zu übernehmen. Der Prozess erinnert an die Abgabe der kirchlichen Gemeindeschwestern in den achtziger Jahren an Diakonie- und Sozialstationen, die ebenfalls zunächst damit verbunden wurde, die Verbindungen aufrechtzuerhalten – was auch lange Jahre geschah –, mittlerweile aber auf eine weitgehende Auseinanderentwicklung hinausgelaufen ist.

Während die Kirchengemeinden nach wie vor in den Synoden über eine erhebliche Lobby verfügen und ihre Handlungsfähigkeiten verteidigen, ist ihr Image in den Kirchenleitungen und in der praktisch-theologischen Literatur höchst zwiespältig. Da kann es dann sogar so sein, dass die Tatsache, dass sich in ihnen enger verbundene und religiös intensiver praktizierende Menschen finden, nicht als Erfolg und als Ressource für die gesamte Kirche begriffen wird – sondern vor allem als deren Grenze. Das bedeutet dann, dass man Ressourcen aus ihnen abziehen kann (da sich der Aufwand für die Gemeinden nicht lohne), um sie in übergemeindliche Aktivitäten zugunsten von kirchlich distanzierten und unkirchlichen Menschen zu investieren. Obwohl dies niemals so gesagt werden wird, stellt eine solche Diskussionslinie faktisch eine Art Stigmatisierung der Kirchengemeinden dar, wie es sie seit spätestens den sechziger Jahren in den Diskussionen immer wieder gegeben hat.[35]

35 Vgl. dazu Gerhard Wegner: 50 Jahre dasselbe gesagt? Die Kirchenmitgliedschaftsuntersuchungen der EKD im religiös-kirchlichen Feld. In: Ders. (Hg.): Gott oder die Gesellschaft? Das Spannungsfeld von Theologie und Soziologie. Würzburg 2012, 295–342. Vgl. auch:

Neue, nichtparochiale Gemeindeformen

Ein unkomplizierter Ausweg aus den Ambivalenzen besteht nun darin, neue nichtparochiale Formen von Kirchengemeinden rechtlich zu ermöglichen und gegebenenfalls auch faktisch zu fördern. Die entsprechenden Diskussionen können dabei auf ältere Modelle von Personal- oder Anstaltsgemeinden zurückgreifen, die es in der einen oder anderen Form schon immer in den Landeskirchen gegeben hat. Zwar wird in der Regel betont, dass die territorial gebildete Kirchengemeinde auch in Zukunft die wesentliche organisatorische Ebene der Kirche bleiben wird. Aber die Möglichkeiten, Gemeinde in neuen Formen zu gestalten, werden überall eröffnet. Dabei handelt es sich z. B. um Gemeinden, die sich durch die Gruppenzugehörigkeit ihrer Gemeindemitglieder (zum Beispiel Frömmigkeitsstile, gemeinsame Sprache oder Herkunft, persönliche Lebensumstände, kulturelle Milieus, gemeinsam geteilte Arbeitswelt, Zugehörigkeit zu einer bestimmten Generation oder einem besonderen Ort [z. B. Citykirche, Schule, Einkaufszentrum] begründen. Unterschiedliche Regelungen gibt es in Bezug auf die Leitung und vor allem die finanzielle Ausstattung der betreffenden Gemeinden. In der rheinischen Kirche ist es gemäß der in ihr dominierenden Gemeindetradition sogar möglich, dass die neuen nichtparochialen Gemeinden die Kirchen-

Petra-Angela Ahrens und Gerhard Wegner: Ein schlafender Riese? Evangelische Kirchengemeinden in Deutschland. In: Bernd Halfar (Hg.): Erfolgspotenziale der Kirche. Ein Blick aus dem Management. Baden-Baden 2012, 11–26.

steuern ihrer Mitglieder erhalten und dann verpflichtet sind, zu den kirchlichen Umlagen beizutragen.[36]

Es ist deutlich: Mittels solcher neuer, nicht-parochialer Organisationsformen soll es gelingen, der gesellschaftlichen Ausdifferenzierung besser gerecht zu werden als durch den gemeinschaftlichen »Einheitszwang« in den klassischen Kirchengemeinden.[37] Tatsächlich werden die neuen Formen wohl vor allem evangelikalen Bestrebungen gerecht werden können, denn von dieser Seite wird mit viel Kreativität nach neuen missionarischen Wegen gesucht, was aber in klassischen volkskirchlichen Gemeinden auch auf Widerstand stoßen kann. Die Chance der neuen Gemeinden besteht zweifellos darin, innovative religiöse und kirchliche Initiativen zu ermöglichen und sie in den kirchlichen Kontext zu integrieren. Auf diese Weise kann die Vielfalt kirchlichen Lebens inhaltlich und formal vergrößert werden, was insgesamt die Chancen einer umfassenderen Anschließbarkeit an sich verändernde Bedarfslagen in der Gesellschaft vergrößern könnte. Ob dies allerdings tatsächlich geschieht, hängt auch von den inneren Anreizen in den neuen Gemeindeformen ab. Denn natürlich kann es auch sein, dass sich in ihnen spezifische Gruppen versammeln, die sich nach außen abschotten, um unter sich zu bleiben. Wenn dadurch allerdings die Pluralität insgesamt wächst, wäre das auch wiederum positiv zu sehen.

---

36 Vgl. Auszug aus dem Protokoll der Landessynode der evangelischen Kirche im Rheinland vom 13. Januar 2017.
37 Vgl. dazu Eberhard Hauschildt und Uta Pohl-Patalong: Kirche. Handbuch Praktische Theologie Bd. 4. Gütersloh 2013, 256 ff.

Regionalisierung und Fusionierung

Ein weiterer Weg, die Engführungen der klassischen Kirchengemeinde zu sprengen und sich gleichzeitig den Erfordernissen geringer werdender Finanzmittel anzupassen, ist die schon seit längerem praktizierte Möglichkeit der Bildung von Regionen,[38] d. h. der Förderung verbindlicher Zusammenarbeit von Kirchengemeinden. Solche Bestrebungen finden sich längst in fast allen Landeskirchen. Sie können zur Bildung von Kirchengemeindeverbänden, von Gesamtkirchengemeinden oder schlicht von fusionierten Kirchengemeinden mit unselbstständigen Untereinheiten weiter getrieben und auch durchaus mit neuen Rechten ausgestattet werden. Auch die Bildung von »Pfarrsprengeln« (EKBO) oder auch von »Kirchspielen« oder »Schwesterkirchverhältnissen« (Sachsen) ist als Zusammenarbeit von Kirchengemeinden möglich. Die EKD hat entsprechende Bestrebungen durch ein »Zentrum für Mission in der Region« unterstützt.[39] Eine These dieses Zentrums ist prägnant: »Nach der Parochie ist nicht das Ende, sondern die Chance auf eine Kirche in der und für die Region. Die Region ist nicht identisch mit einem Kirchenkreis, sondern ist eine Kategorie sui generis: Region kann ein Kiez oder Stadtteil sein, ein großer Landstrich oder eine mentale Zusammengehörigkeit, Regionen müssen sich von unten bilden, nicht von oben gesetzt wer-

---

38 Vgl. A. a. O., 297.
39 Vgl. als gewissen Höhepunkt der Arbeit dieses Zentrums Christhard Ebert und Hans-Hermann Pompe (Hg.): Handbuch Kirche und Regionalentwicklung. Region – Kooperation – Mission. Leipzig 2014.

den.«[40] »Gespielt« wird folglich absichtlich mit der mehrfachen Bedeutung von Region als kirchlicher Handlungseinheit und als von den Menschen erfahrener landschaftlicher, kommunaler oder kultureller Größe. Das leitet bereits über zur Entdeckung des sozialen Handlungsraums bzw. des Sozialraums als Bezugsfeld kirchlicher Aktivitäten. Mittlerweile ist das genannte Zentrum in genau diese Richtung umformiert worden.

Der Vorteil der entsprechenden Konzepte besteht ohne Zweifel darin, kirchliche Arbeit in einem größeren Kontext funktionsteilig besser organisieren zu können. So kann man insbesondere den Herausforderungen der Kinder- und Jugendarbeit, aber auch z. B. der Kirchenmusik durch Schaffung gemeinsamer Stellen besser begegnen. Auch können auf diese Weise bessere Verbindungen zwischen ortsgemeindlichen und funktionalen Diensten hergestellt werden. Ohne die Strukturen der Einzelgemeinde aufzulösen, werden so größere Handlungsmöglichkeiten geschaffen, sofern das neue Konzept nicht nur aus einer Addition dessen besteht, was es schon immer gab. Auch das soll vorkommen. Wie dies im Einzelnen geschieht, kann sehr unterschiedlich organisiert werden – und bleibt dadurch flexibel und für die einzelnen Gemeinden attraktiv. Das Konzept befördert, sofern sich die Beteiligten einig sind, die Entwicklung neuer Aktivitäten, die über eine Addition der bisher vorhandenen hinausgehen. Allerdings ist dies dem Konzept nicht von vornherein eingeschrieben. Denn: »Zudem führt die Selbstbindung an die Zustimmung aller Beteiligten häufig dazu,

40 A. a. O., 13.

dass die Umsetzung *im Ansatz stecken bleibt* und letztlich nicht durchgeführt wird.«[41] Das Ganze bleibt dann eine vergrößerte Verwaltungseinheit.

Die Entdeckung von sozialen Handlungsräumen

Eine weitere »Drehung« der gesamten Diskussion erfolgte in den letzten Jahren dadurch, dass die Prozesse der Kirchenentwicklung in einen Kontext mit den regionalen Gegebenheiten im Sinne von vorhandenen Sozialräumen gestellt worden sind.[42] Dies erfolgte zuletzt in dem bereits erwähnten Konzept der bayerischen Landeskirche: »Profil und Konzentration«. Während ansonsten die meisten Reformvorschläge primär von den kirchlichen Strukturen und ihren Erfordernissen ausgehen und sich bestenfalls sekundär auf örtliche Erfordernisse einstellen, verändert sich diese Sichtweise beträchtlich, sobald man lokale, regionale, soziale und kulturelle Rahmenbedingungen von vornherein mit in den Blick nimmt.

Eine besondere Schärfe gewinnt dieses Konzept durch die bewusste Einbeziehung gemeinwesendiakonischer Initiativen.[43] Dafür steht exemplarisch die »Initiative Gemein-

---

41 Hauschildt/Pohl Patalong: Kirche (s. Anm. 37), 300; Hervorhebung im Original.

42 Vgl. Gerhard Wegner: Religiöse Ressourcen in der Zivilgesellschaft – Die Neuentdeckung des Sozialraums (In diesem Band, 293–333)

43 Vgl. Gerhard K. Schäfer, Joachim Deterding, Barbara Montag, Christian Zwingmann (Hg.): Nah dran. Werkstattbuch für Gemeindedia-

wesendiakonie« der Ev.-Luth. Landeskirche Hannovers. Gemeint ist »eine strukturierte und gemeinsame Handlungsstrategie von Kirchengemeinde gemeinsam mit verfasstkirchlicher und Einrichtungsdiakonie, bezogen auf einen Stadtteil oder ein Dorf unter Einbeziehung der Menschen vor Ort.«[44] »Sie orientiert sich hierbei an den Lebenslagen und Themen der Menschen.«[45] Betont wird die gemeinsame Verantwortung der verschiedenen Akteure für Stadtteil und Dorf. »Für die Kirchengemeinden bedeutet dies die konsequente Wahrnehmung der Gemeinde als Teil des Gemeinwesens, orientiert an den Bedürfnissen der Menschen in dem Sozialraum. Diese Ausrichtung braucht eine bewusste Entscheidung des Kirchenvorstands. Sie wird zur Handlungsmaxime für alle Beteiligten. Die Kooperation mit den anderen Akteuren ist gewollt, wird gesucht, und ist Ausdruck der Öffnung in den Stadtteil oder in das Dorf.«[46] Und weiter: »In der Arbeit mit benachteiligten Menschen, dem Eintreten für soziale Gerechtigkeit, der Kooperation mit Anderen wird Gemeinwohl in den Blick genommen. Kirche wird zu einem wichtigen Akteur und übernimmt gesellschaftliche Verantwortung.«[47] Deutlich wird: Hier steht im

konie. Neukirchen-Vluyn 2015 (mit Schwerpunkt auf dem Ruhrgebiet).

44   Bericht des LKA betr. Bestandsaufnahme der ›Initiative Gemeinwesendiakonie‹ und Empfehlungen für die weitere Arbeit. Hannover 15. April 2018. Aktenstücke der 25. Landessynode Nr. 92, 4.

45   Ebd.

46   A. a. O., 5.

47   Ebd. Vgl. zu dieser Ausrichtung auch »Kirche findet Stadt – Zusammenleben im Quartier – Entwicklungspartnerschaften für lebens-

Grunde genommen die Restitution des alten volkskirchlichen Konzepts einer Kirche im Mittelpunkt, die bewusst im Dorf oder im Stadtteil für die dort lebenden Menschen agiert. Was früher in dieser Hinsicht durch die Gemeindeschwester verkörpert wurde, kehrt nun in zivilgesellschaftlichen Bündnissen zurück. Im Vordergrund steht dann nicht so sehr die religiöse Aufgabe, sondern das diakonische Engagement der Kirche für Menschen am Rande. Das Gefüge kann dann Formen klassischer Sozialreligion annehmen.[48] Welche Rolle explizite religiöse Kommunikation – in den Kirchengemeinden – dann noch hat, ist durchaus offen.

Förderung von experimentellen Neuaufbrüchen

Seit längerem wird auch im deutschen Kontext das aus Großbritannien stammende Konzept der Fresh Expressions of Faith[49] diskutiert. Einige Landeskirchen fördern explizit ent-

werte Quartiere. Berlin 2018; Diakonie Texte 05.2016: Kirche und Diakonie in der Nachbarschaft. Neue Allianzen im ländlichen Raum. Berlin 2016; Kirche findet Stadt: Kirche als Akteur in der Stadt- und Quartiersentwicklung in NRW. Düsseldorf 2014; Kirche findet Stadt: Kirche als zivilgesellschaftlicher Akteur in Netzwerken der Stadtentwicklung. Berlin 2013.

48 Vgl. Gerhard Wegner: Religiöse Kommunikation und soziales Engagement. Leipzig 2016.

49 Vgl. allgemein z. B. Michael Moynagh: Church for every Context. An Introduction to Theology and Practice. London 2012. Für Deutschland u. a. Michael Herbst: Fresh Expressions of Church – made in Germany? In: Christiane Moldenhauer und Georg Warn-

sprechende Aktivitäten, so insbesondere die Evangelische Kirche in Mitteldeutschland. Ausdrücklich geht es hier nicht um Strukturveränderungen, denn durch sie werde in der Regel das normale Paradigma nicht durchbrochen. Auch stelle ein verändertes Veranstaltungsprogramm einer Kirchengemeinde noch keinen wirklichen Neuaufbruch dar.

Zur Unterstützung von Neuaufbrüchen werden Erprobungsräume oder etwas Äquivalentes eingerichtet. Damit sind Regionen gemeint, in denen neue Formen von Kirche getestet werden, die den gewohnten Betrieb sprengen. Experimente werden gewagt, die auch scheitern können, dabei aber Lernerfahrungen freisetzen. Gedacht ist nicht an geografische Grenzen, sondern an soziale Räume. Nicht um die in einer Parochie wohnenden Menschen geht es, sondern um spezifische Zielgruppen. Als Beispiele werden Jugendkirchen, Internetkirchen, Kirchen für Skater, Banker oder auch Migrantengemeinden genannt. Hauptamtliche agieren dann nicht als Macher, sondern als Ermöglicher oder Coaches. Als Räume dienen Shopping Malls, Garagen, Kneipen. Kirche wird neu als Gemeinschaft erfahrbar.

Alle Dimensionen von Kirche lassen sich in diesen Räumen finden: Martyria – das Zeugnis; Menschen finden neu zum Glauben; Leiturgia – das Gebet und der Gottesdienst; Diakonia – der Dienst/Koinonia – die Gemeinschaft. So jedenfalls die Zielsetzung. Erprobungsräume seien dann gegeben, wenn folgende Voraussetzungen erfüllt werden:

ecke (Hg.): Gemeinde im Kontext. Neue Ausdrucksformen gemeindlichen Lebens. Neukirchen-Vluyn 2012, 83–96.

1. In ihnen entsteht Gemeinde Jesu Christi neu.
2. Sie überschreiten die volkskirchliche Logik an mindestens einer der folgenden Stellen: Parochie, Hauptamt, Kirchengebäude.
3. Sie erreichen die Unerreichten mit dem Evangelium und laden sie zur Nachfolge ein.
4. Sie passen sich an den Kontext an und dienen ihm.
5. In ihnen sind freiwillig Mitarbeitende an verantwortlicher Stelle eingebunden.
6. Sie erschließen alternative Finanzquellen.
7. In ihnen nimmt gelebte Spiritualität einen zentralen Raum ein.

Mit den Erprobungsräumen ist ein weites Feld experimenteller Projekte eröffnet, die frei entwickelt werden und sich mit und unter den Menschen zu bewähren haben. Es geht um Haltungswandel: Weg von einer Einstellung, die Innovationen skeptisch beäugt und blockiert, hin zu einer Haltung, die Freude am Experimentieren und Mut zum Scheitern hat.

Der Bedeutungszuwachs der mittleren Handlungsebenen

Die entscheidende Diskussion dreht sich in der letzten Zeit allerdings in den meisten Landeskirchen immer deutlicher um einen klar konturierten Bedeutungszuwachs für die mittleren Handlungsebenen, sprich für Kirchenkreise, Propsteien und Dekanate.[50] Die Debatte geht an dieser Stelle folg-

---

50 Vgl. »Kirche mit Mission. Möglichkeiten der mittleren Leitungs-

lich noch einmal über die Arbeit von Kirchengemeinden sowie über Regionalisierungen und auch Gründungsmöglichkeiten neuer Kirchgemeindeformen hinaus und fragt nach neuen Formen effektiver Kirchenleitung, die enger an den Gemeinden und dann vor allem auch an den Menschen und an den betreffenden Sozialräumen orientiert sind. Damit wird die grundsätzlich erkannte Notwendigkeit der Verlagerung von Planungs- und Initiierungskompetenz von den obersten kirchlichen Gremien in den Synoden und Landeskirchenämtern »nach unten« deutlich verstärkt. Wenn es nach diesen Bestrebungen geht, dann liegt in Zukunft das Schwergewicht der kirchlichen Organisationskompetenz auf diesen mittleren Leitungsebenen. Es kommt folglich zu einem Machttransfer von »oben« wie »unten« (von den Gemeinden) zu den Superintendenten bzw. Dekanen.

Tatsächlich ist dieser Prozess an vielen Stellen schon beträchtlich vorangekommen. Am Beispiel der Evangelisch-Lutherischen Landeskirche Hannovers: Hier läuft die Verteilung von Zuweisungen an die Gemeinden schon länger über die Kirchenkreise. Die landeskirchlichen Genehmigungen der Stellenpläne gehen von Aufgabenerfüllung auf Kirchenkreisebene aus, die den von der Landeskirche beschlossenen Grundstandards entsprechen müssen. Nicht mehr die einzelne Kirchengemeinde ist hier verantwortlich, sondern der Kirchenkreis. Zudem ist oft die Trägerschaft der Kindertagesstätten auf Kirchenkreisebene übergegangen, ebenso das Gebäudemanagement, und es besteht nun die Möglich-

ebene.« Epd-Dokumentation einer Konsultation der AMD, Nr. 14. 5. April 2016.

keit, weiter zu differenzieren und Planungsregionen zu schaffen. Der Kirchenkreis gewinnt mithin gegenüber den bisherigen Regelungen, die ihn weitgehend als Zusammenschluss der Kirchengemeinden begriffen hatten, deutlich an Gewicht. In den Entwürfen für eine neue Kirchenverfassung der Hannoverschen Landeskirche (2018) werden den Kirchenkreisen noch weitergehende Aufgaben übertragen, die auch in den Bereichen Verkündigung/Gottesdienst und Seelsorge greifen: einzelne Gottesdienste für Zielgruppen und bei besonderen Anlässen; regionale Tauffeste; Werbung für den Lektoren- und Prädikantendienst; für die Seelsorgeausbildung von Ehrenamtlichen; Koordination von Glaubenskursen usw.

Es geht bei den Kirchenkreisen längst nicht nur darum, sozusagen geschäftsführend die Interessen aller Kirchengemeinden wahrzunehmen, sondern die Kirche im sozialen Handlungsraum vor Ort zu vertreten und den kirchlichen Öffentlichkeitsauftrag zur Beteiligung an zivilgesellschaftlichen und sozialstaatlichen Aufgaben zu realisieren (insbesondere die Arbeit mit Jugendlichen scheint sehr häufig auf den Kirchenkreis überzugehen). Im Entwurf für die neue hannoversche Kirchenverfassung heißt es deswegen pointiert: »Der Kirchenkreis ist die Gemeinschaft der Kirchengemeinden und ihrer Verbände in seinem Bereich und der zu ihm gehörenden Einrichtungen. Er nimmt den Auftrag der Kirche in seinem Bereich in eigener Verantwortung war. Der Kirchenkreis fördert und unterstützt die Arbeit der Kirchengemeinden und ihre Zusammenarbeit. Er nimmt selbst Aufgaben wahr, die wegen ihres Umfangs oder ihrer Wirkung von den einzelnen Kirchengemeinden oder im Rahmen ihrer regionalen Zusammenarbeit nicht hinreichend erfüllt werden können oder die aus anderen Gründen von den Kirchengemeinden oder von der Landeskirche auf den Kirchenkreis übertragen werden.«[51] Damit ist der Kirchenkreis eine eigenständige Gestalt von Kirche mit besonderer regionaler Kompetenz. Begründet wird diese Rolle durch das Subsidiaritätsprinzip: Die Kirchenkreise funktionieren subsidiär zu den Gemeinden. Die zentrale Leitungskompetenz der Kirche vor Ort liegt bei der Kirchenkreissynode / dem Kirchenkreistag und vor allem bei den Superintendenten, die nun auch besser bezahlt werden.[52]

Diskutiert wird nun, ob von dieser Zuschreibung her der Kirchenkreis selbst den Status einer Kirchengemeinde haben sollte, da er ihn faktisch erfüllt. Die grundsätzliche Frage ist allerdings, ob eine solche Zuschreibung nicht doch weiter den Ortsgemeinden gehört, die auf diese Weise primär für die kirchlich und religiös enger Verbundenen zuständig bleiben – wohingegen der Kirchenkreis selbst sich weniger an die Gemeindeglieder, sondern an die Gesellschaft insgesamt wendet und dementsprechend im Sinne des Konzepts der Kommunikation des Evangeliums[53] eine

---

51 Entwurf einer neuen Verfassung für die Evangelisch-lutherische Landeskirche Hannovers, Art. 29. In: Aktenstücke der 25. Landessynode, Nr. 258, 33.

52 Ehemals in der Regel A15 und nun durchgängig nach A16 (als Zulage, nicht ruhegehaltsfähig).

53 Vgl. zum Begriff »Kommunikation des Evangeliums« ausführlich Christian Grethlein: Praktische Theologie, Berlin und Boston 2012. Die angestrebte Weite wird hier freilich schon durch den Begriff suggeriert.

betont weite Rolle einnimmt. Er wäre dann insbesondere Träger professionalisierter kirchlicher Angebote, die in den Gemeinden nicht im Vordergrund stehen können. Man braucht kein Prophet zu sein, um vorauszusagen, dass die genaue Aufteilung der Kompetenzen noch lange umkämpft bleiben wird.[54]

Wie weit der Kirchenkreis auf diese Weise zum Identifikationsträger für Kirchenmitglieder werden könnte, bleibt ebenfalls offen. Bisher ist dies eindeutig die Kirchengemeinde: sie steht in der Sicht der Menschen für die evangelische Kirche. Jan Hermelinks Votum dagegen: »Die mittlere Ebene kann besonders prägnant zur Darstellung bringen, dass der christliche Glaube mehr ist, als sich im vertrauten, alltäglichen Umgang einer bestimmten Gemeinschaft erfahren lässt.«[55] Insofern sei sie sehr gut geeignet, die Erfahrung der Vielfalt christlicher Lebensäußerung zu vermitteln. Die Innovationsdynamik des christlichen Glaubens fände hier eine prägnante Darstellung. Impliziert ist damit, dass Vielfalt und Überraschung, Fremdheit und Weite, Innovation und Freiheit auf den Ebenen der Kirchengemeinden nicht wirk-

---

54 Entscheidender Antrieb zur Stärkung der mittleren Ebenen ist gerade auch das Interesse der Pastorinnen und Pastoren an geregelteren Arbeitsbedingungen und -zeiten, als dies in der Diffusität der Gemeindesituation möglich ist. Vgl. zum Fall der Teampfarrämter Jantine Nierop: Eine Gemeinde, mehrere PfarrerInnen. Reflexionen auf das mehrstellige Pfarramt aus historischer, empirischer und akteurtheoretischer Perspektive. Stuttgart 2017.

55 Jan Hermelink: Praktisch-theologische Perspektiven auf den kirchlichen Mittelbau. In: ZevKR 61 (2016), 270–295, hier 291.

lich greifen würden.[56] Allerdings könnte es auch sein, dass genau mit dieser pathetischen Begrifflichkeit lediglich sehr milieuspezifische Erwartungen an die Kirche transportiert werden, die letztlich weder auf der Ebene der Kirchengemeinde noch des Kirchenkreises als solchen besonders prägnant erfüllt werden könnten. Ihr Erfüllungsort läge bei spezifischen innovativen Initiativen, wie zum Beispiel den Fresh Expressions. Deren Anstifter sind aber wohl eher selten Dekane.

Integrationskonzepte

Nun wird es nicht weiter verwundern, wenn angesichts der Vielfalt entsprechender Änderungsvorschläge und Veränderungsdynamiken auch immer wieder kirchenleitende Integrationskonzepte vorgelegt werden. Besonders interessant sind dabei jene Konzepte, die auf ein geregeltes oder aber auch auf ein geradezu chaotisches Miteinander der verschiedenen kirchlichen Aktivitäten im Rahmen einer Regionalentwicklung zielen. Zum einen wird hier aus der englischen Diskussion der Begriff der »Mixed Economy« übernommen, mit dem das Zusammenspiel von verschiedenen sich ergänzenden Formen von Kirche, wie Ortsgemeinden und Netzwerken, kirchlichen Orten und virtuellen Kirchenräumen in einem liquiden sozialen Raum gemeint ist. Vorausgesetzt wird dabei, dass es diesem Miteinander nicht um Bestandserhaltung, sondern um Erfüllung des Missionsauftrags

---

56   A. a. O., 293.

ginge; folglich also um eine Bewegung, die insgesamt »nach vorn« weist. Der Kirchenkreis bzw. regionale Konstellationen hätten dann die Aufgabe, diesen Zusammenhang zu koordinieren, zu fördern und zu entlasten.

In eine ähnliche Richtung zielt das Konzept einer »regiolokalen Kirchenentwicklung«, wie es von Michael Herbst[57] und anderen vorgeschlagen wird. Auch hier kooperieren die verschiedenen Player in einem spezifischen Bereich aufgrund von Freiwilligkeit und gegenseitiger Solidarität miteinander. Es geht um gegenseitige Ergänzung, nicht um Konkurrenz. Gleichwohl ermöglicht eine solche Region kooperativ solidarisch auch Profilbildungen. Die einzelnen Player stehen zu dem, was sie gut können, verabschieden sich aber vom klassischen Vollprogramm einer Kirchengemeinde. Was so zustande käme, sei dann eine eher »unordentliche Region«.

Ein weiteres Integrationskonzept hat Jochen Cornelius-Bundschuh mit seinem Programm einer »Kommunalisierung« des Evangeliums vorgelegt.[58] Damit ist von vornherein der Blick über die klassische Parochie hinaus geweitet. Das Evangelium wird auch an anderen Orten und zu anderen Zeiten lebensweltlich relevant. »Das Evangelium folgt der Bewegung Gottes in die Welt. Es ereignet sich in der Krippe

---

57 Michael Herbst: Mehr Vielfalt wagen. Praktisch-theologische Überlegungen zur Region als Missions-Raum. In: Heinzpeter Hempelmann und Hans-Hermann Pompe (Hg.): Freiraum. Kirche in der Region missionarisch entwickeln. Leipzig 2013, 13–41.

58 Jochen Cornelius-Bundschuh: Das Evangelium kommunalisieren! Was Glaube und Kirche stärkt. In: Praktische Theologie 49 (2014) 4, 240–252.

im Stall von Bethlehem; es geht in Strukturen und soziale Prozesse ein und macht sich ihnen doch nicht gleich. Es verändert die Welt durch das Wort und die Sakramente: Wo arme und reiche Menschen an eine Tafel geladen werden; wo sich Kinder illegaler Flüchtlinge in Kindertagesstätten bilden; wo Krankheit, Alter und Tod nicht aus der Öffentlichkeit gedrängt werden; wo behinderte Menschen andere bereichern, erhält die Welt einen neuen Glanz.«[59] Organisationsbezogen bedeutet dies, dass die Kirchenkreise aus unterschiedlichen Sozialgestalten bestehen, die für sich selbst und für andere als Kirche erkennbar sind und eine Kultur der Gastfreundschaft entwickeln. Diese Gestalten reiben sich verlässlich aneinander, erkennen sich gegenseitig an und achten darauf, ihre Beziehung untereinander zu stärken.[60]

Am fortgeschrittensten in der Integration der verschiedenen Reformansätze und zudem als eigenständiges Konzept bestens profiliert erscheint das Programm der Ev.-Luth. Kirche in Bayern: »Profil und Konzentration«.[61] Es lebt von mehreren strategischen Leitsätzen, so dem Leitsatz A »Kirche im Raum«. Um das Evangelium in das Leben der Menschen zu tragen, gelte: »Sie nimmt dazu sorgfältig die realen und virtuellen, die lokalen, regionalen und weltweiten Lebensräume von Menschen wahr, organisiert ihre Arbeit auf der

---

59 A. a. O., 240.
60 A. a. O., 250.
61 https://puk.bayern-evangelisch.de/downloads/puk_synodecoburg_beschluss_intranet.pdf ; Zugriff: 17.10.2018. Über das hier referierte Grundlegende hinaus werden weitere Perspektiven für Geistliche Profilierung, Diakonie und Kirche, Vernetztes Arbeiten, und digitalem Raum entwickelt.

Grundlage ihres Auftrags passend zu diesen Lebensräumen in Handlungsräumen und ist in diesen gut vernetzt und gut erreichbar.«[62] Der soziale Raum werde so zum Ausgangspunkt der Organisation bzw. Vernetzung der Kirche. Die Kirche »gestaltet diese [weltweite christliche] Gemeinschaft in konkreten Lebensräumen jeweils den unterschiedlichen Kontexten entsprechend und ermöglicht vielfältige Formen von Gemeinden und Beteiligung.«[63] Dabei würden immer geistliches Profil und diakonische Identität verknüpft. Normalerweise werde der Raum der bisherige Dekanatsbezirk sein. Kirchengemeinden blieben erhalten, werden aber zur Zusammenarbeit im Raum angehalten. Neben den realen Räumen gelte es, auch die kirchliche Präsenz im digitalen und medialen Raum zu organisieren.

In den betreffenden Handlungsräumen werde sodann die Präsenz der Kirche anders und flexibler als bisher gestaltet. Parochien seien dann Teile der Handlungsräume. Entsprechend gehe es darum, kirchliche Präsenz als Netzwerk verschiedener Akteure mit verschiedenen Kompetenzen zu verstehen. So erfolge in Zukunft eine Zuweisung von Ressourcen an diese Räume – und nicht mehr an die Kirchengemeinden. In den Räumen wirkten multiprofessionelle Teams zusammen. Was die Leitung anbetrifft, so gelte: »Im Idealfall verständigen sich die Kirchengemeinden mit Werken und Diensten im Dekanatsbezirk auf gemeinsame Aufgaben und setzen die zur Verfügung stehenden Mittel zielgerichtet ein.«[64]

62 A. a. O., 4.
63 A. a. O., 5.
64 A. a. O., 19.

Die Arbeit solle in der Folge mehr an der Gesamtheit der Mitglieder orientiert werden. Bisher fließe zu viel Energie in die Zuwendung zu den Hochverbundenen in den Kirchengemeinden. In Zukunft sollten nur noch 50% der Arbeitskraft von Hauptamtlichen in diese Richtung investiert werden und die anderen 50% in die Präsenz des Evangeliums in der Gesellschaft und damit in missionarische Grundaufgaben der Kirche. Klug heißt es dann: »Die Gemeinden selbst sind Subjekt dieser missionarischen Ausrichtung. Kirchenvorstände verstehen sich als Anwälte und Motoren für diese Ausrichtung.«[65] Klug deswegen, weil durch diese Formulierung der Eindruck im seinerzeitigen Papier »Kirche der Freiheit« – wo eine ähnliche Aufteilung gefordert wurde – vermieden wird, man wolle den Kirchengemeinden etwas wegnehmen.

Fazit

Blickt man nun zurück auf die dargestellten Entwicklungen, so muss auf einer Seite festgehalten werden: Die Kirche, die alte Anstalt, bewegt sich! Es tut sich eine ganze Menge in Richtung der Konzentration der Kräfte angesichts schwächer werdender Finanzmittel und auch der entschlossenen Schaffung neuer schlankerer Handlungsstrukturen, die deutlich näher als bisher »bei den Menschen« angesiedelt sind. Bei aller Vielfalt der Ansätze ist auch erkennbar: Der Prozess gipfelt in der Stärkung der mittleren Handlungsebene, die

65   A. a. O., 20.

mit großer Wahrscheinlichkeit in Zukunft das Zentrum kirchlicher Entwicklung sein wird. Legt man das Kriterium der notwendigen Akteurswerdung der Kirche zugrunde, dann sind deutliche Fortschritte zu erkennen. Mehr entsprechende Macht in soziale Handlungsräume hineinzubringen bietet Chancen für Innovationen, die tatsächlich besser als bisher auf die Bedürfnisse der Menschen bezogen sein können.

Im Hintergrund dieser Entwicklung stehen allerdings gewisse Ambivalenzen, sowohl was den Bezug »nach unten« in Richtung Ortskirchengemeinden anbetrifft, die erkennbar entmachtet werden, ohne dass bisher zu sehen ist, wie ihre wichtigen religiösen und kirchlichen sozialisatorischen Funktionen in Zukunft wahrgenommen werden könnten. Der Kirchenkreis wird kaum in der Lage sein können, zum Beispiel Ehrenamtlichkeit in dem Ausmaß zu erzeugen, wie dies bisher Kirchengemeinden können. Es ist trotz allem gerade die Verbindung einer betonten »Ritualkirche« mit Gemeinschaftlichkeit, die den Charme der Ortsgemeinden ausmacht. Jeder Teilnehmende an den betreffenden Ritualen weiß (oder vermutet zumindest), dass es da immer noch mehr christliches Leben gibt. Allein dies verhindert schon einen reinen Konsum des Rituals. Spaltet man aber beides auf, dann bleibt bestenfalls nur noch eine professionelle Angebotskirche ohne innere Lebendigkeit.

Zudem bleibt eine weitere Ambivalenz in Richtung der überregionalen Landeskirchenleitungen erhalten: Ziehen Sie sich wirklich auf die Kontrolle der Erfüllung von standardmäßig vorgegebenen Aufgaben zurück? Hier sind angesichts der staatskirchenrechtlichen körperschaftlichen Vorgaben doch erhebliche Zweifel angebracht. Sie verdichten sich in der Frage: Ist das Ganze nun mehr oder minder ein reines Herunterfahren der kirchlichen Organisation? Das ist es auf jeden Fall zumindest immer auch. Oder geht es tatsächlich um eine Transformation in Richtung von mehr Handlungsanreizen, um im Wettbewerb bestehen zu können? Zweifellos klingen solche Absichten auch mit an. Artikuliert werden sie allerdings erstaunlicherweise kaum. Dass sich Kirche in einem religiös-säkularen Wettbewerb behaupten muss, spielt keine Rolle. Zwar wird immer wieder gerne betont, dass trotz des Niedergangs christlich-religiöser Kommunikation das Interesse an Religion überall boomen würde. Dass dies jedoch längst von anderen Anbietern (Wirtschaft, Kultur, Medien) aufgegriffen wird, wird in den entsprechenden Papieren sehr selten reflektiert. Die Konkurrenzwahrnehmung ist deutlich unterentwickelt.

Blickt man auf das ganze Gefüge, so bleibt die Frage nach der Gestaltung von Anreizstrukturen offen. Kommt es in der neuen Struktur wirklich zur Freisetzung von Kreativität und Selbstverantwortlichkeit in größerem Maße als bisher? Werden in Zukunft Personen und Gruppen, die »unternehmerisch« (missionarisch oder diakonisch) Kirchen und Glauben voranbringen wollen, wirklich anerkannt und gefördert, oder bleibt das entsprechende Verhalten bürokratisch und kontrolliert? Was die Frage des kommenden Machtzuwachses der mittleren Ebenen betrifft, so spricht sicherlich die schlichte Notwendigkeit größerer Einheiten mit besseren Ressourcen zur Erbringung hoher qualifizierter Leistungen in der Konkurrenz mit anderen dafür, diesen Weg zu gehen. Auf der anderen Seite bleibt es so, dass sich christlicher

Glaube entscheidend über Gemeinschaftsformen, d. h. insbesondere über Gruppen reproduziert. Die Frage wird sein, in welchem Verhältnis sich hier in Zukunft das eine zum anderen aufstellt.

Entscheidend sind die mit den Veränderungen gekoppelten neuen Anreizstrukturen vor allem für die Pastorinnen und Pastoren. Wenn es tatsächlich zu ihrer generellen Anstellung beim Kirchenkreis – mit dem Superintendenten oder Dekan als »Chef« – kommt, wird dies ihre herkömmliche Mentalität drastisch ändern. Mit einiger Wahrscheinlichkeit wird das eintreten, was Jantine Nierop[66] bereits jetzt im Vergleich von mehrstelligen Pfarrämtern zu Einzelpfarrämtern konstatiert. »Dann zeigt sich ein geringeres Interesse an Gemeindezahlen, an der Vergrößerung der Gemeinde, an ihrer öffentlichen Darstellung.« Geringer ist das Engagement in der Lebensbegleitung der Menschen und auch die Bereitschaft, Aufgaben an Ehrenamtliche zu delegieren oder sich an den Erwartungen der Gemeindeglieder und des Kirchengemeinderates zu orientieren. Stärker ist das Engagement im Konfirmandenunterricht und die Orientierung an den Kollegen.[67] Die Folge ist ein vergleichsweiser Rückgang von Kontakten in die Gemeinden hinein.

66 Jantine Nierop: Eine Gemeinde, mehrere PfarrerInnen (s. Anm. 54).
67 So eine Zusammenfassung in einer Rezension des Buches von Gunther Schendel (erscheint in der ThLZ). Nierop erklärt dieses Verhalten durch »fehlende Rollenerwartungen, die an die einzelne Pfarrperson gerichtet werden, fehlende Bestätigung, Konkurrenzvermeidung und die Konzentration auf die Kollegialität.« (so Schendel). Genau dies beschreibt Anreizstrukturen.

Deutlich ist aber auf jeden Fall, dass es nicht *die* Kirche, *den* Kirchenkreis oder *die* Kirchengemeinde gibt, die sich als solche in ein neues Verhältnis zu unkirchlichen oder kirchlichen Milieus setzen könnte und damit auch nur annäherungsweise Erfolg hätte. Es sind Einzelne und Initiativen, die dies, wenn überhaupt, leisten.[68] Auch ist zu vermuten, dass sich die Vielfalt der von Kirche erreichten Milieus gegenüber der Zeit von vor ein oder zwei Generationen beträchtlich vermindert hat und sie insofern, ganz gleich auf welchen Ebenen, immer deutlicher als ein eigenes Milieu mit großer Selbstbezüglichkeit der übrigen Gesellschaft gegenübertritt.[69] In diesem Kontext nun zu meinen, dass man das eigene Milieu vernachlässigen könnte, um in seiner Umwelt mehr Erfolge zeitigen zu können, wäre ein gefährlicher Fehlschluss. Der christliche Glaube ist an spezifische kulturelle Formen gebunden und tritt habituell geprägt auf. Diese Verankerung nicht ernst zu nehmen und stattdessen eine weite Vielfalt zu predigen, irrealisiert die tatsächlichen Verhältnisse.

68 Vgl. Gerhard Wegner: Auf der Suche nach neuen kirchlichen Sozialformen (In diesem Band, 337–361)
69 Ein Indiz dafür ist die Differenz, die sich mittlerweile in Bezug auf die Wahrnehmung und Wertschätzung der kirchlichen Aktivitäten zwischen den Kirchenmitgliedern und dem Durchschnitt der Bevölkerung auftut. Vgl. dazu die Daten in der Hannover-Studie des SI (Rebenstorf: Die Evangelische Kirche in Hannover [s. Anm. 33]). Die Differenz dürfte – schon aus rein statistischen Gründen (weitaus höherer Anteil von Kirchenmitgliedern an der Bevölkerung) – früher sehr viel geringer gewesen sein.

Was es braucht, ist die tatsächliche Freistellung von selbstverantwortlichen, autonom agierenden kirchlichen Akteuren auf allen Ebenen. Entscheidend dabei ist, dass Selbstverantwortlichkeit auch die Risiken eines Scheiterns beinhaltet, d. h. auch im Blick auf die Generierung von Ressourcen und die eigene Finanzierung verantwortlich sein muss. Nur durch eine letztlich immer auch finanzielle Rückkopplung wäre eine Anbindung der kirchlichen Aktivitäten an einen entsprechenden religiösen Markt bzw. an die Bedürfnisse der Menschen vorstellbar.[70]

Entwickelt man zum Schluss Kriterien für eine akteursgerechte kirchliche Aufstellung der Zukunft, so kann etwa das Folgende gelten.

- In der Kirche finden sich ausreichend selbstverantwortlich operierende Einheiten.
- Es werden auf allen Ebenen innovative Projekte unbürokratisch und risikobereit gefördert.
- Es erfolgt eine umfassende Offensive in Richtung religiöser Sozialisation von Kindern und Jugendlichen und damit Familien.
- Die Erreichbarkeit von Kirche wird auf allen Ebenen zu jeder Zeit gesichert.
- Personen und Strukturen sind professionell flexibel und passen sich geänderten Erwartungen an.
- Es erfolgen immer wieder Aufgabenkritiken und professionelle Evaluationen.

70 Vgl. u. a. Kern / Pruiske: Was ist ein religiöser Markt? (s. Anm. 5).

– Evaluationen führen zu Korrekturen von Projekten und insgesamt zu einer lernenden Kirche auf allen Ebenen.

Natürlich bietet all dies keine Gewähr für einen Erfolg in Richtung Mitgliederbindung. Entscheidend bleibt die fiktionale Erwartung: das Narrativ, in das sich die Menschen einklicken können. Die Kirche als Durchlauferhitzer für ohnehin breit geteilte ethische oder politische Überzeugungen wird es sicherlich weiterhin geben – im Grunde genommen ist sie aber passee. Was ist die Identität des Christlichen, und in welchen Gesellungsformen zeigt sie sich am besten? Schaut man sich in der Welt um, dann ist dies fast ausschließlich die (selbstverantwortliche) Kirchengemeinde.

5 Zusammenfassende und weiterführende Thesen

Leitgedanke:

Kirche steckt mitten in einer Reproduktionskrise. Sie muss zur Akteurin der eigenen Reproduktion werden und insofern Nachfrage nach sich selbst erzeugen. Dafür ist sie allerdings schlecht aufgestellt. Gegenwärtig blockiert sie sich selbst.

These 1

Pfarrerinnen und Pfarrer, als die wichtigsten Agenten der Kirche, haben Probleme, die Reproduktionskrise der Kirche wahrzunehmen und dementsprechend zielorientiert und problemlösend zu handeln. Stattdessen klagen sie über wachsenden Stress und Burnout. Es existieren anscheinend keine klaren Anreizstrukturen. Auf diese Weise verpufft die pastorale Energie.

Das Problem wiederholt sich in praktisch-theologischen Diskursen, wenn z. B. ein Verfall kirchlicher Praxis zur wachsenden Vielfalt verklärt oder die reale Situation der Kirchengemeinden als »Kirchenbilder« bagellisiert wird. Dann scheint alles möglich. Irrealität stellt sich ein.

These 2

Eine angemessene Reaktion auf die Reproduktionskrise wird zusätzlich durch das manifeste Kommunikations- bzw. Leitungsproblem zwischen Pfarrerinnen und Pfarrern und Kirchengemeinden auf der einen und der Kirchenleitung auf der anderen Seite erschwert.

Hier findet sich eine schwer zu entwirrende, höchst ambivalente Gemengelage von Authentizitätsreklamation, gemeindlicher Selbstorganisation und der Delegation von Verantwortung »nach oben« auf der einen Seite – und einem höchst selbstverständlichen planwirtschaftlichen Leitungsanspruch mit vielfältigen Projektionen »nach unten« auf der anderen Seite. Anreizstrukturen diffundieren zwangsläufig.

These 3

»Hinter« diesen Problemen steckt die nach wie vor unaufgelöste Ambivalenz von Kirche als Anstalt und Kirche als Gemeinde. Kirche will Gemeinde sein, d. h. die Zuschreibung von Kirchenmitgliedschaft in Verantwortung transformieren. Tatsächlich aber verwaltet sie Religion wie ein öffentliches Gut, im Grunde genommen i. S. staatlicher Daseinsvorsorge, und schreibt so die staatskirchliche Anstaltlichkeit (auch i.S. faktisch minimalster Selbstbestimmung der Kirchenmitglieder) fort.

In diesem Zusammenhang hat das »liberale Paradigma« seine gewichtige Funktion. Indem es die religiöse Autoproduktivität der Gesellschaft feiert, verwehrt es »der Gemeinde«, zum tatsächlichen Subjekt von Kirche zu werden, und stärkt damit die Rolle des Amts und einer darauf aufbauenden großkirchlichen Planwirtschaft.

These 4

Sowohl die Pfarrerstudien als nun auch das 1. Kirchengemeindebarometer belegen, dass es einen realen Weg aus (zumindest aber in) der Krise gibt: die anreizbezogene Verknüpfung von Gemeinschaftsinteressen (bzw. Beziehungen) und Organisation (incl. zumindest ansatzweiser Wahrnehmung von Markt bzw. Konkurrenz). Wo sich also eine Gemeinde oder ein Pfarrer aufmacht, Ziele zu erreichen, und sich dafür »organisiert«, kann sich Zufriedenheit einstellen.

Dieses Ergebnis bestätigt den von Jörg Stolz u. a. diagnostizierten »Übergang vom Konkurrenzregime der industriellen Gesellschaft zum neuen Konkurrenzregime der Ich-Gesellschaft.«[71] Der Wettbewerb dreht sich um die individuelle Nachfrage. »Die Individuen sehen religiöse Praxis als grundsätzlich fakultativ an und fragen sich ständig, was

---

71 Stolz/Könemann u. a.: Religion und Spiritualität in der Ich-Gesellschaft (s. Anm. 17), 213.

ihnen religiöse Praxis im Vergleich zu anderen Tätigkeiten bringe.«[72]

These 5

Die Folge ist: Kirche muss so aufgestellt sein, dass sie Anreize an der Generierung individueller Nachfrage »nach sich selbst« bzw. nach Religion bereitstellt. Das bedeutet vor allem eine Stärkung früher religiöser Sozialisation und d. h. die Kooperation mit Familien. Im 1. Kirchengemeindebarometer wird deutlich, dass die Kirchenvorsteherinnen und Kirchenvorsteher um die Bedeutung dieser Ebene wissen – aber ebenso deren häufig mangelhafte Ausgestaltung wahrnehmen.

Es bedeutet zudem, dass der Typus der Mitgliederkirche bzw. der aktiven Kirchengemeinde (in der Volkskirche) wachsen muss. Realistisch stellen jene 44 % der in der KMU erfassten, der Kirche und der Kirchengemeinde stark verbundenen Mitglieder das Kernpotential der Kirche dar. Alle Versuche, darüber hinaus die Distanzierten zu gewinnen, haben in der Vergangenheit tatsächlich zur Vitalisierung dieser Gruppe beigetragen.

---

72 A. a. O., 214.

Kirchengemeinde als Genossenschaft – mehr als eine Provokation![1]

Wenn wir uns in 2018 daran erinnern, dass die inspirierenden Ideen von Friedrich Wilhelm Raiffeisen zur Gründung von Genossenschaften aus tiefem christlichen Engagement und christlichem Geist entsprangen, dann legt es sich nahe, auch einen Blick auf den Zustand des Christentums 200 Jahre nach Raiffeisens Geburtstag zu werfen. Oder anders gesagt die Frage zu stellen: Könnte uns sein Einsatz für eine Reform der gesellschaftlichen Organisation, in der einer für alle und alle für einen einstehen, heute nicht auch in der Arbeit an einer notwendigen Reform unserer Kirche begeistern? Sollten kirchliche Gemeinden nicht mehr genossen- bzw. bruderschaftliche Züge reaktivieren? Wäre das nicht ein gutes Leitbild auch für eine Kirchengemeinde? Dem kann man eigentlich kaum widersprechen – es sei denn, man hat jene Urgestalt der Jerusalemer Gemeinde, die eine Genossenschaft war, längst als völlig überholt verdrängt. Dann aber sollte man konsequent auch andere sozialvisionäre Ideen des Christentums – an allererster Stelle die Idee vom Priestertum aller Gläubigen – endgültig entsorgen.

---

1   Eine Kurzfassung dieses Textes findet sich Evangelische Kirche im Rheinland (Hg.): Friedrich Wilhelm Raiffeisen. Den Schwachen ihre Stärke geben. Düsseldorf 2018, 37 f.

Luther 1523

Zwar ist die Genossenschaftsidee im Protestantismus, wie Michael Klein überzeugend aufgezeigt hat, nicht unbedingt eine Erfolgsgeschichte – sieht man eben von Friedrich Wilhelm Raiffeisen ab. Luther war überhaupt kein Freund der damaligen Form der genossenschaftlichen Selbstorganisation zugunsten der Armen in Wittenberg und anderswo. Aber die Wahrscheinlichkeit ist groß, dass es sich dabei um ein großes Missverständnis gehandelt haben könnte – was dann allerdings in der Geschichte am Ende sehr folgenreich in der Elimination genossenschaftlichen Denkens zugunsten einer Staatskirche gewesen ist.

Warum Missverständnis? Luther hat bekanntlich 1523 eine kurze Schrift veröffentlicht, die vielfach begeistert aufgenommen worden ist und für die Organisationen der Kirche bzw. der Kirchengemeinde neue, in der Zuspitzung durchaus genossenschaftliche, Wege aufwies und das Priestertum aller Gläubigen ausrief. In der Folge sind diese Ideen dann allerdings nicht nur nicht verwirklicht, sondern durch die Verstaatlichung der Kirche mehr oder minder sogar in ihr Gegenteil verkehrt worden. Dennoch bleiben die Ideen von 1523 bis heute leitend und inspirierend für jeden Protestanten, der sich noch selbst ernst nimmt und nicht nur mit dem Mainstream jault.

Worum also ging es 1523 in der Schrift »Daß eine christliche Versammlung oder Gemeinde Recht und Macht habe, alle Lehre zu beurteilen und Lehrer zu berufen, ein- und abzusetzen: Grund und Ursache aus der Schrift«?[2] Die Kern-

2   Im Folgenden zitiert nach: Luther deutsch. Die Werke Martin Lu-

idee ist, dass nicht die Bischöfe, Stifte, Klöster oder das Lehramt über die Verkündigung in den Gemeinden urteilen können, sondern die ganz normalen einfachen Christen. »Christus [...] nimmt den Bischöfen, Gelehrten und Konzilen beides, Recht und Macht, die Lehre zu beurteilen, und gibt sie jedermann und allen Christen insgemein.«[3] Es sind die Schafe, wie Luther sehr schön formuliert, die nun urteilen sollen, ob sie Christi Stimme hören oder die eines Fremden. Darum sind alle Lehrer mit ihrer Lehre dem Urteil der Zuhörer unterworfen.

Und Luther folgert: »daß, wo eine christliche Gemeinde ist, die das Evangelium hat, sie nicht alleine Recht und Vollmacht hat, sondern bei der Seelen Seligkeit, ihrer Pflicht nach, die sie Christus in der Taufe gelobt hat, schuldig ist, zu meiden, zu fliehen, abzusetzen, sich zu entziehen von der Obrigkeit, welche die jetzigen Bischöfe, Abte, Klöster, Stifte und ihresgleichen treiben; weil man offen sieht, daß sie wider Gott und sein Wort lehren und regieren.«[4] Gegen das, was sich da an falsch inspirierter Kirche findet, wird die Selbstorganisation gesetzt. Ein jeglicher Christ hat Gottes Wort, so Luther ganz klar, und ist von Gott zum Priester gelehrt und gesalbt. Entsprechend hat auch eine jede Gemeinde das Recht, ihren Pfarrer zu wählen, der dann durch den Bischof nur noch bestätigt werden muss. Finde diese

thers in neuer Auswahl für die Gegenwart. Hg. v. Kurt Aland, Bd. 6, Martin Luther: Kirche und Gemeinde. Stuttgart/Göttingen 1966, 47 ff.

3   A. a. O., 48.
4   A. a. O., 51.

Bestätigung nicht statt, so gilt derjenige dennoch als gewählt. Das Priestertum aller Gläubigen ist geboren. Und es ist ganz ohne Zweifel genau diese Idee, die in der Folge immer wieder geradezu revolutionäre Konsequenzen gehabt hat. Denn hier geht es um keine nur innerliche, rein geistliche Berufung, die sich in jeder nur denkbaren Organisationsgestalt verwirklichen ließe, weil sie nicht ganz von dieser Welt sei. Solche Abwege hat man erst später erfunden. Nein: Wenn ein jeder jedem anderen gegenüber ein Priester ist, dann ist das organisatorisch gleichbedeutend mit der Regel »einer für alle und alle für einen«. Zumindest, was die Verkündigung und das Spenden der Sakramente anbetrifft – was ja nun einmal das Zentrum von allem ist. Daran haben alle gleichberechtigten Anteil. Es ist also stets immer auch mein Gottesdienst, der da abläuft – nicht der der anderen, oder gar der »der Kirche«. Verkündigung ist ein elementarer Teilhabeprozess: es geht um mich – um uns. Und wenn das nicht deutlich wird, dann läuft etwas falsch, und ich muss die Dinge in die Hand nehmen. Ich muss es tun – für alle anderen –, und alle anderen für mich. So korrigiert und organisiert sich die Kirche.

Eine schöne Illusion – mehr nicht? Ideeller Trost in dürftigen Zeiten? Man kann natürlich darüber diskutieren, ob sich aus den spektakulären Sätzen Luthers notwendigerweise eine genossenschaftliche Organisation der Kirchengemeinde ergibt. Natürlich kann man sich auch Organisationsformen der christlichen Kirche vorstellen, in denen zwar die Prediger gewählt werden, es sich aber nicht notwendigerweise bei den ihn oder sie Wählenden um einen genossenschaftlichen Zusammenschluss handelt. Eine entsprechende Kirchgemeinde könnte auch rechtlich in einem Verein bestehen – was wohl in der Regel der Fall sein wird –, und unter Umständen auch innerhalb eines staatskirchlichen Gesamtgebildes entsprechend existieren.

Nimmt man Luthers Sätze aber ernst, dann folgt aus ihnen zwingend – und so sagt es Luther ja auch ganz deutlich – nicht nur das Recht auf die Wahl des eigenen Predigers und schon damit eine nicht mehr zu übertreffende Würdigung des einzelnen Christen als solchen, sondern auch die Pflicht, sich entsprechend engagiert und aktiv an der Verkündigung der eigenen Gemeinde zu beteiligen. Teilhabe in ihrer doppelten Bedeutung: als Teilnahme und als Teilgabe. Tertium non datur. Was auf jeden Fall ausgeschlossen ist – so etwas wäre Luther sicherlich auch kaum in den Sinn gekommen –, wäre eine Art der Kirchenorganisation, in der eine große Zahl der Kirchenmitglieder zwar möglicherweise Beiträge zahlen, sich aber lediglich passiv beteiligen und sich ansonsten weder ihrer Rechte als Christen bedienen noch ihrer Pflichten bewusst sind. Genau dies ist aber in den Kirchen Realität, mit denen wir es heute in den Landeskirchen in Deutschland und in manchen anderen Ländern der Welt zu tun haben. Für den allergrößten Teil der Bevölkerung – auch für den, der sich christlich sortiert – ist Kirche etwas, das, wenn überhaupt, schlicht da ist, ob man sich nun selbst beteiligt oder nicht. Eine vorgehaltene Größe, finanziert durch Steuern, wie der Staat – letztlich unabhängig von jeder Aktivität von einem selbst. Schon gar nicht gilt das für die Verkündigung: die ist Sache der Pastoren. Es herrscht ein umfassendes Delegationsprinzip, was faktisch katholischer nicht sein könnte.

Christentum als Delegation

Luthers Vorstellungen waren zumindest 1523 in dieser Hinsicht sehr viel näher an genossenschaftlichen oder zumindest vereinsförmigen Vorstellungen als an heute gängigen volkskirchlichen. Dass man seine Rechte und Pflichten als Christ durch Zahlung von Kirchensteuern abgelten und sozusagen delegieren könne, wäre ihm sicherlich nicht in den Sinn gekommen – nicht als Wunsch- und schon gar nicht als Realbild. Christsein reproduziert sich nur durch ein lebendiges Interesse an der organisierten Gemeinschaft der Christen; nur durch aktive Teilhabe. Genau hierfür aber fehlen heute die Anreize. Warum soll sich ein durchschnittlicher Christ für seine Kirchengemeinde bzw. seine Kirche engagieren? Es läuft alles doch gut ohne ihn, und wenn es nicht gut läuft, sind »die da oben« Schuld.

Nun kann man an dieser Stelle sofort einwenden, dass sich ja nun einmal die Verhältnisse in den fünfhundert Jahren seit Luther beträchtlich gewandelt hätten und eine direkte Umsetzung seiner damaligen Ideen heute gar nicht mehr möglich und auch nicht sinnvoll wäre. Schon damals wären sie nicht realisierbar gewesen, und der Weg habe ja darum zum Staatskirchentum geführt, das bis 1919 in Deutschland prägend war – und im Grunde genommen mentalitätsmäßig bis heute existiert. Die Kirche habe sich in dieser Hinsicht eben als klassische Anstalt aufgestellt, in der die Menschen, ob sie es nun wollen oder nicht, Mitglied seien, ohne dass sie einen sonderlich großen Einfluss darauf hätten, was dort geschehe. Was jedenfalls die Anreizstrukturen anbetrifft, sich ernsthaft in der Kirche oder gar wegen der Kirche zu engagieren, so sind sie tatsächlich wenig entwickelt. Natürlich kann man mitmachen, und natürlich wird das gerne gesehen. Mit realem Empowerment, wirklicher Machtbeteiligung hat das aber wenig zu tun.

Eine Anstalt aber ist so ziemlich das genaue Gegenteil zu einer Genossenschaft, in der die einen für die anderen einstehen. Doch genau sie ist das, womit wir es heute in der Kirche zu tun haben – auch wenn das in dieser Deutlichkeit nur wenige so sehen mögen. Tatsächlich sind die kirchenleitenden Organe und Personen in der Wahrnehmung der Kirchenmitglieder weit entfernt von ihnen tätig. Bei Wahlen zu den Kirchenvorständen liegt die Wahlbeteiligung in Deutschland in der Regel bei maximal 20 % der Kirchenmitglieder. Die Wahlen zu den landeskirchlichen Synoden erfolgen in der Regel indirekt und sind wenig transparent. Nur rein theoretisch ist das System heute demokratisch und transparent aufgestellt und entspricht insofern noch entfernt den Vorstellungen Luthers von 1523 – tatsächlich aber führt das System zur Passivierung von mindestens vier Fünfteln der Kirchenmitglieder.

Aktuelle Reformideen

Weil allen Beteiligten deutlich ist, dass diese Situation vom ureigenen Anspruch des Christlichen eher unbefriedigend, aber auch tatsächlich nicht gerade der Bindung an die Kirche förderlich ist, gibt es immer wieder Debatten über die Reform des gesamten Systems. Momentan wird vor allen Dingen daran gearbeitet, die mittlere Kirchenebene, die Ebene der Kirchenkreise und Dekanate, zu stärken und Angebots-systeme zu entwickeln, mit denen dann auch die vier Fünftel der Mitglieder, die sich kaum beteiligen, erreicht werden. Auf diese Weise professionalisiert sich die volkskirchliche Organisation und hofft daraus wieder neue Kraft und Attraktivität zu gewinnen. Das ist erkennbar ein anderer Ansatz als der von Luther und überzeugten Christen, die sich zusammenschließen um eine Gemeinde zu sein. Zumindest die Möglichkeit, wenn nicht die Wahrscheinlichkeit, dass ein solches System die klassische Delegationshaltung der Kirchenmitglieder noch weiter bestärkt, ist gegeben. Wichtig wäre doch aber, zumindest die Frage zu stellen, wie sich genau diese Haltung überwinden lässt. Wie lässt sich unter den Kirchenmitgliedern eine in dem Sinne zukunftsfähige Haltung entwickeln, dass sie ihre eigene Verantwortung für die Existenz von Kirche begreifen und sich entsprechend engagieren? Welche Organisationsform ist hierfür am besten geeignet?

Und hier kommen nun noch andere Überlegungen zur Situation der Kirche zum Tragen als diejenigen, die zur Stärkung der mittleren Ebene führen. Sie gehen in die Richtung, danach zu fragen, wo sich Kirchenmitglieder denn überhaupt intensiv für die Kirche engagieren, warum sie es tun und wie sich solches Engagement verstetigen und ausweiten lässt. Und da zeigt sich sehr schnell, dass sich ein solches Engagement konzentriert auf der Ebene der klassischen volkskirchlichen Kirchengemeinden finden lässt. Zwar sind die Zahlen derjenigen, die sich hier engagieren, durchaus überschaubar – allerdings ist das Umfeld der Sympathisanten mit etwa 44% der Kirchenmitglieder wiederum sehr groß. Es ist tatsächlich mit großem Abstand die faktisch wichtigste und attraktivste Bezugsebene, die die Kirchenmitglieder in der Volkskirche haben. Außerdem stellen die in den Kirchengemeinden Engagierten die mit Abstand interessanteste Gruppe unter den Kirchmitgliedern, da sie für Änderungen der Kirche und ihre Erneuerung die entscheidende Zielgruppe bilden. Menschen, die sich kaum oder nur ganz selten kirchlich engagieren, sind demgegenüber im Blick auf Neuerungen eher zurückhaltend, wenn nicht sogar abweisend. Trotz vieler Frustrationen, was Erfahrung mit den Kirchenleitungen betrifft, und entsprechender Vorbehalte ihrem Tun gegenüber wird hier die Fahne der Kirche hochgehalten und einfach durch faktisches Engagement Verhalten deutlich gemacht, wie wichtig einem selbst die eigene Kirche als Kirchengemeinde vor Ort ist. Ohne diese engagierten Menschen oder gar unter Vernachlässigung ihrer Bedürfnisse und ihres Engagements geht es folglich nicht.

Kirchengemeinden als Genossenschaften

Was würde es bedeuten, wenn man nun stärker auf genossenschaftliche Elemente – sei es im Blick auf einzelne Bereiche, sei es zur Transformation des gesamten Systems – setzen würde? Eine Genossenschaft zeichnet sich durch einige Kernprinzipien aus. Das wesentliche Ziel ist de Förderung der gemeinsamen Interessen und des Nutzens der Mitglieder. Er ist in der Regel wirtschaftlich zu sehen – im Fall einer Kirchengemeinde wäre er aber darüber hinaus ideell zu bestimmen: es geht um Teilhabe an der Verwirklichung der »Sache des Christentums« – oder wie immer man das bestimmt – in einer konkreten lokalen oder anderweitigen Hinsicht. Kennzeichnend ist dabei das Vertrauen in die eigene Kraft, ausgedrückt durch Prinzipien der Selbsthilfe, Selbstverantwortung und Selbstverwaltung. Das bedeutet, dass die Genossen nicht Beiträge oder Steuern, sondern eigenes Kapital zur Verfügung stellen und dafür an allen Entscheidungen beteiligt sind. In der Regel gilt: Ein Mitglied – eine Stimme. Die Kirchengemeinde wird folglich zu einer Art gemeinsamen Geschäftsbetriebs umgebaut (§ 1 GenG). Sie ist darin kein Selbstzweck, sondern hat den Interessen der Mitglieder – an der Verkündigung und weiteren Leistungen – zu dienen. Genau darin realisiert sich das Priestertum aller Gläubigen.

Was Rechte und Pflichten anbetrifft, so gilt:

- Rechte: Inanspruchnahme der Leistungen der Kirchengemeinde; Stimmrechte in den Versammlungen der Selbstverwaltung der Gemeinde; aktives und passives Wahlrecht für die entsprechenden Gremien.
- Pflichten: Einzahlung von Anteilen am Kapital der Kirchengemeinde; Übernahme von allen möglichen weiteren gemeinschaftlichen Verpflichtungen; ggf. Garantie weiterer finanzieller Leistungen in besonderen Fällen.

Es ist deutlich: Solch ein System setzt nicht nur ehrenamtliche und engagierte Mitglieder voraus, die sich in ein letztlich geregeltes Gefüge einpassen, sondern solche, die die Verantwortung für das Ganze übernehmen wollen. Das impliziert einen deutlichen Mentalitätswandel: Wir hier vor Ort sind die Kirche, und deswegen entscheiden wir – und nicht »die da oben«! Entsprechend setzen wir primär auf unsere eigene Kraft – und erst subsidiär auf Unterstützung von anderen, übergeordneten Stellen. Deutlich wird dann: Ohne das Engagement vor Ort geht es nicht! Dann verschwindet die Kirchengemeinde. Genau diese Einsicht wird zum stärksten Anreiz, sich zu engagieren und der Genossenschaft beizutreten – jedenfalls solange, wie die Existenz einer Kirchengemeinde noch einen relevanten Unterschied ausmacht. Große Probleme im Hinblick auf die Finanzen dürfte es nicht geben, denn eine schlichte Umwandlung der Kirchensteuer in Genossenschaftsanteile wäre sicherlich leicht machbar.

Die Vorteile liegen also auf der Hand, die Verantwortlichkeit der Kirchenmitglieder für ihre Kirche vor Ort würde beträchtlich wachsen. Es würde sehr deutlich werden: Wenn wir hier nichts tun, tut niemand etwas. Auch der Stolz darauf, hier und jetzt Kirche zu sein, würde wachsen. Sicherlich gäbe es auch dann Mitglieder, die Rechte delegieren würden. Mit den Pflichten wird das dann allerdings schwieriger. Insgesamt wächst das Gefühl für die die Kirche tragende Gemeinschaft vor Ort.

Und die Nachteile? Natürlich gibt es sie auch. Genossenschaften tendieren leicht zum Selbstbezug. Es geht vor allem um die Befriedigung der Interessen der Mitglieder – hier an religiöser und sicherlich auch sozialer und kultureller Kommunikation. Das kann zu einer durchaus gefährlichen Minderwahrnehmung dessen führen, was es an interessanten Entwicklungen im Umfeld der Kirchengemeinde gibt. Keinesfalls sind Genossenschaften von sich aus missionarisch – aber das sind die gegenwärtigen Volkskirchen noch weniger. Nicht selten kommt eine derartige Dynamik allerdings durch neue Genossenschaftsgründungen auf (oder auch durch Spaltungen alter Genossenschaften). Auf jeden Fall aber erfolgt so etwas »von oben«. Es sind die Mitglieder – oder solche, die es werden wollen –, die etwas unternehmen.

Bleibt letztlich die Frage: Was wird in dieser Konstruktion aus den distanzierten, passiven Kirchenmitgliedern? Können sie in eine Genossenschaft integriert werden – oder werden sie unter diesen Bedingungen forciert die Kirche verlassen? Sicherlich hängt eine Antwort auf diese Frage stark von den konkreten Übergangsregelungen im Falle einer tatsächlichen Umstellung der rechtlichen Konstruktion der Kirchengemeinde auf eine Genossenschaft ab. Die reine Umzeichnung der bisherigen Kirchensteuer auf einen Genossenschaftsanteil dürfte jedoch für viele auch bereits anziehend wirken, da nun eine Teilhabe vorhanden ist. Dennoch könnte es natürlich sein, dass die nun größere Dichte der Kommunikation und tendenziell höhere Erwartungen an die nun neuen Kirchengenossen auch abstoßend wirken. Generell aber entwickeln Organisationen, die auf ihre eigene Kraft setzen und Selbstverantwortung übernehmen, mehr Attraktivität als die gegenwärtigen Anstalten. Fragen kann man: Werden wir dann nicht zur Freikirche mit ihren hohen Schwellen? Schaut man genauer hin, so bestehen sie allerdings weniger in der Organisationsstruktur als solcher als vielmehr in dem für Freikirchen konstitutiven Bekehrungserlebnis und Verhalten, das sich so in Volkskirchen nicht abbildet.

Fazit

Was folgt aus dem allem? F. W. Raiffeisens grandiose Genossenschaftsideen bleiben deswegen inspirierend, weil er von der Mobilisierung von Eigenaktivität her denkt und sie durch gemeinschaftliche Verantwortung in Gang setzt. Einer übernimmt Verantwortung für alle, und alle eben für einen. Verantwortung ist dann nicht delegierbar und wird auch noch durch soziale Kontrolle forciert. Die Anreizstrukturen einer Genossenschaft sind klar gesetzt. Trittbrettfahrerverhalten ist nur begrenzt möglich. Damit wird eine Struktur geschaffen, die zwischen privatwirtschaftlicher unternehmerischer Dynamik und staatlicher, anstaltlicher Versorgung liegt.

Genau dieses Charakteristikum macht Genossenschaften heute zur Herausforderung für kirchliche Organisation. Sie ist nach wie vor im Kern staatsähnlich verfasst und funktioniert faktisch anstaltlich. Zwar ist in ihr Eigenaktivität der Mitglieder natürlich erwünscht, ja wird in den letzten Jahren sogar gefördert. Aber solche Aktivität hat keine konstitutive, tragende Bedeutung. Letztlich sind es leitende und verwaltende Gremien – weit entfernt von den Interessen der Mitglieder –, die die Reproduktion des Ganzen (nicht mehr) sicherstellen. Der Kirche fehlt im Kern eine Verknüpfung mit den Eigeninteressen ihrer Mitglieder. Sie hat in dieser Hinsicht ein deutliches Anreizproblem: Warum soll man sich für die Kirche einsetzen – es gibt sie doch auch ohne mein Engagement. Bis zu der besonders bedenkenswerten Folgerung, dass religiöse Erziehung eigentlich doch die Sache »der Kirche« sei – die hätte daran doch ein Interesse; warum soll ich mich darum auch noch kümmern? Erziehung ist sonst schon schwer genug. Und gar im Freundeskreis widersprechen, wenn mal wieder über die Kirche hergezogen wird? »Würde ich ja gerne tun – aber ich weiß auch nicht so genau, was meine Gemeinde eigentlich alles unternimmt.«

Also: Es braucht bessere Strukturen, die die Mitglieder in eine größere Verantwortung für ihre Kirche bringen. Und das geht nur durch die Schaffung tatsächlicher Teilhabe. Also durch Vereine – oder eben durch Genossenschaften. Sie könnten besser als bisher gewährleisten, dass »die« Kirche tatsächlich »meine« Kirche ist. Natürlich gibt es da nun viel zu diskutieren, wie man das genau hinbekommen könnte. Sicherlich müssten Probleme des Übergangs genau bedacht werden. Möglicherweise würde man zunächst einmal mit Teilbereichen beginnen. Aber um Transformationen in die angesagte Richtung kommen unsere Kirchen nicht drum herum. Jedenfalls solange sie sich selbst und ihren Auftrag noch ernst nehmen.

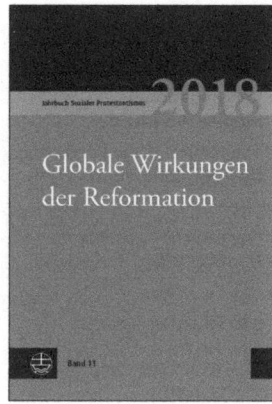